西川アサキ

魂のレイヤー

社会システムから心身問題へ

青土社

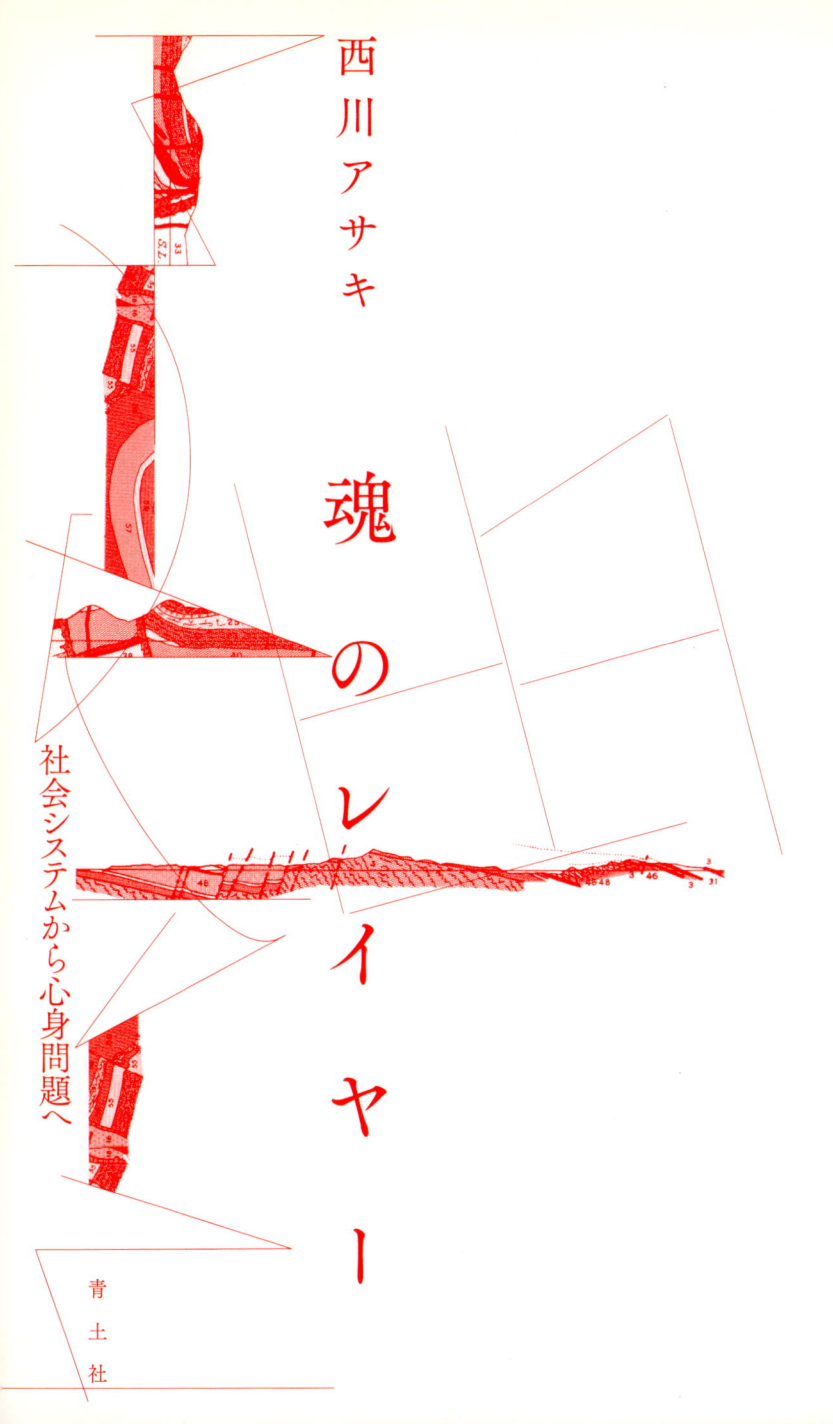

魂のレイヤー　もくじ

はじめに――ルーマンの選択、「社会システム＝機能」のネガとしての「心身問題」　007
本書の読み方と構成　017

第Ⅰ部　社会システム論から心身問題へ　本書における心身問題の位置づけ

1　観測者の観測――なぜ、モップと語り合えないのか？　023
2　神にとっての心身問題――陳腐な問い、神の笑い、着慣れぬ衣装　038
3　「心身問題のイラスト」としてのある映画――ジャック・リヴェット『美しき諍い女』を巡って　042
4　「社会の社会」、カップリングを要素とするシステム、記述の根拠――自身の死を悼むシステム　053

第Ⅱ部　「この緑」をどうするのか？　心的システムによる心的システムの記述、「人称性」の出現

5　進化＝「面白さ」＝記述の存在理由――「この緑」をどうするのか？　105
6　宛先のない進化1：エッセイ　143

7　宛先のない進化2：小説――神はいないが、花を着る　145
8　心的システムと観測の問題――「わたし」の置き場所と二つの心身問題　167

第Ⅲ部　人称性の死

9　わたしたちはわたしをどこに置くのか？――幸せの定義　211
10　「死の位相学」としての主体1：エッセイ――左向いた時の右側に気を　236
11　「死の位相学」としての主体2：小説――私の死でいっぱいの袋　240
12　語尾としての人称と死：論考――『言語にとって美とはなにか』について　256
13　語尾としての人称と死：小説――永劫回帰の部屋（片岡聡一との合作）　317
おわりに――リンチの機械、ヴァレラの仏教、シンギュラリティと「工学的な心身問題」　369
あとがき　376
注　377
索引　ii

魂のレイヤー

はじめに――ルーマンの選択、「社会システム＝機能」のネガとしての「心身問題」

引用から始める。

一九歳のとき。大学の専攻は財政金融学だったが、哲学科の講義もひとつ受講した。けれども哲学科というところは、エンドーリ装置、一般にいう〈宝石〉(1)（エンドーリ本人は〈双生器〉と呼んでいて、偶然にも発音の似た通称がついたのだ）のことにはぴたりと口を閉ざしていた。連中はプラトンやデカルトやマルクスを論じ、聖アウグスティヌスや（極端に現代的かつ大胆な気分のときには）サルトルの名も口にするけれど、ゲーデルやチューリング、ハムスン、キムといった名前を耳にしたとたんそっぽをむく。欲求不満のあまり、デカルトに関する論文の中でこんな意味のことを書いた。

人間の意識を〝ソフトウエア〟と見なし、生きた脳の上でも光学結晶体の上でも等しく〝機能する〟ものだとすることは、デカルト流二元論への後退に他ならない――なぜなら、ここでいう〝ソフトウエア〟とは、すなわち〝魂〟だからである。担当講師はこの説を示唆した段

（1）脳のバックアップをとる装置。

落すべてを赤の閃光ペンで几帳面に斜線で塗りつぶし、余白に（あざけるように二ヘルツで発光する二〇ポイントのボールド体の縦書きで）書いてよこした。**『落書きするな！』**(2)

古い哲学者やその正確な継承を担う講師に対して少し不公正な怒りにもみえるが、高度に専門分化した社会ではありうる話だ。

ところで、本書は「心身問題とは何か」「なぜ心身問題を、今なおあなたと社会が考えるに値するのか」を知るための本だ。それは「魂とは何か？」という古代の問いを反復する現在の意匠でもある。そんな問いにもはや意味はない、という人も多いかもしれない。だが、少なくとも、その返答はまだ早すぎる。そう思う。

いきなり「心身問題」と言われても、ピンと来ないという人も多いはずだから、先の引用でデカルトと並べられていてもいい古い哲学者の例を使わせてもらおう。

それはそれとしてなお、**表象**（知覚のこと：引用者注）も表象に依存するものも**機械的理由では説明がつかない**。すなわち形と運動とでは説明がつかないことを認めない訳には行かない。仮に今一つ機械があってそれが考えたり感じたり表象を持ったりするような仕組みになっているとすれば、それがそのままのつり合いを保ちながら大きくなって、そこへ人が丁度風車小屋に入るように入れるようになったと考えることもできる。さてそう仮定しておいてその中へ入って見るとすれば種々の部分が互いに押し動かしているところは見えるであろうが、表象を説明するだけのものはどうしても見当るまい。してみると表象を求めるには合成体や機械の中でなしに単純な実体（モナドともいう：引用者注）の中に行かなければならない。また単純な実体の中にはそれしか見出すことができない、すなわち表象および表象の変化しか見出すことができない。かつそれだけが単純な実体の**内的作用**の全部である。[*1]

つまり、機械としての脳、あるいはニューロンで出来た電気信号ネットワークとしての脳と、それに相関する一人称的体験、知覚、クオリアはかけ離れた存在であって、機能的相関は疑えないとしても、両者は風車小屋と赤色ぐらい違う。その乖離を誇張したのがこの引用部だ。(3)

もちろん、両者が本当に関係なければ、問題は生じない。だが、脳を破壊されればヒトは死ぬ。死者を想うと、あの人の脳は完全に無くなってしまったんだなあ、と妙に生々しい感慨を抱くことがある。筆者が脳と「魂」の結びつきを信じているからこそだろう。だから、歯車と赤、ニューロンのスパイク列とバイオリンの音色体験を変換する「何らかの原理」が必要になるが、それは今のところ分からない。大まかに言えば、その原理を探す（あるいは見つからないことを証明する）問題が「心身問題」だ。より詳しい説明は前著『魂と体、脳』でもしたし、本書でも概要で触れるからここでは別の切り口をみたい。

（2）　G・イーガン著、山岸真訳「ぼくになることを」（『祈りの海』早川書房）所収。
（3）　ここでいう「モナド」と後述する「オートポイエティック・システム」の概念は酷似している。ライプニッツとモナドについては、前著『魂と体、脳』（講談社選書メチエ）で充分に論じたので関心のある方は参照していただきたい。ただし、前著時点ではオートポイエティック・システムとの類似はほとんど考慮されていない。

もし「心身問題」が「何か」分かったとしても、「なぜ」それが問題か納得いかない可能性があるからだ。やがて神経科学が心の全てを明らかにするのかもしれないが、それは誰かがやればいい話で、自分はその結果だけを知ればいい。「心身問題」は原理的に解けないタイプの問題にもみえるし、またもし解けるにしても先の話だろうから、さしあたっては無視して、もっと生産的なことをしたほうが効率的な戦略なのではないか？

たしかにそうかもしれない。しかし、心身問題は今もなお、様々な問題の背後で存続している。心身問題は、ある時期の思想家達が、古典的問題設定にとらわれることを嫌い排除してきた問題であり、ルーマンもガタリも（あるいは多くの時期のドゥルーズも）、そのような問題は、問うことに意味がないとする態度をとり続けたようにみえる。まさに効率的で無駄のない戦略をとってきたわけだ。

たとえばルーマンは、何千年も哲学者が取り組んでも進展しない心身問題を保留し、システム論の応用による理論展開（「なんであるか？」ではなく「どう動くか？」の分析）に心血を注いだ。[4] だからこそ、社会システム論は、現在知られるように様々な論者に影響を与え、それを通じ社会に援用されてもきた。あな

（4） ルーマンの主著『社会システム理論』で「神経システム」という言葉は日本語訳索引には一か所しか出てこない。オートポイエティック・システムの概念を応用し、その紹介もせざるを得ない本だから、非常に少ないと言える。そのわずかな言及箇所には次のようにある。

「心理システムの環境に対する心理システムの関係のあり様を考えてみると、心理システムがオートポイエシス的システムであるということ——より詳しく言えば生命活動に基づくのではなく意識を基盤とするオートポイエシス的システムであること——は疑いえない。心的システムは、心的システムに特有のオペレーションをするさいにはきまって意識を用いており、他面において、心的システムの環境と心的システムとの接触は全て（みずからの身体との接触も含めて）神経システムを媒介としておこなわれている。つまりこの接触は、意識とは異なるリアリティ水準を

介しておこなわなければならない。たしかに神経システムは、閉鎖システムであり、そうであるがゆえになおさら、意識をとおしてオペレーションしている心理システムもまた、心理システム自体によって構成される諸要素によってもっぱら構築されなければならないのである」（N・ルーマン著、佐藤勉監訳『社会システム理論』（恒星社厚生閣）四九三頁。傍点は引用者）。ここで言われているのは「心的（心理）システム」と「神経システム」は別の閉鎖システムであり、それぞれ自律しているということだ。閉鎖システム間の関係を「カップリング」と呼ぶなら、「心的システム」と「神経システム」のカップリングはまさに「心身問題」となるが、先に述べたように、この本にはそれ以上の言及はない。もちろん、ルーマンの関心はそこには無いので、そうする必要もない。

なお、ルーマンが意図する心理システムの「閉鎖性」や「オペレーション」については、「心理システムの再帰（中略）において、こうした閉鎖性というものは、意識が意識それ自体を前提として成り立っていることとして立ち現れる。意識が何であるのかを意識が知っていることに基づいてのみ、意識が何であるのか意識は知ることになる。ところが、意識のあらゆる再帰に先立って、まずはじめに、意識の基底的オペレーションの水準で自己準拠がたえず見いだされる。このオペレーションにおいて、ある表象がそれに引き続く表象を生み出しており、そうすることをとおしてのみ表象たりえている。そうしてみると、この意識の基底的オペレーションの水準においてすでに、意識はその意識が知らないことは知らないし、見ていないことは見ないし、考えていないことは考えない、ということは歴然としている。（中略）心理システムの再帰についてあてはまることが、心理システムの目的追求にも妥当する。そうした目的設定もまた意識においてのみおこなわれており、意識のオートポイエシスを前提としている。目的は、その達成をめざす活動と活動の間のシークエンスに対してその終点を設定している。しかしながら、このことが可能なのは、目的の達成という目的の終点が、意識の自己持続の終点でないばあいにかぎられている。（中略）意識はその意識それ自体のオートポイエシスを達成することをもってその目的とすることはできない。というのも、そうだとすれば、意識のオートポイエシスが達成されたら意識はなくなってしまうからである。意識にとって明確になったものは全て、意識のオートポイエシスの循環性を作り出しながら、同時に、意識のオートポイエシスの循環的閉鎖性のなかに蓄積されているのだが、こうした特徴を有する意識の循環的閉鎖性をもって個体性と名づけることにしたい。というのも、あらゆるオートポイエシスと同様に、意識のオートポイエシスの循環的閉鎖性もまた諸部分に分割不能だからである」（四九六頁。傍点は原文）がイメージを掴みやすい。また、ここで言及される「分割不能な個体性」を「モナド」と呼ばないのはかなり難しいと思うが、そもそも「モナド」はライプニッツが「心身問題」に直面し、その「解」として提出した概念だった（『魂と体、脳』参照）。

たはそうした著作の読者かもしれないし、あるいは彼らの作ったインフラ上に住んでいるかもしれない。

しかし、ルーマンが「応用」した「オートポイエティック・システム論」は、カエル神経系の状態変化と、環境から来る視覚的入力の相関（後の用語では「カップリング」）の希薄さへのショックに端を発する。ルーマンは、「心身問題」を「（神経システムと心的システムの）カップリング」という概念に置き換えた「オートポイエティック・システム」論から、巨大な著作群を書くドライブを得たが、最後の著作（『社会の社会』）では、再びその問題に、「社会の記述可能性」という別方向から立ち返る。

そして、本書は、まさにその点から始まる（第4章を参照）。答えの出ない問題を棚上げし、機能の記述に注力する態度は、大きな成果をもたらした。だが、ある意味、その成果が大き過ぎた故に、起源にあった謎、体験と神経システムの相関が謎であるという「心身問題」は姿を消した。[5]

その帰結の一つが、「自分はその結果だけを知ればいい」という態度だろう。機能だけを考えるならば、正にその通りだし、筆者も高校時代にそう考えた。

しかし、結果と機能だけで考えた時、たとえば「あなた」は社会システムにとって必要がない。社会は、あなたに可能な限りオリジナルで希少な存在になるよう要請すると同時に、いつ死んでもいいよう、暗黙知を残らずマニュアル化するよう望む。あなたが風呂に入って垢を落としたり、呼吸で酸素と二酸化炭素を交換する時のように、社会にとって、あなたの体験はその置換すら意識されないような「環境」に過ぎない。もちろん、社会システムにとって、あなたの体や心が不要なのは、システムの分割が強固ならば自明なことで、とりたてて言うほどのことでもないかもしれない。

だが、もしあなたが、「結果をもたらさない＝必要ない」とすることで、「心身問題」を考える「必要性」をどうしても理解できないなら、まさにそのような人のために本書はある。

そう考える人は、社会システム「として」、その視点から世界の観測と記述を行うことに、過剰に深く浸透されているからだ。あなたは、社会システムの構成素である「コミュニケーション」[6]産出用刺激=「環境」[7]であることに慣れ過ぎて、別の視点をとる「自由」を忘れている。[8]

そう、これは「必要性=機能」の問題ではなく、結局ある意味で「自由」の問題だ。だが、先に「考

（5） 実はこの点について、H・R・マトゥラーナ、F・J・ヴァレラ著、河本英夫訳『オートポイエーシス――生命システムとはなにか』（国文社）所収の二論文には微妙な曖昧さがある。カップリングしているのは神経システムと環境からの外部入力なのか、神経システムと身体システムなのか、それとも神経システムと心的システムなのか？最後の場合が、心身問題となるが、恐らく「心身問題」は閉鎖システム間の関係（カップリング）を問うという、より抽象的な問題の一ケースなのだろう。さらにそう考えた場合、「心身問題」を特別視しない態度は、複数のシステム間カップリングが同等に重要であるという姿勢といえるかもしれない。にもかかわらず筆者が「心身問題」にこだわるのは、筆者が人間であるため、その不思議さを忘れにくく具体的であるという利点、及び、それが死と直接に絡む点にある。つまり、社会システムにとって、「わたし」と全く同じカップリングを持つ「わたし」の模倣品があったとしても、知覚がなければ「わたし」は一人称的に死んでいる。この文脈では、「心身問題」がカップリング問題一般の中で特権的にみえる。

（6） ルーマンは「社会システム」を、たとえば個人を「部品」とする有機体のように考えるのではなく、何かについてのコミュニケーションにまた別のコミュニケーションがただひたすら繋がっていくものだという視点を導入した。この観点を採用するなら、システムを構成する要素は「個人」ではなく「コミュニケーション」ということになる。そしてコミュニケーションの種類が「正誤」の判定だったり、「合法違法」の判定だったりと異なることで、社会システムは「科学システム」や「法システム」へと分化する。

（7） システムの構成素（たとえば社会システムにとっての「コミュニケーション」）に成りえないものは「（そのシステムにとっての）環境」とされる。たとえば知覚に知覚が後続する「心的システム」にとって、神経システムや社会システムは「環境」であり、逆に、社会システムにとっては「心的システム」や「神経システム」は「環境」となる。

える必要性」と書かざるを得なかったのは、まさに言語というものが、そもそも「社会システム」であって、「必要性」と「意味がある」の区別を難しくする特性を持つからだ。そして、「自由」と呼ぶのも、言語内部ではそれぐらいしか言いようがないからそう書くだけで、別の概念、あるいは記述形式が必要だろう(9)。

わたしたちの身体は、なぜ「わたし」という意識をもち、それがなぜ「脳」のような中枢的要素と関係しているようにみえるのかという問題は、忘れられたまま、わたしたちのシステム記述を支える「インフラ＝見えない前提」になっている。だが、この状態のままでは、「わたし」にとって「わたしの死」がどうして大きな問題でありつづけるのか？ という問題も掻き消されていく。社会システムにとって、わたしの死は「環境問題」に過ぎない。

「「わたしの死」なんてどうでもいい」という人に、筆者は何度も会ったことがある。筆者の観点では、それは、その人があまりにも社会システムの視点と密着しているから抱く意見だということになる。が、この仮説は、太陽や死を直視できる「超人」への嫉妬かもしれず、その是非を筆者自身は知ることはできない。だから本書は、心身問題や社会システム論の本というより、社会システム論「基礎論＝心身問題」のような試論を目指し、ひたすら「無意味で」「必要がなく」「役に立たない」心身問題、あるいはシステム間カップリング問題の周囲を回り続けることにする(10)。

心身問題は、今のところ誰も解くことができない。では、いかにアプローチするべきか。もちろん神経科学を通じたアプローチは正当だ。しかし、神経科学は、それが社会や思想とつながる道筋については、今のところほぼ沈黙せざるを得ない。数少ない例外も、多くは「社会はそれをどのように管理＝機能させるべきか（＝必要性）」という問いに横滑りしてしまう。

本書は、その「道筋」について、「（数理）科学以外」の多様な方法論を模索しつつ筆者が考察した記録だ。思想家たちに言及することは多いが、それは正当化というより、無理やり何かのヒントを引き出すために酷使されているといったもので、冒頭引用文の講師なら赤線で抹消するに違いない。残念ながら、本書に明日の指針を与えるような「答え」はない。しかし、筆者はそこに居直るというより、「答

（8）西垣通による「基礎情報学」は、ルーマン社会学やオートポイエーシスの議論に、微妙なしかし、大きな変更を与えることで、ここに述べたようなシステム間の「権力関係（「カップリング」の一つ）」に関するモデルを持ち込もうとしている。その展開については第5章および『基礎情報学のヴァイアビリティ』（東京大学出版会、近刊）収録の続編を参照。
（9）恐らくバタイユはこの「自由」を「至高性」＝別の何かに対する手段にはならない体験、と呼んでいる。より詳しくは、彼の『至高性——呪われた部分（普遍経済論の試み）』（湯浅博雄ほか訳、人文書院）など参照。また本書で小説形式が使われる理由とも関係がある。「内省」は、ある意味社会システムが心的システムに埋め込まれたようなもの（心的システム内コミュニケーション）で、放置すれば社会システムとしてしか機能しない。恐らくこの点を強く強調したのがラカンなのだろう。言語を使って、言語ではないことを考えるというのは難しいが、それがバタイユやキルケゴール、あるいは哲学癖の強いベケットに小説を書かせた理由だったのではないだろうか？
（10）西垣の基礎情報学が、システム間に生じる権力関係、心的システムによる記述視点の切り替えというアレンジを、ルーマンやオートポイエーシスの議論に加えたことと、本書の視座は類似している。なお基礎情報学の「基礎」は「簡単なelementary」ではなく「前提を問い直す、基礎づけfundamental」という意味で使われている。ちなみに筆者にとって意外なのは、基礎情報学的観点では、「心身問題」は「権力（階層）関係」の一種（心的システムと神経システム間カップリングにおける）とみなしうるということだ。その意味で、ドゥルーズが『シネマ2』で「脳の映画」に至った後、権力論に溢れた『フーコー』を経由して、ライプニッツ論である『襞』へ行ったという流れは興味深い。

え」を小説の結末のようなものとみなしている。結末は、カタストロフをもたらすかもしれないが、その道程が無ければ無意味でもある。小説は読んでいる間の体験としてしか意味を持たない。[*2]が、社会はその体験を、たとえば「面白い解釈」というコミュニケーション産出を通じてしか意味づけできない。だから本書は、「解釈の自由」や「思考の刺激」を狙ったものでもない。

答えも与えず、解釈の自由を狙いもしないもの。それは「笑いだけ残る猫」のように、二〇一四年の日本語内にイメージを持たない。しかし、本書は「それ」であることを目指して構成された。

本書の読み方と構成

本書の構成について触れておく。まず断わっておくと、本書の大部分はこの五、六年間に筆者が依頼に応じた論考を、前節で述べた視点から再編成したものだ。よって、各章は独立して読むことができる。この点で本書は、全体として積み上げ式に読まれることを目指した前著『魂と体、脳』とは真逆になる。(1)筆者の関心とは無関係に与えられたテーマは、思考を「心身問題」とその外部への繋がりという論点に連れ出す呼び水になり、思いもよらないことを発想する助けになっていった。その点で筆者は依頼という形式に感謝している。なお本書の構成は年代順ではなく、ある程度論理的な順序があるよう配列している。それもまた本書を担当した方からの依頼だが、そもそも「個人的な続編」や「ペアになるもの」として書かれたものが多かったので、それほど難しいことではなかった。

第I部では、まず筆者が商業誌に初めて発表した文章である「観測者の観測」をめぐる章（第1章）から始まり、中間休止的なエッセイ（第2章）を挟んだ後、本来前著の最終章に概括として来るはず

（1）なお、本書にはエッセイや小説が論考と同時に収録されている。筆者にとって小説形式は現象学や言語ゲームの博物誌的列挙に近い、体験や思考のシミュレーション＝実施可能性の吟味という意味を持つ。

だった、「心身問題」を巡る様々な態度を並べた映画論（第3章）が来る。ここまでは、ほぼ前著の副産物として生まれた文章で、前著を読んでいない読者へのイントロを兼ね、筆者の「心身問題」に対する取り組みを振り返る。そして第I部ラストである『社会の社会』を巡る論考（第4章）で、冒頭に触れた「カップリング」や社会システム論と前著の接続が始まる。

続く第II部では、第I部ラストで語られた「記述」について、それが「心的システムによる心的システムの記述＝人称性」とどのような関係にあるかが、主に記述が持つ外側との関係から語られる。まず社会システム（たとえば「評価」）と、心的システム内部に現れる「発想」の接点で起きる「面白さ」の関係を巡る章（第5章）があり、それを受け、そもそも「心的システム」が社会システム内部で存在を許される条件ともいえる「進化」[2]との関係について、二つのエッセイ・小説が添えてある（第6、7章）。そして、第II部終章では、「わたし」は（社会を含む）世界の「どこ」にあるのか？　という少しナイーブな問いについて、奇妙な仮説（第8章）を提示してある。

続く第III部では、人称性について、第II部と逆に、それが最も内的に閉じていく様相としての「死」を置いた。最初の章では、人称性の内部記述にとってのポジティブな側面、「幸せ」について書いているが（第9章）、続く第10、11章は、死と人称性が持つ「空間性（位相）」に対するエッセイ・小説となる。そして、第12、13章は、吉本隆明論として書かれた語尾についての論考（書下ろし）と、語尾についての中編小説になる。

ここで「語尾」は、吉本に倣い、人称性＝「文体、スタイル、手触り、人柄、雰囲気、視点」などを文に与える、「日本語」というシステム特有の仕組みとして選ばれ、人称性の記述について具体的な様相を与えるサンプルとして使われる。この長大な二つの章は、人称性記述について、論考とは別の仕方で考えるため小説形式を使うという筆者の方法論が最も鮮明に表れる。なお、第13章は、歌人の片岡聡一（代表作は『海岸暗号化』）と共著で書かれた、小説形式の第一作であり、時期的には他の小説に先行しているが、仕組みとして最も複雑なので最後に配した（『群像』掲載時にカットされた後半部を採録しているためほぼ倍増している）。

最終節では、本書でほぼ封印された筆者自身の理系的関心と今後の展開について簡単に触れ、本書を閉じている。

なお注については、出典を探すために必要なものは巻末へ、内容と相関するものはかなり長くなっても本文脇に置くという方針で選別し、利便性に配慮した。全てを後ろにしてしまうと、どの注が読むべき考えを含むのか、めくってみるまで分からず手間になるからだ。このため、本書では注が紙面を埋め尽くす頁が時折現れるが、編集方針としては一貫した形式を保っている。ちなみに長い引用は、まさにその思想家のベストと言えるが教科書等ではむしろ省略されざるを得ないような箇所を抜き出したため長い。

また文章に関しては、短い期間ながら筆者のスタイルがかなり変化しており、全面改稿は諦め、最小限の変更にとどめた。

（2） 生物学でいう「進化」とは違う意味なので、他の言葉をあてるべきかもしれないが、適当な言葉もないのでこのままにしてある。

第Ⅰ部　社会システム論から心身問題へ　本書における心身問題の位置づけ

1 観測者の観測——なぜ、モップと語り合えないのか？

我は汝に告げる。一粒の麦は、もし地に落ちて死ななければ、単独のままに留まる。だが、死ねば、多くの果実をもたらす。

——『ヨハネ福音書』一二章二四節（『カラマーゾフの兄弟』英語版冒頭の引用句より訳）

彼はアントナン・アルトーと呼ばれていて、一九三九年八月に四二歳でヴィル＝エヴラールの精神病院で死にました。

——アントナン・アルトーの日記より（『アントナン・アルトー著作集V』）

モップは語る、は理解できるか？

統合失調症を患った知人に、そのときの体験について語ってもらったことがある。いろいろと聞いた中で何となく思い出すことがあるのは、彼女が語った「家に置いてあったモップが喋りかけてきた」という言葉だ。これ自体はおそらく典型的な症状群の一つに分類されるだろう。彼女は「語ったというよりは、伝わってきた、わかった」と描写していて、それは他人の考えが自分に伝わってきたり、自分の考えが他人に伝わったりする現象の一種だと言えるだろうからだ（ちなみに彼女は投薬による治療によって安定を取り戻し、その後は特にモップと語り合うこともなく平穏無事に暮らしているようだ）。

統合失調症が発病する要因について私は特に詳しくない。よく聞くのが、脳内伝達物質の一つであるドーパミンが過剰に分泌すると統合失調症になるというモデルだ。ただ、それは大いに役に立つが、何か本当に知りたかったことを知らされないまま放置されているような不満が残る。残念ながら、このモデルでは、なぜ「モップが語りかけてくる」のか、その仕組みについては語ることができないからだと思う。

もう少し別の仕方での記述はありえないだろうか？　つまり、たとえば「我々はなぜモップと語り合えないのか？」という問いに対して、別の理解の仕方を提示できないのだろうか？　じつは、これは単に統合失調症の症状に対して別の解釈を提示する、ということには留まらない。おそらく世界観のレベルでの変更を迫る作業だと思う。

ここに書く「別の理解の仕方」のたたき台は、私が行なったある簡単なコンピュータ・シミュレーション[*1]の結果を巡る解釈とさらなる探求の方向の提案である。

中枢が出現することのモデル？

このモデルについて簡単に説明しておく。それは非常に単純な知能を持つ人工知能（エージェント）の集団を用いたシミュレーションであり、いわゆる「複雑系」に分類されるモデルだ。はじめは特に大きな違いのないエージェントの集団に、ある特定の相互作用を何万回も繰り返させると、システム全体の構造の縮図を持ち、他のエージェントに指令を与えるような特殊なエージェントが出現する[1]（図1）。このエージェントはある条件の下では、システムの中で一つだけになる。[2]したがって、このエージェントをシステムを支配する「中枢」と呼ぶことができるだろう。

本当だろうか？　この疑問を心に留めておいてほしい。

出現した中枢はシステムに存在するエージェントたちの協調を媒介する機能を持ち、それなしではありえないレベルまでシステムの協調レベルを上げる。協調レベルというのがわかりにくければ、たとえ

（1）　詳細は、＊1の論文を参照。また、このモデルは安冨歩氏の提示した貨幣の起源のモデル（安冨歩『貨幣の複雑性――生成と崩壊の理論』（創文社）所収など）にヒントを得ている。ただし、貨幣という「構造を持たないもの」が「数多く」流通する代わりに、「情報の集積体としてシステム全体と比較しうる程度複雑性を持つもの」が「一つ」出現するモデルになっている（図2）。安冨氏のモデルは好意的に受け入れられる場面も批判的に言及される場面も様々にある。しかし、私見では、批判的に言及される場合の多くは、モデル自体の批判というより、「貨幣の起源」という理論的な興味が歴史的に長く持たれてきた問題に対して、あまりにも単純な「答え」を出してしまったことと、そのダイナミクスの単純さによると思う。より正確なコメントを行なうために整理すると、安冨氏のモデルでは、貨幣の三つの機能のうち、貯蔵性、媒介性（＝一般的交換手段）の起源については扱うことができているが、それは尺度性（＝計量性）を前提としているため、正確には「計量性を前提とした貨幣の起源のモデル」とすべきだったと思う。逆に、批判を行なう場合、この点に絞って比較可能な別のモデルを提出しないと議論がかみ合わない。ちなみに、筆者は計量性に的を絞りつつ安冨氏のモデルと比較可能な貨幣の起源のモデルを既に用意しているので、機会があったら別の場所で述べたいと思う。

（2）　別の条件の下では「中枢」は複数出現する。ちなみに筆者の元々の目標は解離性同一性障害（＝多重人格）のモデルであったので、この現象は中枢＝人格とするなら興味深い。

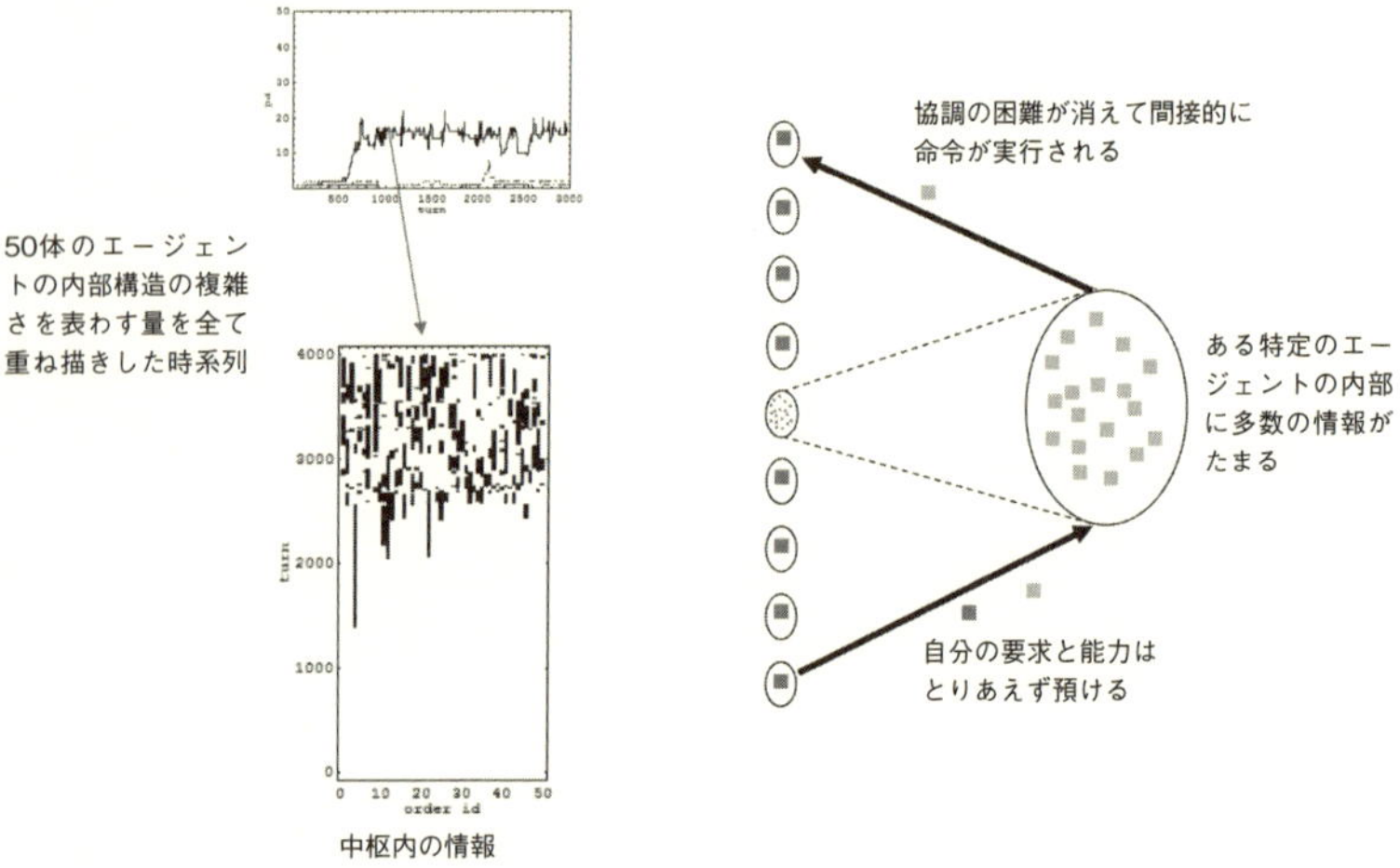

図１　中枢の概念図

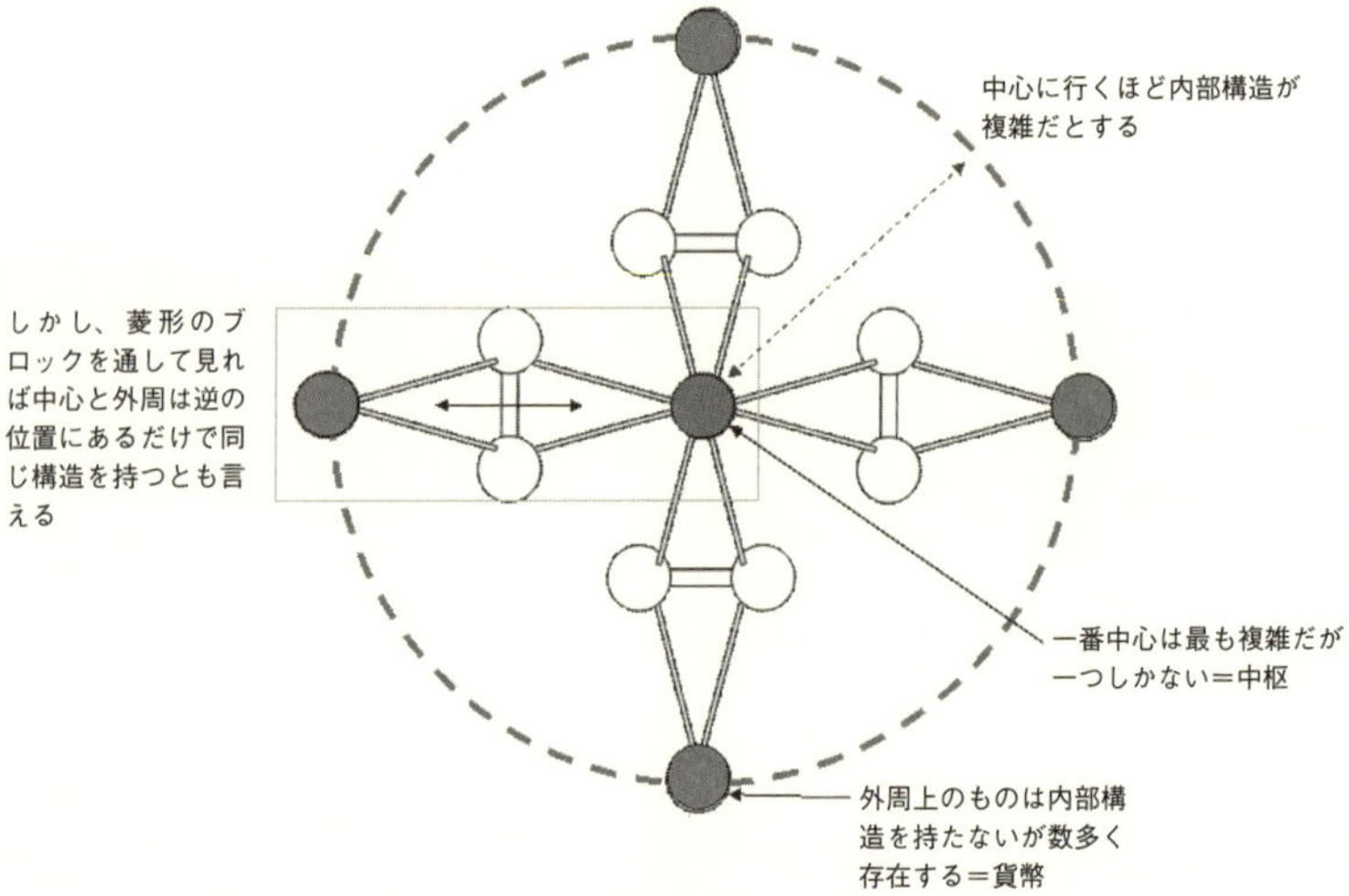

図２　貨幣と中枢

ば身体が、バラバラのエージェントによって構成されていると考えて、それらが無茶苦茶に動くのではなくて、ダンスを踊ったり歩いたりしていれば協調レベルが高いというような意味で考えていい。我々も脳を一撃されれば非常に協調レベルは下がるだろうが、このモデルでのエージェントたちも同様である。(3)

じつはこの中枢には問題がある。(4) たとえば五〇体のエージェントでシミュレーションを行なってある協調レベルが達成されたとしよう。次にエージェントの数を一〇〇体に増やしたとする。このとき、協調レベルも倍にならなければ、中枢の効果はシステムのサイズが増加すると減少していき、やがては無用になってしまう。しかし、このモデルではエージェント数を倍にしても、協調レベルはまったく上がらない。つまりある程度以上複雑なシステムでは中枢の効果はなくなってしまう。

じつはこの現象の原因は簡単で、中枢はシステム全体の地図を持ち、命令を下し、協調を媒介する極めて特殊なエージェントだが、同時にそれはもともと単なるエージェントであり、他のエージェントと本質的に差がないため、働く機会が均等にしか与えられないことにある。これを中枢の二重性(図3)

(3) 通常の複雑系のモデルでは「中心がないにもかかわらず、全体としてある機能が創発する」ことが、驚きの対象とされていた。ここでは問題設定を少し変えて、中心というものが創発する仕組みは何か? その機能は何か?が問われている。

(4) この問題は貨幣のモデルでは現れない。貨幣と中枢はおそらく図2のような関係にあり、単純な変換で移りあうように見える。が、そのような考えは、それぞれの領域に固有の問題を見過ごしてしまうだろう。またこの図の関係は単純に表わすために非常に固い構造を持っているが、中枢と貨幣の関係は、もう少し多様な構造を持ちうると思われる。

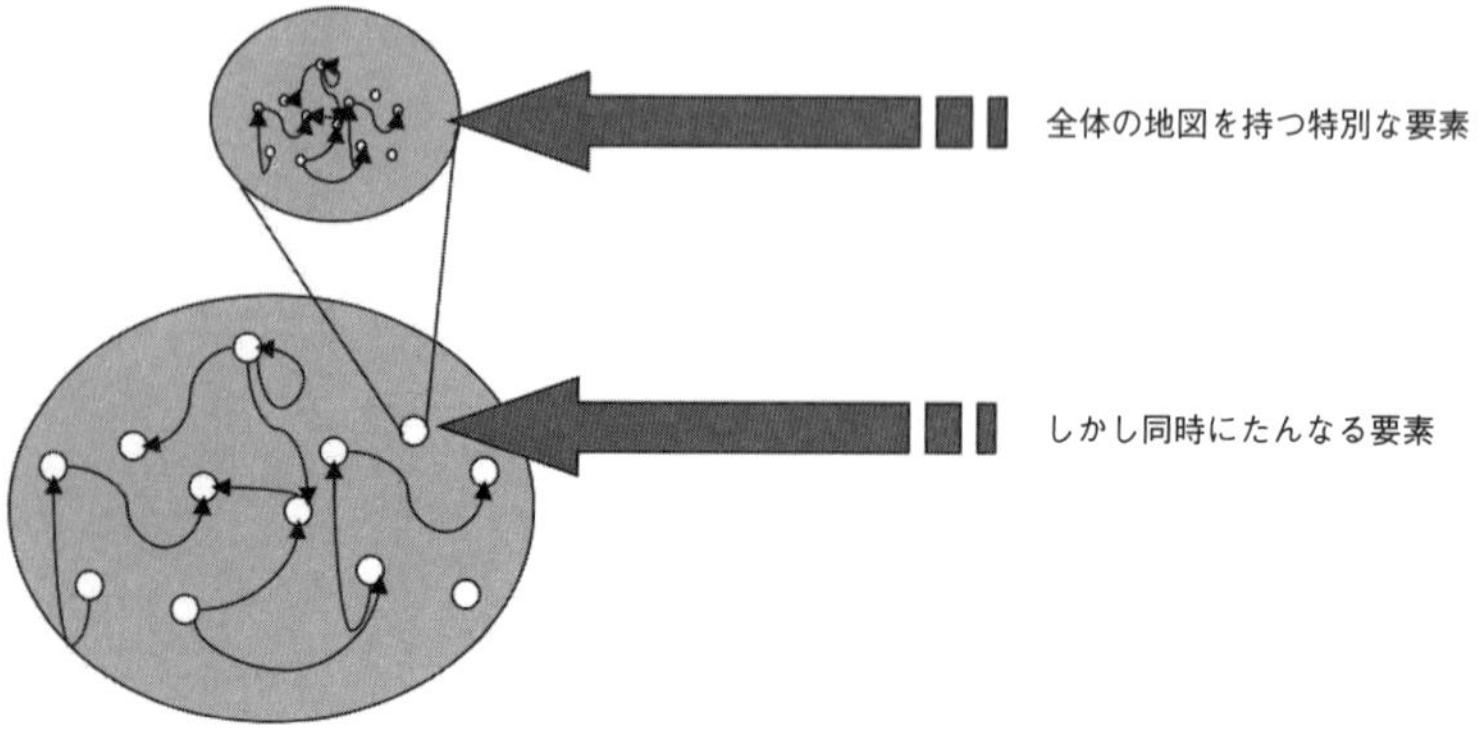

図3　中枢の二重性

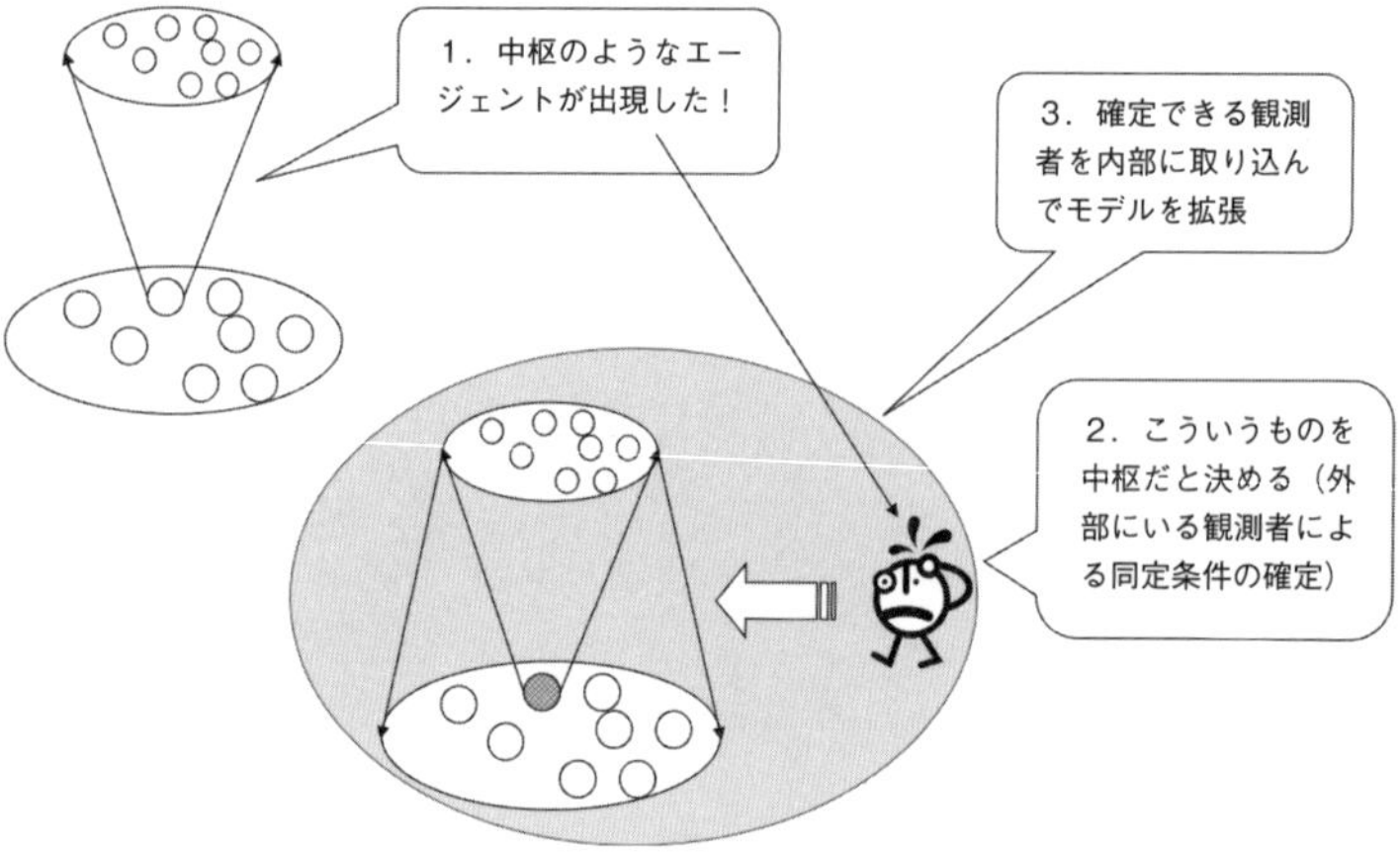

図4　同定基準の図

と呼んでおく。(5)

解決方法も単純で、要するに中枢が優先的に働く仕組みをモデルに入れてやればいい。そうすれば協調レベルはシステムサイズに綺麗に比例して上がる。問題解決である。本当だろうか？　ここで、少しその導入過程について考えてみる（図4）。

まず、とりあえず中枢の同定基準は適当にしておいて、突出した要素が出現したので中枢とした。しかし「中枢が何であるか？」を同定する基準を定めないと解決しないような課題が出現した。そこで、その基準をこちらで決めてやってシステムに取り込みモデルを変更した。

しかし、どういう基準で中枢を選ぶのかという基準がじつは決められない。先ほど心に留めておいてほしいといった疑問がここで意味を持つ。突出した要素が出てきて、それをとりあえず中枢と呼ぶ、と決めていたあいだは同定基準のことは忘れていたわけだが、それを具体的に一つに決めなければならないとすると逆に、何らかの基準を決めて中枢という概念を表現する必要が出てくる。実際、その作り方でシステムの振る舞いは変わってしまう。*2

この変更では、モデルの外側にいる私が「これが中枢である」という基準を神の視点から一つに決め

（5）　このように相似しつつ齟齬を孕んだ二つのシステム（今の例では、中枢内部のシステムの縮図と実際のシステム）のあいだに特殊なインタラクションを定義するモデルが郡司らによって多数提出されている（郡司ペギオ－幸夫『生命理論』（哲学書房）所収の議論およびそれに対応する欧文の学術論文など）。しかし、それらのモデルにおいては、二つのシステムの存在は、前提とされていて、片方から片方が出現するという話は扱われない（扱えない）。私見では両者が元々は一つであるという状況を用意しないと扱えない問題もあると思う。その一つが、中枢の二重性である。

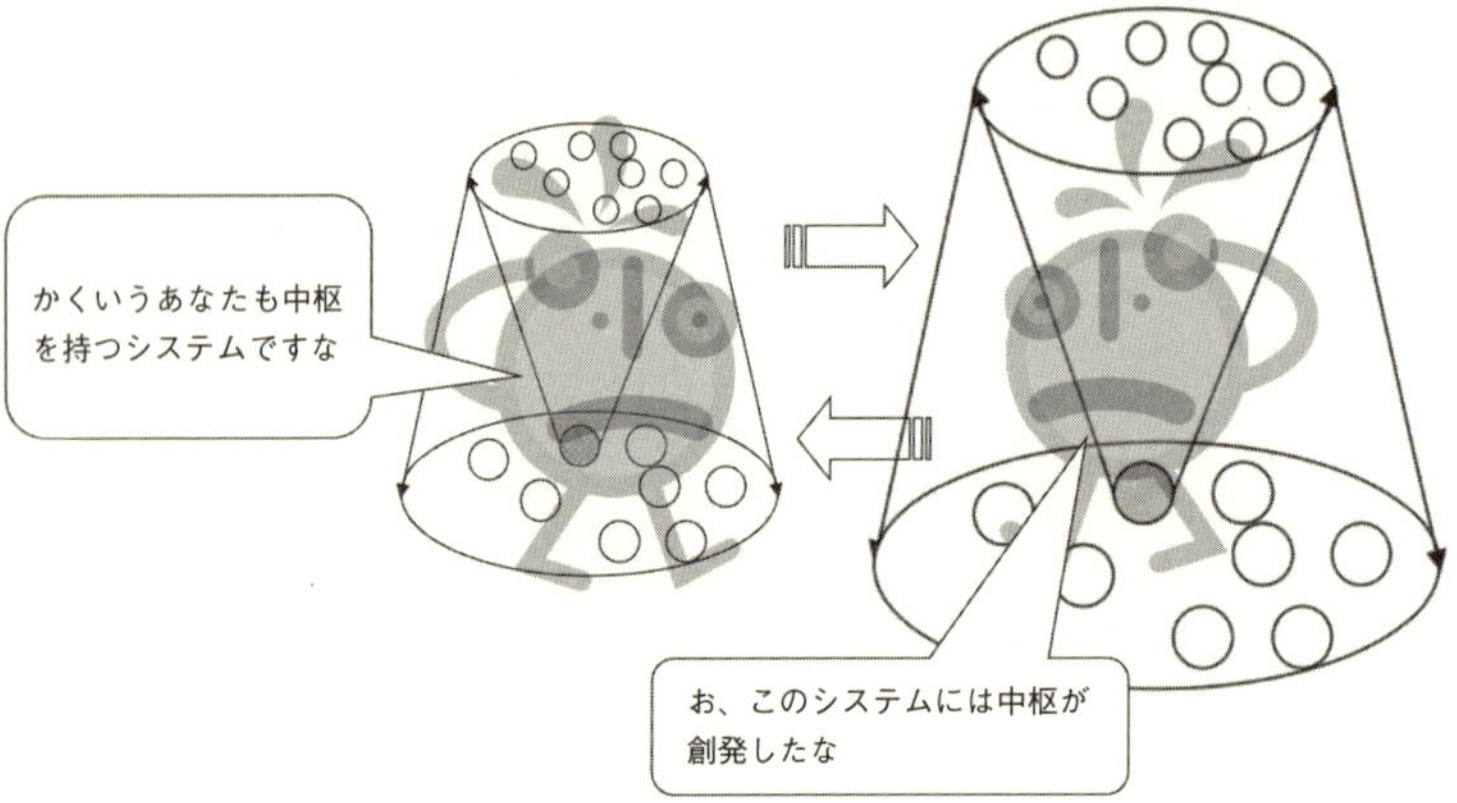

図5　相互同定

てモデル内部に取り込んでいる。しかし、神が現実にはいないなら、中枢を優先的に働かせる仕組みが自発的に出現するようにしないと、本当は、協調レベルの問題は解決できないだろう。

ところでじつは、「モデル外の私」も、脳を中枢と認めるなら「中枢を持つシステム」だと考えることができる。すると上に書いた「中枢を同定する」という作業をモデルの中に取り込むことができるだろう。つまり「中枢を同定する私」を別の中枢を持つ集団としてモデル内に入れることができるはずだ（**図5**）。実際にそのようなモデルを作るためには、様々な具体的なアルゴリズムの研究が必要で、それは私の今後の研究プラン[6]の一部になっている。しかし、では、それはいったい何をすることになるのだろうか？

観測者の観測と状態の観測

普段生きるときに我々は「他人の心」というある意味

中枢的なものを相互に同定する作業を繰り返しながら生きている。これはいわば「観測者の観測」という行為だ。では「観測者の観測」は「状態の観測」と異なるのだろうか？　またそれと中枢の関係は何だろう？

この問いは「観測者」を同定する観測に関する不定性は、一般のXという量、質、規則を同定する観測に伴う不定性[7]と何か違うのだろうか？　という問いに置き換えられる。

観測者を同定する観測では、観測をした瞬間、観測結果（つまり自分とは別の観測者）によって、「こちら側（つまり自分）」を観測される、という受動的事態を避けられない。規則や状態の同定の場合、それはない。規則は我々を観測できない。そして、この受動性は「こちら側」が観測者として認められないという不定さを孕んでしまう。つまり、私がXを観測者だと認めたとしても、Xは私を単なる物だとみなすかもしれない。[8]

ここに冒頭に掲げたフランスの詩人アルトーが書いた手紙の言葉[9]を解釈する手がかりがある。つまり、もし我々が自分を物（＝死んだ存在）から区別する際に、他人の観測によって自分が観測者（＝生きている存在）だと認められていると、信じていることに強く依存しているとする。すると、その信念が崩れた

（6）『魂と体、脳』参照。この原稿時点では、モデルは存在しなかった。

（7）この不定性についての考察が郡司らによって積み重ねられ「内部観測」と呼ばれている。まとまった文献としては、郡司ペギオ－幸夫『原生計算と存在論的観測』（東京大学出版会）。

（8）ちなみに「人間のように振る舞うがクオリアを持たない認識論的ゾンビ」という思考実験の対として「逆ゾンビ」というものが考えられる（早稲田大学の井上智洋の示唆による）。これは、「クオリアを持つようにはまったく見えないしコミュニケーション不能だが、クオリアを持つ存在」というものである。

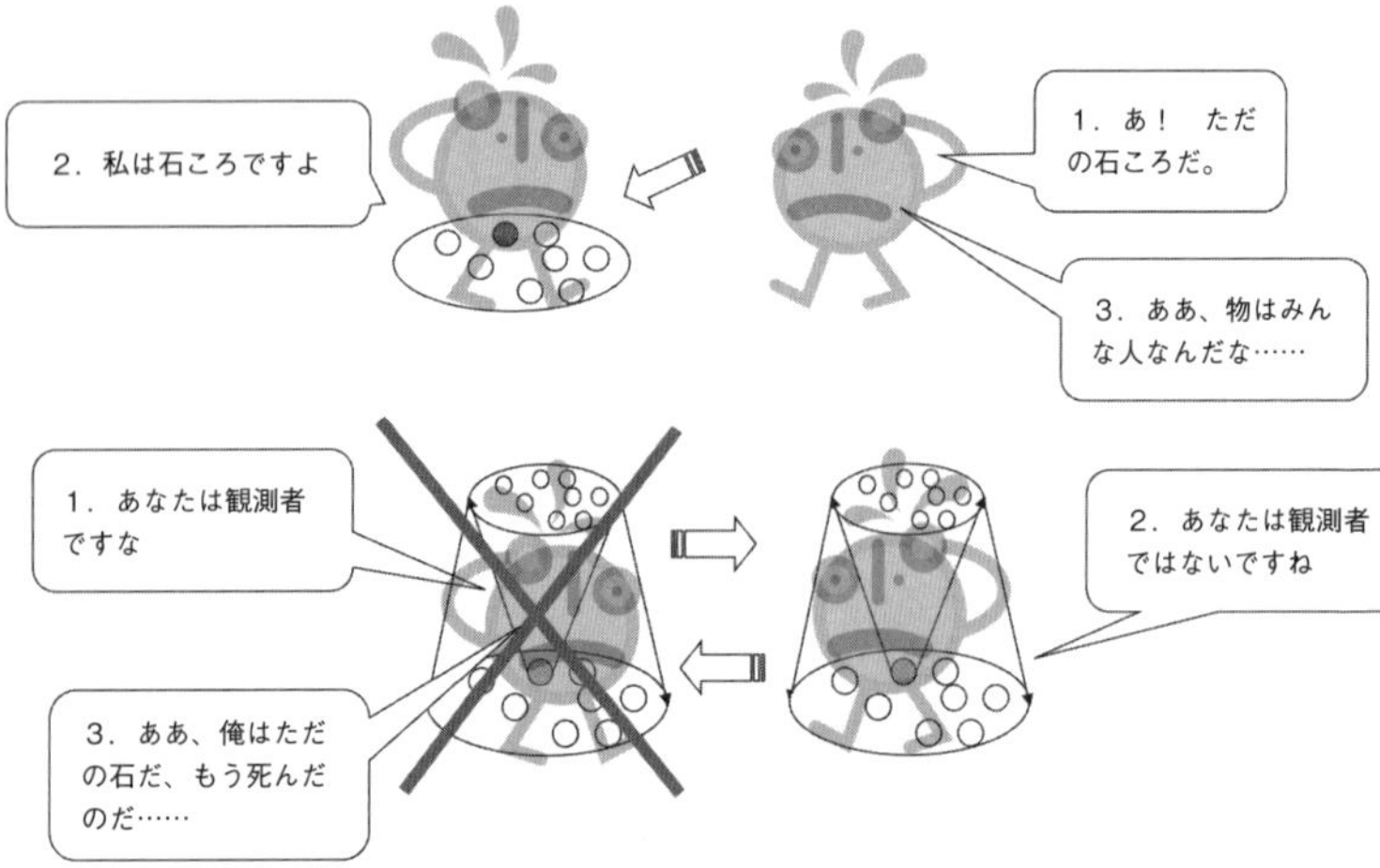

図6　物と死の図

とき二つのことが起きうる。一つは自分自身を観測者とみなさない、つまり「死んでいる」とみなすということである。そしてその逆、つまり、物を観測者と認識することもあるだろう。それはすなわち「モップが語りかけてくる」である（**図6**）。

しかし、一方で観測者の観測と状態の観測は同じである、という立場も可能である。たとえば箱に隠されたシュレディンガーの猫の状態Xを観測したとき、観測者は、その状態を、X_1（＝生きている）と同定した観測者1（およびそれを含む宇宙1）と、X_2（＝死んでいる）と同定した観測者2（およびそれを含む宇宙2）に分裂する、という立場（量子論の多世界解釈）は、そうした立場の極端な例だ。

つまり、二つの観測の差異は程度問題にすぎない、と考えることもできる。本当だろうか？　確かにそのように考える立場を想定することはできる。が、それは我々の直観を説明できていない気がする。二つの観測の差異を本質的とみなす立場と程度の差異とみなす立場をもう一度接合し常識に戻ってくる必要がある。*3

おそらく、「観測者の観測」とは、ある特殊な構造を持った「状態の観測」である。そして、その特殊な構造、それが中枢なのだ。理由はわからないが、我々は通常、「中枢」によって制御されているようなシステムを認識すると、それを「観測者」だとみなす。

では「中枢」とは何だろうか？ 私が天下り的に定義を与える。それは「あるシステムの内部にいながら、同時に、そのシステムを外側から見て制御しているかのような要素として観測される要素」である（**図7**）。つまり、「別の観測者に外部観測者として観測された内部観測者」である。これは、「あなたはあなたの身体に関して自由に振る舞うものとみなす」という意味でもある。一方、同定された観測者のほうでは、「私は私の身体を完全に知らずに使っている」。この落差が観測者の観測には不可避であり、様々な困難や帰結(10)を生じさせる（ラカンはこれを欲望の基本構造としたと思われる(11)）。

一方、観測者の観測も状態の観測の一種であるとした以上、その不定性を消すことはできない。つまり、「中枢」が何であるか、もしくは観測者の認識の基準を「中枢」に置くこと、これら自体が不定性

（9） この「私は既に死んでしまっている」という感覚自体はアルトー独自のものではない（セシュエー著、村上仁、平野恵訳『分裂病の少女の手記』（みすず書房）など）。彼の面白さは、おそらく一つ一つの文の内部でその背景になるフレームが変わってしまい、こちら側が統一した像を見いだせないような不思議な文章にあると思われる。また、冒頭に引用した文章はじつは、前の自分はいなくなってしまったから、この身体に入っているのはアルトーではない。したがってアルトーは死んだ、というような思考の文脈で出てきており、「自分が死んだ」という体験にもその生成ロジックは複数あるのかもしれない。

（10） 私見では、おそらく「クオリア問題」はこの問題の帰結の一つとして出現する。

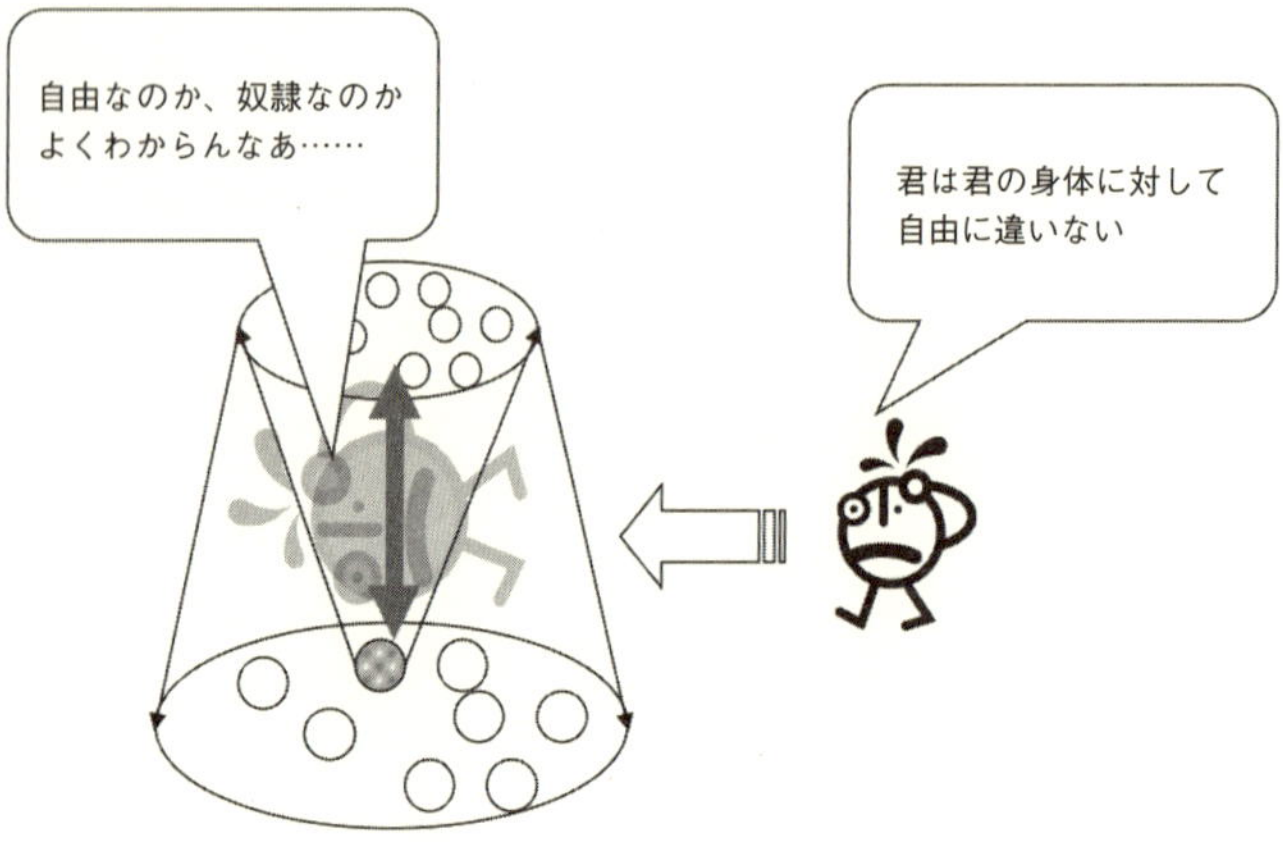
自由なのか、奴隷なのか
よくわからんなあ……
君は君の身体に対して
自由に違いない

外部観測者からの「外部観測者としての内部観測者」の同定＝「観測者」の同定

図7　内部かつ外部の図

にさらされる。先に私が書いた天下りの定義は、書いた瞬間に不定さによる異議にさらされる。つまり我々は「観測者」と「物」の区別を間違えることがありうるのだ。それは理論的な可能性であると同時に、生きられる体験でもありうる。その端的な現われが統合失調症の人の体験である。

コミュニケーションの未来？

おそらくラカンが想定した想像的なものと象徴的なものの差異は、観測者の相互同定（＝想像的なもの）が比較的安定している場合に、その外側に「観測者ではないもの＝物＝シンボル＝語られるもの」を析出することで生じる構造だと思う[12]（**図8**）。つまり「観測者間のシンボルの伝達」という意味でのコミュニケーションを支える背景にあるのは、当たり前ではあるが、コミュニケーション不能な存在＝物＝シンボル＝語られるものと、その上で語る主体＝

観測者、という区別だ。そしてこの自明とも言える区別が崩れることとは、観測に関わる消しえない不定性一般の一つの表現だろう。

(11) ラカンの図式と対応づけると、中枢を持ったシステムによる相互同定が「想像的なもの」で、その齟齬を補填してくるシンボルの連鎖が「象徴的なもの」となる。「シニフィアンの連鎖」としてしまうとわかりにくいが、シンボルというものは「公共的」であり、「伝達可能なもの」でもある。そしてその内部に「主語＝能動者」や「目的語＝対象」といった複数の主体間の関係の構造をカテゴリとして持っている。この図式の内部では、「相手」は、「通常」、相手の身体を支配する「能動者」として処遇される。しかし、ここに出てくる理想化された「能動者」と、「伝達不能な自我のイメージ」とのあいだにはずれがあると思われる。ラカンの場合、自我のイメージとシンボルの接続する場所の構造について触れているのは、おそらく対象aやファルスを巡る議論であり、本稿と関係があるとは思う。が、本稿のモデルの水準では、それら（自我のイメージ、対象a、ファルス）は全て「中枢」となってしまい、区別が難しい。もしかしたら貨幣と中枢の双対性を用いて両者を一つのパラメータで結び、同時にシステムに存在できるようにできると、区分が可能になるモデルを作れるのかもしれない。だが、たぶん「マルチ・エージェント・システム」にとっての無意識」の定義は、人間の場合より難しい。意識が何かわからないので、無意識も定義できないのだ。私見では、ここで提出したような二者関係のモデル（基本的には想像的なもの）の齟齬を通じて象徴的なものをさらにモデル化し、それらの後に、象徴的なものが中枢の統御を超えて暴走するような仕組みを用意しないとモデル化できないのではないかと思うので、かなり遠い目標である。関係しそうなラカンの文献は、『無意識の形成物（上・下）』（岩波書店）、『フロイト理論と精神分析技法における自我（上・下）』（岩波書店）、「フロイトの無意識における主体の壊乱と欲求の弁証法」（『エクリⅢ』（弘文堂）所収）など。

(12) ちなみに**図8**では「大きさ」を基準にしているが、「速度」も基準になるのでは？という指摘を哲学者塩谷賢から受けた。これは、たとえば山や川、植物などの動画の速度を変えてみると「動物」のように見えてしまう、という現象との関連があるのかもしれない。さらに彼の指摘は、ラカンの有名な背中に円板を貼られた三人の囚人の寓話（「論理的時間と予期される確実性の断言」（『エクリⅠ』（弘文堂）所収）、または新宮一成『ラカンの精神分析』（講談社現代新書））において、それぞれの囚人が「見えない自分」に関する断言を行なうときの「同期」と関連があるのでは？という文脈を持って行なわれていて興味深い。「人間」であるための時間スケールというのがあるのではないだろうか？

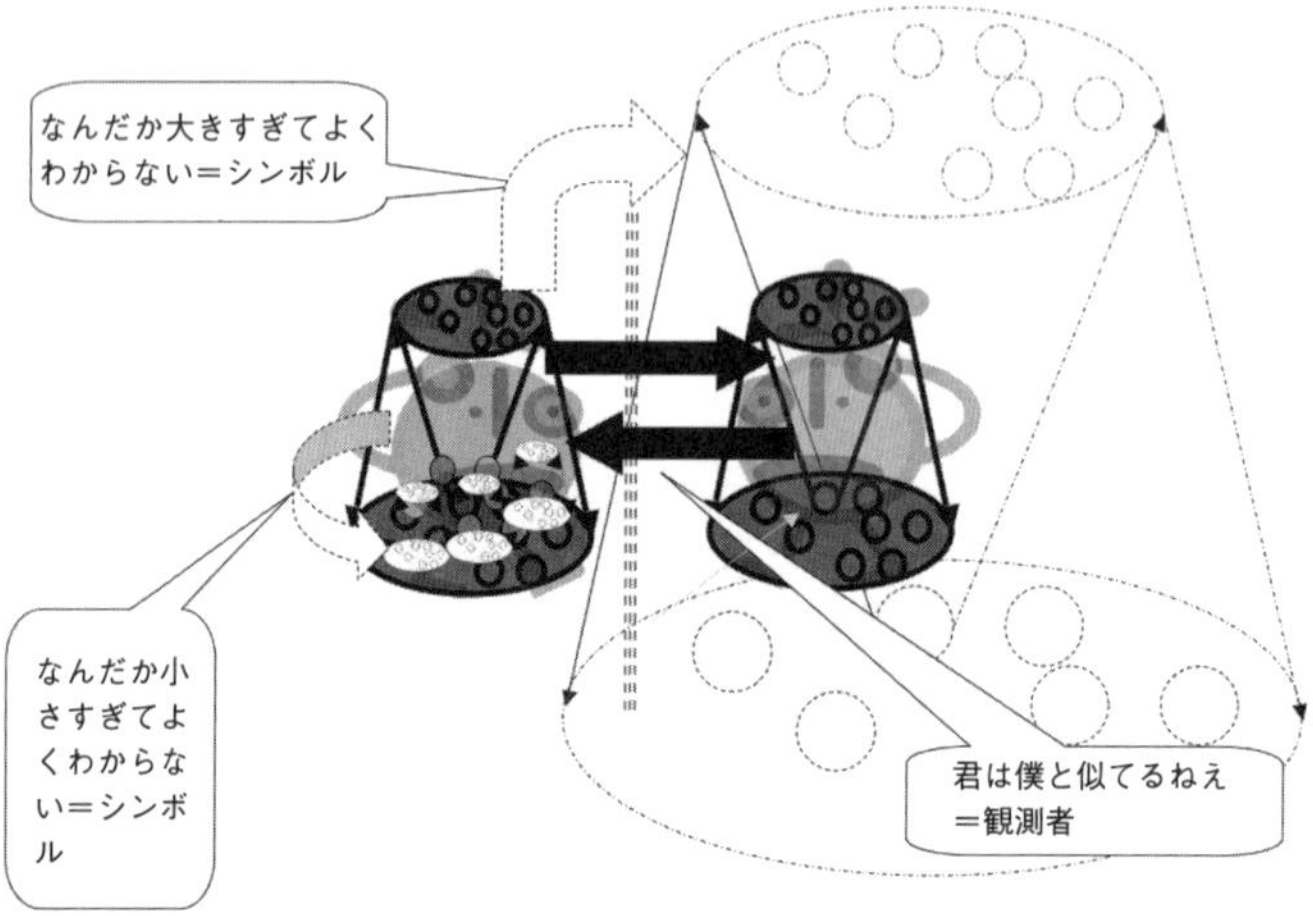
なんだか大きすぎてよく
わからない＝シンボル
なんだか小
さすぎてよ
くわからな
い＝シンボ
ル
君は僕と似てるねえ
＝観測者

図８　語られるもの、語るもの

そして、おそらくドゥルーズとガタリが懸命に主張しようとしていたのは[*4]、象徴的なものと想像的なものとの区別が相対的なものである、というときに現われる可能性である。それはコミュニケーションという構造を支える背景そのものを変えてしまうことができる、という主張であり、物と観測者、死んでいるものと生きているもの、という区別そのものを変更した新しい世界観を帰結する。我々はまだその世界観を正確には知らない。それは全てを死んでいるものとみなす世界観（唯物論）とも、全てを生きているものとみなす世界観（アニミズム）とも、その中間の一つ（「常識？」）とも違う「何か」であり、統合失調症の症状は、その「何か」の痕跡による存在証明のようなものだろう。

正確には、と断ったことには理由がある。我々はイメージとしてはそのような世界観を既に知っている。ドゥルーズとガタリが語った「欲望する諸機械」とか「器官なき身体」といったイメージを通じて何となくわかってはいる。既に飽き飽きかもしれない。しかし、もう沢山だと思ったあなたは、こうした概念を前提知識を共有しない他人に説明できるだろうか？　少なくとも、私にはまだできない。おそらく、彼らが創造的効果を期待していた概念の意味の不定さが、かえって理解を阻んでしまったこと、(13)、操作可能なモデルを提示できなかったことにより、雰囲気による理解以上には進めず、結果として誰にも何もできなかったことによる。

したがって、残念ながらそれはまだ可能性にすぎない。しかし、我々は彼らとは違うやり方ができるし、一見古びた彼らの思想は、まだほとんど試されていないと思う。

だが、こんな時代にまだ試されていない可能性があるのだ。

絶望する前に、試してみる価値はあると思う。

コミュニケーションの背景となる区別を変えてしまうためのコミュニケーション。

それがコミュニケーションの未来でありうる。それは生と死の意味を変えるための作業であり、話題のコミュニティが細分化していった現代において、僅かに残った誰にでも関係がある（興味があるかどうかは別だが）話題である。今のところ、人は皆死ぬからだ。

参加する人はまだいるだろうか？

（13）　A・ソーカル、J・ブリクモン著、田崎晴明、大野克嗣、堀茂樹訳『「知」の欺瞞――ポストモダン思想における科学の濫用』（岩波書店）。

2 神にとっての心身問題——陳腐な問い、神の笑い、着慣れぬ衣装

「神にとっては、戦争も売春も事象の本質であるにすぎず、この本質は、善くも悪くもなくて、ただ神的であるのみだ」という哲学者バタイユの言葉がある。「ただ神的」という締めがバタイユらしい余韻を残す。この締めは、ヴィトゲンシュタインの『探求』を想い出させた。『探求』は、哲学の問題に正面から答えず、それを論じる人の言葉の使い方と振る舞いを、少し賢い蟻が触角でなす交信を観察する姿勢で「描写」したような哲学書だ。多少意地悪な気もする。だが同時に、『探求』執筆時の日記は、自分が充分なキリスト者でありえない事への懺悔で埋まる。

『探求』とこの信仰の間を結べない。人には二面性があるとか、表裏とか便利な言葉はある。が、『探求』の出版は死後だから、この二面性は他人を必要としない。

『CURE』という映画で、ニーチェの超人を模したような連続殺人犯が、いかにも組織の部品といった警官に「あんたは誰だ?」と尋ねる。答えは「本部長のフジワラだ」というものだ。対して殺人者は「いいかもう一度聞くぞ、本部長のフジワラ、あんたは誰だ?」と重ねる。そして「君、私の何が聞きたいんだ?」と狼狽した相手を、「それは自分で考えろ」と突き放す。友人はこのシーンを陳腐だ

という。まあ、たしかに、こんな問いには答えられないし、ありふれている。答えられない問いを利用した悪質な恫喝でもあるだろう。

ところで「心身問題」という哲学の問題がある。手短に言えば、脳という計算機に、なぜ、赤や神などの感覚、「クオリア」が宿るのか、という問題だ。ライプニッツはこの問題の所在を、小さくなって身体に入れば、そこにはビリヤードの球がぶつかるような相互作用しかない、そこになぜ、知覚があるのかわからないという風に語っていた気がする。

勘の鋭い人は、これは要するに、他人の心を知り得ないのはなぜか、という問いが変装したものに過ぎず、だから答えられない問いのひとつだと見抜き、相手にするのをやめる。「あんたは誰だ？」と同質の陳腐な問いだからだ。陳腐な問いにこだわり続けるのは難しい。なにしろ解けないし、解けないという事は結果も出ないし、役にも立たない。かといってそこに開き直るとすぐさま恫喝になる。陳腐な問いが嫌われるゆえんだ。

ちなみに冒頭のバタイユの言葉はこう続く。「神々は、自分たちに生命を与えているさまざまな根拠を笑いのめしてしまう。それらはあまりにも深くて、神々以外での言葉では表現できぬものなのである」。

最近の物理学の進展を聞きかじっている人間には痛感される感覚ではある。しかし笑われてもなお神を知りたいなら、その真似を試みるといい。物理学というのは実はそうやって進展していったものだろう。『探求』と信仰を繋ぐ糸に触れたのはこんな風に考えていた時だ。陳腐で不可能な哲学的難問に悩む人間を見る神の視点。それを疑似体験するには、問題をまともに受け取らず、「蟻」を観察する必要がある。着慣れぬ衣装の信仰。

筆者が今勤める研究室は[1]「レーザー研究棟」という建物にある。初めて来たとき、大学時代、ベケットの小説『事の次第』での「無限」という概念がどうにも曖昧で、仕方なしに数学を再開したのを想い出し、ずいぶん遠くに来た感じがした。二匹のサルがチェスに興じる写真を表紙に使いたがった、妙にロジカルなベケットの小説と、解けない問題に悩む蟻。その間を結ぶ糸をたどり、筆者はあるコンピュータ・シミュレーションにたどり着いた。

じつは「心身問題」のある側面、それが「他人の心」を知ることができるかという問題に帰着する部分は、素朴なプログラムに落とすことができる。少し前に『ピクミン』という生物の群れを操るゲームがあった。そうしたゲームと同じように、「他人の心を知ろうと悩む哲学者」を作り込む。蟻を作るのだ。

バタイユの神々は笑うだろうが、陳腐な問いにこだわるためには、奇妙な衣装を着せ続ける必要がある。それがたまたまシミュレーションだったわけだ。たとえば小林秀雄は、やはり「心身問題」にとりつかれ、結果、ベルグソンの『物質と記憶』とほぼ同じ本をもう一冊書くという、パフォーマンスアートのようなことをやる。それもまた衣装だ。

シミュレーションの結果は、ある意味、我々の似姿、「あんたは誰だ?」という恫喝への答えのようなものになる。詳細は『魂と体、脳』に書いたので、興味のある方は読んでいただければと思う。

ところでこの本は、最初の企画で「死ぬと何が喪われるのか?」と呼ばれていた。シミュレーションでは「中枢」という「脳のまがいもの」が出現し、発生は逆回しにすれば「死」の似姿にもなるからだ。

さて、喪われるものはなんだろうか？　あるのだろうか？

（1）筆者は本稿執筆時に理化学研究所に在籍していた。

3 「心身問題のイラスト」としてのある映画
——ジャック・リヴェット『美しき諍い女』を巡って

「教養番組」は、「ドキュメンタリー」とは普通呼ばれない。何故か？たとえば相対論の解説番組で、ぐにゃぐにゃした宇宙やブラックホールの概念をＣＧで描いても、それを「ドキュメンタリー」とは呼ばない。編集その他に演出が入るという観点から、ドキュメンタリーとフィクションの境界が曖昧だという話は皆がする。だが、そもそも境界を問うべき相手が違う気がする。人が知らずに線を引くのは「概念」と「人」の間で、事実と虚構の違いなどたいして問題になっていない。

ジャック・リヴェット監督の『美しき諍い女』という映画がある。いわゆる「芸術映画」だ。しかし、主人公である画家のモデルを演じるエマニュエル・ベアールが、ほとんどの時間全裸なので、主に陰部の処理方面で注目を集めた。ちなみに現在では無修正だ。

『魂と体、脳』[*1]というライプニッツや心身問題を扱った本を執筆中、この映画を思い出した。昔観たときには気づかなかったが、この映画は、恐らく「映画で心身問題、もしくは心身の関係パターンについて考える」という企画だったと感づいたからだ。「心身問題」とは、とりあえず脳と知覚あるいはクオリアが、どう関係するのかという哲学の問題としておいて欲しい。つまり、この映画は相対論の説明のような「教養番組」としての側面を持つ気がした。「心身問題」の映画？ そんなことをしてどうするのか？ そもそも、映画は「何かの説明」であるはずがない。あなたはそう思うかもしれない。

ところでドゥルーズはその著作『シネマ2』で、「身体」の映画という観点から、この映画の監督ジャック・リヴェットに何度も言及している。八五年にフランスで出版されたこの本を、同郷のインテリ映画監督が読んでいたとしても不思議はない。(1)

そこで、リヴェットはドゥルーズをどう読んだのか？ そんなバイアスを持ってこの映画を再見した。そのバイアスからだと、まず設定からして心身の関係を扱っているようにみえてしまう。かつて巨匠だったが今は描いていない画家。画家に久しぶりのインスピレーションを与え、そのモデルを引き受ける女。巨匠が次々に描いていく絵。この、「画家、モデル、絵」という三者の関係が変貌していくのが映画の展開になる。

この文章ではこの配置に対し、主体＝画家、身体＝主体の指令を受ける主体群、絵＝主体にとっての

（1） この原稿はもともと『魂と体、脳』の最終章イントロとして、全体を絵解きするために書かれたが、その後全編を圧縮する必要があり削られた。なるべく本稿だけで完結するように言葉を補っているが、限界があるので、関心のある向きは『魂と体、脳』を参照していただきたい。

身体の「影」、というアナロジーを使う。(2)

さて、この三者の関係にどのようなパターンがありうるのだろうか？　幾つかの段階に分け考えてみる（以下ネタバレを含む）。

まず、画家が描き始める前。アトリエには、過去に中断した作品が沢山あり、中には画家の妻を描きかけた絵もある。さらに、画帳にもスケッチが数多く埋もれている。画家は、ぺらぺらと画帳をめくり、過去の羅列から何も書かれていない白いページに至る。

第一段階。「主体」としての画家は、全裸の「身体」＝モデルに「静止を保つ」よう指令する。モデルは懸命に努力する。ここで興味深いのは、静止の失敗としての震えや、膝の裏を掻いたりする動作の不確実性だ。「静止＝不確実性の最も無い状態」を、主体が身体に命じるが、どうしてもそれが不可能という形で、逆に不確実性が露呈する。

一方、「身体の影」としての絵では、まず白紙があり、ペンが軋むきいきいというノイズと共に、何を表すのか不明の描線が生まれていく。だがある瞬間、それらは、モデルを表すようなパターンに相転移する。

これは、身体から知覚やクオリアが立ち上がるプロセスを、(3)スローで見せているようなものだ。つまり、「身体」に激しい動きを禁じ、何をしているのかを、「主体＝画家」が可能な限りゆっくりと手に取れるようにする。すると、まだパターンに引き込まれる前のイメージが、ふと主体の中に去来する刹那まで観測することができる。この段階の「画家、モデル、絵」の関係は、「瞑想」と呼べるかもしれない。この時身体は、ハッキリとした形をなす前、いわば「ファースト・ネーム」以前のクオリアをみせるため静止している。

なおこの場面とパラレルに、「決して震えない動物の死骸」で剥製を作る画家の妻がインサートされる。妻の世界ではどうも不確実性が抑制されているようだ。

第二段階で、「主体」＝画家は、静止していた身体に、ポーズの指令を出し始める。最初は誰でもできる姿勢だが、指令は徐々にヒートアップし、耐え難い姿勢、脱臼するような形、身体が取りうる限界を模索するような姿勢になっていく。この時、「身体の影」＝絵は、前の断片的描線と違い、瞬時に完成するデッサンだ。これは、日常生活やスポーツをするような主体のモードだろう。つまり、ただ一度のクオリア成立内部に沈んでいく第一段階と逆に、可能性を探る大きな動きのなかで、明確で完結した身体のイメージ＝影＝デッサンを得る。

やがて画家は、膝や関節などいらない、おまえの身体に眠っている「純粋な身体」を引きずり出す、そのためにおまえを解体してやると盛り上がり、ポーズは不可能に近い形になっていく。この画家はドゥルーズの愛読者で、「器官なき身体」でも作りたいのだろうか？

ところが、ヒートアップした画家の指令に対し、モデルは泣き笑いのような奇妙な表情を返し、衝撃を受けた画家は、我に返りアトリエの外に逃げ出してしまう。これが第三段階だ。

映画が面白くなるのは、ここからだ。四時間ある映画の第一部がここまでで、残りが第二部という構

（2）『魂と体、脳』の用語では、支配的モナド＝画家、身体＝支配的モナドの指令を受けるモナド群、絵＝支配的モナドにとっての身体の「影」と考えていた。
（3）『魂と体、脳』の観点では、「実在化」と「現働化」のプロセス。

成だが、第一部は、結局、「身体の解体を意図的に目指す主体」の挫折であり、ある意味、ドゥルーズに対するパロディのようなものだ。つまり、はたから見ると、身体の解体を意図的に行おうとする主体は、非常に高圧的で滑稽なのだ。

もしリヴェットが、彼を絶賛している『シネマ2』の読者ならこれは相当の嫌みだ。しかし、興味をそそられる瞬間でもある。第一部をドゥルーズ批判で終わらせたとして、では、第二部で何をすればいいのか？　その答えを持っている人間は、なかなかいない。

第二部は、憂鬱になり身体への指令を回避する画家で始まる。これを第四段階と呼んでおく。一方、なぜか画家よりやる気になってしまった「モデル＝画家の指令を受ける身体」は、勝手に喋り始める。そして、画家の触れられたくない過去、妻をモデルにした絵の中断について詰問する。絵は瞬間的であることを止め、ふたたびゆっくりとしたモーションになり、生成過程を見せるクオリアが再現される。だが、モノクロのデッサンに色が入る。

この段階では、身体が主体の制御を逃れている。「器官なき身体」を意図的に目指すような強い主体が、モデル＝身体の客観性によって弱気にされ、再度スローモーション的クオリアの探求に入っている。そして、もはや主体が指令するのではなく、身体が勝手に喋る。いわば鬱病、もしくは強迫観念に突き動かされる主体だ。

第五段階が始まる。

画家＝主体は、鬱状態から少し回復したのか、勝手に動き始めた「自分の」身体＝モデルを、とりあえずいろいろな視点から眺め始める。つまり、自律し始めた身体に対し、様々な視点を試す謙虚な主体になる。身体＝モデルは、今度は彼女の過去を告白していたりするが、画家はそれを聞いていない。身体の影＝絵は、再び加速し、うつろう視点からの素早いスケッチになる。いわば、主体は、「風景」として自身の身体を眺め、その姿を記録し始める。この主体は、もはや指令者ではないが、自律する身体に対する様々な視点という意味で、身体の外に立つ。つまり、自らの身体に対する外部観測者としての主体となる。

この関係も崩れる。画家＝主体は、モデルと会話を始め、じゃれあい冗談で笑いあう。もはや、どちらが支配的、もしくは主体であり、どちらがその身体なのか識別が難しくなる。これは、そもそも、両者に違いは無かった、という事実の再発見だ。このとき、身体の影＝絵は、巨大な完成済みデッサン＝過去が数多く並ぶという意味で、今までで最速のパターン形成＝引用を表現すると同時に、次の段階を準備する。

第五段階で、身体と主体を区別する必要がなくなり、以降の段階では、「画家、モデル、絵」のうちどれか一つが画面から無くなってしまう。

第六段階では、身体＝モデルが消去される。画家は、モデルに指令せずただ描いている。だからモデルは映らない。この段階で、身体の影＝絵の中に、命令可能性が全く無い、もしくは、過去にはあった身体が入ってくる。画家の妻を描いた過去の絵が、下地のキャンバスとして引用されるのだ。妻の身体、そしてその顔の絵。

一方で、現在いる「身体＝モデル」の姿は消えている。もはや指令もなく、ただ、現在と過去という複数のパースペクティブを、一枚の絵へレイヤー状に重ね描きしていく。

ここで、観る人は面白い感情の動かされ方をする。基本的に「健気に尽くす妻」というような、弱々しい印象を与える演出をされていた画家の妻。彼女は「画家、モデル、その絵」という組の外で、剥製を作り日常の世界を成していた。

しかし、画家がモデルの裸で潰していくのは、その妻が過去にモデルになり、とても気に入っていた絵なのだ。妻の顔をモデルの尻で塗りつぶすプロセスは、非常にゆっくり描かれる。そこにあるのは、知人の顔を破壊される時に抱くかもしれない感情だ。実際劇中でも、この絵を隠れ見た妻は、激昂する。

この段階で興味深いのは、「常識的な感情」自体が、いわば「単なる画材」として利用されている点だ。つまり、社会生活を営む人間としての感情が、絵を構成する部品として利用される。これは、「私生活の芸術化」とは少し違う。私生活から美的本質を抜き出すのではなく、単純に並置されるレベルの「部品」として、絵の中で重ね描きされるだけだからだ。コラージュで絵に新聞を貼るような感覚で、「感情」が貼られる。つまり、ここでは過去と現在の二つのパースペクティブが、特に繋がりを持たないままレイヤーとして堆積し、同居する。「感情のコラージュ」をする主体。

「感情のコラージュ」は、主体に支配された身体でもなく、かといって解体しつくした身体でもない状況を描いている。この段階で主体は、もはや指令を行わず黙々と作業をするだけだ。作業の源は、モデル＝身体にあるが、画面の外に消えてしまう。つまり、ここで主体は「見えない身体」に従ってただ動いている。その影となるクオリアは何か？　これは最初の段階に近いスローモーションとなっている。

だから知覚形成の「生成過程」を見るという意味では、第一段階の「瞑想」に似ている。しかし、もはや「キャンバス」は白紙ではない。それは妻の顔、そして付随する「人間としての常識的感情」だ。

これらが重ね描きされていく。

これはどういうことか？　まず、身体と主体、物質と精神の区別が、先の段階で捨てられていた。[4]　そして、ここで起きているのは、それを踏まえた日常の解体、ただし、非日常と日常の「同居」という形での解体である。具体的には、妻の顔とモデルの尻の並置された世界だ。「感情のコラージュ」の特徴は、「隔離」ではないこと、つまり、ある世界の中に非日常があり、それと別に日常がそれを支えている、というようなパースペクティブの分離が無いことにある。この時主体は、物資と精神の区別によって成立する日常を、別の視点から、いわば透かし見る。だから、この絵は重ね描きであり、レイヤーだ。

これは、「常識」や社会生活の位置づけに対する、リヴェットのドゥルーズへの返答だろう。ドゥルーズの描く世界観は、第一部のラストで描かれたような奇妙な主体性、「（自分の）身体を解体したいと願う主体性」を帰結しがちだ。しかし、もし彼の言うことを、実世界に持ち込もうとするなら、それは「画家、モデル、絵」で閉じた世界の外と同居する方法を模索する必要があるだろう。「感情のコラージュ」によるパースペクティブのレイヤーは、その一つの提案だ。つまり、日常生活、人間としての社会、紋切り型と生存競争の世界をどう扱うのか、それを無視しないとするのなら、という問いへの答え方だ。

さて、映画は次の第七段階で終わる。画家は、先の「感情のコラージュ」の絵を潰してしまう。そして新たに描き始めた絵で、「傑作」を完成させる。しかし、その絵は、モデルの「真実」を描きすぎて

（4）『魂と体、脳』では、支配的モナドも物質もモナドである、という解に相当する。

いるから封印せざるを得ないという。画家は、絵を壁に塗り込み消去する。つまり、今度はモデルと家族という身体を救うため、絵が消えてしまう。そして画家は、代わりに別の絵を画商に差し出す。

完成した絵は、隠される。または家族や日常的社会関係から隠されてしまう。つまり、主体は「感情のコラージュ」で、家族という身体を利用した後、逃げ出す為に、新たに獲得した身体のイメージを隠し、偽物を提示して資本＝画商を誤魔化す。「感情のコラージュ」や、その結果は危険だからだ。当然分かるように、それは妻の顔＝常識的、人間的感情を汚す。しかし、それは避けられない。常識というものに浸かりきっていたくないなら。

……と、ここまでが「心身問題」の「教養番組」として解釈された『美しき諍い女』についての解説となる。

だが、これを読んで「心身問題」が解決したと思う人はまずいないだろう。重要なのはむしろ「心身問題」が、現状の人類では解けそうにない「セカイの謎」であり、しかも、あなたがゾンビでない限り、万人に一応了解可能な問題でもあることだ。

セカイの謎と個人。とくれば「セカイ系」である。とりあえずここでは「日常社会を構成するような具体的政治的闘争を無視し、セカイの謎と個人の悩みの相関ばかりが肥大化したフィクション」を「セカイ系」ということにしておく。『エヴァンゲリオン』『最終兵器彼女』『涼宮ハルヒの憂鬱』、最近では『魔法少女　まどか☆マギカ』など無数に存在する。

もし、『美しき諍い女』を、「心身問題」というセカイの謎と「巨匠＝作家の悩み」といった個人的な問題ばかりが突出したフィクションと解釈するなら、リヴェットは「不器用なセカイ系映画作家」ともいえる。「不器用」というのは、ここでやったような特殊な解釈をしないと、「セカイ系」にはならないからで、それを作品の強みとするかは好き好きだろう。

「セカイの謎」それは「外部」と置き換えてもいいと思う。セカイ系とは、政治的闘争や社会的に意義のあるシステムの設計より、謎や外部に価値を置くフィクションともいえる。

外部が重要? 聞き飽きたフレーズだ。今重要なのは「外部」を念仏のように繰り返すのではなく、与えられたシステムの裏をかき別の利用法を見つけることだ。

そうかもしれない。ただ、一応言っておくと「外部＝謎」は、ある。それが無くなってしまったように見える、もしくはそう主張したいなら、心身問題の解答を与える必要があるし、ついでに量子重力理論の検証可能なモデルなども作って欲しいところだ。

もちろん、外部や謎が「ある」ことと、それを「重要だ」と判断するのは全く別のことだ。「心身問題」にせよ「量子重力理論」にせよ、日常生活や政治的闘争、システムの設計や利用にはたぶん役に立たない。それは、あなたに意識があって仕事をしているのか、それとも本当はゾンビで、仕事を機械的にこなしているのかが、社会的には些事として無視できるということに起因するだろう。

いや、これはじつは嘘だ。

システムは、おそらく「あなた」の意識を必要としている。システムの作動に適切なノイズを与える「変わった乱数ジェネレーター」として。

そして、その揺らぎは、筆者の勝手な想定では「心身問題」から来る。なぜそうなのかは『魂と体、脳』にたっぷり書いた。正しいかどうかは分からない。

さて、「変わった乱数ジェネレーター」として必要とされていると言われても、「主体」としてのあなたはたぶん不満足だろう。『マトリックス』などで、「あなたを家畜的エネルギー源として必要としています」とシステムに言われても、怒りは沸いても感謝はしにくい。あなたが「主体」であろうとする限り。

ところで、

シナプスの火花が散ってセロトニン図解のビデオみてる明け方

という短歌[*2]がある。

僕はこの短歌を読んで大笑いしたが、原因が分からない。「シナプスの火花が散ってセロトニン図解のビデオみてる」までは、いわば科学的知識と社会学であり、まあ、どこにでもいるだろう教養番組を観る現代人のイメージだ。だが、「明け方」と来て笑ってしまう。

「わくわくするような絶望」とフランシス・ベーコンがどこかで語っていたが、「変わった乱数ジェネレーター」にできることは、「とりあえずは」それぐらいしか思い浮かばない。だが、恐らくもっとあるだろう。「家畜」ではなく「共生」と言い換えるという手もある。[*3]もちろん積極的にシステムを設計したり裏をかいてもいい。システムの設計者は家畜と違うと思うこともできる。主体が身体と違うと思えるように。

もちろん「感情のコラージュ」もその一つの方法論だ。あなたの「明け方」は何だろうか？

4 「社会の社会」、カップリングを要素とするシステム、記述の根拠
——自身の死を悼むシステム

笑い、芸術、システム

笑いはシステムではない。

「システム」は繰り返し作動するが、「笑い」は基本的に「一度」しか効果のない出来事で、だからシステムではない。道化に社会の活性化を求める理論は昔からあったが、社会学者のルーマンによるこの「笑い」と「システム」の区別は[1]、「笑い」が社会の外にある理由の切れ味が鋭く、印象に残った。

（1）「確かに滑稽さは反復することはできない。あるいは反復されると、何れにせよその効果を失うという宿命的欠点を持っている。だから滑稽さは宗教のようには、システムの形成には向かない。（中略）滑稽さはシステム形成を行わないので、すべての滑稽さを同一化の視点の元に収斂させるという意味での反省を行わない」（N・ルーマン著、土方昭、三瓶憲彦訳『新版　宗教社会学』（新泉社）三九頁）。

ルーマンの言葉を想い出したのは、「社会にとっての芸術」というような事を漠然と考えていた時だ。といっても、「社会に役立つ芸術」を考えていたのではなく、芸術というのも社会に存在する以上、なんらかの機能的起源があったはずで、それが何かと妄想していた。

何も調べないで考えると、少なくとも近代から現代にかけて、芸術というのは「警報」をやってきた気がする。新しい知覚、新しいタイプの人格、新しい不正。そのようなものが出たら、なるべく早く社会に流通させ免役する。外部から俯瞰すれば、そのような機能を芸術は果たしているともいえる。(2) 特許と同じで「なるべく早く」だから、科学的検証とは相性が悪い。恐らく、このような芸術観は既にある美を繰り返し愛でる態度とは鋭く対立するだろう。

ところでルーマンを読み直してみると、基本的に社会とは分化していくシステムであるというようなことが書いてある。(3) 特に近代以降その傾向が著しく、元々は胚のように一体だった政治システム、経済システム、芸術システム、法システムなどが、相互にコミュニケーション不能なシステムとして分化し、さらに芸術システムは文学、絵画、音楽……、文学は小説、詩……と細分化されていき、お互いが見えなくなっていくという。

専門用語で閉じたコミュニティの乱立という現状によく呼応する話だ。が、最近この話に違和感を覚えるようになった。

樹木と神経。形の具体性と抽象性

昔の仕事場に大きな樹があった。が、植物の名が憶えられないので、名は知らない。動物の神経系図を何度も見ていると、その枝分かれ形状は、どうしても樹木の枝先に見えてきてしまう。もちろん、適当な連想だ。しかし、数学的構造としての「木」は、おそらくこの具体的な形からヒントを得て、それを抽象化し、計算機をはじめ、あらゆるところで散布されている。「木」は、生物のなす形が応用を持つ例としてかなりのスター格だろう。

では、生物の形としての樹木と神経系の違いはどこだろうか？　この違いは、右のような抽象的構造としての違い、つまり「見えない形」あるいは「システム」としての違いを示唆する。

（2）　このエッセイは元々は何も調べずに書かれた。が以後の注では必要な補足を行う。基本的にルーマンに基づいて考えたわけではなく、後から振り返り関連箇所に注をつけている。N・ルーマン著、馬場靖雄訳『社会の芸術』（法政大学出版局）二三四頁によると「（前略）芸術の機能とは、原理的にはコミュニケートされないものを、すなわち知覚を社会のコミュニケーション連関のなかに引き入れる点にあるということになろう」とあり、本稿と似通ったスタート地点を持つ。ただし、本稿でも後に出てくる「全体社会」との関連では、「芸術の機能は、単に可能なものの領域においても秩序の強制力が存在しているのを示すことのうちにある」（二四五頁）となる。なお、ここで「単に可能なもの」とは、常識的な現実とは別に仮構されたもの、というような意味だ。

（3）　N・ルーマン著、馬場靖雄、赤堀三郎、菅原謙、高橋徹訳『社会の社会』（法政大学出版局）三七二―四〇四、六四三頁周辺、あるいは第四章「分化」など。同様の考えは他にも多数の著作に散見されるが、本稿では基本的に『社会の社会』を参照する。それがルーマンの最後の著作であることと、本稿で扱う筆者のモデルと関連が深いからだ。ただしその解釈については、彼の意図を掴むと言うより、何気ない細部に注目するスタイルをとっている。

違いは、もちろん脳だろう。

だが脳にしても構造を入力からみていくと、たとえば、網膜像を、奥行き、輪郭、動き、陰影、と分割していき、バラバラに処理エンジンに渡す枝分かれでもある。もちろん、脳は樹木と違い、枝分かれを閉じる。我々は世界を奥行き輪郭動き陰影が一緒になったものとして感じる。その仕組みはまだハッキリと分かっていないが、ばらした枝を閉じる所に、植物であることを捨てた動物の因果が始まる。

この文章を書くため、樹の名を書いた立て札を探しに行ったのだが、「ヒペリウム・カリシナム（オトギリソウ科）」とか「エゴノキ（エゴノキ科）」はあっても、左右対称で巨大なモミジの葉のような例の樹に、名はどこにもない。余りにもメジャーな木なので立て札が無いのだろう。

ところで、ルーマンの社会学、システムに関する話は「オートポイエーシス」という、生物に関する理論を基礎にしている。脳は確かに機能ごとに分化している。より高等な動物ほど、複雑な分化傾向があるのもほぼ事実だ。しかし、先ほどの「違和感」は、分化と対になる「ばらしたものを閉じる」機能の影が薄いことに起因する。

もちろんオートポイエーシスやルーマンの理論でも、分化したシステム同士は完全に無関係ではない。「構造的カップリング」という言葉が用意してあり、分化したシステム同士は、他のシステムを「環境」として「構造的カップリング」しているという。(4) この概念については後で触れるが、それは別にしても、「分化」の話は、金（経済システム）、技術（科学システム）、駆け引き（政治システム）が、今の社会で持つ圧倒的なヘゲモニー(5)、強さという「リアリズム」に届いていないように感じる。金、技術、政治。今の社会でこれらと無関係に過ごせる人間はいるだろうか？

ここでわざわざ「リアリズム」と言う理由は、その言葉が「他のシステムを圧する力を持つシステムの観点から、分化した「弱い」社会システムを断罪する時」に使われるようにみえるからだ。

（4）「構造的カップリング」について、ルーマンは『社会の社会』（九一―一二六頁）で以下のような要素を持つ概念として提示している。（1）システムの可能な行動範囲を限定する（ただし、システム自体は内的に可能性の剰余を持つ）。（2）並行して動く別システムの連続体を、（システム内部の）デジタルな選択肢にフィルタリング（＝ある特定の因果性の強化と別の因果性の排除、または図式化（象徴的一般化）する。（3）常駐し、システムの内側からは気づかれることなく機能し続ける。（4）別システムの作動が、システム内部の摂動として表現される。ルーマンは同じ箇所で、古典的なシステム理論は環境との関係を入出力（移送）モデルで考えており、その変更は「一般的システム理論にとって、また社会システムへのこの理論と適用にとって広範囲に及ぶ、目下のところほとんど見通しがたいほどの帰結が生じてくるはずである」（一〇六頁）と述べている。また、ルーマンは、複数の「全く異なる」システムが、にもかかわらず、カップリングできる理由として、それらのシステム作動が「時間性」を持つことが挙げられるかもしれないとしている（一一九頁）。これは、「全体社会」の作動としてシステム「内的」なカップリング（！）という概念が出てくる点（注（33））を思うと興味深い指摘だ。ところで、異なるリズムで並列作動する異質なシステムを媒介する「貨幣」として「時間」を考えることもできる。カルフォルニア大の哲学者C・カレンダー（「時間は実在するか？」日経サイエンス　二〇一〇年九月）は、「地球一回転＝心臓10万8000回、心臓一回＝24光万km進む、……」のように「物物交換」する代わりに、「貨幣」のような「時間」概念を使うことで、「地球一回転＝24時間、心臓75回＝1／60時間……」のような便利な記述が可能になっているとする。ただし、この指摘は社会学ではなく、物理学（この箇所は主に相対論）に動機づけられている。この指摘で興味深いのは、次の点だと思う。普通、「時間」を何かで喩えることはあるが、「時間」自体が、何かの喩えの位置に置かれることはない。常識的には「時間」は実在する本質的なもので、ラベルではないからだろう。しかし、この指摘では、異質なシステムリズムの相互ネットワークを記述する便利な「比喩」として「時間」がある、という逆転がある。今の文脈でいえば、異なるシステムは「時間性」を持つからカップリングできる（これは「時間性」を本質的な何かとする考えだ）、のではなく、カップリングの相互ネットワークを説明する比喩が「時間」であり、カップリングが可能な理由は、「時間性」とは別（たとえば、「貨幣」や「中枢」の成立など）に求められるという帰結をもたらすかも知れない。注（11）も参照のこと。

たとえば、芸術の事ばかり考えて、政治や金の事を無視する人は、「リアリスト」ではないと言われるだろうが、これは政治や金が「リアル」であるという前提を必要とする。または科学的裏付けのない「哲学的意見」のようなものも、「リアル」でない「妄想」にみえる。つまり、コミュニケーションが取れない程分化したはずの諸システムは、「リアル」を巡るヘゲモニー争いという「政治」に再度巻き込まれてしまう。この意味で、ニーチェは「政治」が全てに先行すると悟ったのかもしれない。枝先を閉じる樹木という形は、頂点を巡る争いを帰結する。

「構造的カップリング」と、「社会にとっての」心身問題

ところで、先に触れた「構造的カップリング」という概念は、ルーマン社会学もしくはその元になった「オートポイエーシス」にとって、一種の瑕疵にみえる。

「構造的カップリング」は、元々オートポイエーシスの理論を作る時に、「神経システムと心的システムは、互いを環境として構造的カップリングしている」というような使われ方をした言葉だ。[6] 神経系は、「ニューロン群の発火（状態）」を作り、発火は次の発火を作り、またその発火が別の発火を……という風に、「発火」を要素とし、決して他の何か、たとえば心の状態（クオリア）を作りはしない。その意味で神経系は、ひたすら発火で閉じたシステムだ。

一方、「心的システム」の方も、心の状態を要素とし、ひたすら次のクオリアにつながって行く。これもまた「ニューロンの発火」を作らない。だが一方、よく分からない仕方で、「心的システム」と

「神経システム」は接続してもいる。つまり、この「よく分からない仕方」を「構造的カップリング」と、とりあえず名づけたことになる。

この構図は、いわゆる「心身問題」、つまり心と体（脳）がどう接続しているのかという問いと同じ

（5）　この点に関し『社会の社会』（一〇六一頁）で、ルーマンは以下のような指摘をしているが、本文の論旨は特に変わらない。「（中略）あらゆる機能システムに同等によいチャンスが保証されるというわけではない。経済にも宗教にも同様に、法にも芸術にも同様に、というわけではない（中略）むしろ重要なのは全体社会が、内的に高度に不透明であり算定不可能であるという条件でも自身を再生産していけるための形式なのである。作動上の閉じが不定状態を生じさせ、不定状態が作動上の閉じを生じさせる。この条件下でどこに重点を置いた発展が、どんな機能システムが、どんな構造が他のものより適切であることがわかるのか。その点は進化に委ねられるのである」。ただし、注（33）にあるように、分化したシステムの構造的カップリングとは別種のヘゲモニー形成についても指摘はあり、それは後述するように筆者の論点と一部並行する。

（6）　マトゥラーナやヴァレラの場合、「心的システム」というような言い方は避けられていて、知覚と神経の間に断絶はない。もしくはそれは無視されている（『オートポイエーシス』『知恵の樹』『身体化された心』など）。一方、ルーマンの場合、「（前略）意識が知覚（中略）する能力を持つということによっているのである。そして知覚はまた、構造的カップリングという条件のもとで脳の神経生理学的プロセスに、さらにそれを介して生命のオートポイエーシスのプロセスに依存しているのである」（『社会の社会』一一八頁）というような記述が随所にみられる。

本稿の立場は、要約すると「当初のオートポイエーシス理論は生命体のみに関する議論であったから、その構成素は細胞や細胞内物質など物質的なものと考えられていた（中略）基礎情報学はここで、マトゥラーナやヴァレラ生物学的な議論から離れ、河本の一般的なオートポイエーシス理論やルーマンの理論社会学に一歩近づいていくことになる」「（前略）ヒトの心的システムとこれを支える個体システム（生命単位体）との関係は、いわゆる心身問題に等しい」（西垣通『基礎情報学』（NTT出版）八九頁）という西垣の解釈とほぼ同じなので、論旨に影響はない。だがこれは、「オートポイエーシス」という言葉の使われ方が一枚岩ではないことを示す事例でもある。また「構造的カップリング」概念が持つ問題については、恐らく元のオートポイエーシスもルーマンもそれほど差異はない。後半に、オートポイエーシス関連の理論を整理する表、注（25）を掲載したので、そちらも参照のこと。

ものだ。違うのは、元々「問い」である「心身問題」を、「構造的カップリング」という「概念」に変え、別々のシステムの結合に使ってしまったことだ。つまり、ルーマンにおいて、分化したシステム達は「心身問題」と同じ接続方式を持つことになる。

「心身問題」とヘゲモニー争いのモデル

ところで筆者は「心身問題」に関連し、ほとんど話が通じない者達によって構成された社会のシミュレーションモデルを作ったことがある。*1

友人と話していて、社会学のモデルとしてもこのモデルを使えないかとよく言われたが、今ひとつピンと来ないでいた。しかし、右に書いた連想をきっかけに、このモデルは、次の置換を用いて、「心身問題＝構造的カップリング」で分化したシステム達が接続する、「社会学」のモデルと解釈もできることに気づいた。

ここで最小限のモデルの説明をしておく。*2 モデルを作る目的は割と単純だった。いわゆる複雑系シミュレーションの多くは、多くの判断主体（エージェント）からなる群れのプログラムを組み、それらがインタラクションの果てに、群れに設計者や指導者がいないにもかかわらず全体として何らかの機能を果たす（一般に「自己組織化」や「創発」という）状況を見せる。しかし、筆者はむしろ、この「設計者」のようなもの（筆者は「中枢」と呼んだ）が自己組織化するシミュレーションをしたかった。

が、砂に描いたように作っては消えるモデルの残骸達を抱えて眠る日々の苦さに、動機は忘れていった。よくあることだ。二年程経って、さすがにもう諦めた頃、ふと安富歩氏の貨幣創発モデルを思い出し、[*3] その応用として二時間ほど『スターバックス』でプログラムを組み、意図した通り「中枢」の自己組織化が起きた。できてみれば当然のモデルで、誰に見せても別段驚かれなかったが、事前にやり方を教えてくれた人はいない。

安富氏のモデル世界に住むエージェント達は、ある問題を抱えている。彼らは自分の能力を使って、ある特別な財をそれぞれ、一種類だけ作ることができる。一方、彼らは日々の必要によって、他の人の作った別の財を欲しいと思っている。物々交換ができればいいが、そのためには、「自分の欲しい特定の財を持つ相手が、たまたま自分の持っている財を欲しいと思っている」という「ありそうに無いこと」が条件になる。実際、多くの専門家エージェントがそれぞれ別々の種類を作る社会では、滅多に交換の条件は満たされず、皆が片想いに悩んでいる。

安富氏は、この状況を解決する手法として、エージェント達に、ある噂話をさせることを思いついた。この場合の「噂」とは、あらゆる財に関して、それがどの程度自分以外からも欲しがられているのか？という情報（「市場性」という）の交換だ。[7] 結果起きたのは、「自分自身は欲しいと思っていないが、他の

（7）　この状況は、「ダブル・コンティジェンシー（DK）」という考えと似る。「すなわち両者とも、もし相手が自分が望んでいる行為をしてくれるなら、自分も相手の望む行為をしてやろうと考える。かくしてどちらからも行動を起こしえず、相互行為は不発に終わってしまうはずである」（馬場靖雄『ルーマンの社会理論』（勁草書房）六六頁）。ただしその「解決」に関しては、「市場性＝信用」によるものと、ルーマンらの議論が等しいかは分からない。また状況の類似に関しては、「社会秩序の起源」というほぼ似た問題を扱っていたことの方に原因はありそうだ。筆者の場合、このエッセイを書くまでその類似に気づいていなかった。

人が欲しいと思っているから、誰もが交換の時に受け取る財」の急激な増加と、片想い状況の解消だった。この特殊な財を安富氏は「貨幣」と呼ぶ。

筆者の基本モデルは、この貨幣創発モデルに対する「裏返し」のような結果を目指したものだ。「市場性」は、たくさんの財についた信用のようなものだが、筆者のモデルでは、これを、財ではなく、それぞれのエージェントの「権威」と考える。そして、財の交換ではなく、「能力」の相互依存関係を考え、「権威」の高いエージェントに対しては、一時的に従属し、彼に一方的に能力を使われる代わりに、自分の能力と要求のコピー（「キャッシュ」と呼ぶ）を渡す。そして、従属対象の権威ある相手が、他のところで、彼の要求を果たすエージェントを見つけてくれるのを待つ。安富氏の社会と同様、それぞれのエージェントは、全く違う能力を持っていて、それぞれの代わりはできない程専門分化しているとする。

安富氏のモデルで、「内部構造を持たない」貨幣が「大量」流通するのと対照的に、筆者のモデルでは、非常に多くのエージェント能力コピーを内部に宿し、多数のエージェントを従属させる権威を持った「複雑な内部構造を持つ」エージェントが「少数（パラメーターにより変わる）」出現する。その結果、やはり分化したエージェント同士の協調回数があがる。このような、自分の内部にシステム全体に対する地図（キャッシュコピーの時々刻々と変わる分布）を持ち、他のエージェントを従え、それなしにはシステム全体の協調が破壊されてしまうような、特殊なエージェントを、「中枢」と呼ぶことにした。

しかし、これらのモデルには一つ問題があった。社会秩序の起源を問うために「貨幣」をサンプルに使うのはいい。だが、今述べた基本モデルでは、「交換の媒介」としての貨幣は確かに創発するものの、「価値の尺度」としての「貨幣」については、「市場性」や「権威」という形で、全エージェント共通の測り方が前提されている。

そこでこの仮定を弱め、「価値の尺度が全く共有されていない状況」から、貨幣や中枢ができる新しいモデルを作った。その際使わせてもらったのがウィトゲンシュタイン『哲学探究』のある対話に関する断片だ。

「他人は私の痛みを持つ事が出来ない。」――では「私の」痛みとは何か？（＝どのような基準を満たす痛みが、「私の」痛みなのか？）ここでは、何が、私の痛みの同一性（＝それが「私の」であると同定するため）の基準として使えるのだろう？

考えよ：物的対象の場合において、「二つは全く同じ……」と、何が、語ることを可能にするのか？　たとえば、何が、「この椅子は、君が昨日ここで見たのと、同一ではない。しかし、こちらの椅子は、君が昨日ここで見た椅子と、全く同じである」という発言を、可能にするのか？（＝その基準は何か？　あるのか？　定義できるのか？）

「（中略）この問題について議論していると、ある人が自分の胸を叩き「しかし、そうは言っても、他人はここに存在する他ならぬ「この」痛みは、感じることができない！」と言ったのを、見たことがある。

この意見への返答は次のようになる：「この」という単語を、力を入れて発音してみせるという仕草で、ひとは同一性の基準を定義しない。

むしろ、この強調は「そのような同一性の基準はよく知られている、だがそれを思い出させてもらわなければならないケースがある」という幻を作り出すのみだ。[*4]

つまり、「私の」痛みを「他人が持つことができない」と言うためには、「私の」痛みを他から区別する基準が必要になるが、それは知られていない。さらに、「この」という言葉は「基準」にはならない。しかしこれは「共有されていない価値」のモデルとしてふさわしいと思い、彼らの対話を「噂話」の中に埋め込むことで、あらかじめ共有されない「信用の尺度」に関する対話をモデル化した。ウィトゲンシュタインが生きていたら、どんなコメントを残すのだろう？　仕事に疲れると映画ばかり観ていた彼なら意外に喜ぶかもしれない。

この「終わりなき対話」を組み込まれた社会（「基本モデル」と対照させ「不確実性モデル」と呼ぼう）は、動きを少し変える。一番大きな変化は、基本モデルでは、設定により、一つになることも、複数になる場合も、生まれないことさえあり得た「貨幣」や「中枢」が、常に「一つ」になり、勝手に交替するようになることだった。[8]

一〇年ほど前、ドゥルーズのライプニッツ論『襞』を読み、友人に興奮して描いた手書きの図を見せたことがある。彼は揶揄するように「わかった、わかった」と返し、興味を持たなかった。結局その図を徹底的に展開した本をその後書くことになったわけだが、その白いつるつるした表紙のノートは、大事にしていたのにどこかへ消えた。

さて、このモデルをどう解釈すると、「社会学」になるのか？[9]

(a)　専門分化したエージェント＝分化した社会システム

(b)　キャッシュコピー＝他システムに対するシステム内部表現
(c)　終わりなき対話＝他のシステムとは基本的にコミュニケーション不能＝「心身問題」としての「構造的カップリング」
(d)　信用＝どのシステムに従属すべきかということに関する基準

……という置き換えだ。

ルーマンや普通のオートポイエーシスと、このモデルが違うのは、彼らが「構造的カップリング」という言葉で済ませていたところを、「終わりなき対話」「信用」「キャッシュ」「従属」という概念に分解したことだ。(10)(11)

その結果どうなるのか？

このモデルの特徴は、分化済みの諸システム（＝エージェント）達の、信用と従属を巡る争いの結果、他のシステムに比べ圧倒的に大きな信用を勝ち取るシステムが「(『不確実性モデル』では)一つ」、ヘゲモニーを握るということだ。筆者はそのシステムを「中枢」と呼んでいた。そして「中枢」は他システム

（8）　ルーマンは「全体社会」について、「ただひとつの全体社会システムしか存在しない」としている（『社会の社会』一五五頁）が、その理由は筆者のモデルと関連があるかどうかは分からない。また、多くの組織において中枢や頭は「一つ」だ。なお、この結果に対する解釈については『魂と体、脳』を参照のこと。
（9）　前にも述べたように、筆者のモデルはルーマンとは独立に作られたもので、その関連は後付けだ。したがって、ルーマンの詳細で専門的な解釈とはズレが生じている可能性もある。だから本稿の注は「ルーマンによると」という権威付けというよりは、むしろ共有点を抽出したのだと考えていただいた方がいい。ルーマンの名前を出すのは、そもそもこのエッセイがルーマンの滑稽さに関する言葉に刺激されてできたという出自と、後述する同時代の思潮（ネオサイバネティクス）の中に、筆者のモデルを位置づける（注（25））ためだ。

の特徴を内部に取り込み地図を作る。たとえば経済システムが中枢になるなら、他の全てが「価格」として経済システム内部に位置づけられ、それこそが「リアル」だと思われるだろう（これは中枢化したシステムの元々持っていた「癖」が、システム全体に影響を残存させるという意味でもある）。

しかし、このモデルは、中枢が具体的にどのシステムになるのかを予言することはできない。ある時代、それは「宗教システム」だったかもしれないし、別の時代では「芸術システム」なのかもしれない。もしあなたが「実験的検証を経ていない意見はすべて信用に値しない」という意見の持ち主なら、そこでは「科学システム」がヘゲモニーを握っているのだろう。

しかし、「そこ」とは、どこなのだろうか？

個人と社会の区別、笑い

先の例で「科学システム」がヘゲモニーを握っているのは、一見すると「あなた」という個人内部だ。しかし、ある社会を構成するメンバーが皆同じ意見を持つなら、社会全体もまた、何でも検証にかけねば「リアリティ」が得られない、「科学へゲモニー」の社会になるだろう。

ところで、ルーマン社会学の大きな特徴は、社会を構成する要素として「個人」という単位を使わないことにある。彼の社会学では、社会の構成要素は「コミュニケーション＝出来事」であって「個人＝メンバー」ではない。[12]「コミュニケーション」ではあまりに抽象的だが、たとえば、「経済システム」を構成するのは「経済主体」ではなく「支払い」であり、支払いに支払いが接続し続けることの反復が

「システム」だと考える。だから、我々が普通に考える「経済システム＝銀行など様々な制度」は、この支払いの反復が後に残す澱のようなものと位置づけられる。[*5]

この観点は、社会に対し色々と面白い見方を提供するが、詳細はここでは述べない。[*6] だが、実はこのかなり抽象的な視点変更の結果、ルーマン理論は、全く無関係に発想された筆者のモデルとも相性が良

(10) 先の注（4）で述べたルーマンによる「構造的カップリング」と照合すると、(b)「キャッシュコピー」は、ルーマンでは、（4）「摂動」と呼ばれているが、筆者のモデルでは、(c)「終わりなき対話」と合わせて、「移送モデルではない」システム間結合としてモデル化されている。対話の詳細は『魂と体、脳』を参照して欲しい。また(c)「終わりなき対話」は、ルーマンによる（2）「図式化」、（1）「自由度」も合わせて表現している。残る（3）「他システム並列常駐性」は、(a)「専門分化したエージェント」を並列プログラムで実装すればよい。(d)「信用」については、システム間のヘゲモニー争いに対するモデルを、「進化」に委ねてしまうルーマンに相当概念は無いのかも知れない。

(11) ところで、この置き換えでは、各エージェントを「分化したシステム」、エージェント間の対話を「構造的カップリング」とした。しかし、エージェント間の対話は単なる（システム内部の）「コミュニケーション」とも解釈できる。この二重性は、「中枢」の内部で起きる「対話」について考えると重要になる。中枢は、内部にあるキャッシュを使う自身の「内的な」作動として、別々のエージェント「間の」対話をシミュレーションし、その結果、非常に長い間待てば解決したであろう「相互片想い」の状況解決を加速している。このとき、エージェント同士の「構造的カップリング」は、中枢内部の「コミュニケーション」でもある。つまり、筆者のモデルでは「構造的カップリング」と「コミュニケーション」には基礎となる同一性がある。しかし、ルーマンもまた、このような特殊な作動、「内的な」構造的カップリングを行う特殊な社会システム＝「全体社会」について言及し、また、そもそも分化したシステムがカップリングできる理由として、複数のシステムを繋ぐ「貨幣」としての「時間性」を持ち出していた（注（4））。この論に関し、後半の注（33）も参照のこと。

(12) 『社会の社会』（一〇七—一〇九頁）「人間はコミュニケートできない。コミュニケートできるのはコミュニケーションだけである」「コミュニケーションの中でコミュニケーションに関与する者が同定されたり、話題にされたりさえする（中略）この種の局面を、古くからの伝統にしたがって《人 Person》人と呼ぼう」という記述など。

くなった。筆者のモデルでエージェントは、基本的に他エージェントとの「対話＝出来事」の生産以外なにもしないのである。

先に述べたように、分化済み社会システム間でのヘゲモニー争いは、なんとなく「個人の性格」と区別がつかなくなる。科学が好きかどうかと、科学が信頼されている社会の違いはなんだろうか？　あるいは逆に、「性格」というのは、自己観察という自分とのコミュニケーションとも解釈できるから、既に「社会」とも言える。

だからこの観点だと、個人と社会の区別は、維持するのが難しくなるようにみえる。

では「個人・社会＝システム」でないものはあるのか？　その一つが、冒頭に述べた、システムではないもの、笑いとなる。

社会の孤独、個人の孤独、笑いと孤独

笑いはシステムではない、とルーマンは書いていた。しかし私見では、「笑い」はシステムの隙間から内部に入り込み、内部と外部の区別がつかないようなやり方でそれを裏打ちする。

笑いを対話の中での不確実性の露呈および、その「上手い」処理（下手な処理は、「笑いを取るのに失敗すること」だろう。多くの場合、そこには「コミュニケーション」の一時停止＝沈黙がある）と解釈すると、不確実性はシステム内部にはないものの、それを処理するプロセスで内部の構造を変えうる。[13]たとえば、最近の学校では、クラス替えが行われる度、他人を笑わせる能力を含む「コミュニケーション能力」の差によ

り個人の役割（キャラ）の階級が決定される「スクールカースト」という現象があるという。(14)

恐らく「信用」とは、システムの外部をどれだけエレガントに内部摂取できるか、その能力のことだ。だから、自然科学への信頼と、適切なタイミングで笑いを取る者への尊敬は、この観点からは区別できない。笑いは信用に変換され、社会の構造を決定する。ただしその時、原資になった笑いは消えている。残るのは澱としての階級だけだ。その過程が剥き出しになっているのが、学校とクラス替えなのだろう。

ところで、筆者のモデルでは、中枢のヘゲモニーはある種の不安定性を持っている。ヘゲモニーを持つ要素＝中枢は、社会全体の「一要素」だが、「全体」と同じレベルのものとして処遇される必要があるという「二重性」を持つ。この二重性は、「特殊な」要素にもかかわらず、その「普通さ」の側面に足を引っ張られ、他の要素に埋没し機能不全に至るという形で露呈する。*7

モデル内でこの不安定性は、別社会の中枢が、もう一方のヘゲモニーを承認し、その逆も行うという相互承認によって棚上げされる。

逆に言えば「孤独」なシステムは、二重性を安定化させることができない。

(13)　この辺の概念を『魂と体、脳』ではライプニッツに倣い「実体的紐帯」と呼んだ。
(14)　土井隆義『キャラ化する／される子どもたち――排除型社会における新たな人間像』（岩波書店）など。ここでは「滑稽さ」を操る能力、システムの外と内を自在に横断する能力（「笑いをとる力」や「空気を読む力」などの意味での「コミュニケーション」能力）の差異が、権力の源泉として用いられているように思われる。「笑い」そのものは反復できなくても、「笑いを生み出す能力」という反省＝帰属は、システムを動かしうるからだ。ちなみに、先のルーマンの指摘は、宗教は不確実性を制度化できるのに対し、滑稽さにはそれができない、という文脈で成されたが、「お笑い芸人」というのは、現代の祭司なのかもしれない。

個人内に住む別人格への埋没による機能不全、これがモデルの観点から見た「孤独」のやっかいさだ。「孤独」の不安定性についてルーマンは語らないが、これもまた「笑い」と同じく、システムの外に対する例だと思う。

孤独である時、我々は一つの主体であるが、常にその「一つであること」が脅かされつつある独裁者のような位置にある。一方、対話の相互承認に埋没する時、危険は去る。もし対話の中で孤独を感じたとしたら、「この私」を承認できる人間が、目前の群れにいない、ということだ。

グローバルな社会は、それを承認する「別の社会」を持てなくなっていくだろう。つまり、それは「社会の孤独」を生む。そして、恐らくそれは「個人の孤独」と区別がつかない。

孤独であるとき、我々は笑いとは別の仕方でシステムの外を感じるが、それは残滓を残さない。恐らくそれは、最初の問いであった芸術の社会的機能と似てくるだろう。もし、芸術が「警告」として社会を免役するなら、その機能は「笑い」に接近する。しかし、残滓を残さない方向はあるのだろうか?

認知バイアスと山中カクテル

光の獲得、測定可能の、
アザミに似たものから——
いくらかの黄と
会話する　いくらかの

赤。

（後略。パウル・ツェラン「線路の土手、道端、荒廃した場所、瓦礫」）*8

幼児の言語獲得に関連し「バイアス」という概念がある。ここでは「バイアス」という言葉を、形式論理的に正当化できないような推論、というような意味で使おう。たとえば「「雨が降った」」ならば「路面が濡れている」」を知っている時、「「路面が濡れている」ならば「雨が降った」」と推論してしまうのは「対称性バイアス」と呼ばれる。(15)

ところで、よく知られた幼児期言語獲得バイアスとしては「事物全体バイアス whole object bias」「事物カテゴリーバイアス taxonomic bias」「形状類似 shape bias」「コントラスト原理 principle of contrast」などがあるという。(16)

事例を見た方が分かりやすいだろう。幼児が言語を獲得していく姿を想像してみる。幼児にとって、世界は未知の事物と、それに対して大人が発する「ラベル」で溢れている。幼児はなんとか形容詞や固

(15) 対称性バイアスは幼児期に限らず使われる認知バイアスの例。なお、この推定が「自然」すぎて「論理的には正当化できない」の意味が分からない人は、「路面が濡れている」原因として、「雨が降った」以外にも「ホースで水を撒いた」など、無数の原因が考えられることを思って欲しい。「雨が降った」という可能性は高いだろうが、それは発見的な推論であり、一種の飛躍が伴う仮説形成だ。

(16) 今井むつみ『ことばの学習のパラドックス』（共立出版）。以下の実験は、基本的に同書に紹介されている事例に基づく。なお、この本ではここで触れるもの以外にもバイアスが紹介されている。また、幼児の言語獲得に限らず、成人も非常に多様なバイアスを持っていることも知られている。

有名詞などの文法的用法を獲得し、圧倒的速度でラベルを獲得していく成長期にある。

しかし、問題がある。大人の与えるラベルは、ラベル自身に「部分用」や「全体用」などのコメントがついている訳ではない。なので、たとえば「見たことのないもの」に、「知らないラベル」がつけられた時、子供はそれを、「見たことのないもの」全体の「名詞的」ラベルなのか、それとも、そのある部分的属性（色や触った感触など「形容詞的」なラベル）なのか区別する方法がない。偏見のない幼児は途方に暮れるだろう。

だが、実際にはその心配はない。幼児には偏見（＝バイアス）がある。ここで役立つバイアスは「事物全体バイアス」と呼ばれ、このような状況では子供は、新しいラベルを、事物の属性ではなく全体の名前とするバイアスを持つ。

興味深いのは、もし与えられたラベルが、文法的には属性を表す「形容詞」であっても、幼児はそれを名詞のように全体の名前として使ってしまう程、その偏見が強いことだ。

ここで、冒頭の詩を持ってきた理由も分かるだろう。会話する「いくらかの黄」と「いくらかの赤」。彼らが何を指すのか、それは読者には明らかではない「未知のもの」だし、詩人にとっても恐らくはそうだろう。このような形容詞の名詞化は、詩ではそれほど珍しいことではないが、ここに「事物全体バイアス」の似姿を見てもいい気がする。[17]

お前　ぼくと一緒に想い出しておくれ――パリの空、大きなイヌサフラン……
ぼくたちは　花売り娘から　いくつもの心を買った――

それは青く　そして　水のなかで咲きほころんだ。
ぼくたちの小部屋には　雨が降り始めた、
そしてぼくたちの隣人がやって来た、ムッシュー・ル・ソンジュが、やせこけた小男が。
ぼくたちはカードをした、ぼくは瞳を失った、
お前はお前の髪をぼくに貸し、ぼくはそれを失い、かれはぼくたちを打ち倒した。
かれは戸口からでていった、雨はかれの後をついていった。
ぼくたちは死んでいて　息をすることができた。

（「フランスの思い出」）

僕たちの隣人、「ムッシュー・ル・ソンジュ（フランス語 Le Songe は「夢、空想」を表す）」とは何だろうか？　それは、「心」を売ってくれる花売り娘とは対照的に、僕たちから瞳や、髪、そして命を奪うが、なぜか息は出来る。そのような「やせこけた小男」とは？

ここで歌われているのは、何か未知の存在、「心」や「命」と対比的な抽象的な概念だろう。だが、その謎の概念には具体的な固有名がつく。

ところで、幼児の問題は色々ある。たとえば、見たことのないぬいぐるみが「Zav」というラベル（固有名詞であることは冠詞が無いので分かる）で呼ばれていたとしよう。Zav は、「この」ぬいぐるみだけの

(17)　ただし「赤」や「黄」は、「未知のラベル」ではないので、厳密には状況は一緒ではない。しかし、詩人が毎回未知のラベルを作ったなら、それは誰にも読めない詩になってしまうだろう。

名前なのか、それとも、同じ形状のカテゴリーを表現する名前なのか？

実験では、あるモンスター的なぬいぐるみに対してZavというラベルを教えた後、その最初のZav、違う服を着たZav、既に知っている別の動物ぬいぐるみ二体、を前に並べ、「Zavを持ってきて」などと頼む。もし、幼児がZavを「固有名詞」として理解していれば、最初のZavだけを選ぶし、「カテゴリー」として理解しているなら、服を着たZavと最初のZavをランダムに選ぶだろう。

子供は、対象が未知であるかどうかで違う反応を示す。猫などのよく知っているものに対しては固有名詞としての扱いを、未知のものに対しては「カテゴリー」としての扱いをする。

「ムッシュー・ル・ソンジュ」は、普通に考えれば、夢や空想が「ぼくたち」に対し及ぼす、破滅的影響のメタファーと解釈できるだろう。しかし、それでは、わざわざ詩にする必要はなく、説明すればよい。「ムッシュー・ル・ソンジュ」が何か未知の「カテゴリー」への名前としても使われて、それは「誰にとってもまだ未知」だと想定できるから、詩である意義があるわけだ。別の言葉で言えば、「雨がかれの後をついていった」り「死んでいて、息をすることができた」というような細部が、メタファーとしての解釈に抵抗し、「未知」であることを維持する。

次に、今の二つとは相補的な別のバイアスの例をみてみる。

それはもはや

この

時折　お前とともに

時刻のなかへ沈められた
重さではない。それは
別の重さだ。

それはお前に同——
行するだろう
あの空虚を引き留める重さだ。
それは、お前のように、名前を持っていない。おそらく
お前たちは同じなのだ。おそらく
お前もまた　いつか　ぼくを呼ぶのだ
そう。

（「無題」）

ここには「別の重さ」というものが出てくる。それは「お前」に同行し、「名前を持っていない」。しかし、「おそらく　お前たちは同じ」なのだという。

幼児が複数のものを目の前にしているとしよう。片方は既にラベルがついていて、もう一つは未知。その時、新しいラベルが告げられる。それはどちらに対するラベルなのだろう？　偏見なくみれば、それはどちらのラベルであっても構わない。一つのものは複数の名前で呼ばれるから、既知のものの新し

いラベルである可能性もある。
だが、幼児は、新しい名前は未知のものに割り当てる、というバイアスを使って、なるべく一つのもののラベルが一つになるように調節する。ただしこれは大人になる時いずれは乗り越えなければならないバイアスだ。そうでないと複数の名前を持つものという存在が理解できなくなる。

しかし、幼児の段階では、たとえば、目前に既に知っているものだけが一つあるとき、さらにラベルが来たら、このバイアスのおかげで「そのラベルは、そのもの全体の名前ではなく、なにか属性に違いない」という推定ができる。これが「事物全体バイアス」や「事物カテゴリー」バイアスと相補的なのは、「まだ名前がなければ、全体のラベル（事物全体、事物カテゴリー）、既に名前があれば、部分のラベル（相互排他性）」という併用が可能だからだ。では、このバイアスが残存するとき、人はどうなるのだろう？

そのヒントがこの詩だ。「お前」には既に名前がある。一方、それに同行し、おそらく「同じ」ものである「別の重さ」には、名前がない。なぜか？　それは「お前には既に名前がある」からで、「お前」と「同じ」である「別の重さ」には、もうこれ以上名前を割り当てることができない。「相互排他性バイアス」は成人には克服されてしまうので、この感覚は分かりにくい。大人は当然のように同じものを複数の名で呼んで戸惑わない。しかし、もしこのバイアスが復元したなら、この詩のような奇妙な困惑が出現するかも知れない。(18)

しかし、これらの「心理学的・科学主義的な」解釈に満足しない人も多いだろう。そうした解釈は、どうしても細部を取りこぼしてしまう傾向がある。だが、「細部」とは何か？　なぜ「細部」は「細部」

なのだろうか？　その視点から、最後に「形状類似バイアス」について説明してみよう。(19)
再び幼児の視点に戻る。今度の幼児は「似たものを選んで欲しい」と言われ、「未知のサンプル」と、「いろいろな選択肢となるもの」を見せられる。ここでの困惑は、「似た」とはどういう観点で似ているのか？　ということだ。それは形なのか、手触りなのか、大きさなのか、それとも……。サンプルは無数の視点をはらむ。

ここでは「サンプルへのラベルの有無」が大きな違いをもたらす。まずサンプルにラベルがついている場合、幼児は大人と同様、「形」の類似性に基づいて選択し、手触りや大きさが変わっても無視するバイアスがある。一方、「これ」と似たものを選んでと言われ、ラベルがついていない場合、子供は、形以外の特徴にも勝手に注目し、手触りが似ていたり、大きさが似ているものも選んでくる。このような、ラベルの存在によって形の類似性に着目する傾向を「形状類似バイアス」と呼ぶ。

このバイアスが詩的なものに与える影響は今までとは異なる。今までの例では、詩を幼児期のバイアスがある程度復元された「退行」の事例として読んだ。しかし、このバイアスに関しては、むしろ、形状類似バイアスの「制止」と細部への過剰な注目(20)が、詩の大きな力である比喩、普通の成人が無視する

(18)　「相互排他性バイアス」は具体的な事物に対して適用されるものなので、「重さ」は適用外かも知れない。しかし、一方でこの「重さ」は、「お前」のように名指される具体性をもって扱われている。恐らく、バイアスが成人に使われる時、適用の仕方には大人の観点（抽象概念を事物のように扱えるような）が混ざるのではないだろうか？　これは後述する「形状類似バイアス」の制止とも関連すると思う。
(19)　「対称性バイアス」などの他のバイアスも言語獲得や詩の解釈にとっては重要だろうが、ここでは紙幅の関係上扱わない。

観点からの類似性発見に大きく関与するように見える。換言すれば、「細部」とは、「形状類似バイアス」によって常識化された視点「以外の視点」たちのことで、「大きさ」とは関係ないのではないだろうか？　これに詩の例はない。というより引用した詩だけでも、形状に縛られない連鎖は無数だ。私見では、詩や芸術的なものに対する心理主義的解釈への警戒も、ここに由来するように思う。つまり、詩人はある場合にはバイアスを復元し、ある場合には抵抗している。だから、バイアスとの関係は緊張をはらんでいるが、「細部」を無視した解釈は、その緊張を見落とす。

いずれにせよ、詩才の一部は、幼児が未知の事物と言葉に対して持つ態度を、成人になってもキープできることかもしれないという気がしてくる。逆に言えば普通の成人は、大人になる代償として「幼児の問題」を失う。

ここでふと、iPS細胞の事を想い出した。分化したものを初期化することと、詩人の「退行」能力に対する単なる連想だ。iPS細胞とは、成体の通常細胞に「山中カクテル（ファクター）」と呼ばれる、ある特定の遺伝子（ファクター）の「組みあわせ」を導入することで、既に分化してしまった細胞に、「(ほぼどの細胞にも分化できるという意味での)万能性[21]」を復元させた（＝初期化）細胞だ[22]。要するに既に分化したものをリセットするテクノロジーである。

しかし、ここまでの展開でも分かるように、「システム」という見方には、細胞で可能なことへ、社

(20) 幼児が、プラス・クワスやブルー・グルーの議論（S・A・クリプキ著、黒崎宏訳『ウィトゲンシュタインのパラドックス――規則・私的言語・他人の心』（産業図書）など。同書にはブルー・グルーについても言及がある）に悩まされない理由として、幼児が世界に対し生得的な「素朴理論」を持ち、その一種としてのバイアスがあるからだ、

という認知発達理論分野での仮説が『ことばの学習のパラドックス』（第二章冒頭）に紹介されている。ただし私見では、クリプキの議論はこの「解消案」をあらかじめ反論している。素朴理論による「制約」が、幼児にある方向の推論への傾性を持たせるとしよう。もしくは素朴理論によるある「イメージ」が、ある方向の推論を指令するとしよう。これら両者について、じつは幼児が使っていたのは、今日までの対象については「素朴理論」の「制約」や「イメージ」が指示する推定をさせるが、明日からの対象Xに対しては、全く別の指示をする「スボク理論」だったということができる（これらの議論は、元々のクリプキの反論ケースに既に含まれている（『ウィトゲンシュタインのパラドックス』二五七頁など））。ある種のユーモアを持って提示されるこのクリプキの議論は、全てのモデルへ揚げ足取りをするものではなく、言葉（や数学）の使用に関し、それがなんらかの「意味・概念・規則・イメージ・制約……など」などの実在に基礎づけられているという「直感」への批判である。だから、その「解決」方法の一つは、（規則に従っていると自分で思うならば、規則に従っている、のではなく）規則に従っていないと他人に指摘されるなら、規則に従っていない、という「懐疑的解決」である。つまり、他者または共同体によって意義を唱えられないことが「規則に従っている」ということを可能にしていて、自分の持つ「意味・概念・規則・イメージ・制約……など」と、それは関係ないということになる（ただし、クリプキ自身は、これをヴィトゲンシュタインへの注釈として述べていて、自分自身の見解ではないという留保がある（一八二頁））。「懐疑的解決」に納得するかどうかはともかく、クリプキの議論は、むしろ各種バイアスによってベールを掛けられている我々の、認識の外に出る道具として考えた方が興味深いようにみえる。バイアスが機能的に有効性を持つならなおさらだ。たとえば、もし精神分析による退行が、幼児段階までの退行なら、もう一段深い退行（？）がありうることをクリプキの議論は示唆するのではないだろうか？　その退行の水準では、「私の身体による行為選択は「ワタシ」がいるから行われた」という直感が、「クワシ」のような無数の分身に脅かされる体験が起きるのかもしれない（「なぜなら、ある行為をしようとする一定の意志は、他の行為をしようとする意志として、プラスに対するクワスのように、解釈されうるであろうから」二五七頁）。本稿注（40）も参照されたい。

（21）　正確には「分化万能性 pluripotency」だが、ここでは慣用に従う。

（22）　山中氏のグループによる論文は、*Cell.* 2006 Aug 25；126（4）：663–76. Epub 2006 Aug 10. Induction of pluripotent stem cells from mouse embryonic and adult fibroblast cultures by defined factors. Takahashi K, Yamanaka S. なお、現在では「山中カクテル」以外にも様々な遺伝子の組み合わせによる作成方法が知られているが、本稿では、そのような初期化に使う組の「総称」として「山中カクテル」を使う。

会やその他のシステムでも抽象的対応物があって欲しいという気分がある。つまり、分化して特定の形に縛られてしまったエージェント群を、無理矢理束ねる孤独な中枢に対し、「初期化」という処方箋があるのではないか？

そのヒントは実は既にある。精神分析だ。

現代日本では、精神「医療」としての精神分析は、投薬とカウンセリングのペアに席を譲っているようにみえるが、ここでの文脈で興味深いのは、分析のプロセスで起きる「退行」や「転移」といった、分析家とクライアントの間に起きる二人称的な現象だ。

「退行」を体験したことがないので分からないが、文献を読む限りそれは、治療過程で現在の人格へゲモニーが、過去の人格に奪われてしまい、結果として子供や幼児のように振る舞うこと（退行）、もしくは感情的に過去の親子関係を、精神分析家との関係に投影して反復する（転移）というような現象のようだ。[*9]

「退行」という言葉の一般的イメージは悪い。それは大人が克服した幼児期の各種バイアスを復元してしまうことや、状況に応じた仮面の使い分けを放棄することを含意するからだろう。だが、退行は一種の「初期化」であり、だからこそ、ある種の未分化性、そして、「万能性」を復元するのではないだろうか？

そしてもし精神分析で人が神経症から治癒するなら、それは、万能性の復帰によって、再度別の統合の仕方を辿り直すことが可能になったからではないだろうか？　つまり、「治癒」は精神分析の「副作用」で、それを目的にするのは、そもそもおかしかったのではないだろうか？

単純に社会適合するように脳をパラメータチューニングするなら、投薬に頼る方が見込みが良さそうに見える。だが、精神分析というのは、精神、もしくは分化し矛盾を抱えたシステムを束ねる孤独な中枢を、リセットする技術、つまりは精神というシステムに対する「山中カクテル」として、捉え直すことが出来るのではないだろうか？

もちろんこれは危険なアナロジーだ。細胞と違って精神の「万能性」が何かは正確には分からないし、そもそも精神分析が対象にする「精神」が何を意味するのかすら不明瞭だ。しかし「正確に分からない」と「存在しない」は違う。だから決定的にアナロジーが破綻する点を見つけるまでは、心的システムの「山中カクテル」としての精神分析、という比喩を使い続けてみる。

たとえば、「退行」の逆方向として、システムの「老化」を考えることも出来る。仮にシステムをオートポイエティック・システムとしよう。すると、それが作動結果として排出する構造・組織・固定した規則群と、システム自体の作動は一応区別される。その時、外部の視点から、システム自体の作動と、それが残す構造の量的な比のようなものを考えることが出来る。老いた事をなかなか内部からは実感しにくいように、老いの自覚には、色々な意味での鏡が必要だろう。ここで「鏡」とは、システムの内側からの眺めであるオートポイエーシス自体ではなく、それが残す構造の堆積となる。既存の結果、過去の規則の蓄積、さらにそれとの不整合性が起きないように、規則に規則をパッチしていく鏡像。

その極限として、過去の制約が強くなりすぎ、ほとんど自律的には何も決定できないような「(老いた) オートポイエティック」システムを考えることも出来る。「あたかも人間は生きた竹馬の上に乗っているようなもので、その竹馬はたえず成長して、ときには教会の鐘楼よりも高くなり、ついには歩行をひどく困難で危険なものにしてしまう。そして、やがてそこから人間は一気に落下するのである[*10]（後略）」。ただし、ここでの「老化」は、一種の柔軟さの欠如で、「加齢」とはずれている。

ところで、粘菌には「頭」がない[(23)]。粘菌はある意味「万能[(24)]」で「未分化」だ。彼らは、移動し、胞子になり、乾燥し、水を掛けると復活し、植物なのか動物なのかすら、素人目には分かりにくい。しかし、その「万能性」の代償なのか、彼らのタイムスケールは基本的に植物のそれだ。時速数センチで進む動物は、あまり有能とは言えない気もする。だが、このような生物がいる、という事実は、「分化」と「退行」という軸でシステムを考える視座を与える。つまり、生命は、形から逃げ出すこともできるのではないだろうか？

中枢のモデルと、様々なネオサイバネティクス

老化と退行。あるいは分化しきったシステムの固さと、万能なシステムの脆弱さ。そのトレードオフ、あるいは丁度良い具合の混交の維持。そのような視点から「ネオサイバネティクス」の思想家達を解釈することも出来る。

本稿で「ネオサイバネティクス」と書く時には、オートポイエーシスの概念を意識的、あるいは無意識的（筆者はそうだった）に受け止めながら、それを自分の目的に合うよう改変した、様々なシステム概念を指すと、おおざっぱに言っておこう[(25)]。あるいは「ポスト・オートポイエーシス」といった方がいいのかもしれない。

ここでは、先に紹介した筆者のモデル（不確実性モデルの方）について、オートポイエーシスとの関わり、及び「分化と退行」、つまり、固定された形からどう逃れるのか、という視点から振り返る。まず、**図1**を見てみよう。

まず、この図は、中枢なり貨幣なりが自己組織化した後のダイナミクスについて説明していると考えて欲しい。その時、オートポイエーシスの概念から、システムのレイヤーを考えると、二つの領域が区別できる。一つは、**図1**の上部、「見えない領域」と書いてあるところだ。「見えない」というのは、この場合、システムの外から見た時という意味で使っている。

ルーマンは、たとえば「経済システム」というオートポイエティックシステムについて、「支払い」に「支払い」が継続するシステムという言い方をしていた。筆者のモデルで、対応する作動は、ある

(23) 細胞性粘菌の集合体が、移動する時に突起ができ、それが全体の運動方向をガイドすることがある。これを「頭」と見なすかどうは微妙だ。この頭は鳥の群れの先導集団と同様、自分の属する身体に関する地図を持たない。

(24) 我々のように固定した形を持たざるを得ないタイプの生物から見ると、「万能」に見える、という意味で。

(25) もう少し細かい分類は、**表**に概括的にまとめておいた。紙幅の関係上各項目の細かい説明は別の機会に譲るが、ここでは、次のようなことに対するイメージを持っていただければ、と掲載した（この表は代表的なモデルを並べたものでもないし、属性に関しても筆者が選んだ恣意的なもの）。元々この表は、ルーマンのオートポイエーシスという言葉の使われ方と、マトゥラーナ、ヴァレラがいうオートポイエーシスの関係に戸惑った筆者が、整理のために作った。見て分かるように、これらは、共通する部分や差異が入り組んでいて、いわば「家族的類縁性」のようにしか提示できない、定義がしにくい概念にみえる。もし、あえて定義するなら、「ネオサイバネティクス」とは、「表にあるような属性群に対して、多くの態度決定をしているシステム論」という言い方はできるかもしれない。通常のシステム論では、「観測者位置」、「不確実性の位置」、「他システムとの結合方法」……などについて、それほど注意を払っているように見えないからだ。

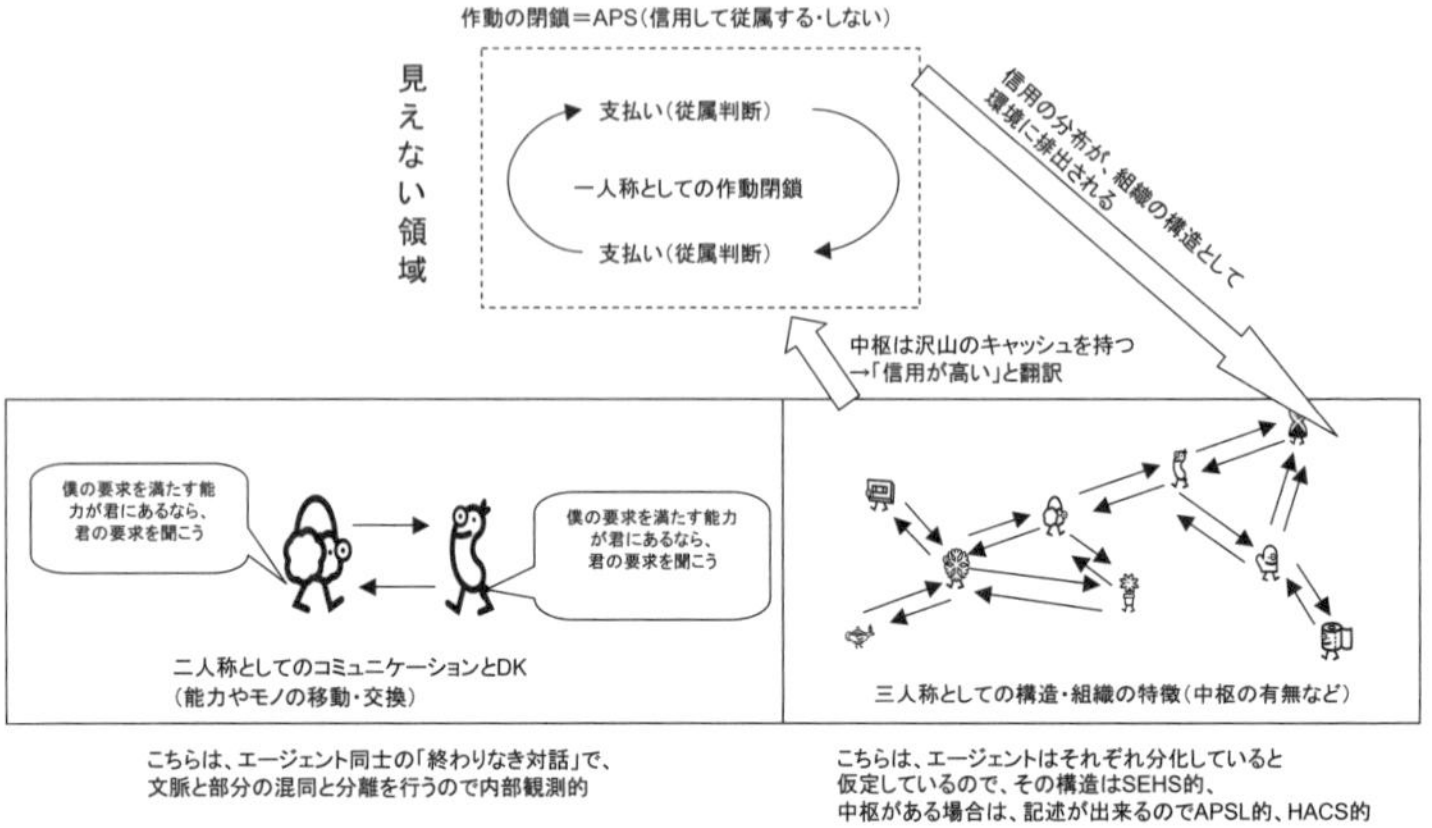
作動の閉鎖＝APS（信用して従属する・しない）
見えない領域
支払い（従属判断）
一人称としての作動閉鎖
支払い（従属判断）
信用の分布が、組織の構造として環境に排出される
中枢は沢山のキャッシュを持つ
→「信用が高い」と翻訳
見える領域
僕の要求を満たす能力が君にあるなら、君の要求を聞こう
僕の要求を満たす能力が君にあるなら、君の要求を聞こう
二人称としてのコミュニケーションとDK
（能力やモノの移動・交換）
三人称としての構造・組織の特徴（中枢の有無など）
こちらは、エージェント同士の「終わりなき対話」で、
文脈と部分の混同と分離を行うので内部観測的
こちらは、エージェントはそれぞれ分化していると
仮定しているので、その構造はSEHS的、
中枢がある場合は、記述が出来るのでAPSL的、HACS的

図１　APSと中枢のモデル

システム概念	APS（マトゥラーナ・ヴァレラ）	APSL（ルーマン）	アレンジメント（ドゥルーズ・ガタリ）	内部観測（松野、郡司）	HACS（西垣）	SEHS（Hansen）	中枢のモデル（筆者）
目的	生命システムの理解・記述	啓蒙？（認識利得）	生成の理解・実験、非人間的な存在の自律的記述	生命の理解、理解の理解	複数の情報現象の絡み合いの記述、情報倫理？	技術社会の中での人間の倫理を考察	中枢生成の理解、心身問題の起源理解、組織論的応用と倫理
対象	細胞（マトゥラーナは無限定）	社会	無限定	無限定だが、具体的に注目する体験がある	（生命、社会、機械）情報に伴う現象・体験	技術と人間	無限定
構成要素	無限定（または細胞の構成要素産出プロセス）	コミュニケーション	APSや機械など様々なシステム	階層の混同と分離＝齟齬	コミュニケーション	APSや機械など様々なシステム	コミュニケーションとDKエージェント
自律性の供給源	生物の自律性（外部から見た境界決定行為の無根拠性）	？（APSを拡大解釈して社会にも適用）	？（スピノザ的な自己認識＝自由）	理解の無根拠性（クリプキの議論より）とモデルのパラメータ非依存性	外部から見た、他システム行為の決定不能性	APS引き継ぎ。ただし技術システムの自律性も認める	不確実性の集中
観測者の位置	内部	全システムもしくは全体社会？	？	外部、内部、読者	心的システム	？	外部、内部、読者
不確実性の位置	環境	DKもしくは一回ごとの境界決定手続き	集中もしくはあらゆる場所に浸透。その配置をダイアグラムが決定	齟齬とその解消手続き	コミュニケーション内、階層的制約内	SEHS内部のエージェント	コミュニケーション内にある齟齬と解消手続き、信用ネットワークがダイアグラム
境界決定手続き	産出プロセスの循環	成果メディアとの関連性？	多重的、不均質決定（（脱、超）コード化・（脱、再）領土化）	齟齬の解消手続きの永続化	連辞用プログラム	多重的、不均質決定	信用伝搬と従属判断
扱うシステムの数	1（別のロジックを持つシステムは全て環境）	n（分化したシステムの数だけ）	n（構成要素の数だけ）	（単純化のため）階層の異なる2つのロジックに注目	n（分化したシステムの数だけ）もしくは3+1（生命、社会、機械、および心的システム）	n（SEHS内部のエージェントの数だけ）	n（エージェント数）
他のシステムとの接続方法	構造的カップリング	静的：構造的カップリング 動的：相互観測（内省、遂行、機能）	ダイアグラム（不確実性の強度配分）	齟齬とその解消手続き（注目する体験ごとに特異性がある）	階層的制約（境界条件及びその非対称性）	閉包の成立	終わりなき対話
他システムの記述可能性	不可能（他システムは全て環境）	可能	可能	可能だが、齟齬が残り続ける	視点移動による近似が可能	可能	可能だが、齟齬が残り続ける
中枢の数	？	1（「全体社会」は一つ）	0-n	？	1（心的システムは記述ができる唯一のシステム）	？	1（不確実性のある場合）、0-n（不確実性の無い場合）
分化の逆行や過剰進行、起源への倫理的関心	中立？	中立	非常に大きい	有り	大きい	大きい	大きい
シミュレータ・数理モデルの有無	有り	無し	無し	有り	無し	無し	有り

表　ポストAPS的モデルの特徴比較表

エージェント（主に中枢）に「従属するか・しないか」という決定（貨幣のモデルなら、貨幣を受け取るか・受け取らないか）の連鎖だろう。もちろん基本的に「従属する・受け取る」というポジティブな方向の連鎖が続かなければ、システムは機能しない。その判断基準が「信用」であり、信用は対話によって不確実性を伴い変化・伝搬し続ける（不確実モデルの場合）。この領域を、「一人称」としてのシステム記述と考えることができる。外からみえる構造やエージェントではなく、オートポイエティックシステム自体と解釈できるからだ。

一方、下段には外の観測者から「見える領域」がある。まず左側には、一回のエージェント対話が描かれている。このとき、エージェントの信用や判断は「見えない」が、それによって結果する財や能力の交換関係は、外部から観察できる。先に触れた「終わりなき対話」では、二人称的な対話と相互解釈での、「文脈＝クオリア＝全体」と「表現＝言葉＝部分」の関係に関する無際限性、「文脈と部分の混同・分離」としての不確実性が、非常に誇張されモデル化されている。[26]

下段右側には、さらに俯瞰してこのモデルの動作を見た場合の状況が描かれている。このとき視点は外部にあり、三人称的にみたシステムの特徴として、たとえば「中枢」的なエージェントがいる、とか、

(26) ルーマン的な社会のモデル化では、エージェント（人間）は「社会の構成要素」ではない。それらは社会の構成要素である「コミュニケーション（今の場合は「支払い」や「従属判断」）」の環境、もしくは構造となる。この図では外部観測者から「見えない」領域＝オートポイエティック・システム、「見える領域」＝システムとカップリングした環境、構造という分け方をしている。また、このモデルでは二人称部分に「不確実性」が入れてあり、それが従属判断の基準として機能することで、「見えない領域」と構造的カップリングしている。また、この対話部分だけを取り出せば、この箇所は**図1**で「内部観測的」と呼ばれるシステムに近い。

「貨幣」が流通して交換を媒介しているといった、エージェント全体のなす組織・構造が記述可能になる。(27)

見えない領域と見える領域はどのように繋がっているのか？　このモデルでは、見えない領域は、「従属するか・しないか」の判断連鎖だけで出来ていると考える。その時、たとえば中枢や貨幣という構造は「信用が高い」という見えない領域のタームに翻訳され、その意味でしか影響を持つことが出来ない。また、対話を通じた信用の分布は、結果として析出される三人称的な構造を決めるが、それは見えない領域とは一応切れている。いわば、見える領域のダイナミクスや構造をつなぎ止めているボンドは、見えない領域の作動で、それが無い、もしくは不調なら、そこにあるのは、単に異なるもののバラバラな堆積になる。

つまり、中枢のモデルは、ネオサイバネティクス的な視線からすると、一人称、二人称、三人称という記述位置に応じて複数の様相を持つ。しかし、このモデルには別の方向から見た顔もある。

ガタリの夢、形から逃げ出す生命

ガタリの夢とはなんだろうか？　それは恐らく、次のような言葉だ。

「分析関係における欲望する諸機械の二項アレンジメントは、間主観性、間人格性、三者関係(医者－患者の関係、立ち会う者－当事者の関係など)を基礎付けなおすことを求めている。(中略)新しい交換形態(結合)を促進するためにみな連携するということではない。そうではなく、この新しい結合がほんとうに新しいものであること。つまり、それが真理の領域において新しい脱領土化を作動させ、そしてより統合され、活性化された系統的な機械を配置するということだ。いいかえるなら真理、真理の行使とは、あらゆる水準において欲望する機械の核心にある。つまり、欲望する機械が分解し、解体する場所、他の選択肢である「別」の機械を特異的な仕方で設置する場所、そんな場所にあるのだ。欲望する機械を過渡的な存在、過渡的に見えるものへともたらすのは、プロセスの本質としてのその不安定さである。主体の出現、真理の出現は機械の衰弱した土地においてなされる」。*11

機械の分解＝「退行」、衰弱＝「分化」と解釈すれば、ここにあるのは、「退行」への意志だ。(28) **図1**を別の視点から描き直して、**図2**にしてみよう。

（27） このモデルでは、それぞれのエージェントは分化していて、ハイブリッドである、という前提がある。それゆえエージェント同士は、初期状態でお互いに協調することが出来ないわけだ。この辺りの特徴は、注（25）と**表**での、「ＳＥＨＳ（*Emergence and Embodiment : New Essays on Second-Order Systems Theory* (Duke University Press, 2009) 所収のMark B. N. Hansen "System-Environment Hybrids" による。ＳＥＨＳについては後の注（29）に説明を付した）」や「アレンジメント（Ｇ・ドゥルーズ、Ｆ・ガタリ著、宇野邦一、小沢秋広、田中敏彦、豊崎光一、宮林寛、守中高明訳『千のプラトー』河出文庫）」的である（ただし、「ハイブリッド」とは言え、それぞれのエージェントが、全く異なるロジックを持つことをモデルでは実際には実装してはいない。単純に能力や生産財のラベルが異なるだけであり（それゆえ交換が成立しない）、エージェント同士の異質性は対話部分での解釈の違いに押し込められている）。また、中枢成立以後は、その内部にシステムの概要的な地図が描かれるので、ある意味「中枢的システムによるシステム記述」が可能になっている。この時システムは（「心的システム」＝中枢という同一視をした場合）ＨＡＣＳ的（『基礎情報学』）であり、ＡＰＳＬ的（「全体社会」＝中枢という同一視をした場合）であるといえるかもしれない。

（28） 用語法にこだわるガタリは、「退行」や「分化」には納得しないだろう。だが、彼の「新語主義」は、異常に抽象的で具体性を伴わない言葉の羅列を生んでしまった。たとえば、ここで「新しい交換形態（結合）を促進するためにみな連携するということではない」という攻撃が行われるが、ガタリは別の具体的なやり方を提示できたのだろうか？　ガタリは夢しか描かない。しかし、それは貴重な夢だ。

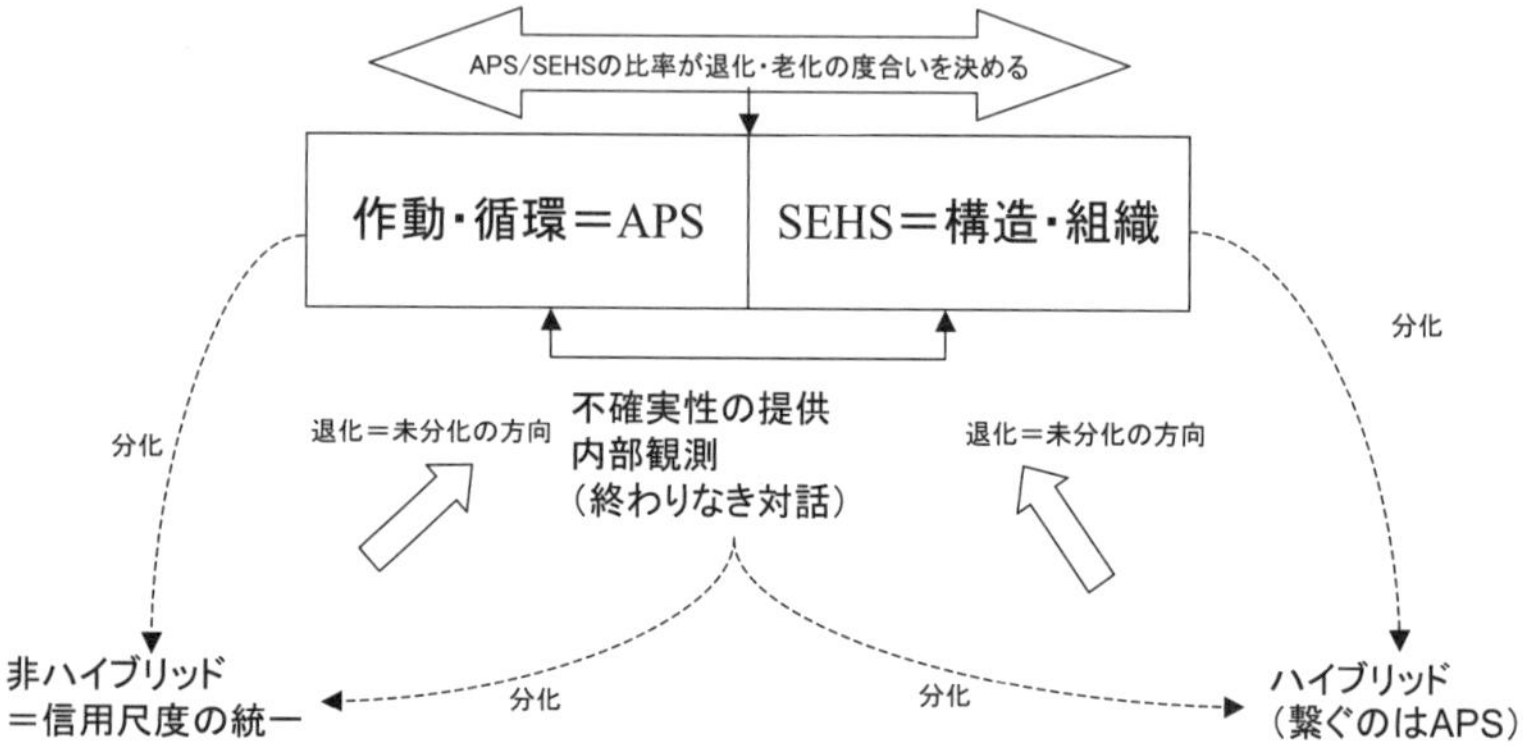

図2　分化、老化・退行

図2では、先の図で「見えない領域」にしたものを「作動・循環」、「見える領域」を「構造・組織」としてあり、それぞれの「代表例」としてオートポイエーシス（ＡＰＳ）とＳＥＨＳ（System-Environment Hybrids システム－環境ハイブリッド）[29]を挙げてある（ただし、より細かい概念関係については先の表を参照）。

図2は、中枢や貨幣の自己組織化が既に終了しているという前提の元に描かれた図だった。一方、この**図3**は、それらが生成消滅していくプロセスもしくは、作動が構造を析出し、それが行きつ戻りつする状況を描いている。

まず、上の四角は、システムの「ＡＰＳ・ＳＥＨＳ比」のような概念を表現している。これがＡＰＳ側に寄っている場合、システムはまだ「若く」、構造や組織は未分化であり、支配的なのはＡＰＳ的な作動の継続だ。逆に、ＳＥＨＳ側に寄っている場合、システムは「老いて」いて、大量の規則や組織、およびその過去との整合性維持が支配的だと考える。四角の上には、その比が変動しうることを示す矢印が描いてある。[30]

一方、図の下部には、二つの状態として、APS側には「非ハイブリッド＝信用尺度の統一」、SEHS側には「ハイブリッド＝繋ぐのはAPS」という言葉が置かれている。この二つは、自己組織化が終了した後の、**図2**の状況を描いている。この状況では、最初全く統一されていなかった「信用」を測る尺度が、齟齬を残しつつ、貨幣や中枢を成立させる程度には「共有」される。[31] 一方、そのことで、バラバラの存在であった、多様なエージェント達が、一つの「(中枢または貨幣によって結ばれた)社会」として統合される。システムのこの方向への発展をここでは「分化」と書いている。[32]

(29) この概念は基本的にAPSLの延長線上にあるが、以下の点が異なる。(1) システムと環境の区別は不確実性(他性 alteriry)に強くさらされるため、境界は重層的、一時的、不均質的である。(2) 環境(特に技術的なそれ)はそれ自身 agency (作用因、あるいは媒介者) になりうる。ハンセン自身は、SEHSについて、APSLの「一歩先」まで延長したものと述べている。その力点は境界決定での不確実性にある。ここでSEHSを「構造・組織」の代表例としたのは、ハイブリッドなシステムの集まりという作動結果と、それを束ねる重層的な境界設定(基本はAPSL)という構成が筆者のモデルと似ているが、ハンセンの場合は、重層的境界決定の具体的モデルは無く、結果として組織や構造のハイブリッド性が強調されることになっている(それは概念の名前からも分かる)という観点からだ。

(30) この部分は、『千のプラトー』での以下のような記述に示唆を受けている。「このとき具体的アレンジメントは機械の抽象的観念と結びつき、アレンジメントが機械を実現する仕方に応じて、アレンジメントの潜在性や創造性を示す係数に影響される。アレンジメントを「量化する」係数は、アレンジメントの可変的要素にかかわる。(中略)たとえば「一本の草」という要素は、種が非常に近い動物同士のアレンジメントを通じて、係数を変更することがある」(『千のプラトー』(三二〇頁))。つまり、本文での「比率」は、潜在性や不確実性を孕む程度としての「係数」を意図している。

(31) 実際には、「規則に従っていないと言われるならば、規則に従っていない」という意味での齟齬指摘が多少減少するだけで、エージェント達の内部はバラバラである。

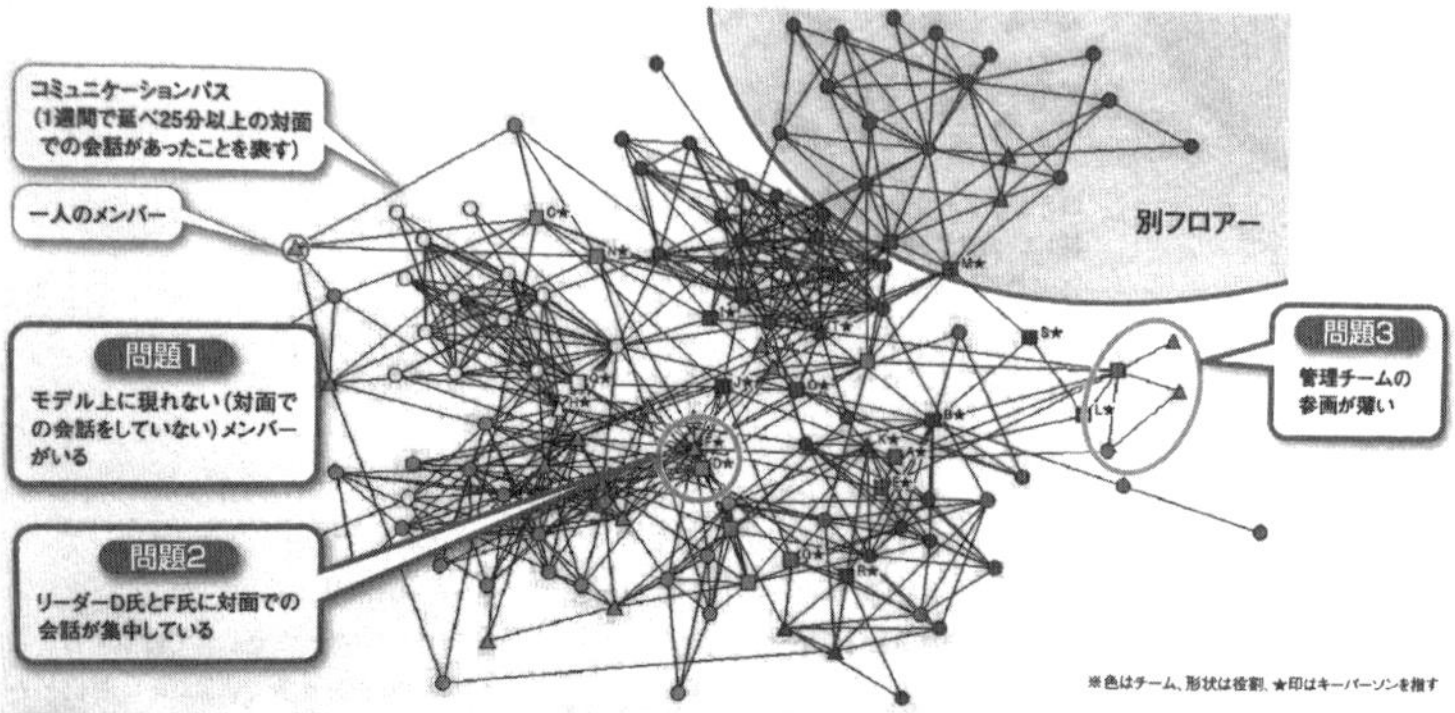

図2 測定したコミュニケーションパス(対策前)

1週間で延べ25分以上、対面での会話があったメンバー同士をパス(線)として表したモデル図。パスがあるメンバー同士は近くに、パスの数が多いメンバーほど中心に配置される。測定の結果、コミュニケーション上の三つの問題を発見した

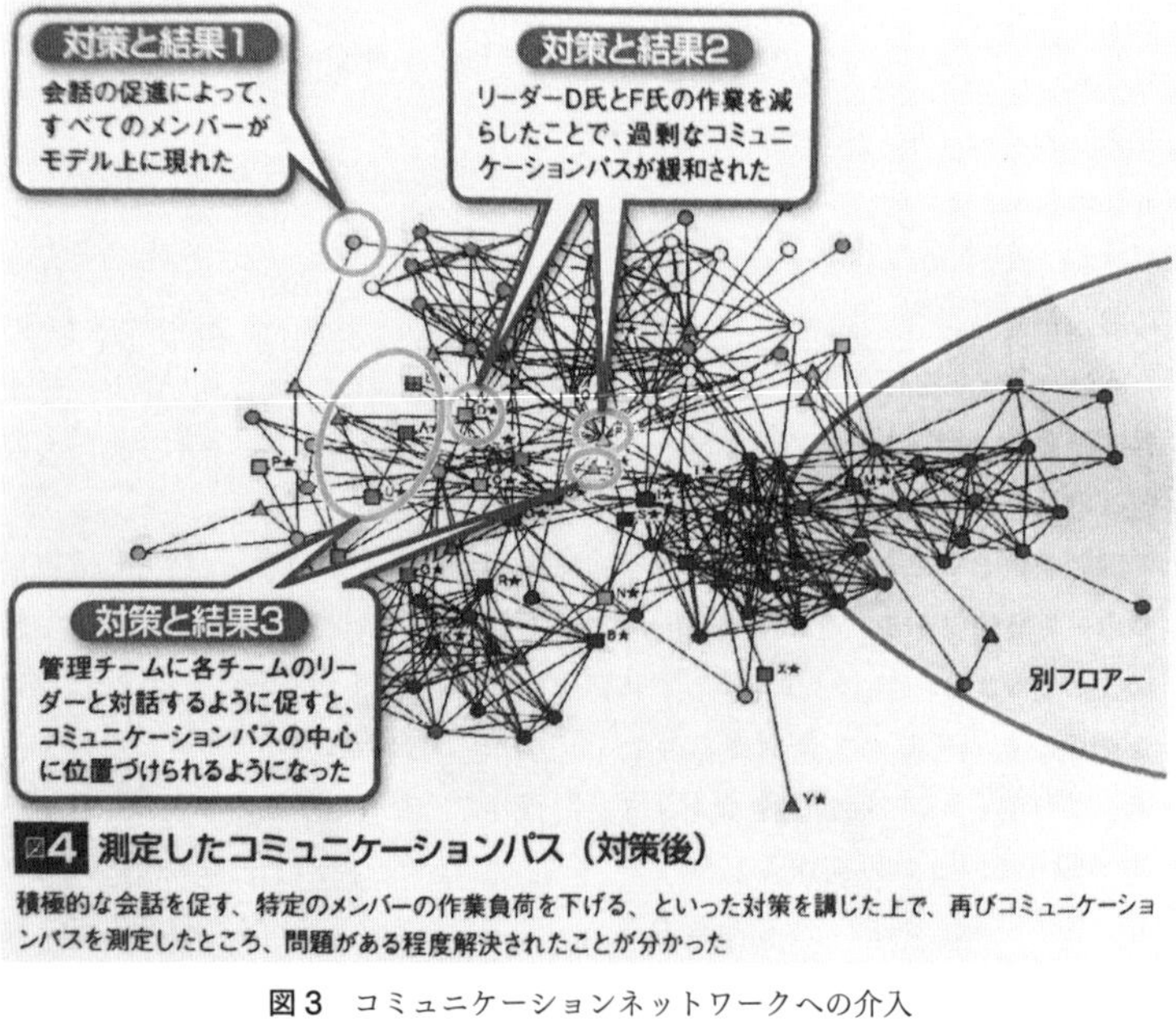

図4 測定したコミュニケーションパス(対策後)

積極的な会話を促す、特定のメンバーの作業負荷を下げる、といった対策を講じた上で、再びコミュニケーションパスを測定したところ、問題がある程度解決されたことが分かった

図3　コミュニケーションネットワークへの介入

ただ、この図にはもう一つの方向性も描かれている。それが太い矢印で、「退化＝未分化の方向」と書かれている。これは、尺度の統一とハイブリッドシステムの結合が、解かれていく方向であり、「ガタリの夢」だ。ここでは「終わりなき対話」の不確実性、「起源」のモデルであるが故に「消滅」も描けるという特性が活かされている。[33]

放っておくとシステムは分化し、構造や規則を次々に排出し、その無矛盾性を維持するため硬直する。もしその傾向が不可避なら、常に未分化な方向へ戻る意志を、意図的にカウンターであて続けてやらないと、ＡＰＳと構造の比率を中間に保ち続けることは出来ない。これは実務的な世界ではどういう意味を持つのだろうか？

たとえば、ある商品マーケットを分析する図があったとする。素朴に考えると、競合関係や、生産者、受け手などのアクターをノードで表し、その間を矢印で結んだような「システムとしての流通」を表現した図が描かれるだろう。

もう少しオートポイエーシス的に考えると、矢印部分の内部記述を、たとえば流通なら、「次の場所が決まる・決まらない」を要素とする作動の継続として考えることも出来る。その時、たとえば「到着」は「次の場所がいつも同じ」という風に取り込まれ、逆に、「次の場所を決めるのに関係が無い出

(32) この図での「分化」は、先に「分化したエージェント」といった時の「分化」とは異なる意味で使われている。この図での「分化」はシステムが構造や規則を次々に作り、複雑化していくことを意味しているが、「分化したエージェント」という時の「分化」は、エージェントがそれぞれ異なる能力を持つことを意味している。また、分化終了時のエージェント集団は、「作動・循環」部分を見なければ、ハイブリッドなシステム集合体のままにみえるだろう。

来事の全体」が環境となるだろう。

しかし、環境は「関係無いものの全体」で定義されるので、その部分である内的な要素より、レベルが高い（＝全体と部分の関係）。従って、このような図での「レベルの混同」は、「次の場所を決めるのに関係あるかどうか分からない出来事＝矢印近傍にある（流通を）困惑させる記号もしくは問題」となるだろう。[34]

（33）ルーマンは『社会の社会』（一〇七七頁）で、次のように書く。面白い箇所なので長く引用しておこう。「最後に、システム内的な構造的カップリングにのみ生じる特性について考慮しておかねばならない。外的関係の場合、構造的カップリングのために作動を用いることはできない。（中略）内的関係に関しては話は別である。全体社会システムという事例における内的関係の場合、システムのカップリングを行うためにコミュニケーションを用いることができる。構造的カップリングは作動上のカップリングによって補完されるのである。（中略）政治システムの外接圏では多数の《交渉システム》が確立されている。それらは定期的な相互作用の形式において、組織を導いていく要因のひとつとなるのだが、その一方でさまざまな機能システムに由来する利害関心を代表してもいる。かくして製薬産業の外接圏においては、ミヒャエル・フッターが示してきたように、特許権、研究可能性、経済的利害の問題を扱う《会話圏》が形成されるのである。作動上のカップリングが構造的カップリングに取って代わることはできない。前者は後者を前提とするのである。しかし作動上のカップリングは相互的な刺激を濃縮し活性化する。そして関与するシステム内でのより素速い、よりよく一致した情報獲得を可能にするのである」。

つまり、「全体社会」は、その「内的な作動として」、「構造的カップリング」を用いることが出来る特殊なシステムであるとしている。「全体社会」はその構成素（コミュニケーション）として「構造的カップリング」を用いる社会システムである。なぜなら、「全体社会」は、様々に分化した社会システム同士の関係を扱う社会だからだ（なお「全体社会」は、実際の世界において、表に出来ないような「非公式なコミュニケーション（たとえば「真偽」に関わる話が、「美醜」の問題として語られたりする）」として現れたり、「全体社会」について論じるある特定の理論家の内部にあったり、そもそも何の話なのか分からないようなコミュニケーションの内部にあったりと、融通無碍な位置をとる。筆者のモデルではそれは基本的に「中枢」として局所化するか、あるいは「貨幣」として全体にばらまかれる。この「重層的コミュニケーション、中枢的局所、分化前コミュニケーション」という「全体」の三つの部分化は、元々「中枢」を「心身問題」のモデルとして考えていた筆者には興味深い。「全体＝精神」とすれば、それは「精神」の「位置」が三通りありうるという「心身問題」に対するモデルになるからだ)。しかし、そもそも「構造的カップリング」とは、あるオートポイエティックシステムがあったら、その「外部」にある環境との接合様式を意味していたから、「内的なカップリング」は変わったことを意味している。つまり、「全体社会」は、「内的な」構成素(コミュニケーション)として、他の社会システムにとっての「外的な」関係(構造的カップリング)を用いる。が、これは、異なるレベルにある概念が、「全体社会」において二重のやり方で用いられていることに相当するからだ。

なお、『社会の社会』(七五―七六頁)では、「(1)一般社会システム理論およびその一部であるオートポイエティック・システムの一般理論。(2)社会システムの理論。(3)社会システムの特殊事例としての全体社会システムの理論」という「全体社会」に対する三つの分析水準が区別され、「全体社会の特質が際立ってくるのは、ようやく第三の水準に至ってのことである」とされる。

つまり、ある特殊な(部分的な)社会システムとしての「全体社会」という考え方であり、これは中枢が、全体を表現すると同時に単なる要素であるという二重性に対応すると思われる。さらに、この「全体社会」上で行われる作動上のカップリングが持つ濃縮や高速化機能は、中枢のそれと同一でもある(注(11)参照)。だが、このような二重性が可能であるためには、元々「コミュニケーション」と「構造的カップリング」が「同じ」であり、それがある時にはレベルの違う概念として用いられるという理論構成を持つべきだろう。先に、中枢のモデルとルーマンの対応関係を説明した際に、もし「エージェント＝ある特定の社会システム」という同一視をするなら、エージェント間の対話という「コミュニケーション」を、「構造的カップリング」ともみなせるという指摘をした(モデルとの対応関係を説明した箇所での注(4)と、カップリングとコミュニケーションに関する注(11)を参照)。今の理論的必要性から考えると、そのことはむしろ、曖昧さというよりは、中枢モデルの利点であると考えられる。

(34) あるいは、矢印の内部に入れるかどうかの不確実性として、図作成者が矢印の内部に観測されていると言っても良い。注(33)での、全体性の三つの位置についての指摘も参考されたい。『社会の社会』(九一頁)に関連する記述がある。「環境の観察においては常に自己言及と他者言及の区別が前提とされている。(中略)環境と距離をとることによって、自分自身についての、自身の同一性についての問いに直面するのである。(中略)区別の一方の側は、いわば反対の側に対する好奇心をかき立てる。かくして(中略)システムと環境という形式によってマークされる境界線を横切るように刺激される」。

そして、この混同の後、再度「次の場所を決める」という操作が継続するのがレベルの再分離だが、ここに恐らくシステム分化のきっかけがある。ただし分化は一方向ではなく、常に退行に開かれている、というのが、この節での指摘となる。矢印とノードの図は広く使われているから、もしかしたら何かの訳に立つかも知れない。

組織の老化、精神分析、テクノロジーの倫理

先に触れたように、精神分析を退行を促す一種のテクノロジーと見なすことも出来る。それは「治療」の方法としては、今や放棄されかけているかもしれない。が、「分化」を巻き戻す方法論としてなら、まだ使い道が残っている気がする。

ところで次のような実験がある。[*12]

ある企業の開発プロジェクト中に、社員証のＩＣカードを使って、誰と誰がいつ、どれくらいの時間対話したのか、現在が会議中なのか個人作業中なのか等のデータを記録できるようにした。これを使うと、**図3**上のように、自然状態の組織が潜在的に持っていた社員間コミュニケーションネットワークを浮かび上がらせることが出来る。[(35)] 下は、上で見つかった問題に対して介入を行った後のネットワークだ。

これは、いわゆる「ライフログ」的な技術の一種だが、自然状態で放置してできた組織構造に、積極的に介入を促すことが可能な技術であり、ここまでの文脈で興味深い。特に、最初の段階で一部の人間に集中していたコミュニケーションを分離する処理や、メールベースコミュニケーションを、対面べー

スのリアルタイムコミュニケーションに置き換える処置によって、ネットワークの階層構造が変わることなどに対し、システム分化の方向を「巻き戻し、別の方向へ開く」という解釈をすれば、ガタリの夢に「ある程度」は近く見える。

ある程度、というのは、ガタリの夢には、そのような変化が社会全体に連接していき、マクロな社会構造や人間の認知構造（主体とその死という常識）を相転移させる（＝革命）かもしれない、という野望があったようにみえるからだ。[36] が、この実験と運営には、そうした「倫理性」はそれほど感じられず、なるべく中立的な視点から立案・運用された技術に見える。

（35） このネットワークと、たとえばラグビーのボールが生み出す選手間ネットワークの間に関係はあるのだろうか？ この実験は、ある開発プロジェクトの参加メンバーに対して行われたので、「ボール」に相当するのは、直感的には「生産対象物」になる。しかし、恐らく本質的なのは、今現在プロジェクトに発生している問題や決断で、この不確実性＝ボールが、ネットワーク内をどう循環し組織しているのかは、別の指標で見ないと分からない（なおラグビーの例については、後の注（42）にある清水高志『来るべき思想史』も参照されたい）。また、ネットワーク内での不確実性の移動、という意味では、たとえば東日本大震災によって「倒産」がどう伝搬したのか？という分析もその一部だろう。たとえば藤原義久「経済ネットワーク上におけるショックの連鎖」（『パリティ』、2012.06）は、そうした例だ。
しかし、この分析も、ショックが生産ネットワークに伝搬していくプロセスを動的に追ったのではなく、ある程度時間の経った後のスナップショットについての分析だ。これらと「ボール＝不確実性の中心」が移動していく「プロセスとしての」ネットワークの分析との関係は、まだ明らかではない。また「ボール」と違い、通常「ショック」は一つの塊ではない。これらがラグビーの例とのアナロジーでどこまで追えるのかも分からない。

（36） 『千のプラトー』（一六頁）「碁石はただ一個で共時的に一つの布置全体を無効にすることが出来るのに対し、将棋の駒にはそれは不可能である（つまり通時的にしか可能でない）」。恐らくガタリは、このような、部分の連鎖により、いきなり全体が変わるというイメージを捨てていない。そのような信念を持つ場合、現状が「革命」からほど遠い状況であることは、それほど問題にならないだろう。明日、革命が起きてしまうかも知れない。

また、このような技術は過剰な管理装置に転じてしまう可能性がある。この実験ではそのような危険に配慮し、たとえば極端に対話数が少ない社員に対し、「強制」にならないよう注意を払いながら対話を促しているが、それがいつの間にか「隠微な強制」にならないようにするにはどうすればよいのか？それを防ぐ方法はあるのか？

恐らくこれからの時代の「倫理」は、一気に起きる「革命」というより、こうしたテクノロジーの運用や仕掛け方として、毎回の決断ごとに全体を巻き込むような形で具体的に問われると思う。本稿で提示した「分化」と「退化」比のような概念は、そうした決断の選択基準の一つとはなりうるが、なにも指令はしないし、むしろすべきではない。

どの程度管理し、どの程度放置するのが、誰にとって、どのような効果をもたらし、何を選ぼうとするのか？　機械的なルールを前もって設計し、それを当てはめていこうとするなら、それは結局のところ「老化」と過剰な管理へ至るだろう。かといって、完全な放置もうまくない。システムの万能性をある程度維持しながら、なおかつ素速く行動できる、割と大きめの組織を作るにはどうすればよいのだろうか？　この問題はいまだ解かれていないが恐らく「脳」はそのヒントだろう。

「アノニマス」というハッカー集団がいる。政治的な主張を唱えながら非合法なクラッキング行為を行う集団だが、注目すべきはその組織構造で、明確な階層構造を持たず、そもそも意志決定がどのように行われているのか、リーダーがいるのかよく分からない。まるでドゥルーズ＝ガタリが「リゾーム」と呼んだ概念の、パロディもしくは文字通りの実現のような組織で、実際、社会にかなりのインパクト（ダメージ）を与えた。

恐らく、この運動の目的は過激な「啓蒙」である。[37] 社会が「事件」をニュースにせざるを得ないという構造を利用し、「今、(あなたの知らないうちに)何が起きているのか?」を無関心層に気づかせる。この集団を非合法性によって非難する程簡単なことはないが、その時、我々は代替手段となりうる「啓蒙方法」を提示する責任を問われる。今のところ筆者にその目算はつかない。

放っておくと規則は増えていく。リスクがあり、それへの事前準備が可能なように見えるとき、とりあえずそれは禁止で、というような意志決定が行われ、蓄積していく。その結果は、システムの果てしない老化だろう。

しかし、組織の単なるメンバーが流れに抗するのは難しい。もし「何か」が起きた場合、禁止に反対した人間は責任を問われる。だから、それを回避するための各エージェントの振るまいとしては、とりあえず保険をかけて禁止、となるだろう。だがこの時、保険をかけることの組織全体としてのコストが無視されてしまう。共有地の悲劇にも似た、ミクロ的最適化がマクロの組織構造を老化させる構造がある。これを防ぐ方法も知られていない。

個人のレベルでの主体の硬直化や孤独、組織のレベルでの老化、大規模化、柔軟さの両立。これらは密接に関連し合った問題だ。しかし、まだ解かれていない問題があり、しかもそれが、ただ技術的・工学的な知を積むだけではなく、技術をどう使うかに関わる倫理を巡る判断を必要としている、というのは、人文系の科学にとっては、ある意味福音なのではないだろうか?

(37) Webサイト Wired 内の解説記事や、そこにあるドミニク・チェン氏によって翻訳された声明文などを参照のこと (http://wired.jp/2012/06/29/opjapan/)。

要するに、まだまだやることはあり、それは、孤独、死、組織を巡る、ミクロとマクロを越境するような思考になるのだろう。

「自分自身の死を悼む」という倫理

この文章で言う「退行」は基本的に精神分析での退行をイメージしてきた。しかし、この退行と、たとえば瞑想や各種リラクゼーションとは同じものだろうか？

共通するのは、共に日常的行動の停止、注意の無焦点化、その結果、考えや動機付けの変更がおきるという点だ。

ところで、「山中カクテル」の場合重要なのは、ファクターが複数あり、単独では初期化を起こせず、四つの組にしたとき初めて効果を現すという点だった[38]。

精神分析の場合とさらにアナロジーを続けてみよう[39]。精神分析がフロイトによって発見された当時のファクターを列挙してみる。寝椅子に横たわること（日常の行動の停止）、抑制を効かせずに自由連想すること（注意の無焦点化）、他人に聞かせること（?）、他人による解釈を伝える（?）、代金（?）、転移（?）、解釈モデル（?）などが思いつく（?は、先の「リラクゼーション」と対応のつかない項目）。ガタリはこれに、当時の政治状況（?）を付け加えたし、もし精神分析と薬物治療を併用するなら、薬物（?）なども入るだろう。

周知のようにｉＰＳ細胞の発見時には、非常に数多くのファクターから、うまい仕方で四つを絞り込むプロセスが重要であった。では、上のファクター群で、「退行」という「初期化」を起こすための「カクテル」は何か？　たとえばモデルは必要なのか？　金はいるのか？　転移は？　という問いが重要になる。

もし「他人」というファクターが必要ないのであれば、自分一人でも精神分析は可能であろうし、「解釈を伝えること」が必須でないならば、他人の書いた本を一方的に解釈するような精神分析も可能だろう。また、自由連想が必須でないなら、普通に自分の悩みを他人に話し、無意識の葛藤を認識したり、克服して自我をより強くするというアプローチもありうる。が、逆に自由連想が必須なら、普通にカウンセラーに悩みを打ち明け、自我を強くするのではなく、起きた問題を無意味化するような立場へ視点をずらすことが「治療」の目的になるかも知れない。[*13]

ここに挙げたのは単なる可能性の列挙であり、（精神の）「初期化」を起こす本質的ファクターのセットを洗い出したり、その初期化メカニズムを導くような作業は行われていないようにみえる。

最後に再び中枢のモデルに戻ろう。もし、中枢の交替が起きるなら、それは次のようなプロセスだろう。つまり、ある中枢が、システム全体の地図を失い、単なる一要素に戻る。そして、別の要素が、再びシステムの地図を再構築して中枢になる。[(40)]　このとき重要なのは、最初の中枢と次の中枢は、記憶＝自

(38)　前述したようにｉＰＳ細胞が発見された直後に、三つのファクターによるバージョンや、他の組み合わせも発見されているが、一つのファクターだけによる初期化は現在の所発見されていないし、今後も難しいと思われる。

(39)　私見では、アナロジーは限界まで続けるべきだと思う。そうしないと、齟齬やアナロジーの限界が露呈する場所がはっきり分からないからだ。それはパフォーマンスとしては「なんとなくアナロジーを感じたまま」という、まさに「アナロジーを限界を知らずに適用した状態」を温存することになってしまう。

分の属するシステムの地図という点では区別がつかないことだ。それらを区別するのは、それぞれの元々持っていた特異性、癖（＝単なる一エージェントだった時の特性）しかない。[41]

今、精神分析にとっての「山中カクテル」となるファクター達が見つかったと仮定しよう。その場合、同じ人間に対し、何度も初期化を繰り返し適用するようなことも可能になる。つまり、中枢を何度も交替させていく。ところで、この反復を組み込まれた人間は、自分の死に対してどのような態度をとるようになるのだろうか？　まだそんな人間（超人？）はいないので勝手に妄想するしかないが、こんな事は言えるかも知れない。

我々は他人の死を悼むことは出来る。しかし、それを「自分の死」として体感するのは難しい。しかし、その「自分」が次々に交替することを体験し続けた人は、「自分の死」を「他人の死」のように感じることができるのかもしれない。そして、他人の死を悼むように、未来にいる自分の死を悼む。この態度は「自分の」死に関する恐怖への処方箋となりえないだろうか？

それは自分の未来に関心を持たずどうでもいいという態度ではない。そのような態度は、自暴自棄なテロに終わるかもしれず、個人的には好きになれない。かといって、キャリアアップのために、未来の自分に関するスケジュール表をガチガチに固めている人間とも近づきたくない。その間として、未来の自分と「悼み」という関係で繋がっている交替する自我群を考えられないだろうか？[42]

他人の死を悼むように、自分の死に対する悼みは残存する。もしくは、そのレベルの関心を保つと仮定する。有名なロールズの「無知のベール」のテスト[*14]を、交替していく自分自身達からなる共同体に適用しても良い。その時、他者としての未来にいる自己へのモラルとして、「悼み」程度の配慮は残らないだろうか？　もし残るなら、それは自暴自棄ともキャリアアップとも違った関係性となりうるのではないだろうか？

（40）　中枢の交替は、ある意味「プラス」に対する「クワス」の出現のようなものと解釈することも出来ないだろうか？　記号としての「＋」に相当するのはエージェントの集団で、これはいつも同じままだ。しかし、それを統合する「意味、意志、関数」としての「中枢」が交替し、その「癖」は中枢の出自に応じ異なる。これを、プラスに対するクワスのようなものだと考える。

各中枢の記憶と機能は、ほぼ同じだ。が、癖だけが違う別の中枢が、ある時点以降のシステムを満たしにやってくる。記憶が受け継がれていく時、各中枢は自分がどの中枢なのか区別できない。もちろん本稿モデルでの中枢は、外部に対して関数を計算する機能を持たないから、ここでアナロジーは破綻する。しかし、このモデルの中枢に意志決定機能を持たせたらどうなるだろうか？　未知の選択肢を前に、じつは中枢の交替が起きていて、今までの振る舞いに関し、別の視点からの意志統合を行う中枢がいるなら、それは「クワス」ではないだろうか？

注（20）に引用したクリプキの文章に沿って、この考えを解釈すると、エージェント集団という「体」を、記号＝観察可能なモノ、と読み替え、それが、ある意志＝中枢によって選択をした、という考えは、常に別の意志＝中枢によるものだったと、他者または自分によって指摘し直されることができる、ということになるだろう。実際、『魂と体、脳』の後半では、そうした、他者による中枢や自己による指摘＝ピックアップ＝二重性の解消を問題にしている。このアナロジーが意味を持つのかどうかは、明らかにもっと慎重な検討を要する。が、『ウィトゲンシュタインのパラドックス』二五七頁周辺の記述は、規則のパラドックスへのこのような「応用」を許すようにみえ、筆者には興味深いので注として残しておく。

（41）　ルーマンのいう「全体社会」はその起源が不明だ。そもそも起源問題はオートポイエーシス系のモデルにとって苦手なポイント（もしくは意図的に問わない戦略的な問題）になる。だが、ここでは起源を問うかが違いをもたらす。つまり、中枢は、元々なんらかの特殊な機能を担当していたエージェントだが、それが他の機能のコピーを集め、擬似的に「全体＝部分」となったものだ。つまり、このモデルの中枢には、元々持っていた「癖」がある。もしそれがなければ、たとえ中枢が交替しても、中身は変わらず、癖もないなら、なにも起きていないのと同じだということになる。なおルーマンの議論にも、全体社会が、単なる社会のいちシステムでありながら、同時に全体であるという二重性の議論はあることについては、先の注（33）で指摘した。

もはやこれがガタリの夢なのかは判然としない。しかし、「交替していく自己に対する、悼みの連なりを接続の原理とするシステム」という奇妙なモデルがあっても良い。そのシステムには、死を怖れ、矛盾を糊塗する孤独な中枢の永続、及びその唯一の死とは違う、形の限定から逃げ続けるような生命のあり方への予兆がある。

それは、ガタリの夢に感染した私の希望なのかもしれない。[43]

(42) これは、未来の様々な自分達と「死」を贈与しあうようなイメージともいえる。この点に関連し、東洋大学の清水高志が『来るべき思想史――情報／モナド／人文知』（冬弓舎）で、ミシェル・セールのある具体例との関わりで興味深い指摘をしている。

セールの文章はこうだ。「ボールは通常の対象ではない。なぜならボールは主体がそれをもつことによってしかボール本来のあり方を示さないからである。ただ置かれているだけでは、それは無であり、ばかげており、何の意味ももたず、機能も価値も持たない。ヒトは一人ではボール遊びをしない。一人でボール遊びをする者、ボールを持ったきりでいる者、いわゆる独占者《モノポリザン》は、間もなくゲームから排除される。（中略）ボールは駆けめぐる。ボールをすばやくパスすればするほど、そのチームは優れたチームである。しばしばいわれているように、ボールは真っ赤に燃えている炭火であり、手をひどくやけどするから、出来るだけ早く厄介払いしなくてはならないのだ。（中略）ボールは中継の証人（＝リレーのバトン）に変換しうる。証人、それはギリシア語では殉教者（＝神の証人）である」（M・セール著、『パラジット』（法政大学出版局）三七五―三七六頁。（　）内は、訳注を元に引用者が補足）。清水はこの「ボール」に関して、それは見返りを全く期待しない「純粋贈与」のようなものの比喩でもあり、一人で抱え込めば死をもたらす「真っ赤に萌えている炭火」だが、にもかかわらず組織や社会を成立させる為に不可欠なX（セールの用語では「準‐客体」）であるとする。「準‐客体」のような概念は、他の思想家にも見受けられるが、それをどう扱えばいいのかについての具体的な記述は、意外に少なく貴重だと思う。「ボール」を無視するか、抱え込むかの二元論から脱すると言われても、なかなか「その間」のイメージを得るのは難しいからだ。

(43) なお、本稿執筆に際して、東京大学大学院情報学環西垣通ゼミでの討論を通じ、有益な知的刺激を受けた。単独では、『社会の社会』と中枢の議論の関連性に気づくことはありえなかった。ここに記し感謝したい。

第Ⅱ部　「この緑」をどうするのか？　心的システムによる心的システムの記述、「人称性」の出現

5　進化＝「面白さ」＝記述の存在理由——「この緑」をどうするのか？

ガタリの緑、ベーコンの宇宙

丁度開催中だったフランシス・ベーコン展で、**図1**の巨大な三連画をしばらく観ていた。真空をピンクで塗り潰す別の宇宙への窓。

人はなぜ、別の宇宙を作る必要があるのだろう？　あるいは、自分の夢にいたあの人達は、覚醒後どうなるのか？（1）目覚めの度に死ぬ。（2）どこかにしまってある。（3）いつも一緒にいるが、皆同じ事を考えているので互いに気づかない。

フェリックス・ガタリは、『分裂分析的地図作成法』（以下『分裂地図[*1]』）に書いている。

窓際にあるこの植物はひとつの感覚的テリトリーを現前化しており、そのテリトリーの準拠の線の一つは、緑という色である。（中略）この緑は、われわれがそれに対して取りうる多数の視点に、さまざまな面をさらしている。偶然性の襞には観察者の距離に関連するものもあり、色の段階づけや対比関係もしくは補色関係に関連するものもある。さらに可能な光のもろもろの強度や温度などに応じて微妙に変化する襞もある。だんだんと無数の視点が広がっていくのだが、それらの視点すべては、その瞬間にそこにあるこの緑の存在を構成する同一の《終点》に達する。このように、これらの視点の集合ϕ_1は、未分化な寄せ集めをなしているのではなく、いくつかの制約によって組織化されている。これらの制約は、焚火の赤みがかったほのかな光がϕ_1とは異なる相空間ϕ_2に関係するという具合に組み立てられている。つまりこの制約は、フラクタル的な折り畳みのさまざまなシークェンスによって生成されている。もちろんそれが成り立つのは、前の二つの相空間を含む第三の相空間ϕ_3が、たとえばパステル画の構成のように、植物の緑色と日の赤色を関連づけていない場合である。[*2]

抽象概念が体験に着地せず乱舞する『分裂地図』で、迷い込んだ他人の夢がふと切れ、ひと息つかせてくれる、珍しく具体的な記述だ。また、この記述に対応するのが**図2**で、「偶然性の点」＝「この緑」、視点達がなす「相曲面」、それらが重ね合わされた「ポテンシャル」が図示してある。「相曲面」が視点達なら、それをばらしたのが夢で、「覚醒」とは、逆に密着し互いが区別できなくなる事なのかもしれない。

以下では、『分裂地図』の中核を成す**図3**を、なるべく具体的な場面に引き戻し、古典的な問題、たとえば「心身問題」との関連を問う。ガタリは嫌がるだろうか？

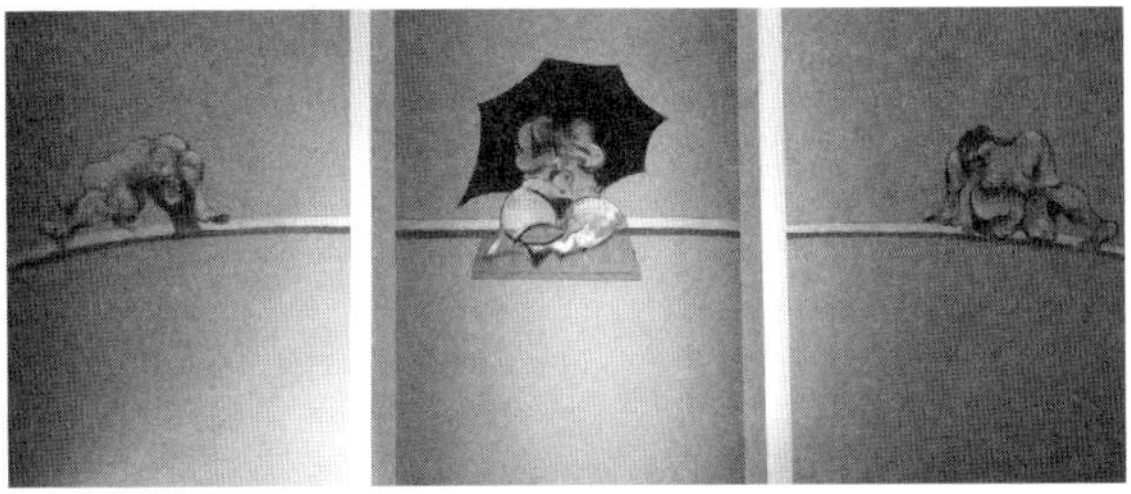

図 1　F・ベーコン「三連画」1970

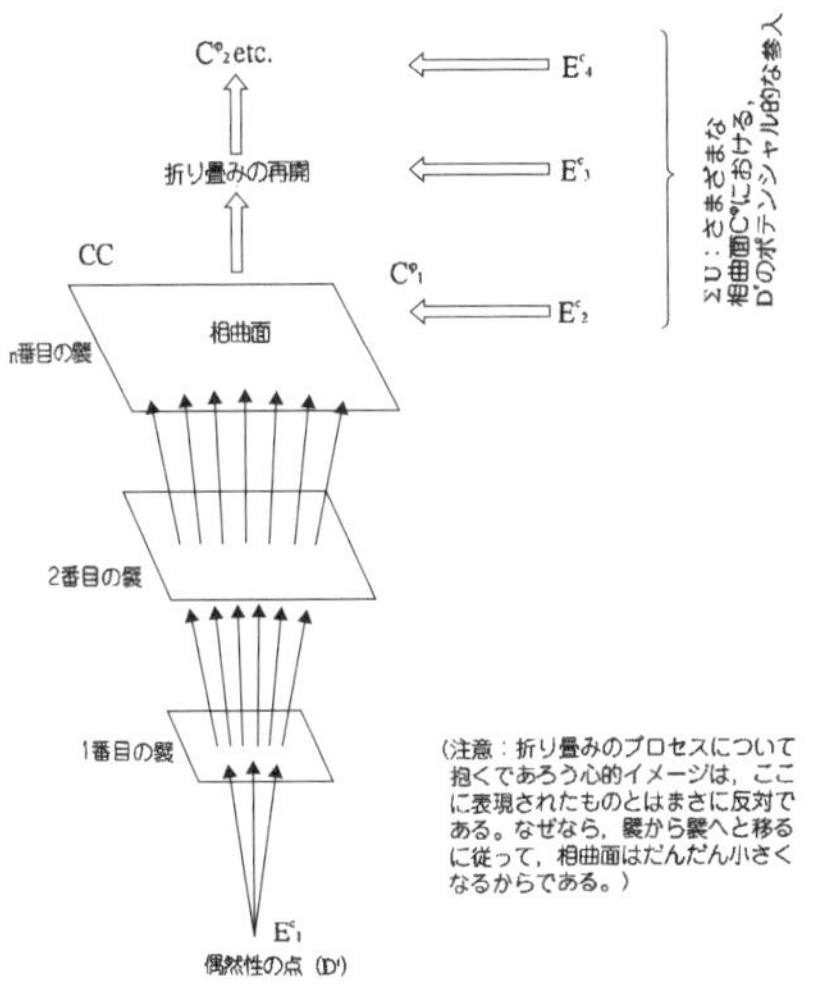

図 2

「ある特定のことが「問題」として意味を持つのは、歴史的条件の結果に過ぎない」というのは二〇世紀思想の常套句でもある。もっとも、その常套句自体が歴史的な布置に過ぎなかったのか、筆者はこれを体感できない世代に属する。それ自体の是非は次の世代に託し、だから、ここでは「心身問題」を座標の原点にとる。

ガタリの失敗も可能性も、もはやそのような「嫌がらせ」を通じてしか発見できない。そう筆者は信じている。我々はやはり単なる人間に過ぎなかった。そのような時代に生きている。

TFΦU内閉鎖区域＝ガタリの心身問題

『分裂地図』には無数の図がある。中でも全体を要約する中枢は、**図3**だ。そして**図3**を、ガタリが記述中ふと漏らす具体例達で飾ったのが**図4**だ。邦訳で四〇〇頁を超える著作の、ほぼ全要素を含む図の要約は難しいから、つまみ食いさせてもらう。

恐らく、どこから出発してもいい。だから、引用した「この緑」⑦Ts＝「感覚的テリトリー」から始める。引用文に出てきた「相空間」は、**図4**ではΦとUの区域にある（ただし両者は部分的に相互浸透している）[*3]。そこへ到達するには、まず⑦の尖端から矢印の根Fに戻る必要がある。Fは「流れ」が交錯する区域と呼ばれる。そこに貼った「粒子加速器」の例から分かるように、様々な分野を横断する流れ、ただし計測可能（＝エネルギー、時間、空間の成分で記述できる）[*4]な流れの集まりで、ハッキリとした区別を伴う。いわゆる「分野横断的思考」の位置だ。

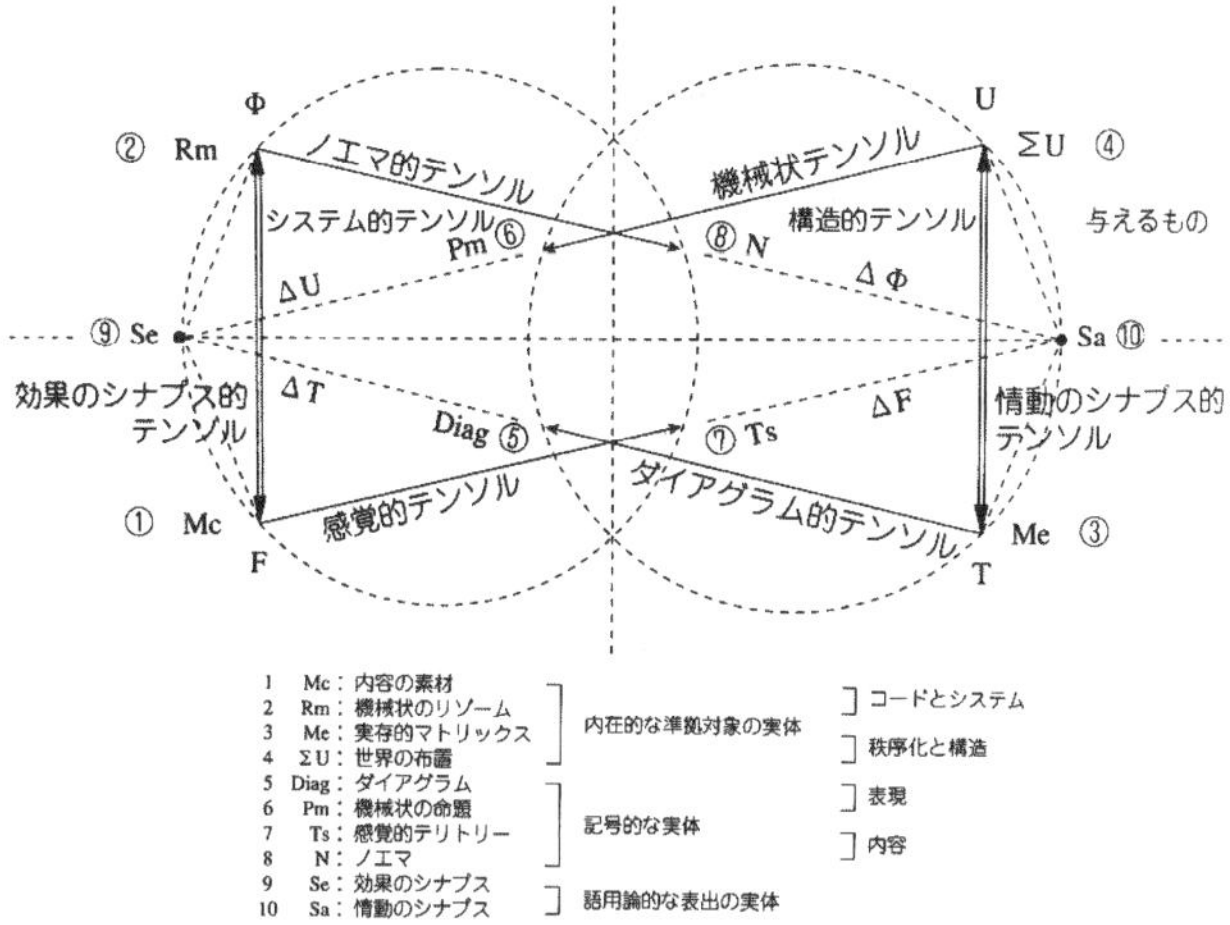
Φ
② Rm
ノエマ的テンソル
U
ΣU ④
機械状テンソル
システム的テンソル
Pm ⑥
⑧ N
構造的テンソル
与えるもの
ΔU
ΔΦ
⑨ Se
Sa ⑩
効果のシナプス的テンソル
ΔT
Diag ⑤
⑦ Ts
ΔF
情動のシナプス的テンソル
① Mc
感覚的テンソル
ダイアグラム的テンソル
Me ③
F
T
1 Mc：内容の素材
2 Rm：機械状のリゾーム
3 Me：実存的マトリックス
4 ΣU：世界の布置
5 Diag：ダイアグラム
6 Pm：機械状の命題
7 Ts：感覚的テリトリー
8 N：ノエマ
9 Se：効果のシナプス
10 Sa：情動のシナプス
内在的な準拠対象の実体
記号的な実体
語用論的な表出の実体
コードとシステム
秩序化と構造
表現
内容

図３

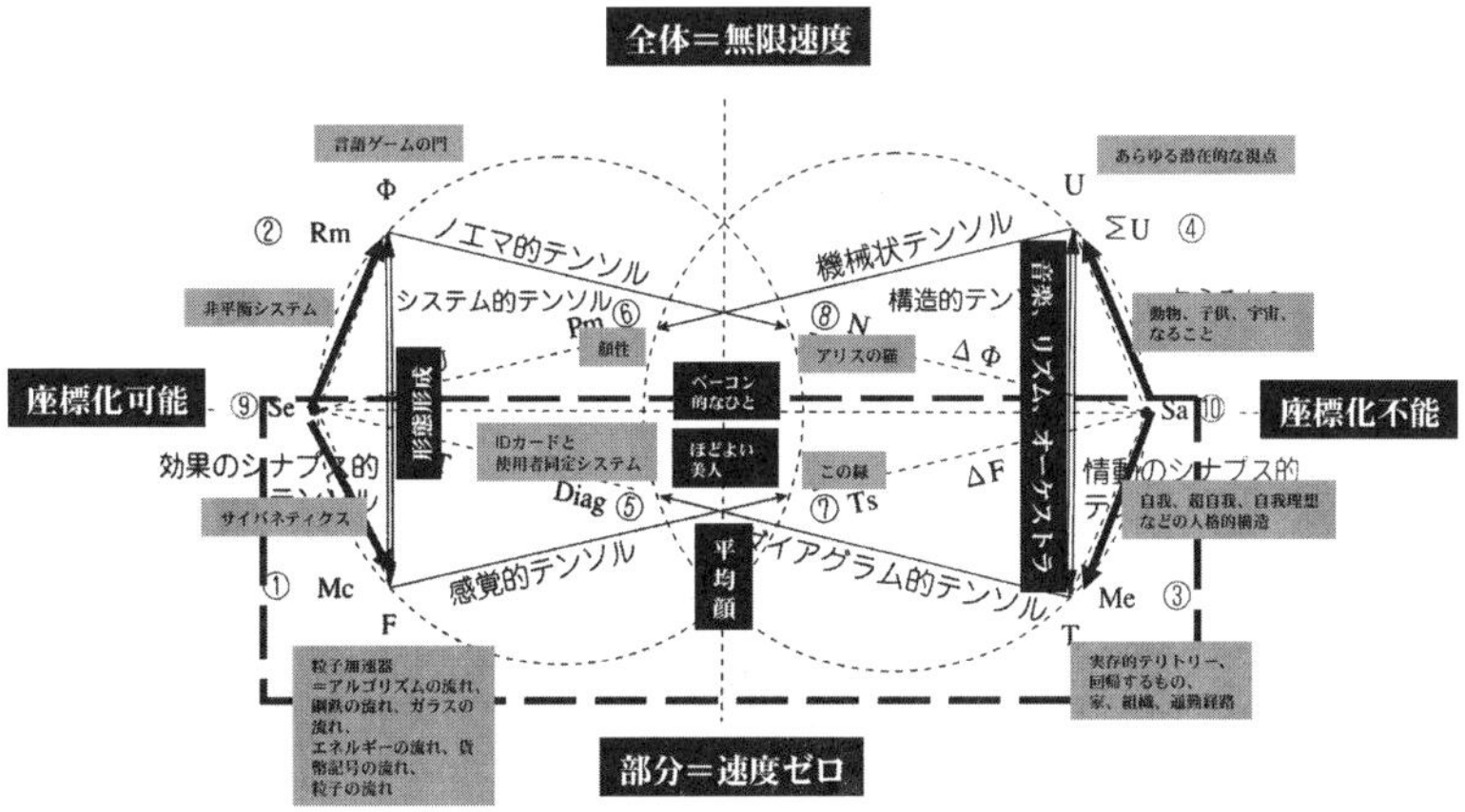
全体＝無限速度
言語ゲームの門
あらゆる潜在的な視点
Φ
② Rm
ノエマ的テンソル
U
機械状テンソル
ΣU ④
非平衡システム
システム的テンソル
構造的テンソル
Pm ⑥
⑧ N
音楽、リズム、オーケストラ
動物、子供、宇宙、なること
顔性
アリスの窓
ΔΦ
座標化可能
⑨ Se
形態形成
ベーコン的なひと
Sa ⑩
座標化不能
効果のシナプス的テンソル
IDカードと使用者同定システム
ほどよい美人
この縁
ΔF
情動のシナプス的テンソル
サイバネティクス
Diag ⑤
⑦ Ts
自我、超自我、自我理想などの人格的構造
① Mc
感覚的テンソル
平均顔
ダイアグラム的テンソル
Me ③
F
T
粒子加速器
＝アルゴリズムの流れ、鋼鉄の流れ、ガラスの流れ、
エネルギーの流れ、貨幣記号の流れ、
粒子の流れ
実存的テリトリー、回帰するもの、家、組織、通勤経路
部分＝速度ゼロ

図４

一方、FからΦに到達するには、「形態形成」とラベルした矢印を上昇する必要がある。この矢印は上昇も下降もできて、下降（⑨→①）には「サイバネティクス」、上昇（⑨→②）には「非平衡システム」という例が挙げられている。ガタリによれば、下降は流れを閉じるタイプのシステム形成で、他方、上昇は複数の流れを相互浸透させていく開放方向のシステム形成を意味する。例として、非平衡状態にあって次々に相を変えていくような不安定なシステムが示される。そして、この上昇と下降両方を含むのが「形態形成」となる。

上昇の尖端Φには② R_m「機械状のリゾーム」というラベルがある。Φでは流れ達が、錯綜した絡み合いのなかで相互浸透し始める。ここには、「言語ゲーム」とラベル付け[1]をした。

ここでいう「相互浸透」や「連続」のイメージは、「普通の金属製の鍵が取りうる形状の集合を考えてみよう。この集合は形式の連続体をなしていて、個々の鍵は、対応する錠を開けることができる特別の範囲をこの連続体から切りとる。この範囲は、それを越えると錠を開けられなくなるような、許容しうる《誤差》の境界を定める二つの極限的な形状（中略）で囲まれている。この不適切な形式から適切な形式への（信号的触媒作用と呼びうる）ごくわずかな移行は、この移行を引き起こすのに必要なエネルギーの《投入》とは比べものにならないほど大きな機械的・力学的影響をもたらす……」となる。

この「エネルギーの投入」は非常に小さいがゼロではなく、それによって、左のエネルギー的領域Φと右の座標化不能領域Uが接続されうる。このイメージはガタリ独特だ。重要だからもう一つ引用する。「無機化学における通常の触媒と、有機化学における酵素触媒との違い」は「速度、その特異性」「波及効果」にある。「酵素は適切な条件」下では、10^9倍から10^{15}倍のオーダーで反応を加速させる。しかも、

「それぞれの酵素は、基質分子の正確に同じ部分で起こる、一種類の反応だけを触媒する」「その酵素は立体特異的なふるいを構成し、ある分子をもろもろの分子から選択的に《認識》する」。この「篩《ふるい》」は「酵素的な脱テリトリー化による生命体に固有な可能なものの領野（Φ）と、潜在的なものの変貌（U）に到達するための開放」により、テリトリーに縛られた区域FTからの脱出を可能にするかもしれない。[*5]

「鍵」あるいは絡み合う言語ゲームの連続体Φ（またそこに含まれる諸相ϕ_n＝視点）から、許されるものを通過させる、この「篩」を「抽象機械」と呼ぶ。たとえば「顔性」。これは矢印（④→⑥）の尖端にあるが、それは「支配的な意味作用の格子によって厳密に細分されている（目立ちすぎる笑いは狂気を思わせる……。テレビの女性アナウンサーの魅惑的すぎる表情は一部の視聴者をしらけさせる……）」。[*6] この篩＝「抽象機械」は、常識的な意味の範囲を押しつける場合もあれば、それを崩すものでもありえる。後でもう少しこの例を掘り下げる。

Φから、「ノエマ的テンソル」という矢印を辿ると⑧N「アリスの猫」というラベルに行き着く。これは命題、あるいは概念でしか表現できないもの、たとえば「猫は消えたが、笑いだけ残った」のような「意味」の領域にしかない「純粋な出来事」を表現する。

「アリスの猫」（意味の連続体）と「顔性」（意味の篩）が交叉する領域が、この図の上位区域ΦUとなる。意味の連続体が相互浸透する理由は、はっきりとは書かれていないが、この領域は「猫のいない笑い」

（1）『分裂地図』では「言表」となっていたが、「言語ゲーム」に変えた。

のようなナンセンスも全て含むことで、あらゆる流れを繋ぐ（＝連続）のだと解釈する。そして、可能な意味の連続体から、ある特定相を選別・触媒・拡大する何かが「抽象機械」と呼ばれている。[2] 可能性の連続体中には、相を選別する原理を書き込むことが出来ないとするなら、「抽象機械」は必然性と潜在性（＝可能性領域の中に入っていなかったという意味）を同時に意味する。

左区域ＦΦが大まかに「物質＝座標化可能」であるのに対し、右ＴＵは「精神＝座標化（測定）不能」といってもいいだろう。その意味で、この図自体が、ある意味で「心身問題」を表現している。

また、はっきりとした理由は提示されていないように思えるが、Ｔから直接Ｕへ行く経路は禁じられていて、このラインを上昇下降するには、一度左ＦΦを通過して戻ってくる必要がある（なお、ＴＵラインに「音楽、リズム、オーケストラ」とラベルをしたのは、感覚的なものの複雑な構成体の例）。

「主体」という概念を**図4**に描き込んでみる。この図で最も主体概念に近いのは、恐らく（⑩→③）「自我、超自我、自我理想などの構造」だ。「この緑」Tsから出発し、右の⑩に到達後、「自我、超自我、自我理想などの構造」を通り、③Ｔ「実存的テリトリー、回帰するもの、家、組織、通勤経路」[3]にたどり着く。矢印（③→⑤）の尖端には「ＩＤカードと使用者同定システム」があるが、通勤でクレジット機能付きＩＣカードなどを使うことに相当する。その先には（⑨→①）「サイバネティクス＝フィードバック」を積み重ねたシステムがあり、それを形成する様々な流れ①Ｆがある。我々はここで上昇し、Φに行くこともできるが、多くの場合、莫大な流れの接合は無視され、いつもの感覚、たとえば「この緑」に戻る。

つまり、このループは、「フィードバック」を要素として含み、絶えず自分のクオリア、「この緑」の安定性を確認する「閉じた」テリトリーとなる。実際、この図の下部TFを特徴付けるのは「閉じている」ことで、上ΦUは、相互浸透＝連続という意味で「開かれている」[4]。

このモデルから「オートポイエーシス」を連想しないのは難しい。オートポイエーシス（心的システム＝右下領域T）の「環境」が左領域Fにあり、それもまた物理化学的な高階フィードバックシステムである。両者を繋ぐのはたとえば「身体システム」と「心的システム」のカップリング＝心身問題、つまり「未定義」だ。だから、**図4**が右と左に別れている理由。それは心身問題が解けないことにあるともいえる。あるいは、座標化可能な出来事（左）と座標化不能な出来事（右）、という二成分を出来事が持つことに**図4**は依存し、そうでなければ左右が密着し潰れる。

よって、**図4**中で「心身問題」を位置づける区域を「ほぼ」囲うことができる（**図4**下部の点線四角枠部分）。つまり、この内部でTFΦUを一周廻らなければ、元のテリトリーに帰って来られないこと、そしてそれは「ゼロではないが非常に小さいエネルギー＝記号」を経由すること。それが、ガタリによる「心身問題」の「解」だ。もちろん解けない問題を単純に図示しただけだから、これを解と呼ぶのは筆

（2）「命題の連続体」がパラメータなら、「抽象機械」はある特定のパラメータセット及び、その値の指定である。だからそれは「篩」と呼ばれる。あるパラメータセットが与えられたとして、そこから興味ある値を抜き出すのは、普通は人間だが、時にはモデル自体でありうる。本稿では、「抽象機械」が人間であるのか、モデルであるのかについては区別しない。

（3）他のラベルは『分裂地図』に典拠があるが、この例は筆者が付加した。

（4）この「開かれている」は、だから通常の入力→システム→出力という意味での「開かれている」とは異なる。むしろ対応としては、オートポイエーシス及びその定常的な構造的カップリングが下部領域、構造的カップリングの組み合わせ可能性前景化がΦ、そこからある特定のカップリングを選択する篩が「抽象機械」となる。

者の恣意だ。「精神」と「物質」のどんなに小さな相互作用にも、毎回宇宙全体に匹敵する流れの相が含まれうる。先に「ほぼ」と書いたのは、この可能性・潜在性により、「心身問題」領域を完全に閉じることができない（図では枠が幾つかの黒塗りラベルで破られている）からだ。この観点は「ガタリ解」の独創性だと思う。

「主体－心身問題－死」の外

第一は、欲望の変形する（物質的で信号的な）流れの積分としてのリビドー＝門（図の左FΦのこと：引用者注）という、分裂分析における脱テリトリー化された選択肢であり、第二は、はじめはもろもろの欲動の身体的な部分（目標や対象とは対照的な圧力や源）に被胞され、ついで心理発達的な段階に入り、最後にエントロピー的な死との永遠の対決（エロスとタナトスの対立）に捉えられるリビドー＝流れという、フロイト主義における再テリトリー化された選択肢である。*7

「死」がほぼ出てこない『分裂地図』にあって、珍しい一節だ。ここの「再テリトリー化」が、図4で「心身問題」枠に相当するのは、「流れF」が下に属し、「門Φ」が上に描かれることからも分かる。枠境界は死、その内部は常識的な意味での生、生き生きとした場合もあれば、疲れていることもある生だ。一方、枠の外は、生と死の区別が意味を持たない、宇宙の始まる「以前」のような奇妙な世界だ。「心身問題」枠内では、何度廻しても「この緑」は「私にとって」「この緑」として頑健に存在する。

そこには、視点の移動がない。つまり、視点変換に対する非対称性がある。ここで「非対称性」というのは、ある特定の視点（たとえば「あなた」にとっての「あなたの視点」）のみが選ばれ続け、他の視点（たとえば「あなた」にとっての「わたし」や「彼女」の視点）が排除されるという意味で、視点変換に対する対称性が破れている事態を指す。

逆に、「心身問題」は「主体」と呼ばれる閉じた区域、「この緑」が相変わらず「この緑」であるようなテリトリーを前提とする。先の引用文では心理的発達を終え、死と対決する主体の居場所だ。

ガタリが「心身問題」を表立って問題にしないのは、ある条件下では「心身問題－主体－死」というループを認めなくても良い、という方向に賭けているからだろう。[5]

もちろん、賭ける理由がある。それは、「心身問題」区域を部分として含む、ΦUだ。「心身問題」の外、これは何か？

「あなたが死ぬ」という出来事

図4右上区域は、ドゥルーズ（特に『意味の論理学』）の影響下にあるので、理解するにはそこに一度戻る必要がある。『意味の論理学』を、ドゥルーズは次のように始める。

（5）ただし（ガタリではないが）G・ドゥルーズ著、宇野邦一訳『襞』（河出書房新社）は「心身問題」を扱っている。また筆者の『魂と体、脳』も参照。

『不思議の国のアリス』でも『鏡の国のアリス』でも、極めて特殊な事物のカテゴリーが眼目になっている。すなわち、出来事、純粋な出来事である。私が「アリスが拡大する」と言うとき、私が言いたいことは、アリスがかつてそうであったのと比べて、アリスはもっと大きくなるということである。しかしまた、まさにそれによって、アリスが今そうであるのと比べて、アリスはもっと小さくなる。もちろん、アリスがもっと大きいこととアリスがもっと小さいことは、同時ではない。しかし、アリスがもっと大きくなることとアリスがもっと小さくなることは、同時である。アリスは今はもっと大きい、アリスは以前はもっと小さかった。しかしそうであったのに比べてより大になることと、そうなるのに比べてより小となすことは、同じ時に一挙にである。これが生成すること（＝なること：訳者注）の同時性である。生成することの固有性は現在を逃れることである。[*8]

「アリスが大きくなる」ことに興味がある人は少なそうだから、誰にでも関係はある「あなたが死ぬ」という出来事に、思考を応用してみる。まず、あなたの人生は「あなたが死ぬ」という一つの出来事だ。引用文をそのまま「あなたが死ぬ」に使うと、あなたは（「かつて」そう「であった」のに比べて）より死につつある。一方、あなたは「同時に」、（「今」そう「である」のに比べて）より生まれつつある（ただしここで、「死ぬ」の反対を「生まれる」とした）。

ポイントは二つある。一つは、引用文で記述視点が二重化していることだ。常識的視点、つまり「アリスが（かつてより）大きくなる」または「あなたが（かつてより）死につつある」、過去から未来への視点。この視点に関しては、とくに理解し難い考えはない。一方、「アリスが（今そうであるより）小さくなる」あるいは「あなたが（今そうであるより）生まれつつある」というのは、非常識な、普通考えない視点だろう（もし当然の考えなら、ドゥルーズがわざわざ取り上げる必要もない）。

つまり、この不思議な引用部は、常識の視点（過去から今への「なる」）に、対称的な視点（今から過去への「なる」）を付加して成立する。先に主体概念を、視点変換に対する対称性の破れ＝「あなたにとって特権的な視点としての「あなた」が選ばれていること」だと指摘した。ここでは、その破れた対称性を回復するように、別方向の視点が追加され、両方を一気に是認することとして、「なる」という概念が提出される。

「なる」が視点変換を前提としている事は、他の例でも補完される。つまり「能動と受動の逆転。「猫はコウモリを食べるのか」は「コウモリは猫を食べるのか」に等しい。原因と結果の逆転。過つ前に罰せられること、刺される前に泣き叫ぶこと、分ける前に給仕すること。[6]

もう一つのポイントは、この「なる」という概念、同時に二つの視点を持ち「現在を逃れる」概念は、「純粋な出来事」を、計測可能で物理的な座標に関連づけることからも逃れさせるということだ。それは「現在」という「点」を避ける。「なる」はどこまでも進行形で、「である」と「であった」を避け、隙間を探し続ける。「なる」は、ある瞬間と別の瞬間を繋いでくれる便利な「時空」を前提とせずに、

（6）『意味の論理学（上）』一八頁。いずれも常識としての非対称性に対し、対称性を回復する視点を付加する操作例。なお対称性を用いた思考と統合失調症の関連については、精神科医マッテ－ブランコの先駆的業績（*The unconscious as infinite sets: An essay in bi-logic.* London: Karnac Books. やI・マッテ－ブランコ著、岡達治訳『無意識の思考――心的世界の基底と臨床の空間』（新曜社））を始め、多くの研究がある。

図5 Martin Harrison, Painting, Smudging, *Francis Bacon New Studies*, Steidl, p165.

どこまでも分割可能で、しかし全て繋がっている「何か」として、出来事を記述する助けになるかも知れない。この点については後述し、まずは「視点の変換」についてもう少し展開しよう。

「ほどよい美人」とベーコンの宇宙

ところで「美人」や「美形」は、色々な顔写真を平均した顔に似るという有名な話がある。[*9] この結果には大抵、しかしこの顔はつまらなく冷たい顔であり、「平均顔」から少し崩れた＝ズレた顔が、実際に好まれる美人で、しかもその摂動には色々な方向性がありうるから、個人の好みは多様でありうる、というコメントがついている。

美人顔がなぜ平均顔なのかという問いへのよくある説明は、それが繁殖力の高さ（発達安定性、免疫力など）に対する指標になっているという答だ。あまり大きな変異は、子孫の健康を害す特殊な変換を示唆し、配偶者としてふさわしくない。だから結果として平均を好む集団ができる。要するに「美人」とは生存の論理であり、「平均顔＋微小摂動＝ほどよい美人」というのには、平均をキープしながら多様性を維持する意義がある。

なぜ、ここで「美人」の例を持ってきたのかというと、それは読者にとって体感的で、しかも本音と建前、生理と概念が大きく乖離する場所、ひとが簡単には理念的振る舞いができない事例だからだ。生存の論理も美人も、言葉で否定するのは簡単だが、行動で無視し難い。ところで図5はベーコンがある肖像画を描く時に使った写真と、その結果得られた絵だ。ここでベーコンは何をしているのか？　最初の写真は、まさに「ほどよい美人＝平均顔＋微小摂動」であるような女優の横顔だ。だが二枚目の写真で女性の顔は切断され、位置関係をずらして再結合される。この段階で既に、奇怪な顔が生まれる。それはもはや「ほどよい美人＝平均顔＋微小摂動」ではない。

つまり、ベーコンの操作は、微小摂動、「ほどよい美人」の外、生存にとって都合のいい異性を選択する欲求ではない何か、を作ろうとするプロセスだ。それはどんな「顔」を目指すのだろうか？

歪められた顔と最終的な作品はどう違うのか？　とりあえず目につく変化を列挙すると、(1) 透明化 (2) 局所的回転操作による動線強調 (3) 均一なベタ塗り (4) 輪郭線の強調……などだろう。[7] ここで、先の「対称的視点の付加」をあわせてみる。

極限的には、無限の視点と互換性が「なる」の世界として想定できるだろう。それはガタリやドゥルーズの語彙ではよく「無限速度」と記される（図4上）。しかし恐らく極限は手に入らないから、手近な視点対称化操作から始めるしかない。たとえば、先に挙げた操作達は、「操作名（常識視点＝非常識的視点）」という風に書き直すと、(1) 透明化（表面への反射＝裏面への反射）(2) 局所的回転操作による動線

（7）　第11章に同趣旨のもっと細かい分析がある。

強調（一つの視点で回転＝動線上の複数視点から回転）（３）均一なベタ塗り（複雑なテクスチャを知覚する＝テクスチャを祖視化して知覚する）（４）輪郭線の強調（自然なソフトエッジ＝ハードなエッジ）……となる。

つまりベーコンの絵画（に限らず、多くの絵画や芸術作品は恐らく）は、様々な対称的視点の付加と操作を反復した結果、相対的に停止したもの、多様な視点変換操作の不動点（＝とりえあず作品として自律できるという判断、及び視点操作の果てで、操作群の間に成立する法則＝相互制約の集まり）とみることもできる。先の極限的な視点互換状況を「無限速度」と記し、この停止を「減速」とするガタリの語彙は一貫している。

選び抜かれた視点変換操作集合に対し、変換にもかかわらず不動になる法則＝視点と無関係な法則を「物理法則」と呼ぶなら、この絵は「ベーコン」という視点操作集合がなす別の物理法則、別の宇宙だ。冒頭の感想をそう呼ぶこともできる。

しかし、なぜ別の宇宙を作る必要があるのか？　そして、結局「心身問題」の外に出るにはどうすればよいのか？

ここでベーコンの作業をＴＦΦＵ図式に入れてみる。**図4**下部、「心身問題」閉鎖区域の中心、あるいは重心に「平均顔」、その直上にそれぞれの「好みの顔＝平均顔＋微小摂動＝ほどよい美人」（好みの違いによる個性、それこそまさにテリトリー＝縄張りだ）による微小摂動を位置づける。生存の論理と主体のループだ。

この「平均＋摂動」ループ＝「主体＝心身問題＝死」に対し、**図4**では丁度枠の境界にありその外と内を同時にみる「顔」を、ベーコンの作業と位置づけている。外に触れる時、ベーコンは「ほどよい美人」へのあらゆる操作、可能な視点変換が許される。一方、それを作品として選別するとき、彼は操作

図6　F・ベーコン「三連画」1991より右

達をなんとか整合するように「減速」する必要がある。その結果、ある別のテリトリー、その一つとしての作品、別の宇宙が残される。そこには「美人」や「ほどよい美人」もいないから、「ブス」もいない。摂動は小さくないからだ。だからこそ、それは再度自律できるとは限らず、作品は完成しないかもしれない。別の宇宙、その住人は**図6**のような感じのひと達だ。

なぜ、こんな作業をする必要があるのか？　それは「主体－心身問題－死」の区域外が存在することを、主体＝自分に証明するためだ。だから、それは公開される必要はない。カフカの長編のように個人的作品でいい。他人の作品を観ているだけでは駄目なのか？　恐らく無理だろう。自転車に乗るのと、自転車競技を観るのは違うからだ。実際に「無限速度」に触れ、それをなんとか「減速」するプロセスを体験し続けなくては、たとえ外に一瞬触れても、それを習慣の中に溶け込ませることができない。分からない作品、端的に「現代アートですね。はあ」という作品を観た後、あるいは、それに感動した後、私の世界は続く。テリトリーは戻り、主体は摂動の後、自己を取り戻し、死と心身問題も回帰する。舞台は常に終わり、生きている限り私はＩＤカードと私に貼り付かれる。

逆に、たとえ個人的作品が、芸術の歴史、アートのイノベーションとして無意味で稚拙だとしても、それはどうでもいいことだ。主体や好みが人それぞれであるように、脱出のプロセスは、最高のレディメイドよりも、屑のようなオーダーメイドの必要がある。

さて、これはこれで答えだ。「主体－心身問題－死」の外を目指す個人的芸術。その成果は、結局の所「死」や「美人」といった生理的制約を無効にするところにある。が、何か芸術至上主義の閉じた世界にも思える。「芸術」を哲学や科学、つまり『哲学とは何か』[*10]で取り上げられた三つの領域に拡げても同じだろう。

芸術、科学、哲学以外に、「主体－心身問題－死」の領域外を目指す方法論はないのか？　なにか別の観点はないのだろうか？

手がかりはある。視点は「点」ではない。あるいは「生成することの固有性は現在を逃れることである」。ここまでの記述は『意味の論理学』引用文の末尾、先に触れた「もう一つのポイント」を無視していた。ＴＦ**Φ**Ｕの**Φ**とＵの間、抽象機械の「篩」をもう少しよくみてみる。そこには「なること」の別表現がある。

資本主義的価値化の6つの配備方式
（各構成要素間の優先順位は矢印で指示されている）

優先順位	例
a) 国家──→生産──→市場	a) アジア的生産様式 (1) ナチス型戦争経済
b) 市場──→生産──→国家	b) 商業的原資本主義 経済世界圏 (2)（諸都市のネットワークを中心にした）
c) 市場──→国家──→生産	c) 自由資本主義
d) 生産──→国家──→市場	d) 独占的植民地経済
e) 生産──→市場──→国家	e) 統合的世界資本主義
f) 国家──→市場──→生産	f) 国家資本主義（ソ連型の）

(1) 例＝紀元前2〜3世紀の中国。 Cf. *Sur le mode de production asiatique*, Éd. sociales, Paris 1969.
(2) 例＝13〜17世紀のベニス、アントワープ、ジェノヴァ、アムステルダム

図7

抽象機械　資本主義的価値評価

ガタリから、芸術、科学、哲学ではない領域例を一つ取ってくる。

図7は、ガタリとエリック・アリエズの論考「資本主義のシステム、構造、過程[*11]」にある「地図製作」の具体例だ。

この短い論考では、いわゆる「資本主義」が様々なアレンジバージョンを含むことから、それらをどう統一的に把握するのかが課題になっている。この論考では、それを（機械的生産の過程（生産）、社会的切片性の構造（国家）、支配的な経済記号システム（市場））と「その優先順位」というペアで考える。つまり、資本主義の色々なアレンジバージョンを、生産、国家、市場のどれが重視されているかの順列組み合わせで把握する。彼らの言葉を借りれば、それは「経済的価値化の配備（＝アレンジ：引用者注）の奇妙な「発生化学」」である。

ここで「社会的切片性」とは、社会がどのような集団や流れに分断され、どう繋がっているかのパターンで、それをとりあえずマクロに「国家」と同一視している。「経済的記号化システム」は、財、人間、思想、幻想といったものが、どのように「取引」されているのか、貨

幣も思想も「記号」という意味では同じとみなし、その取引形式を拡大された意味で「市場」と呼んでいる。「機械的生産のプロセス」とは、「われわれのいう生産の過程的な構成要素は、物質的諸力、人間労働、社会的諸関係のみならず、欲望の備給をも包摂する。これらの構成要素の配備がその潜勢力の豊富化にいたる——全体が部分の総和を超える——場合、こうした過程的な相互作用[*12]」であり、「機械的な剰余価値」を生むものとされる。要するに「抽象機械」が、ある特定のアレンジ下で、新しい視点を「生産」することと解釈しよう。ただしそのポテンシャルはアレンジごとに違う（あるアレンジでは、その力は抑制され、別のアレンジでは加速される）。

このような分析図式の取り方も「抽象機械」だとすれば、その具体例、たとえば「（市場＞国家＞生産）＝自由資本主義」は、一つの優先順位＝資本主義的価値評価のある特定「アレンジ」バージョンとなる。特定のアレンジに即して説明すると、「（生産＞市場＞国家）＝統合的世界資本主義」は、とにかく新しい「機械的剰余価値＝視点」の生産（＝イノベーション）を優先し、それが国家を超えた枠組み（＝グローバルな市場・金融・インターネット）で取引されることを重視し、既存の国家的境界には最小限の優先度しか与えられない資本主義的価値化のアレンジバージョンとされる。一方、「（国家＞市場＞生産）＝ソ連型国家資本主義」では、社会構造は非常に階層化され、権威主義的な市場管理がなされる。そこでは、「先進的テクノロジーや科学、文化の領域において革新的な配備を部分的に凍結しつづけ」、それらは収容所に封じられる。

この論考では、ソ連型社会主義もグローバリズムも同じ抽象機械の異なるアレンジに過ぎず、さらには「ナチス型戦争経済」もその一種とされる。恐らくこの観点を「実証」しようとすれば、莫大な歴史的資料を積んだ巨大な書物を書く必要があるだろうが、ガタリらはその道をとらない。実証を一つの「抽象機械」として使うのは構わないが、それのみが受け入れ可能な選別方法だという考えを拒絶しているのだろう。あるいは、視点の提示それ自体を、一つの分野、方法論として認めて欲しい、というのが「分裂分析的地図作成法」という「学問分野」の願いなのか。可否は受け入れる側の行動に託される。

しかし、「資本主義的価値評価」のアレンジバージョンだと例が「巨大すぎる」から、本稿の方針に沿いもう少し身近で「小さい」例で応用してみる。「なること」の別表現を見つけるためでもある。

抽象機械　人格的価値評価

たとえば、「資本主義的価値評価」を真似て、「人格的価値評価（面白さ、真理、ゲーム）」という抽象機械を考えてみる。この三つ組は、「機械的生産の過程（視点の生産）」→「面白さ」、「切片性の構造（国家）」→「（専門分化した）真理」、「経済的記号システム（市場）」→「（ミクロ政治的な取引、つまり）ゲーム」……と「資本主義的価値評価」をミクロ化したものだ。

（面白さ、真理、ゲーム）は、ある人格が価値判断をする際に使う視点＝相、対象が与える「面白さ」、対象の規則が持つ「真理性」、他の主体に応じ自分が優位になるよう判断する「ゲーム」、の優先順位で人格を分類する。たとえば（ゲーム＞面白さ＞真理）という優先順位を持つ人格は、ある事柄が真理であるかには関心が非常に低く、まず他人を観察し、その文脈で自分が有利になる判断をする。有利不利に関係がない場合、この人格はより面白い方を選択する。「享楽主義的政治家」とでも呼びうるこのアレ

重視		軽視	類型
ゲーム	面白さ	真理	享楽主義的政治家
ゲーム	真理	面白さ	原理主義的政治家
面白さ	真理	ゲーム	探求型エンターテイナー
面白さ	ゲーム	真理	相対主義的エンターテイナー
真理	ゲーム	面白さ	ジャーナリスティックな研究者
真理	面白さ	ゲーム	孤立型研究者

図8

ンジは、たとえば、（ゲーム＞真理＞面白さ）というアレンジとは異なる。このアレンジもゲーム的判断を最優先するが、二番目は「正しさ」で「面白さ」はあまり意味を持たない。ある種の堅物であり「享楽主義的」に対し、「原理主義的政治家」となるだろうか。

図8にその他の組み合わせについても書いておいたが、本稿の文脈では個々のアレンジにそれほど意味はない。納得する人もいれば、全く違う軸を想定する人もいるだろう。

人格の類型。それは価値順序の並び替えに関する対称性が破れ、ある特定の順序が選択され続けている状態といえる。あるいは、対称性が破れているようで、実は常に全ての順序への変化があり、その頻度差を固定と勘違いしているのかもしれない。その場合、人は二面性や多面性を持つといわれるだろう。どちらにせよ、このような世界観での「人格」は、大きな摂動、あるいは適切な方向を向いた摂動を与えれば、揺らぐこともあり得る。完全に固定した人格とそれを相互前提した先読みゲームを「絶望」[8]と呼ぶなら、それは「希望」だろうか。

ところで、ここでわざわざ二つのスケールが違う「抽象機械」を持ってきたのは、その関係性を例に、「なること」の世界に対する別表現を得るためだった。まず、ガタリらの資本主義的価値評価を、

A1＝（生産、国家、市場）

……と書いてみる。ここで「二つの相ϕ_1は、競合的でありうる関係で接しているほかの相ϕ_2から分離されているが、同時に相ϕ_1は潜在的に相ϕ_2を含んでいる」[*13]というガタリの宣言を真に受けてみる。冒頭、「この緑」の引用文で「相」は視点だった。また、異なる相を分離したり浸透させたりする篩が「抽象機械」であり、その要素は相、すなわち他の抽象機械である（なぜなら、ある相は、また別の「抽象機械」に選別されなくては存在できないから）。または、この引用文の「同時に」を、『意味の論理学』に出てきた「同時に」二つの視点＝方向に行く「なる」＝出来事として読んでもいい。するとたとえば資本主義的価値評価の抽象機械が含む要素＝相には、人格的価値評価の抽象機械も含まれているから、その視点も付加＝展開して、

A2＝（生産（面白さ、真理、ゲーム）、国家（面白さ、真理、ゲーム）、市場（面白さ、真理、ゲーム））

……と書き換えることができる。もちろん、これを一回で終わらせる理由はないから、さらに、

（8）福井晴敏『機動戦士ガンダムUC』（角川書店）での用語法に従った。また武富健治『鈴木先生』（双葉社）も、同様の「絶望」と「希望」について徹底的に描写した作品である。

A３＝（生産（面白さ（生産、国家、市場）、真理（生産、国家、市場）、ゲーム（生産、国家、市場））、国家（……））、市場（……））)

……と書いてもいい。「モナドが全宇宙を含む」のと同じような意味で、全ての抽象機械は互いを含む。あるいは、ある出来事が常に逆向きの視点を附属させるように、あらゆる相は、潜在的な視点として別の全体を含んでいる。(9)

この仮定は重い。あなたに全宇宙の情報が含まれている。この仮定の重さをわずかでも具体的に体験してもらうため、本稿では、「大きな」スケールの抽象機械と「小さな」スケールの抽象機械の具体例を出した。(10)前節でスケールに関する言葉を括弧で括っておいたのはそういう理由だ。本来そこにスケールはない。

その意味で、全ての抽象機械は等しい。他の全ての機械を相として含んでいるからだ。しかし、違ってもいる。視点が異なり、よって強調される「篩」が変わるからだ。だからA３で（……）のように中身を粗視化すれば、最初の形A１になるし、逆に、

A４＝（……（面白さ（……）、真理（……）、ゲーム（……））、……（面白さ（……）、真理（……）、ゲーム（……））、……（面白さ（……）、真理（……）、ゲーム（……）))

のように、別の視点を採ることもできる。

この考え方では、社会などマクロな抽象機械と人格的価値などミクロな抽象機械、という分け方に意

味はない。大きさではなく、視点が違うだけだからだ。つまり、時空や大きさ、エネルギーの秩序と抽象機械は無関係になる。だから抽象機械には「奥行き」がない。実際、書き換え例A3を辿っていくと、視点がどの階層のどの機械にいるのかすぐ分からなくなり、迷ってしまう（試して欲しい）。「大きくなる」と同時に「小さくなる」。

ところで、抽象機械は、常に三項並べ替えで得られるという訳ではない。また、ここでは二つの抽象機械だけを挙げたが、原理的には視点の数だけ抽象機械は存在し、全ての機械がお互いを含んでいる。スピノザの「属性」が、思惟と延長だけではなく無限にあるように。全ての機械がなす極限的で奥行きのない世界を、ガタリらは「共立平面」と呼ぶ。[11] 異なる構造を持つ機械の例として、たとえば「面白さ」という抽象機械をさらに展開してみよう。その展開は、我々を「ガタリの外」に連れ出すかもしれない微妙な論点を含むからだ。

（9）『分裂地図』一四六頁。ここで「アイオーン的フラクタル化」と「クロノス的フラクタル化」の区別（『分裂地図』二七四頁）という記述が気になる。両者は（1）前者は座標化不能＝構成要素がクオリア、意味、情動である。（2ａ）前者は入ってくるパターン＝視点自体が無限である（2ｂ）前者では、それぞれの視点はある特定の視点を固定すると矛盾しているようにみえる。……という違いでとりあえず区別可能だろう。が、両者が本質的に違うことについては確信が持てず、本文ではこの区別をカットした。

（10）ルーマンの社会システム論でも、相互浸透という考えは、この帰結を含意する。それはまさに西垣が「階層」を導入し、議論が発散するのを避けた理由でもある（西垣通『基礎情報学』（ＮＴＴ出版）一一一頁参照）。複数の閉鎖システムが、全く階層構造なしにカップリングするなら、「抽象機械」の相互浸透と同じことが起きる。そう思わない人は、無意識に「自然な」システム間関係を導入している。西垣はその点に気づいた為「階層的制約」を入れている。が、この論考ではあえてその封鎖を開いている。そもそもオートポイエーシス自体、測定可能な物理的座標系に言及することへの禁欲（入力も出力もない）から始まる。

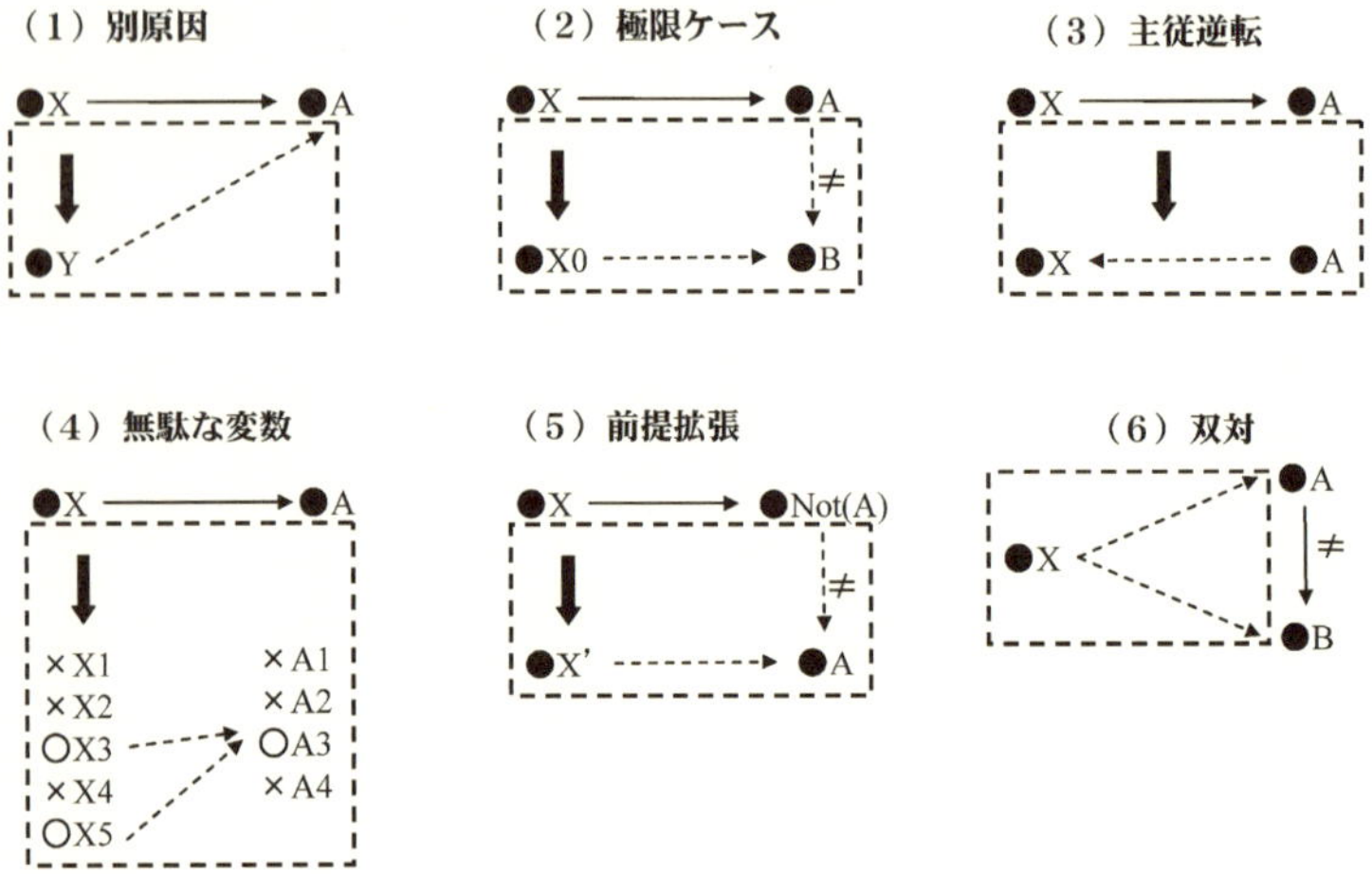

図9

抽象機械　面白さ

「面白さ」は篩である。全面白さの抽象機械は作れそうにないから、とりあえず科学的発見の面白さ、その興味深さの類型を幾つか取り出してみる。ただし、誤解しないよう注釈をつけておくと、これらの図式はあくまで「篩＝「面白い」結果を選別するもの」であって、具体的にこの篩をすり抜ける事例＝科学的発見を、どう生産するのかというメソッドではない[12]。この点で、「面白さ」の抽象機械は、物語の構造主義を知っていても、小説が書けるとは限らない（キャラ、描写、世界観などは構造に含まれないから）のと似る。

図9に幾つかの類型を示してみた。簡単に解説する。

（1）実は「別原因」だった

この図は、たとえば、スラム化の原因はXだと思われていたが、実はYだったとか、非常に複雑なパターンを示す鳥の群れ運動（A）には、当然複雑な原因Xが対応すると想定していたら、実は割と簡単な規則Yでかなり模倣できると分かったというタイプの「面白さ」を意味している。基本的にXならばAという常識的な因果関係が想定されていて、それとは別の原因指摘YがXから離れているほど、意外さや面白さは大きいとされるだろう。単純なAが実は恐ろしく複雑な相互作用結果であった、でもいい。[13] なお、図中点線四角で囲われた領域は、「面白さ」を与える別視点の付加、点線矢印は新しい関係の発見、その外にある実線矢印は常識的な想定（あるいは「テリトリー」）だ。

（2）「極限ケース」だけで起きる

これは通常の因果関係を否定せず、その前提Xを極端な状況X0（非常に低温、環境ノイズをシャットアウト、日食中で昼間でも星が見えるなど）に制限することで、想定外のことB（超伝導、量子もつれ、太陽重力による光位置のズレ）を起こすというもので、いわゆる「科学者の実験」が持つイメージに近い。

（11）この意味で、抽象機械あるいは共立平面は「全ての集合の集合」に似ている。するとやはりラッセルのパラドックスに襲われるのだろうか？　ただ、ここでの集合概念はどちらかというと、Aczel, Peter (1988). Non-well-founded sets.: *CSLI Lecture Notes* 14. Stanford, CA: Stanford University, Center for the Study of Language and Information で提起された「非有基的集合論」に似ていて、もし何かパラドックスがあるにしても、他の形をとるだろう。

（12）その点については『基礎情報学のヴァイアビリティ』（東京大学出版会、近刊）に続編を収録予定。

（13）「少数の規則（量）Y」→「複雑なパターン（質）A」という分割をするなら、この図は第9章で描いた図に含まれると考えることもできるが、ここでは対応については考慮しない。ちなみに、物語の構造に多く含まれる「依頼X→代行A→見つからずY→さらに探す」もこの類型に近い。またハリウッド映画に多くみられるように、この手の「オチ」は意外性を確保するため何段も繰り返される傾向を持つ。

（3）主従逆転

たとえば、空間と時間Xから速度Aを定義するのは常識的な考えだが、速度Aは固定でそれに従属して時間Xなどを変更しなくてはならない（相対論）というのは発見だろう。もっと分かりやすい例では、地球Xの周りを太陽Aが回るのではなく、太陽Aの周りを地球Bが回るというのは、当時の人々に深刻な不安を与える程の発見だった。

（4）「無駄な変数」を消す

干し草に埋もれた針を探すようなシチュエーションが科学の現場では頻出する。たとえば条件Xで細胞を初期化できること（A）は分かっていても、具体的にどのような条件か特定するには恐ろしい程の組み合わせを調査する必要があると思われていた。しかし、山中氏のグループは、その原因（たとえばX3やX5）となる特定の組み合わせ（山中カクテル）を膨大な無関係なもの（X1、X2、X4のようなもの）からより分け、望む結果A3（iPS細胞）に到達するものを発見した。

（5）不可能を可能にする「前提拡張」

教科書的に言えば、量子論に出てくる「波動関数」を直接測定するのは不可能（Ｎｏｔ（A））とされる。しかし、「弱測定」という方法論（事前選択と事後選択＝X'）を使うと、ある意味で波動関数自体の測定ができる。[*14] この種の前提変更は非常によくみられる視点変更だが、前提自体は多くの場合フレーム問題に曝され、いくらでも変更可能なので、いかに少ない前提変更から大きな結論の違いを導くかが暗黙の評価軸になる。

（6）全く別の現象が「双対」

たとえば磁気Aと電気Bは、別々に発見され、常識的には別のものとして体験される。しかし、かなり長い年月を経て電磁気Xという一つのものの表裏的な現れ（双対）だということが認識された。多くの場合で、強い↔弱いなど表裏で全く違う現象に見える仕掛けがあり、それが常識を欺き、「発見」や「面白さ」を惹起する。また通常全く異質と思われる現象を同一視できるようになるので、新しい応用分野を開く事が多い。

ここで挙げた例は「（恐らく）面白い」科学的発見の例ばかりだが、少しコメントしておいたように、ある程度は別分野の「面白さ」にも転用可能だろう。たとえば、謎解きを主体とするエンターテイメント（別原因、前提変更、その他ほぼ全部の図式を使う）、あるいは批評的読みを必要とする芸術（別原因による変わった意図や構造の推定、双対性発見による意外な結びつきの指摘）、繊細な細部に満ちた作品（常識的クオリアの分割（無駄な変数））と、比喩などを介した離れた領域間融合（双対性））など。

もちろん、ここに挙げた六つが「面白さ」の全てを網羅していると主張する気はないが、実は六個でも多すぎるのが分かる。

まず**図10**の左をみると、「別原因」を拡大して詳細化したのが「無駄な変数」だろう。また、中央では、「前提拡張」と「極限ケース」を、共に前提変更による結論変更と考え上下に貼り合わせた。最後に「主従逆転」は一見孤立した図だが、たとえば（時間A、空間B）→速度Xを逆転させ、速度X→（時間A、空間B）としたと考えれば「双対性」の一種となる（右）。以上で図の数は三つに減ったが、さらに還元すると**図11**になる。

以上全体で「面白さ」が、基本となる「常識」に強く依存することも明らかだろう。つまり「面白さ」は、テリトリーに戻り続ける主体達を前提する。ある種の頭のいい人達が、娯楽や物語を貶す理由は、恐らく「面白さ」がかなり類型的な構造を持つことによる。定型的コード進行を嫌う音楽家のようなものだ。また、「面白さ」というのは、結局のところ常識に回収されるような「効率性」を評価軸として伴うことが多い。たとえば「前提拡張」で触れたように、最小の変更で最大の変化が得られることが望まれる。その意味では「面白さ」は一種の「摂動論」で、たとえばベーコンの絵とは違うのかもしれない。そこでは、あまり少ないとはいえない前提変更が行われ、結果は単なる絵である。

ただし、「面白さ」を抽象機械とすれば、それはあらゆるレベル（キャラ設定、描写の観点、定型コード進行の「外し方」などの相）に含まれるので、完全に「面白さ」の構造を無効にしつつ「面白い」ものを作るのは相当難しい。

ガタリの仮定を使えば、「面白さ」の要素それぞれにも、先ほどの「資本主義的価値評価」や「人格的価値評価」、その他無限の「抽象機械」が含まれている。ところで、先に「面白さ」の抽象機械は、我々を「ガタリの外」に連れて行くかもしれないとした。なぜか？ それは「面白さ」が、摂動的な領域とそうでない領域の間、生理的欲求と価値評価の間に属するからだ。

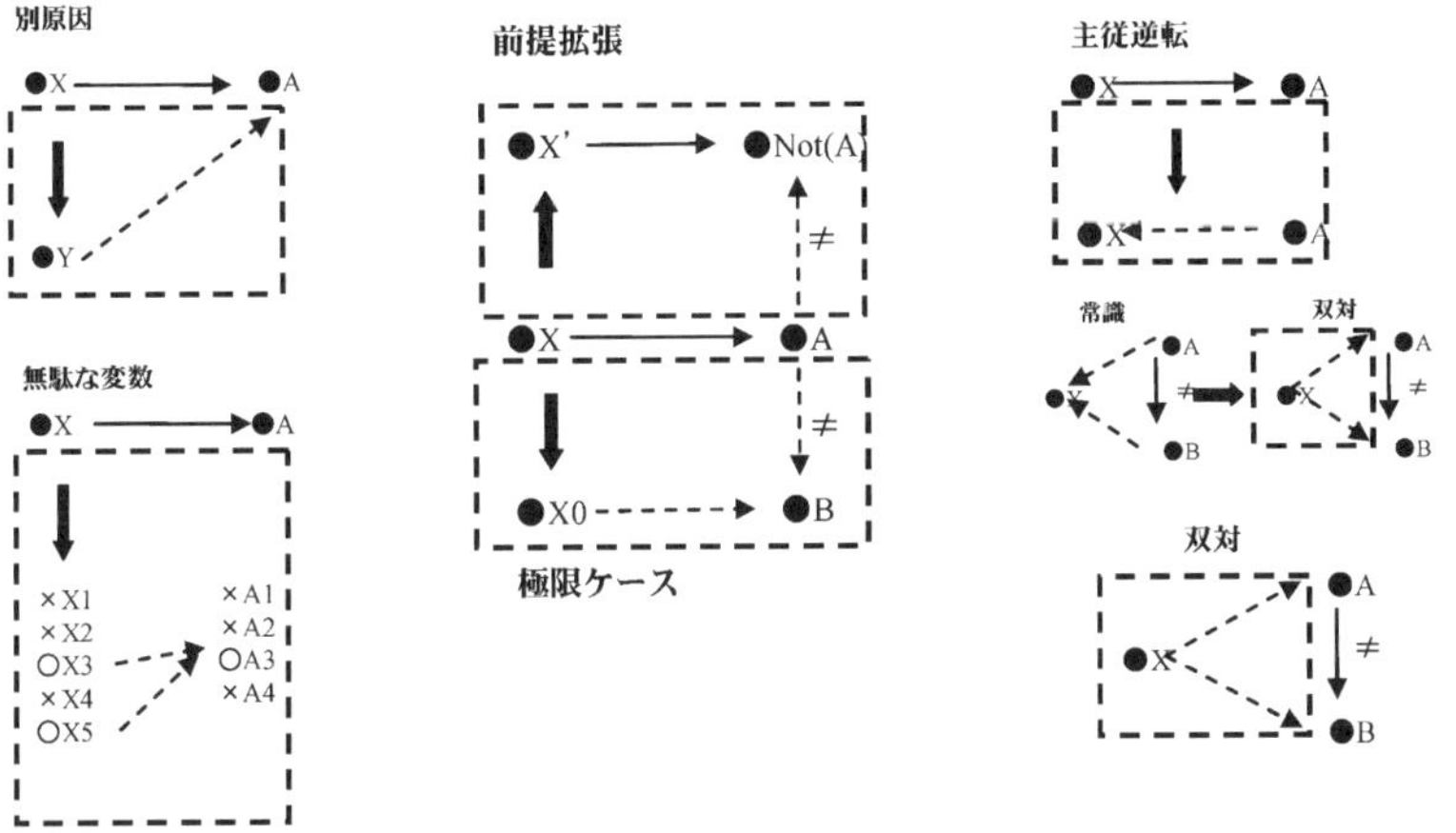
別原因
X
A
Y
無駄な変数
X
A
×X1
×X2
○X3
×X4
○X5
×A1
×A2
○A3
×A4
前提拡張
X'
Not(A)
≠
X
A
≠
X0
B
極限ケース
主従逆転
X
A
X
A
常識
A
X
B
≠
双対
X
A
≠
B
双対
A
X
≠
B

図 10

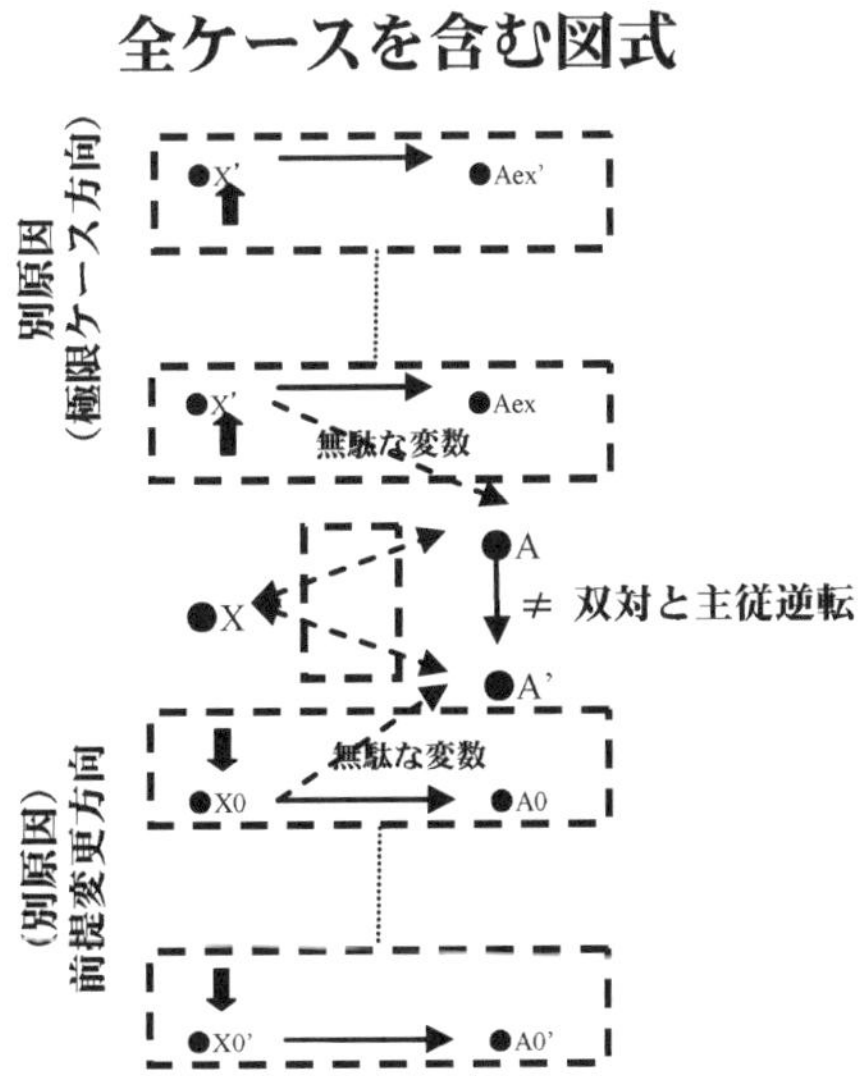
全ケースを含む図式
別原因
（極限ケース方向）
X'
Aex'
X'
Aex
無駄な変数
A
X
≠
双対と主従逆転
A'
無駄な変数
X0
A0
（別原因）
前提変更方向
X0'
A0'

図 11

「面白い」組織、フロー体験、管理と死

「フロー」という心理学の概念がある。[*15] 自分のスキルにとって、丁度良くチャレンジングな課題をこなしている時間、夢中になっていて、前後を無視し没頭する体験を意味する。自分のスキルより簡単な課題を解いている間は「リラックス」と呼ばれる。一方、スキルに比べ課題が難し過ぎる場合は「不安」、スキルも課題レベルも低いと「無気力」とされる。

ところで、我々をテリトリーに回帰させるもの、主体にするもの、TFΦUの下部区域に閉じ込めるもの、それは何だろうか？

テリトリーとは縄張りである。多くの人にとって「縄張り」は、自分の家、組織（会社）、及びその往復経路だろう。それに対し、時々イベントが入り揺動を与える。が、テリトリーの復元力は強い。芸術、哲学、科学、スポーツその他諸々に感動し、そして日々の生活、生理的欲求のテリトリーを維持する日常に回帰する。なぜだろうか？　明日会社に行かないことは常に可能だ。そのまま金を失い野垂れ死ぬことも同様に。そして、そのような人達もいる。しかし、彼らが「相対的に少ない」のはなぜだろうか？

あまりにも当然で、問うこと自体がナンセンスだが、一応答えておけば、多くの人は明日以降も生きていようと思っている、主体だからだ。これはたとえば、その人が思想的に「主体などいない」と語っていても、関係がない。テリトリーとその回帰は、言語ゲームとしての「主体」、その一つの表れであ

り、それは別の言語ゲーム（たとえば「現代思想を論じる」）で「主体などいない」と宣言してみることと別に矛盾しない。このような馬鹿馬鹿しい問いをあえてたてたのは、それが、ガタリ（そしてドゥルーズ）が決して問おうとしなかった問いであり、その欠如が、彼らの思想を、現代においてほとんど無効にしているように見えるからだ。

（多くの場合）我々は会社に行き、約束の時間に現れる。例外事例を楯にするのは止め、この事実を認めてみる。それでもなお、ガタリらの図式に従いながら「心身問題‐主体‐死」のループ外に出るには、具体的なテリトリーを変更する必要があるだろう。その一つの方法が「個人的芸術」だった。これは、（家、通勤経路、会社組織、摂動）のうち、「摂動」と「家」に注目したものだ（家で誰にも見せない作品を勝手に作る場合）[14]。残る通勤経路と会社組織のうち、会社組織について考えてみよう。

ところで、組織を作るには、二つの視点がありうる。「一貫性」と「面白さ」だ。ここで組織の一貫性とは、組織に対する過去の入出力と将来の入出力が矛盾しないことだ。たとえば「クレームに対する反応が誰に対しても同じである」などで、これを可能にするには、過去のクレーム対応を記憶し、同タイプクレームには、それを引用する必要がある。組織メンバーに個体差がある以上、他のメンバーと同じ対応をしてくれることは期待できないからだ。こうして、組織には文書の蓄積が起き始め、同時にメンバーの交換可能性、自律判断の不可能性が現れ始める。つまり、自由裁量の余地と組織の一貫性の間には背反する関係がある。

（14）　もちろん、巨大災害をきっかけに違う生き方をする人もいる。これもまた「摂動」の事例だが、その人にとってはもはや「微小摂動」ではない。

「面白法人カヤック」という会社がある。[*16] カヤックでは「毎月「(サイコロの出目)%×基本給」が、＋αとして支給される」サイコロ給や、「誰もが、毎月ランダムに誰か一人を評価する。ただしその評価は相手の長所に限る。それをスマイル給と称して、給与明細に記載する。たとえば、「いつも丁寧な仕事をありがとう給　0円」」などの給与制度がある。

また彼らの法「人格」は、「一段階目は、カヤックのメンバーが面白く働くということ。二段階目は、自分たちだけが面白いのではなく、周囲から面白いと認められること。三段階目は、「人生が面白くなりました」という人を一人でも増やすお手伝いをすること」という三ステップの優先順位を持つ。先の人格的価値評価では、「面白さ＞ゲーム＞真理」とでもなる、「面白さ」重視の法「人格」＝組織だ。

ところで、先に述べたフロー体験は、「この縁」への違う視点を獲得していくプロセスでもある。それは「丁度良い学習」だからだ。しかし、それが丁度良いのは、主体を破壊するほどの摂動ではない、という意味でもある。だから、解きようもない問題を前に途方に暮れ、生き方を変えるしかないと絶望し、他のテリトリーに移動するような出来事とは違いそうだ。

もし「面白さ」が絶望ではなく、丁度良い問題と解決の連鎖なら、それはテリトリーと主体の側にある。一方それが絶望と脱出なら、それは主体の外に誘う。

丁度良い段階があるのだろうか？　たとえば、非常に面白い考えを知り、生き方を自然に変えるというような。恐らく、ガタリらに先の問いがなかった理由は、この「面白さ」の両義性に対し、あまり興味を持たず、「幸福」という概念を軽蔑したからだろう。しかし、それは結局生理的欲求の支配力に対し無防備になることを意味する。つまり、我々が、たんなる人間であること、主体であることを理論的に無視してしまったことが、筆者の思うガタリらの限界だ。

一方、ガタリの外に出るには、「面白さ」の両義性、それが主体の回帰を促すのかその外に出すのか、あるいは両者の中間があるのか、あるとして、それがたとえば死の受容に対して有効な観点たり得るのか?といった素朴な問いに、抽象概念の乱舞を引き戻す必要があり、それが本稿の目的であった。

たとえば「面白さ」を最優先する法人格が世界を覆い尽くし、搾取があってもそれを気にしない程度の生活資源分配が達成されたとしよう。それは、たとえ制度が変わらなくとも、既に「革命」なのだろうか? 逆に制度がドラスティックに変わっても、相変わらず一貫性に支配された抑圧的な組織に通勤し続け、交換可能な部品として扱われるのなら、それは革命と呼べるのだろうか? それとも、これは「面白さ」という、主体への回帰に管理された不自由な思考なのか? たしかに、「面白い」組織は死の恐怖からの解放はもたらさないだろう。

結局、「面白さ」という抽象機械の相で、我々は再び死に刺され、機械の宇宙は単なるひとに収縮する。

「この緑」をどうするのか? 幸せ、死、心身問題と組織論

我々は抽象機械達がなす迂回路を経て「この緑」に戻る。これは、ガタリ自身が述べる**図3**の使い方だ。「この緑」を前に、脳とクオリアの関係について悩むことも、誰も喜ばない個人的芸術を作ることも可能だろう。「抽象機械」という概念が拒絶するのは前者が専門分化した自律的なテリトリーで、後

者と全く別な事柄だという常識だ。「抽象機械」が単なる構造主義、あるいは評価関数と違うのは、常に他の抽象機械との相互前提関係があるという仮定と、それゆえにスケールと無縁であり、ある機械の変動は別の機械に直接影響を与えるという帰結にある。もし、ガタリらが正しいのなら、抽象機械は相互を含み、非階層的な接続が起きうる（あなたが先のカッコで階層を間違えたように）。だから、もし芸術が「心身問題」の領域から脱出させるのなら、別の組織形態もまた、同じことができる。

世の中には死を怖れない、そもそも「死すべき主体」を持たないのでは？という人々がいる。彼らなら些事で自殺することも可能だろう。死を怖れないため、幸福を諦め主体の消去を目指すのか、面白さを追求する主体を維持し、死を忘れるのか。ガタリらが暗黙に非対称化していた選択が、我々には再び対称化され、おぼろげな二者択一を迫る。それが「おぼろげ」なのは、両者は矛盾せず、あるいは矛盾したとしても両方、という声も聞こえるからだ。

そう、もし、抽象機械が存在するのなら。ここで、**図4**の左右分割が、座標化可能、座標化不能という分割に依存していたこと、一周廻らないと、別のテリトリーには行けないことを思い出す。つまり、この図そのものが「心身問題」に依存していた。少なくとも筆者にはそうみえる。もう少し敷衍すれば、「この私」という視点が特権的な視点として選ばれ続けるという、視点変換に対する対称性の破れ、その理由を知ることと、別の視点が無限に襞をなす対称性の世界の存在がありうると示すのは表裏一体だ。(15)もし、抽象機械が存在するのなら、先の声に従うこともできる。

脱テリトリー化というカテゴリーによって、われわれは意識の問題群を――その結果として無意識の問題群も――自我の表象と人格の統一性という問題群から分離できるはずである。全体化する意識、さらには全体的な意識という観念（《私は世界の主人であるのと同様に自分の主人である》）は、資本主義的主体性の基礎となる神話にかかわっている。実際に存在するのは、それ自体が多重で錯綜した実存的テリトリーの脱テリトリー化に由来する多様化した意識化のプロセスだけである（傍点引用者）。[*17]

その具体例は、

たとえば『夢判断』で最初に論じられる夢におけるイルマは、次のような人びとをまとめ合わせた《総称的なイメージ》によって表象された《集団的なひと》として描かれている。すなわち、（1）夢で問題になっている女性患者。（2）フロイトが治療することができたかもしれない女性。（3）彼自身の長女。（4）病院で彼が治療を続けていた子供。（5）もう一人の女性。（6）フロイ

（15）　脳には「自分に関する記述」と「他人についての記述」を区別するタスクをする時、活発になる部位がある（Cavanna, A. E., & Trimble, M. R. (2006). The precuneus: a review of its functional anatomy and behavioural correlates. *Brain*, 129 (3), 564-583. など）。もしこの部位が停止すれば、まさに、自分と他者の区別ができず、対称性が回復し、だが、意識はあるという状態が起きうる。その場合、人称性と意識の問題は分離するだろう。さらに、無生物と生物を区別する部分も停止してしまえば、あらゆる視点を対称的にみなす感覚が表れても不思議はない。夢では、そういう状況が頻繁に起きていると思われる。この場合、脳の機能変化に問題は還元されそうだ。が、脳の意識可能な範囲を大きく変更できるなら、それが潜在的に持っていた非常に複雑な感覚を開示することは、我々の死生観を変えうるかもしれない。我々は、生理的に死の恐怖を捨てうるのだろうか？

ト夫人そのひとである。他方、《場所は複数のひととして扱われる》。したがって対象は、重層決定の《結び目》、夢の《へそ》、《対象が未知なるものと結びつく点》、対象がそこから特異化の無数の線を増殖させる点として機能する。欲動の対象が人格という枠をはずれて《部分的》になるようなクラインの出口によって、脱テリトリー化はさらにいくつかの点を示すだろう。*18

……のように与えられる。

「これによって、人間以外の別のもの、すなわち動物、植物、宇宙的なもの、抽象機械状のものへの生成変化に通じる扉を開くことができ」たらと思う。もしこの言葉が正しければ、死は重要な問題ではない。死は存在し続けるだろうが、「多様化した意識化のプロセス」は、あまりそれに興味を持たないだろう。夢にいる自分が、誰であるかに無頓着であるように。しかし、抽象機械が基本的に恣意的な視点だとして、その機械群がなす世界という考え自体もまた一種の抽象機械であり、恣意的なものなのか？　この世界観は、真理の領域にいるのか？　それとも信仰に属するのか？　右でガタリが「実際に存在するのは」と書く時、いったい「実際」とは、何か？

右側が、座標化不能な領域が、存在して欲しい。その希望が筆者を「心身問題」に拘束しているとして、そんな皮肉を、昨日ガタリは笑っているのだろうか？

6　宛先のない進化　1：エッセイ

ある番組でバイオリニストの庄司紗矢香が、不思議な曲を弾いていてチャンネルを変えられず最後まで観てしまった。リゲティの難曲らしいが、むしろ彼女の表情が気になる。人間の表情としては、記憶から漏れた顔だ。何故惹かれたのか、いつか考えることになると思った。

「主人がオオアリクイに殺されて一年が過ぎました」で始まる迷惑メールの存在を、写真を撮る友人の牧野壽永に教えられ爆笑。検閲に対抗する洗練の結果らしい。牧野に、詩人の鳥居万由実が推薦する映画『この空の花』の話をした。字幕がほぼ無意味で、カメラ目線の男が説明台詞を喋り続け、一輪車に乗った世界精神みたいな少女が走り回りながら「私は知っている」と何度も呟くんだけど、誰でも分かる長岡市の市民映画なんだ、と力説し、ホントにそんな映画が全国公開しているのか多少不安になる。

『ガンダムUC』という同世代が作ったガンダムを観た。シャアの偽物にしかみえない人物が「私をシャアの偽物だという人がいるが、私はそれでいいと思っている」と劇中で主人公に告げ、まるで画面外の自分に宣言されたようだったが、淡々と劇は続き、泣ける場面で当然涙しながらも先の台詞が残響し、パロディと違い、感情移入を保持しつつその外に出る感覚を与えるこのような虚構を、ブレヒトなら「啓蒙劇」と評すと信じた。ただし、この啓蒙劇には「革命」という宛先がない。

ツェランに関する生野孝吉の評論を読んでいたら「受け入れる相手のないスペルマ」と「あてどなくさまようユダヤの民」が並置されていた。祖父の死を契機にまた音楽を聴くようになった。庄司は例の曲に宇宙という言葉を添えていたが、宇宙に宛先はない。彼女の表情にも。恐らくそれが惹かれた理由なのだ。宇宙の宛先も、表情のそれやメールの意味と同じく、洗練の結果消失し、笑いしか残さない。

顔を見られぬよう、庄司は照明を消してライブをした事があるらしい。

7　宛先のない進化2：小説――神はいないが、花を着る

1

研究室に女子学生が来て、女性器について話し出した。しかも、その女性器は股間に埋まっていなくて、体表を覆っているという。先生は何となく落ち着けなかった。

「リバーシブルの服みたいに」。

女子学生は宣言した。得意そうだった。彼女の傍にいる、彼氏のような友達のような、要するに彼氏未満の困惑は、彼女の虚勢を示唆したが、彼氏未満と女子学生の並びは「下僕」という言葉を浮かばせ先生は戸惑った。だが、もし彼氏未満が女子学生の下僕だとして、僕は？　仕方なく先生は女子学生の説明を待った。

女子学生が見せたのは、永野護デザインのオージェたちと初音ミク（図1）だった。二つの無関係なデザインには明らかな共通性があるそうだ。オージェの垂れ下がった巨大な肩、初音ミクがぶら下げる

身長並みのお下げ髪。

この変換で彼女は僕に何を求めている？　いつものように、僕という虚無への供物だろうか。たしかに配置として似ていなくもない。だが、ついている場所が肩と側頭部じゃ、だいぶ違うと先生は指摘し、彼氏未満が「でも二次元の世界では肩と側頭部はとても近いとも考えられます」とフォローした。先生は、二次元三次元変換の浪費を難詰される王になった気がした。まあいい。それで女性器はどこに？

女子学生は、魔人ヒャクメルゲと女性器を並べて答えた（**図2**）。

「初音ミクの髪、またはオージェの肩のバインダー部分、両者の先端を閉じて、内側に縮れ毛を貼り付けると、ヒャクメルゲと相似形になります。ヒャクメルゲの目玉と初音ミクやオージェの顔面がクリトリス、ヒャクメルゲの目蓋、および初音ミクの前髪、またはオージェの頭頂部が、クリトリスを覆う包皮に相当します」。

一気に語った彼女は、とても爽快になった。先生は、自分の煮え切らなさに解剖標本で反証されたような気分に違いない。片割れの彼氏未満は、とても恥ずかしそうで、なぜか先生に抽象的な小動物を感じさせた。包皮？　僕の講義に不満なのだろうか？

オージェ、初音ミク、ヒャクメルゲ、女性器が、蛍光灯の元に並び、女子学生の女性器連呼に釣られた小太りのゼミ生が近寄ってきて、一瞥し口を開いた。

「ここに奇妙な画集があります」。

先生の講義を模倣しながら、突如ゼミ生が内容を要約し始め、本人を前にして物真似するその態度か

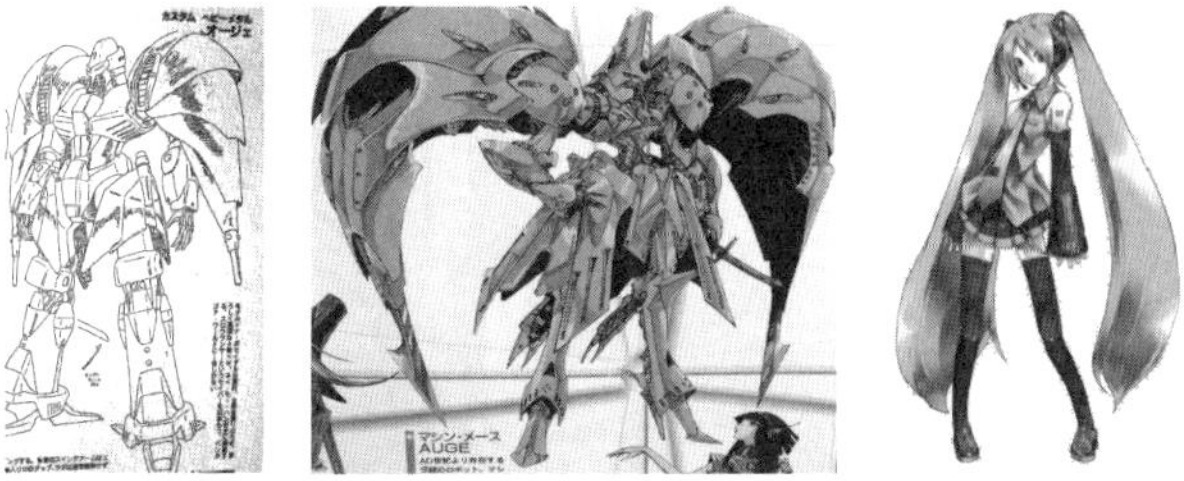

図 1　左：角川本（後説）より『エルガイム』登場のオージェ。中：『ファイブスター物語（FSS）』のオージェ。右：初音ミク（公式サイトより転載）

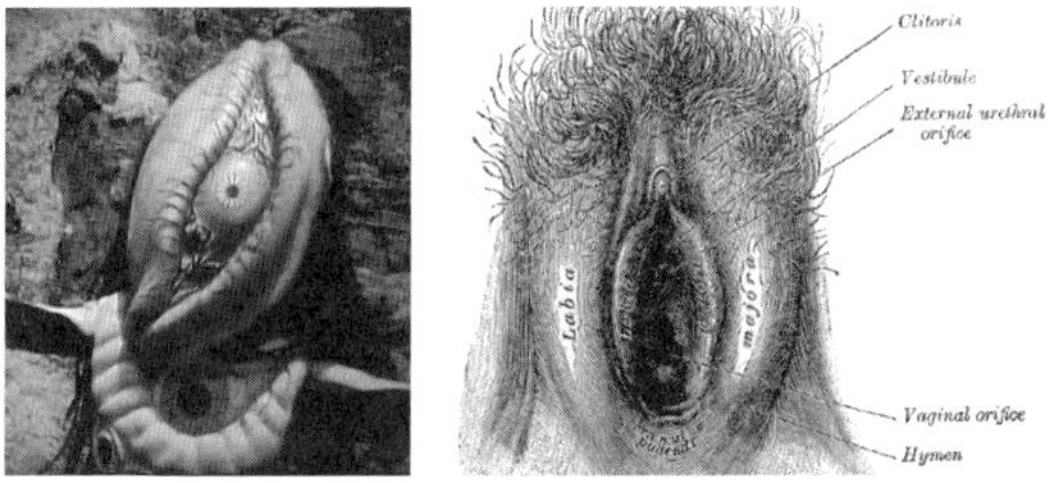

図 2　左：『超人バロム 1』よりドルゲ魔人「ヒャクメルゲ」。右：Wikipedia より外寸を改変して掲載

ら、自分がゼミ生の中に占める極めて低い位置を想定し、先生は閉口した。

「これは永野護の実質的デビュー作となったアニメ作品『エルガイム』に関連し編纂されたムック本（以下「角川本」）[*1]です。そこには七〇〇〇年近い「ファイブスター物語」という架空史と、その歴史上で重要な出来事を描いた小さな画集が含まれています。周知の通り、後にこの歴史は、『エルガイム』のメカデザイン用設定を超え、二〇年以上連載が続く巨大サーガ、『ファイブスター物語』へと永野の手で変換されます。その歴史では、数百年の寿命を持つ神話的人物として巨大ロボットのパイロット達が描かれ、さらに「ファティマ」という、ロボットに内臓される少女型ロボットが、力の源泉として指定されています（図3）。なぜ少女がロボットに埋め込まれる必要があるのか？　しかも、その潜在力を顕在させる触媒として。永野は、単純に自分が男性で、一種のダッチワイフだと語っています。[*2]たしかに、このファティマには、身体はあっても顔はなく、後にこの設定は生殖器はあるが妊娠はできない、と敷衍されます」。

先生は自身の偽講義に、録音された自分の声を聴いたような恥を覚えた。死後に声だけ残存するのは、長い拷問だな。歴史。留守番電話、あるいは不在への果てしない尋問。

「永野護がエルガイムでやったことを特徴づけるものは、一見すると、メカデザインの世界への女性性導入です。主役メカ「エルガイム」を見ましょう（図4）。それまでのロボットが、基本、男性的な四角の結合なのに対し、エルガイムには、くびれたウェスト、小さな頭、細い指、スカート、「口」の無いマスクとしての顔面……と女性性を指示する記号が溢れています。しかし、その多くの特徴は、先行するアニメ『超時空要塞マクロス』のロボット「バルキリー」にも見て取れます（図5）。北欧神話のバ

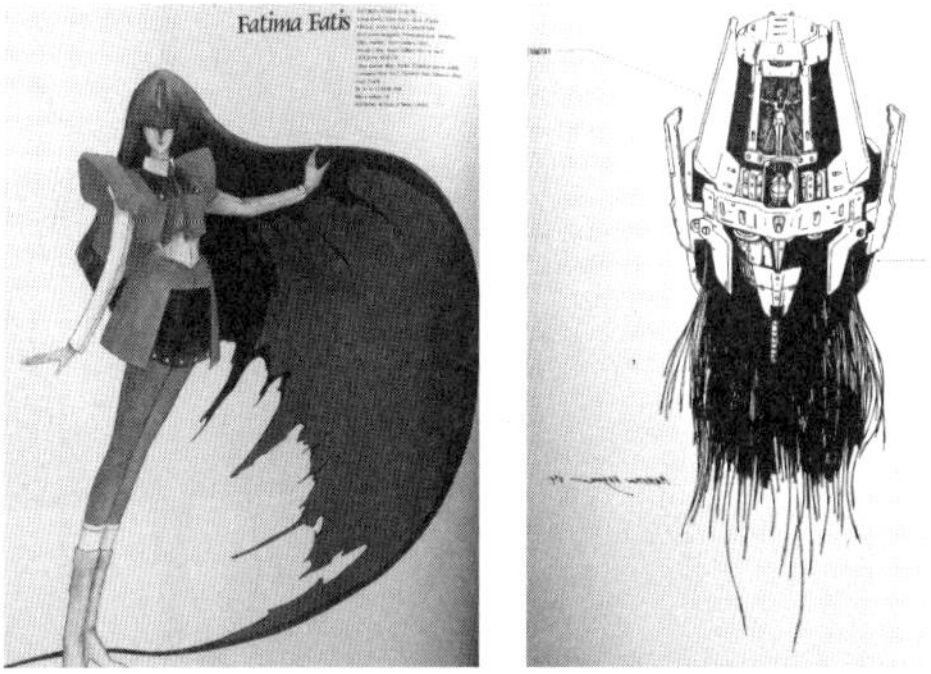

図3　角川本より「ファティマ」のイラスト例。右はエルガイムの額に設置されたファティマ

図4　角川本より「エルガイム」

図5　「バルキリー　VF-1J」
（http://ja.macross.wikia.com/ より転載）

ルキリー（戦乙女）は女性ですし、シルエットも同様です。ただ、手は「塊」のままです。なぜでしょう？　それはバルキリーのデザインには、「どのような手だったら人間と同程度の精密動作ができるのか？」という「考察」が無いからです。エルガイムにあって、バルキリーに無いもの。それは、神話としての歴史、もしくは巨大な背景設定群です」。

またしても歴史。誰も見ていない月が実在しないなら、死者達は尋問の度復活し、審問者に合わせ人生の選択を再考しつつあるのだった。過去完了進行形。丁度今の僕がしているみたいに。迷いは未来の誰かが渡してくる。既にここが、復活後の天国なのだ。僕たちは何度も蘇り、人生の選択をその都度やりなおしつつあるのでした。過去を忘れ、未来に想い出される度、時空の整合性を保つべく闘う。やれやれ？

「その詳細な、しかし実用性と軍事以外の要素も多く含んだ設定は、「骨董品」という設定から許される華美なデザイン、スーパーコンピュータとしてのロボット少女の埋め込み、骨格と外装の分離、関節露出による可動性確保、そして人間ソックリの細い指など、様々な外見的特徴を帰結します。よって、女性性は永野護によってもたらされた表面的な現象の一つにすぎず、本質ではありません。もっとも「スカート」を履いて女性性も上がってますが。ちなみに骨格と外装の分離は、遠くエヴァンゲリオンにまで引き継がれていきます」。

肥った猿の物真似に飽きた先生は、まだ会話があった頃の妻を想起してみた。審問。「永野護？　知らない。ガンダムなら知ってるけど。これ？　ああ、たしかに線が細い感じ。でも、そもそも、なんでロボット？」先生にもまだ分からない。

永野護の歴史に出て来る人々は死んですらいない。生まれていないからだ。だがロボットは、生まれるために彼らの歴史を求めた。

「角川本「ファイブスター物語」最後の記述は、「ラキシス、目覚める」です。「ラキシス」というのは、先のスーパーコンピューター少女型アンドロイド、「ファティマ」の名です」。永野護の歴史で、ファティマ「ラキシス」は、最強のメカ《ナイト・オブ・ゴールド》に閉じ込められたまま、数千年放置される。未生に対する追悼書としての永野護デザイン。

「と、要約はここまでで、そこの彼女は恐らく先生の講義に反対しに来たわけですよ」。物真似から解放されたゼミ生は女子学生に話題を戻し、窓を見ていた彼女は素速く反応した。

「でも、もし永野護デザインの本質が歴史なら、ほとんどなんの設定も持たない初音ミクとの相似が説明できない気がします。あたしは永野護のデザインに、騙し絵的な女性性が埋め込まれていると感じますし、あの極端なアンバランスさとか、正直、歴史は関係ないのではないでしょうか。初音ミクのデザイナーが永野護に影響を受けているかはともかく、似たような形が人の間で受け渡されています」。

「で、裏返しの女性器?」空想から醒めるプロンプトを貰った先生が、からかう調子で蒸し返すと、何か言いかけた彼氏未満を、ゼミ生が遮り、依然として彼氏未満は抽象に留まった。

2

ゼミ生は『エルガイム』から離れ、漫画版『ファイブスター物語』(以下ＦＳＳ[*3])を引きながら、永野護を罵りはじめた。

曰く、元々の「ファイブスター物語」にあった数値の巨大化傾向が、FSSだとインフレ化する。主人公は「神（最終形態は「全次元全能神」）」[*4]だし、上位能力を持つキャラクターのさらに上位キャラクター、溢れかえる性別不明の美形キャラクター達……とにかく、こけおどしの階層構造の無駄な上昇が、この作者を我慢ならないものにしているという。「で、宝石とか服飾のランクやブランド用の記号論が、メカやアンドロイドの格付けに流用されて、なんとなくリアリティを補完するんですよ。全体的に誇大妄想でムカつくわけで」。ゼミ生は体に密着した黒いTシャツに、汗の斑点を染み出させたが、そこに白抜きで大書された「へたれ」という文字を横目に先生は応える。

「でもさ、そのインフレに対して、押さえ込むというか、要するに裏付けになってるのがデザインで、デザインに信用が無けりゃ誰もついてこないから、設定のインフレ傾向と彼のデザインは、実は切れないんじゃないか。インフレしていく設定が、ある意味「空間になってしまった時間」っていうのかな、FSSの「終わった歴史」に対応するなら、生きている時間、現在進行形の方は、デザインというか、まあメカやら美形やらが活躍する時間なわけだけど、二つは何か関係あるのかな？　なんかFSSにはヘンな読後感があるんだよね」。

しかし、先生が投げた問いを誰も拾わず、沈黙に耐えかねたゼミ生が「まあ要するに、我々はもはや巨大な女を着る必要はないんですよ」と断言すると、女子学生が「なぜ？」と問い返した。

「初音ミクがあるからですよ。人が中に入って闘うロボットアニメが受けたのは、一方的に他人の妄想を吸収せざるを得ない時代の産物で、今は実際に人が中で闘うインフラがいっぱいあるわけで、誇大妄想につきあう必要はないんです。初音ミクのキャラ設定が少ないのは、ちょうど永野護の逆ですよ。ニコニコ動画が、クリック数を競うゆるい戦場になってて、既に「中」でリアルの人が闘っているわけで、初音ミクはもうパイロットを入れる巨大メカになる必要ないんです」。

ゼミ生は「中」という言葉を引っかかるように発音すると、付け加えた。「まあ、中っていう言葉に釣られた言葉遊びですけど」。

ゼミ生がひと呼吸置くのを狙ったのか、先ほど邪魔された抽象的な彼氏未満がついに話し始め、発言を準備していた女子学生は虚を突かれた。

「永野護を考えるのに『エルガイム』だけだと無理があると思います。たしかに色んな原型はあそこにありますけど、その後の彼がやったこともある。永野は角川本の画集でも、終わった歴史と、そこからの場面抽出って形で構成していますが、それがFSSだと徹底されて、量的にも時間的にも、ものすごく長い連載を、やっぱり終わった歴史から、よく分からない順序でエピソードを選ぶスタイルでやります。こういうスタイルのフィクションはたくさんありますが、これを長い連載でやられると、読む時に、あれ、今は何年だったかなって確認したくなります。で、実際年号をみると、一〇〇〇年も一〇年もあまり変わらないって虚無感と、ずいぶん過ぎたなあっていう感慨を同時に受けるんです。そしてそのうち、時間的な中枢というか、たとえば二九〇〇年代後半はよく出てくるなじみの時期で、そこが出てくると時間的ホームに帰ったような気分になります。プルーストがどこかで書いてますけど、人の自身に対する愛着って、元々は無いのに、今みたいなやり方で生まれてきて、そして死によって消える。それはたびたびその時代に行く習慣が無くなるからで、つまり死によって我々は死の恐怖から解放され

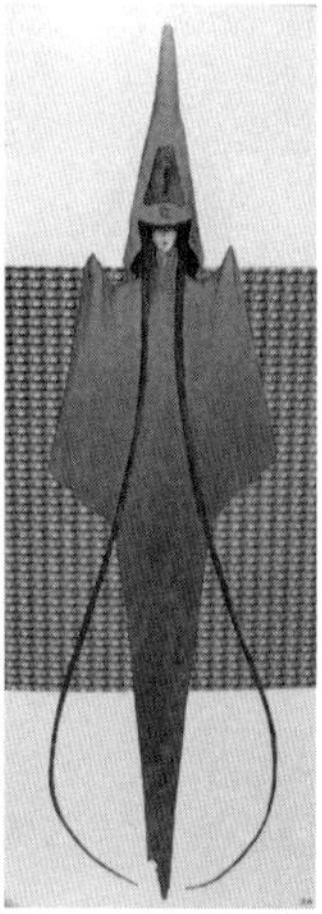
図6　「Miahw koo Ahuhatsher」（角川本、五六ページより転載）

る。丁度失恋すると、想いがどうしても他人事になっていくのと同じだって。(1)だから、プルーストでは失恋が主題になるんです」。

彼氏未満は、先生の疑問に間接的に答えたが、初音ミク論を無視されたゼミ生がそれを指摘すると、それについては、「そもそも初音ミクも巨大メカも、それほど違いはなくて、両方とも一種の神というか、空白になっている神の位置を埋めるものと思います。つまり」と答え始め、だが女子学生の、ちょっと待てそれはあたしの考えた話という制止で展開されず、適切な間を外された沈黙が来た。

3

彼氏未満が、女子学生の見せなかった永野のイラストを取り出した（**図6**）。尖った頭巾を被った人物像。女性器対応説の余韻で、頭巾＝陰核包皮、顔面下部＝陰核、垂れ下がった髪＝小陰唇、袖口＝大陰唇という写像が無駄に浮かんでしまう。先生には、むしろこちらの方が決定的な図像に見えなくもない。女子学生は何故これを見せなかったのか？　彼女を見ると、謀反にでもあったような顔をしていた。「僕は」と女子学生を通じて定義される抽象的存在に過ぎなかった彼氏未満が主張を始めた。「思うんです。結局、裏返しになった、というか、剥き出しになった女性器っていうのは花のことで、永野護のデザインっていうのは、人に植物の姿を被せているんだって。花っていうのは、花粉を運ぶ虫を引きつけるために、より複雑だったり綺麗な形に進化したってよく言われています。ある意味、花は形態形成の可能性を、虫という観測者をパートナーに追求しているわけです。うまくいく花と虫の関係ってどうやって分かるんでしょう？　共進化って言っちゃえば簡単ですけど、花の形があって、虫の網膜、脳って花が転写されていって、それを虫なりに分析した結果が、イける！なのかイけない！のか分からないですけど、虫的な評価で、最後まとまる。その決断、そのゆれには宇宙と同じ複雑さがあります。だか

（1）（恋人アルベルチーヌを失い、やがて忘れた。それは自分を彼女より愛していたからなのか？という「私」の自問）「いや、それなら、私を愛するのは止めなかったということだ。だがもし、私の体へのリンク、私自身へのリンクも切られたら…？　明らかに同じになるはずだ。命への愛は、自ら解く術を知らぬ古い繋がりにすぎない。その強さは常駐性にある。しかし、それを切る死が、不死への欲望から我々を癒す」（M・プルースト『失われた時を求めて　9巻』より。訳文は既存訳を参照しつつ文脈に合わせ変更）。多くの宗教で、自分ではなく他者のことを考えよ、という教えがあるのはこのような理由かもしれない。生活の中で自身へのリンクを減らす。結局、『失われた時』の夥しい日常描写は、死の恐怖＝命への愛を作る「自己へのリンク」を腑分けしていく作業だから、必然的に大きな量を必要とする。その全体を「虚構」として再構成可能であると示すことで、死の恐怖もまたそうだと宣言するパフォーマンスでもある。しかし、結局の所、自身のことばかり拡大されてしまうという意味では、宗教的実践の逆であり、後期ドストエフスキーの「実践的な愛」に対するこだわりとの大きな差異になる。

らたとえば、「でもなんでかに道楽なの?」「時給」なんて会話も、もちろんあなたの人生も虫の迷いには入ってるんです。錠前と鍵を散らかして、どれが合うのか探してるみたいな作業です。しかも隠れて新しいのを追加してる奴がいる。昆虫にとって芸術は花です。永野護のデザインは基本的に花の形、極端に伸びた突起と丸みを帯びた構造の比で特徴付けられます。女性性は先生の言う通りバルキリーにも既にありますから。女性器はその一部にすぎないです」。

女子学生が表情を曇らせたが、先生とゼミ生に理由は悟らせなかった。「果実の丸み、茎の細さ、もしくは機械化された植物みたいなイメージが永野デザインの基底ではないでしょうか。だから、細身のシルエットだけじゃなくてこれ(図7)、みたいな丸くて、ボリュームのあるデザインもたくさんあります。ただし、この場合も一種の保存則があって、一部は極端に細く絞られます。果実から枯れ木まで、部分ごとの配分決定自由度と全体の保存則が、デザインのバリエーションをなします。つまり、植物に形を奪われた人型。彼のデザインは、植物と動物の「相」がなす「界」が崩れる現場なんです。何故かは分からないけど、その侵犯は美しい。個物としての自由」。

4

恐らく、頭巾の肖像や花についてては、話さないことになっていたと先生が推測しているのを予期して、女子学生は、彼氏未満に裏切られた気分だとゼミ生は邪推し、だが彼女に睨まれ、見透かされたようで止めた。

図7　『FSS』三巻、一八〇ページより「ヘルマイネ」と「アシュラテンプル」

結局検証不能な理屈のループで遊ぶ。妻ともよく意見を交わした頃があったが、議論中、先生は穴に落ちたように無関心に追い込まれることがあった。ループの外に出たからだ。今では、ずっと穴に落ちている。落下した先に別の宇宙はあるのだろうか？　自分はまだ適応できる歳なんだろうか。先生が、理解できるものがない世界へ設置された自分を想像していると、彼氏未満が付け加える。

「花と昆虫の関係は、メカデザインと子供の関係に反復されます。メカと子供の場合、間に企業とか物語とか文化が入ってより複雑ですけど。たとえば、日本の子供は説教好きな大人に護られていない分、人殺しに溢れた「リアル」ロボットアニメを自由に消費できたわけです」。

巨大メカとボーカロイド。この国固有の声。ロックやらヒップホップやらを輸入する必要からの解放。八〇〇〇年の歴史を読む孤独な少年と、匿名集団が生むアイドルを擬似同期で消費する人々。先生は何となくゼミ生を見た。

ゼミ生は何か言わねばと思ったのか「さっき、「中」っていうのは、言葉遊びに過ぎないって言いましたけど、意外とそっちの方が本質なのかも。[2] 全く違う二つのことが「中の人」っていう言葉だけで繋がっていて、「現実」に見えるイメージはその覆いっていうか」と応じ、言ってしまってからゼミ生は、自身の発言に混乱し沈黙した。

初音ミクの歌は切ない。何を歌っても同じ抑揚という限界の美。それは、顔を持たないファティマの悲しげな佇まいを「本質」的に引き継ぐ。初音ミクの歌う、人の限界を超えた「最高速の別れの歌」(3)。同じく人の限界を超えた操縦技術を持つアンドロイド「ファティマ」。うまく調教された初音ミクが、音符の端に一瞬かすらせる感情表現。地球の裏から台風を導く蝶の羽ばたきが、やがて初音ミクにあらゆる人間より豊かな感情表現を授ける日付が存在する。もちろん表現されるものは無だ。人と同じく。いや、それは歌を与える人にあるのか。それとも受ける聴衆にあるのか。人の限界を超えるための皮膜としての初音ミクX。彼女達が自らの意志でネギを持ったと誤認する未来に、「ファティマ」が生まれる。我々の意志と同じく。しかし、その中身がやはり我々だとすると、初音ミクは、やはり群れをくるむ巨大ロボットなのかもしれない。綾波レイは地球を覆う(4)。THE WORLD IS MINE(5)。

5

女子学生は、話すべきことを忘れたように視線を漂わせているので、ゼミ生の沈黙を補うべく、彼氏未満が話題を追加した。

「花と昆虫の関係で面白い図があります。この図(**図8**)は、イチジクとイチジクコバチっていう共生関係にある二生物の系統樹なんですけど、面白いというか、当然というか、二つの系統樹は対応関係にあるみたいなんです。つまり、あるタイプのイチジクがあると、それに対応するイチジクコバチもいる。実際は、共生関係を邪魔する奴がいたり、自分のタイプじゃないイチジクに行っちゃったりするのもいるみたいで、複雑なんですけど、何万年ってスケールでみた二つの系統樹が、互いを映す鏡みたいになっている」。

時空に並ぶ巨大な系統樹のなす街路。去っていくのは誰か？　分岐していく「私の好み、私のタイプ」。鏡の断片に自分だけが映る世界。しかし、対応はまさにタイプとタイプのそれに過ぎない。彼氏未満が言うように、自分のタイプではない相手に漏れる奴もいる。宛先のない進化。

鏡に掻かれた傷が這い出し、個物の橋を浸食させタイプの鏡を歪めていく。階層の果てにではなく、眼前にいる、特注の神。そんなもののせいで、妻は僕に興味を失ったのか。彼女はいまだ僕の家にいるらしいが、誰も彼もが互いに興味を失い、忙しく鏡の破片を磨き続けている。傷をつけたいのか、傷を怖れているのか。初音ミクに束ねられる無数の孤独。彼女に提供されるのは、物語、映像、曲のひと揃いではなく、「ネギが好き」だ。彼氏未満の話が終わりかけていた。

「FSSに出てくるファティマも、「鍵」の一種と言えて、アンドロイドだけど、自分だけの「マス

（2）　A・バディウ著、長原豊訳『ワーグナー論』（青土社）所収の、ジジェクによるワーグナー論に同様の指摘がある。
（3）　cosMo＠暴走P「初音ミクの消失」の歌詞より。
（4）　「まごころを、君に」『新世紀エヴァンゲリオン』（一九九七年）の終盤で、ヒロインの一人綾波レイは地球と比肩しうるスケールまで拡大し人々を「補完」する。
（5）　同名の漫画、「くるり」のアルバム、初音ミクの曲がある。

ター」を選べます。まあ確かに永野の格付け癖はここにも浸食してきて、ファティマは「みんなの憧れ」だし、ブランドってことになってますけど、もしそれを除去したら、逆もありえます。つまり、たった一人、自分だけ好んで、他の全ての人が嫌う、そんなファティマなりメカなりが、原理的にはありうる」。勢いの良い彼氏未満に、女子学生が「きみ一人しか好きじゃないロボット?」と皮肉で返した。「そう。もし、系統樹で迷った虫みたいに、そんなものが一人に一つあるんなら、それは、その人には全く似ていない、けども、その人にしか意味がない、その人の本質みたいなデザインでしょう。デザインはそこまで行けるし、行くべきなんです」。もはや彼氏未満の断言が誰向けか不明だったが、先生は妻と交わした最後のまともな会話を想い出していた。もちろん神の話だ。

先生は妻に訊ねた。で、神は結局、何をしてくれるのか。妻は、愚問に対峙する学者のような答えを返した。(1) あらゆる話を聴いてくれる。(2) 奇跡を起こす原因とされる。あなたに合わせ、神という言葉の使われ方の一部を答えたと妻は付け加えた。「でも、神は変形するの。あたし達動物が、違う風に折られた一つの動物であるように、神も、ただ一つの神として分岐をする。だから、神は形を持たないという人たちもいるのね」。それきり今日まで、彼女と僕は空談しかしない。対話相手は僕から神へ。初音ミクに歌を渡す子供達のように、孤独を埋め込まれた人間は戻ってこない。

「ロボットの形に意味なんかあるの?」復元された妻がきいてくる。じゃあ神の形には意味があるのか? たいして変わりない。では物理なら?

「さっきの神の話だけど」。女子学生が聴衆から視線をそらし再び口を開いた。その姿勢が皆に与える印象を気にしないでもなかったが、ゼミ生には、横顔で語る彼女が歌うように見え困惑するかもしれないと彼女は知った。

「結局の所、初音ミクも巨大メカも本質的には変わらないんです」。要するに、人が中に入る「神の場所」のようなものがあり、それが中枢や少女を埋め込まれた巨体なのか。それとも、交換価値を持つ小さな中枢付貨幣か。巨人男性神（鉄人28号からバルキリーより前の数多く）、巨人無性神（ダイダラボッチ（『もののけ姫』）、ヒグマドン（『ザ・ワールド・イズ・マイン』）など）、巨人女神（バルキリー以降からエヴァまで数多く）、貨幣女神（初音ミク）など、様々な形が日本にはある。それは、「場所」としての神を埋める多様なインスタンスであり、「神の不在」が変形した現れである。そんなことを彼女は語った。

女子学生は続けた。「結局、お互いを理解できない者の群れを、一時的に統合させる機能が、神や貨

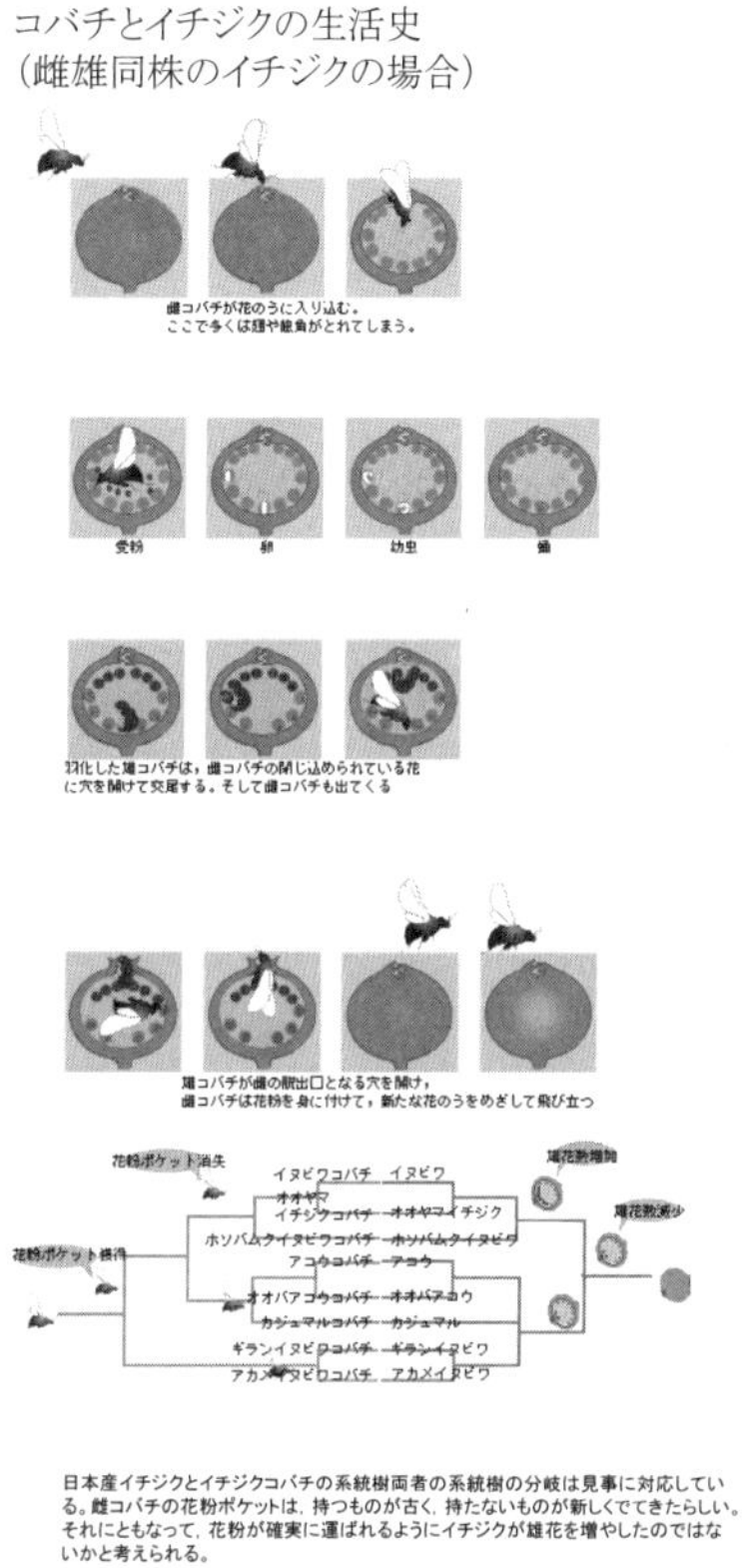

図8　横山潤＋蘇智慧「花のゆりかごと空飛ぶ花粉　イチジクとイチジクコバチの共進化」季刊誌『生命誌』通巻32号 http://www.brh.co.jp/seimeishi/journal/032/ss_2.html

幣なんです。神っていうと古くさく感じる人もお金は焼き捨てないですよね。どちらも信仰です。大人の世界で、神様はたまたま今数値の姿ですけど、また変わるかも知れない。神様っていうのは、結局、いくらでも話を聴いてくれるのと、奇跡を起こすのが仕事で、これが人の入った神様、つまり巨大メカだと、自在な操縦と、正体不明の暴走っていう二つのモードで現れます。お金の場合、何でもお金に変換できることと、恐慌です。多神、唯一神、貨幣。人の入った神、人の入った女神、人と女神の入った女神、沢山の人が入った貨幣としての女神」。最後は独り言だったが、「ここにきて不在に向け歌うような横顔と上手く嵌ったとゼミ生は感じた」と思った。

同じ考え。二人の人間。多重人格が「一つの体に複数の精神」なら、輪廻転生は「複数の体に一つの精神」で、両者は裏返しだと指摘した人がいる。[*5] 二人の人間が独立して同じことを思いつく。輪廻の断片あるいは初音ミクのネギか。しかし、まだ妻は生きているし、生きている人間の転生は、その著者も禁じていた。表情が崩れたのを、向き直っていた女子学生に気づかれ、先生が動揺すると、さらにそれを彼氏未満にも悟られたが、ゼミ生は何か他のことを考えている。ほぼ同じ考えが、妻と女子学生に現れたことを指摘すべきだろうか？

二人だけの時に？　そもそも、言う必要がどこに？　迷うまでもなく秘密にしておくべきだが、先生は彼女に告白したかった。それも今、彼氏未満やゼミ生のいるここでと強く感じ、先生を戸惑わせた。ふと「ヒャクメルゲ」が目にとまった。

永野デザインの優美さと全く無縁な、鼻毛や陰毛がそのまま歩き出した存在。先生は、村上春樹には鼻毛がないと責めた人を想い出した。リリカルなものを成立させる縮れ毛の欠如。オージェを嘲笑するヒャクメルゲ。世界は陰毛なのか。女子学生の股間を想像した、と思った。陰毛は死を意味しているという指摘があった。具現化された死の欲望。ヒャクメルゲ？　しかし、たとえば内容が文体を裏切り続ける時、何が起きるのか？　パフォーマンスとしての「私は嘘をついている」。しかも、その裏切りを黙って読者に悟らせるのではなく、延々と自己言及を繰り返す。しつこく、何度でも物語の要約を歌い直すワーグナーの歌い手のように、あるいは今の僕のように。想像の淡色を拒否し、ヒャクメルゲについて語る彼女の股間に隠れるヒャクメルゲが、僕のスタイルを裏切るだろうことに言及する。それは変化の過程なのだろうか。(6) ならば余韻は変化を拒絶する故に嫌悪されるのか？　鼻毛。審問者、オージェ、ヒャクメルゲ、初音ミク。陰毛になった「中の人」たちが、宇宙の再建を要求してくる。未来から。陰毛は未来の影だ。

　ここまで考えたところで先生には、誰にとっても無意味な告白を避け、ある画像で女子学生を試す余裕ができた。「これ（**図9**）は The Great Wall of Vagina っていう作品で、ずいぶん人気があったそうだ。性器の形にコンプレックスを抱いている女性は多いらしくて、そういう人がこれをみると、なんでもありに安心するらしい。じつは女性器にも花と同じ多様性がありえたんだけど、隠されてるから、美じゃなくてコンプレックスになるんだな」。

　女子学生のポーカーフェイス。が、もし、村上春樹のスタイルや永野護のデザインが、沈黙する鼻毛なら、この壁は連続する剝き出しのヒャクメルゲだ。そこでは何も隠されず、価値あるものとそうでな

（6）　A・バディウ著、長原豊訳『ワーグナー論』（青土社）

いものの区別がなく、誰も黙ってはいない。縮れ毛の砂漠。ワーグナーは「この壁に載っている種類しか性器はない」と先に決めて、その関係性の順列を新たな宇宙にするオペラを書き、砂漠から逃れようとした。ライトモチーフは周期律表だ。語り始めた鼻毛達のオペラ。

女子学生が黙って性器で出来た壁を見ているのを観察しつつ、「結局、永野護のメカは、不在の神が着る花」と、彼氏未満が結論を述べ、ゼミ生は二人を比べながら、何故か分からぬまま彼らの話を繋ぎたくなり、圧縮不可能な数についての耳学問を想い出した」と思った。

「円周率」のような数なら、たとえ無限に桁を持っていても定義で伝えることが出来る。つまり、数字の並びを計算方法として圧縮できる。しかし、圧縮できない数というものがあるなら、その場合、その数を伝えるには、ただひたすら読み上げるしかない。そんな話。すると、女子学生が発言した。

「でも、君が言う、一人だけのメカっていう考えと、その不在の神が着る花っていう考えは合わない。君の花って、その一人用のメカのことなの？　それとも集団を束ねる何かのことなの？」と女子学生は問いながら、彼氏未満はもちろん後者を否定していて、だからこそ自分の意見を拒絶したと苛立ち、何かとても恥ずかしい。彼は全てを知っているのかも。彼女は先生を振り返ったが何も読み取れず、彼氏未満は「僕はふつうの日本人だから、神様に意見なんかないよ」と解放された表情で告げ、帰り支度を始めた。

ゼミ生は、「動画ファイルの再生」が「桁数の多い一つの数」を特殊な基底で読んでいることであるように、我々は皆でただ一つの数を読んでいるのかもと飛躍した。終わった歴史を延々と語り続ける永野護みたいいな。我々が読み上げる数字は、我々とは似ていないが、それこそ我々の本質なのかも。「あ

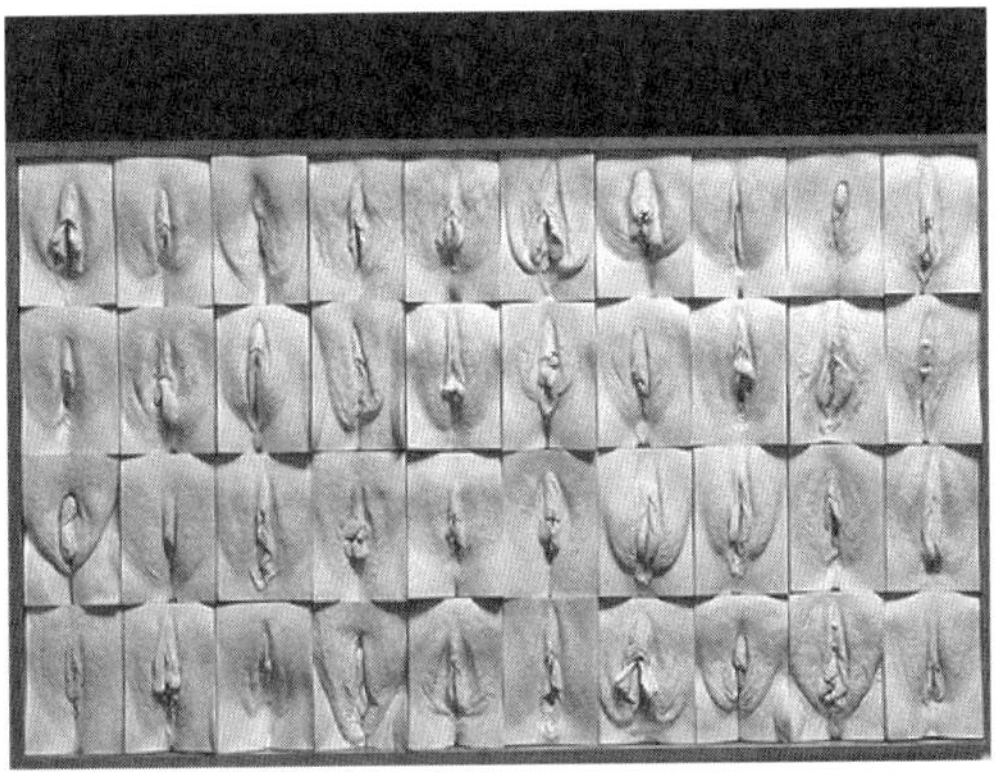

図9 「The Great Wall of Vagina」JAMIE McCARTNEY（www.hayhillgallery.com より転載）

なたは、46です」。具体的に数を代入したゼミ生は一人笑い、彼氏未満は女子学生を置いて去った。

残された女子学生は、また僕にネタを搾取された気がして腹が立っているのだろう。余裕ある僕の態度。それを見る度、波が寄せるように新しい考えを示したくなる。しかし、僕はなんの興も憶えない。

だがなぜか今日は、波がフリーズした」と思った。静止した波打ち際の白い編み目は、彼女の反復を時間の外に跳ばしてしまった。余裕が先生の限界なら、あたしがそれを手に入れて何が？　不仲と言う彼の妻に思い当たり、帰ってしまった彼氏未満に会いたくなったことを自嘲したとき、ゼミ生が研究室を出た。

6

不在の神が着る花。帰り道でゼミ生は、言葉記憶を抱き、暑さを脂汗に変えながら坂道をおりていった。「中の人」という言葉に引っ掛かったことが誇らしい理由が分からなかった。誰でもない者の薔薇。[*6] 勝手に浮かんだ見知らぬフレーズに、これこそ俺に固有の花だ、印象をキープしよう、と空を見上げた。白く枯れた大きな樹みたいな雲が天を覆い、下から夕陽が照らしてピンクだ。

女子学生と先生は二人だけ残された。沈黙は大きく、彼女は足の親指しか把握できない位でかい天使の通過」と思った。先生の街路樹を通過しているのは、きっとこいつに違いない。今日はこれからどうすると尋ねる先生に、存在しない予定を答え、ひとりで立ち去ることを選んだ。先生がなぜ告白を止めたのか、もう一度ログを再生している。

知らないゼミ生。知っているかもしれない彼氏未満。知っている女子学生と僕。一人残され苦笑する先生に、永野護のインフレを責めるゼミ生の汗がちらつき、どんな階層上位でも、ＦＳＳでは希薄なキャラという読後感が、むしろ永野の優しさと気づいた。

余裕を持った存在の、存在の希薄さ。「僕は誰だ？「彼女はここで再生を止め、眠り始めることにした。それがファティマの務めである限り」」と思った。

8　心的システムと観測の問題――「わたし」の置き場所と二つの心身問題

ノイマンは地球に遍在する。

突如普及したスマートフォンは、「フォン・ノイマン」型コンピューターにアップル社の糖衣を着せたものだったし、「天気予報」には彼のシミュレーション誤差に関する知見が欠かせない。マンハッタン計画の産物＝「原子爆弾」を爆発させる特殊なテクニックを開発し、世界史にも大きな爪痕を残した。ちなみにノイマンは癌で死んだが、水爆実験見学の際に被爆したのが原因とも言われる。冷戦時代には自らが創始した「ゲーム理論」に従い、ソビエト連邦への先制攻撃を主張したらしい。幸い大統領は常識人だったから、人類は滅亡しなかった。

死の間際、「生命的なるもの」に興味を示し、マス目の上で「自己複製する機械」の設計をして余生を過ごした。後の複雑系科学に連なる源流の一つだ。

ノイマンといえばこの手の話をする。ところで、彼の大きな業績は『量子力学の数学的基礎』と、それを発展させた「フォン・ノイマン代数」だと言われている。しかし、これらは地球規模の影響のない地味な研究だ。ドラマを観ていると「あなた達科学者は、人類の役に立つために研究をしているんじゃないの?」と詰問してくる(なぜかいつも)女性が出てきたりする。彼女はノイマンをどう評価するのだろう? 戦争を終わらせた理想の技術者だろうか? 倫理を欠く悪魔だろうか? それとも社会にとって無意味な研究をする「理系君」か。

本稿では、ノイマンの「理系君」的側面、つまり『量子力学の数学的基礎』に記された、ある意味、人類にとってどうでもいい話について書く。それは、彼が「心身問題」触れた数少ない記述の奇妙な再解釈であり、またより抽象的な「フォン・ノイマン代数」に刺激されたノートだが、確信を持って証明した事柄の報告ではなく、ある方向性を持った解釈を作る途中で書き留めた試論だ。

フォン・ノイマンの「心身問題」1:「物心平行論」と「抽象的自我」

『量子力学の数学的基礎』(以下『基礎』)最終章に次の言葉がある。

そこで、これらの関係を、自然において、あるいは自然を観測するさいに現実に起こることがらと比較してみよう。第一に、観測すること、あるいは、それに結びついた主観的知覚の過程は、物理的環境にとって新しいなにか(Wesenheit)であって、これに帰着させることができないということは、それじたいとしては、まったく正しい。というのは、主観的な知覚はわれわれを制御のきかない(どんな制御の試みもすでにそれを前提としているから)個人の精神的な内的生活へと導くからである。[*1]

ノイマンに、「機械論が好きな唯物論者」とレッテルを貼りたくなる人間には、違和感のある一節だ。ここでノイマンはあっさりと「主観的であり物理的でないものとしての知覚」の存在を認めてしまう。その理由は「主観的な知覚はわれわれを制御のきかない（どんな制御の試みもすでにそれを前提としているから）個人の精神的な内面生活」に導くからだという素朴なものだ。

彼は続ける。

> つぎのいわゆる物心平行論（Prinzip vom psycho-physikalishen Parallelismus）は、科学的世界観にとって基本的な要請である。すなわち、実際は物理外の過程である主観的な知覚過程を、あたかもそれが物理的世界において生じたかのように記述すること、すなわち、その過程の部分を客観的な環境の中の、通常の空間内における物理学的過程に対応させることが可能でなければならないということである（もちろん、このような対応をつけるさいに、この過程を、われわれの身体が占めている空間部分のなかの点に位置づける必要がしばしば生ずる。しかしこのことはそれが環境に属することをいささかも変更するものではない）。

「実際は物理外の過程である主観的な知覚過程を、あたかもそれが物理的世界において生じたかのように記述する」ことをノイマンは「物心平行論」と呼ぶ。[(1)] しかし、彼の言う「物心平行論」は、たとえ

（1） なお、『基礎』の注で「物心平行論の原理」自体は、ボーアによるとノイマンは断っている。ノイマンが『基礎』で行うのは境界の移動が任意であることの証明だから、本来は「ボーア＝ノイマンの平行論」と呼ぶべきかも知れない。

ばスピノザの「平行論」とは何か違う趣がある。

ノイマンの平行論は、実践的には次のような要請だ。

温度を測定するとして、われわれは望むならば、この過程を①温度計の水銀だめのまわりの温度がえられるところまでたどっていって、温度計によってこれこれの温度が測定された、ということができる。しかしさらに考察を進めて、②分子運動論的に明らかにすることのできる水銀の性質から、それの温度上昇、膨張およびその結果生じた水銀柱の長さを計算して、これこれの長さが観測者によって見られたということもできる。さらに進むこともできよう。③光源を考慮にいれて、不透明な水銀柱のところの光量子の反射、その後の光量子の眼に入るまでの進路、そしてレンズによる屈折と網膜上での像の形成を確かめてのちはじめて、これこれの像が観測者によってとらえられたということができる。もしわれわれの生理学上の知識がこんにちよりいっそう正確になれば、さらに進んで④この像が網膜、神経路、および脳のなかに引き起こす化学反応を追求し、最後にかれの脳細胞の化学反応が観測者によって知覚された、というふうにいえるようになるであろう。しかし、われわれの問題にするのが水銀の器までか、温度計の目盛りまでか、網膜までか、あるいは脳までか、ということにかかわりなくいちどは、これこれが観測者によって知覚されたといわなければならない（丸数字は引用者）。

状況が分かりにくいので**図1**に整理する。

①	Ⅰ	Ⅱ+Ⅲ	
A	Ⅰ対象系	Ⅱ温度計	Ⅲ光＋観測者
②	Ⅰ+Ⅱ		Ⅲ

②'	Ⅰ	Ⅱ+Ⅲ	
B	Ⅰ対象系＋温度計	Ⅱ光＋眼	Ⅲ網膜から先
③	Ⅰ+Ⅱ		Ⅲ

③'	Ⅰ	Ⅱ+Ⅲ	
C	Ⅰ対象系から網膜	Ⅱ網膜から脳	Ⅲ抽象的自我
④	Ⅰ+Ⅱ		Ⅲ

図１　ノイマン的平行論

力点は、「われわれの問題にするのが水銀の器までか、温度計の目盛りまでか、網膜までか、あるいは脳までか、ということにかかわりなく」という所と、「いちどは、これこれが観測者によって知覚されたといわなければならない」のペアにある。これらはどういう意味なのだろうか？

心身問題の「構造主義」：縮小、拡大、反転

『基礎』は、哲学書ではなく、「量子力学の数学的」基礎についての本だ。内容は多岐にわたる。有名なのは、ヒルベルト空間を使った量子力学の定式化だろう。

そして同程度に有名なトピックは、この本でノイマンが、量子力学の発展規則に従う「過程２（力学）」と、それを観測した時に起きる「過程１（観測）」を峻別したことだ。冒頭の「主観的知覚」へのこだわりはここから出る。

すなわち、われわれはいつでも世界を二つの部分に分けて、一方を観測する系、他方を観測者としなければならないのである。前者においてはすべての物理的過程を（少なくとも原理的には）いくらでも精確にたどることができるが、後者ではそのようなことは無意味である。両者のあいだの境目はきわめて任意であって、うえの例では四つの異なった可能性が示されていた。とくにこの意味での観察者はけっして現実の観測者の身体に一致させる必要がない。*2

ノイマンは「過程2（力学）」と「過程1（観測）」を区別し、過程2を「物理的過程」、過程1を、過程2から「個人的な精神生活」への「境目」を超えるジャンプとした（よくある例では、「過程2（力学）」は波動関数の変化、「過程1（観測）」は、たとえば「位置」の観測による、「波動関数のある特定位置への収縮・射影」となる）。しかし、なぜこれが「物心平行論」と呼ばれるのか？

うえの例では、あるとき温度計までも観測者に含めたし、他のときには観測者の目や神経路までも観測者に数えなかったのである。この境界を身体の内部へいくらでも深く移すことができるということが、物心平行論の原理の内容である。しかしこのことは、どんな記述をとるにしても、それが内容空虚でないとき、すなわち経験との比較が可能であるときには、どこかに境界がおかれなければならないということを、なんら変更するものではない。なぜかというと、経験からえられる陳述は、観測者がある定まった主観的知覚をしたという型のものであって、ある物理量がある定まった値をとったというものでないからである。

恐らくノイマンにとって重要なのは、「個人的な精神生活」が存在することよりも、それがどこにあるのかが、「物理的観測結果に影響を及ぼさないこと＝実践的に無意味」であることだったのかもしれない。その態度はここで「この境界を身体の内部へいくらでも深く移すことができる」という記述になる。彼が『基礎』終章で証明しようとしているのは、次のようなことだ。

これを論ずるために世界を三つの部分Ⅰ、Ⅱ、Ⅲに分ける。Ⅰは本来の観測される系、Ⅱは測定装置、Ⅲは本来の観測者である。証明すべき事は、境界はⅠとⅡ＋Ⅲとのあいだにも、またⅠ＋ⅡとⅢとのあいだにもおくことができるということである。

（われわれのうえの例で、

A　第一および第二の場合を比較するには、Ⅰは調べるべき系、Ⅱは温度計、Ⅲは光＋観測者である。

B　第二と第三の比較のさいには、Ⅰは調べるべき系＋温度計、Ⅱは光＋観測者の眼、Ⅲは観測者の網膜から先：

C　第三と第四の比較のさいには、Ⅰは観測者の網膜にいたるまでの全体、Ⅱはかれの網膜、神経路および脳、Ⅲはかれの抽象的な「自我」である）。

すなわち、一方では「過程２（力学）」をⅠに、「過程１（観測）」を、ⅠとⅡ＋Ⅲとのあいだの相互作用に適用し、他方では「過程２（力学）」をⅠ＋Ⅱに、「過程１（観測）」をⅠ＋ⅡとⅢのあいだの相互作用に適用するのである。（Ⅲ自身はどちらの場合にも考慮のそとにおかれる(2)）。

③'	Ⅰ	Ⅱ+Ⅲ		←脳中心主義（随伴現象説）
C	Ⅰ対象系から網膜	Ⅱ網膜から脳	Ⅲ抽象的自我	
④	Ⅰ+Ⅱ		Ⅲ	←コギト（縮小）

⑤	Ⅰ	Ⅱ+Ⅲ		←アフォーダンス（拡大）
D	Ⅰ恒星の温度	Ⅱ恒星から網膜までの光	Ⅲ観測者	
⑥	Ⅰ+Ⅱ		Ⅲ	←③'と同じ

⑦	Ⅰ	Ⅱ+Ⅲ		←モナドロジー（観念論）
E	Ⅰある脳の状態	Ⅱ宇宙	Ⅲ抽象的自我	
⑧	Ⅰ+Ⅱ		Ⅲ	←ベルグソン／スピノザ的平行論

図2　心身問題の「構造主義」

文章だけでは状況が分かりにくいので、先の**図1**でも対応するケースをA、B、Cと名づけておいた。Cのケースが、悪名高い「抽象的自我」となる。しかし、ノイマンは、このケースを特に強調したかったわけではないというのが、ここまでの記述で分かるはずだ。彼にとって重要なのは、「過程2（力学）」と「過程1（観測）」の境界移動が任意であり、それが観測結果に影響しないことで、その主張全体を「物心平行論」と呼んでいる。もし、Cのみが重要なら、彼は、それを「コギトの原理」とでも命名したはずだ。

ところで、ケースCが「悪名高い」のは、そこに現れる「抽象的自我」が、無限退行を避けるためだけに挿入された「余計なもの」にみえること、さらに「個人の精神」という、およそ物理とは関係のなさそうなものが、必要不可欠な原理に近い形で採用されることによるだろう。実際無数の反論が寄せられていて、「シュレジンガーの猫」や「ウィグナーの友人」といった思考実験がそこから生まれているし、量子論に変更を加えたり、彼の想定していなかった場の量子論を用いて「過程1（観測）」を「過程2（力学）」に還元しようとする試みもある。[3] しかしとりあえず、ここでは少しこの図式にこだわってみよう。

するとここで、恐らくノイマンが想定しなかった面白い可能性が浮かんでくる（**図2**）。

図2で、ケースC③′（一番上の行）は、「脳II＋クオリアIII」さえあれば、「残り＝I」は、そこにパターンを入力する情報に過ぎないという見方に相当する。脳中心主義、もしくは随伴現象説に近いだろうか。あるいは「常識」といってもいい。一方C④は、「抽象的自我III」のみが、「世界I＋脳II」をいわば「道具」として使っている描像で、最も近いのは、先に書いた「点」としての「コギト」という心身問題の解だろう。「コギト」は「平行論」で「縮小」操作の果てに現れる。

ところでノイマンは、境界を任意に動かせると書いているが、その自由度を脳内部に移動する方向にしか使っていない。しかし、ケースD⑤のように、観測装置IIを極端に拡げ、境界を遠い場所に移動さ

（2）『基礎』三三五頁。ただし、セミコロンをコロンに、引用符を「」に置き換えた。また「過程1（観測）」と「過程2（力学）」は、元々1、2のみだったのを引用者が補い、さらにケースを示す記号を挿入した。段落の区切りも読みやすいように変えてある。また**図1**では、各区分（たとえば「対象系＋温度計」）が、I＋IIとして扱われる場合と、Iとして扱われる場合があるが、後者にはダッシュをつけて区別しておいた。

（3）ノイマンの定式化に対する反論、批判、それが成立しない条件などについては、M・ヤンマー著、井上健訳『量子力学の哲学（下）』（紀伊國屋書店）や、白井仁人、東克明、森田邦久、渡部鉄兵『量子という謎』（勁草書房）など参照。そこには、たとえばウィグナーによる「自己共役演算子であっても観測不能である量の存在」の指摘なども含まれる。これらに挙げられた批判と本稿の関係を追うことも可能だろうが、それには恐らく全く別の論文もしくは著作が必要になるので、本稿ではノイマンの定式化に話を限定しておく。

せることもできる。我々が恒星の温度をその色で観測する時、ケースD⑤では、境界の「後」＝「精神」内部は、天文学的スケールにまで拡大する。これは、いわば「拡大自我」解釈とでも呼べるが、規模をこれほど大きくしなければ、「精神」の位置を観測対象の間近に「拡大＝移動」させるという意味で「アフォーダンス」に近い。一方、ケースD⑥は、C③'と基本的に同じになる。

さらに、成立は微妙だが興味深いのは、ケースEだ。Eでは、ノイマンの図式を「反転」させ、観測対象を「ある脳の状態」、測定装置を「残りの宇宙」、観測者自身はケースC同様、「それらの外」に追い出すという変換をしている。

つまり、ケースE⑦は、「宇宙全体に広がった観測装置＋抽象的自我」が、観測対象としての「脳」を観測するという描像で、ある種の観念論だ。もしくは「脳」を、様々な「宇宙的規模の観念論的自我＝モナド」達の調停と共可能性を担保する装置だと考えれば、「モナドロジー」ともいえる。

対して、ケースE⑧は、「脳＋宇宙」の外に「抽象的自我」がいて、「脳＋宇宙」を観測する描像だ。これに近いのは、恐らく記憶の円錐＝精神が、宇宙全体のある部分（＝不確実性の中心[4]）と、何故かは分からないが強く相関するというベルグソンの解、あるいは、宇宙全体（延長）と「平行」する精神（思惟）が存在するとみれば、スピノザ的な意味での平行論だろうか。ノイマンのいう「平行論」が、精神の範囲をどこまで拡大縮小してもよい、という意味なのに対し、スピノザのそれは、素朴に解釈するなら「思惟」と「延長」という二つの宇宙[5]が対応するという意味だからだ。

ケースEでノイマンが与えたような証明を成立させるのは難しいかも知れない。ただし、宇宙全体を「観測装置」としている、といっても、「抽象的自我」は必ずしも「宇宙の果て」のような「場所」にいる必要はなく、場所（＝宇宙）は無関係なのだから、異なった脳状態と強く呼応し、無関係な脳状態とは相関しないよう「宇宙を用いる」ことが可能な「位置にいる」ことができれば良いはずだ。たとえば「多世界解釈[6]」と「多精神解釈[7]」を同時に用い、ある脳状態が測定される度、最初は重ね合わされて宇宙の「外」にあった「抽象的自我」が、「宇宙A＋（外にある）抽象的自我A」と「宇宙B＋（外にある）抽象的自我B」に分裂する、という図式も成立するかもしれない。

まとめると、ノイマンのいう「抽象的自我」に対する「縮小・拡大・反転」という操作から、ノイマン型平行論、コギト、観念論、アフォーダンス、随伴現象説、モナドロジー、ベルグソニズム、スピノザ型平行論……と様々な「心身問題への解」が産出されてくるわけで、これを心身問題の「構造主義」と呼んでもいいだろう。

ちなみに、ノイマンのいうIII＝抽象的自我が、存在しない（あってもなくても物理的には意味がないから、

（4）H・ベルグソン著、岡部聡夫訳『物質と記憶』（駿河台出版社）。
（5）本来「属性」には無限の種類が存在するが、ここでは二つにしてある。
（6）宇宙全体を一つの波動関数と考え、観測する度に、宇宙が分岐するという考え方。ポイントは、分岐の全てが消滅せず存続し続けるとすることで、「過程2（力学）」が成立したまま、「(ある分岐のみを選択・射影するという意味での）過程1（観測）」を加える必要がないことにある（H. Everett III, “Relative State’ Formulation of Quantum Mechanics.” *Rev. Mod. Phys.* 29, 454–462 (1957) など）。
（7）元々多世界解釈は、「呼応状態解釈」として提出されていた。つまり、宇宙＋観測者が、無矛盾な呼応するペアに分岐するという解釈だった。「多精神」解釈は、呼応状態解釈で、「分岐」するのは（宇宙ではなく）観測者の方だけだと主張する（D・Z・アルバート著、高橋真理子訳『量子力学の基本原理』（日本評論社）および、『心身問題と量子力学』参照）。

論じる必要がない、という立場も含む）とするのは「唯物論」の典型だから、この図式は「心身問題」を無意味とする「解」も含む。[8] その意味では、ノイマン自身が「抽象的自我」など持ち出さず「結果に影響がないのだから、そのようなものは考える必要がない」と主張しても良かった。「悪魔」の揺らぎだろうか。

クオリアの境界問題とロックウッド『心身問題と量子力学』

ケースEでは、脳を「観測対象」とし、宇宙を「測定装置」とした。しかし、量子状態としての「脳」を主張するのは難しく見える。[9] 常識的には、「量子的なるもの」が影響するのは極微のスケールでの振る舞いとされているからだ。

しかし、もともとのノイマンの解釈では、「過程２（力学）」と「過程１（観測）」の差異は「大きさ」にはない。だからこそ境界移動の任意性が必要になったともいえる。また、ノイマン後の解釈である「多世界解釈」でも、「宇宙全体」が量子状態で、観測が行われる度に、その「分裂」が起きるとする（ただしこの解釈は「過程１（観測）」による収縮のような、非物理的な過程を追放するため考案されたといってもいい。「多世界解釈」では、全ての可能性は、消えずに存続し、観測者ごとにアクセス可能範囲は変わるものの、全ての世界で「過程２（力学）」は維持される。だから「過程１（観測）」という特別な過程を付け加える必要はない（注（６）も参照））。

つまり、二つの過程をどこで分けるのか、その基準を決められないこと＝並行論というのがノイマンの論点であった。逆にいえば、二つの過程の差を決定するのが「抽象的自我」である、ともいえる。

先に、「ある脳」を観測対象、「残りの宇宙」を測定装置とする場合、「抽象的自我」は「脳＋宇宙」の「外」にあるとした。これは、たとえば「恒星の温度」を観測対象、「恒星から脳における処理全て」を観測装置、それを「体験」する「抽象的自我」を脳の「奥」に閉じ込める、「コギト的解釈」を丁度反転させたものだった。適当な名前を知らないので「反転自我解釈」と呼んでおく。

クロソウスキーの小説『バフォメット』[*3]には、肉体を離脱した「魂＝息」が混ざり合ってしまわないように苦労する人物が登場する。「反転自我解釈」でも似たような疑問が生じる。脳に閉じ込めておけば、そのような心配はない気がするが、「外」にある「抽象的自我」達は混ざってしまわないか？

つまり、現在の「私とあなた」、あるいは「現在の私」と「違う時間の私」が混ざってしまわない理由を、「世界」や「脳」に訴える前につくれるのだろうか[(10)]？

（8）ところでルーマン（N・ルーマン『社会の社会』（法政大学出版局）など）や西垣（西垣通『基礎情報学』（NTT出版）など）が使う「閉鎖システム（オートポイエティック・システム）＋カップリング」というシステム論に、この「構造主義」は新しい見方をもたらすかも知れない。「カップリング」の典型例が「身体システム」と「心的システム」のそれであり、ここでもたらされた、平行論、コギト、観念論、アフォーダンス、随伴現象説、モナドロジー、ベルグソニズムなどは、いわば「カップリング」の取り得るかたちを羅列したものだからだ。

　つまり、二つのオートポイエティック・システム、たとえば経済システムと政治システムがあるとして、その二つの「カップリング」は、システムA、観測装置、システムB、の繋がりかたとして、「AB境界の任意移動」「BのAでの一点収縮」「BのAへの全体浸透」「Aの部分内部でのB対応」「A全体とBの観測装置による共可能性の保証」「Aのほぼ全体を観測装置とするB」のようなパターンがありうるということを示唆する。「カップリング」は「閉鎖システム」と相性が悪いが、その扱いにくさが「心身問題」と似ているのなら、対処が似ていてもいい。

（9）ノイマンは、彼の主張が成り立つためには観測対象と観測装置の少なくとも一方が量子状態であることが必要だと論じている（『基礎』三三九頁参照）。

じつは「物理的境界＝脳」その他は「物心平行論」の原理により使えない。これは「平行論」特有の問題だ。たとえば、スピノザの平行論で、それぞれの延長や思惟のモード（＝様態）である「我々」は、なぜある境界を持つように感じられるのだろうか？　スピノザがモードの説明に「海とその波」を持ち出すがゆえに、余計筆者には謎になる。波に海との境界はない。[11]

だから、「脳の内部に閉じ込めておけば安心」というのも、ある意味、なぜそういえるのか？という疑問（＝心身問題）を棚上げしているだけにみえるし、逆に反転自我解釈は、この「境界問題」を先鋭化してみせる問題の変形ともいえる。

つまり「抽象的自我＝クオリアの塊」と考えると、その境界をどう捉えるのか？が問題になる。

『心身問題と量子力学（原題 Mind, Brain, Quantum）』[*4]で、マイケル・ロックウッドは、文脈は異なるが、この境界問題に、ある仮説で答えようとしたようにみえる。

先に書いたように、「多世界解釈」というのは、量子状態としての宇宙が、観測ごとに、対応する宇宙に分裂するという主張で、「過程1（観測）」を無意味化し、「過程2（力学）」を維持するために導入された。[12]そしてロックウッドは、提唱者であるエヴァレット達の原論文を参照しつつ、この解釈は、むしろ「観測者の状態」と「宇宙の状態」に矛盾がないことを要求する「呼応状態」解釈とでも呼ぶべきもので、解釈としては、宇宙が分裂するというより、重ね合わされていた観測者の精神が分裂する「多精神解釈」を主張する。

ただしその場合も、宇宙の分裂同様、「ある観測者の分岐基準＝境界」を定める必要がある。ロックウッドがそこで持ってくるのが「脳オブザーバブル observable の両立可能集合＝ある瞬間の自己」と[13]

いう仮説だ（逆に「瞬間」を定義するのが、両立可能性と考えてもいい[14]）。

視野のアナロジーで考える。両立可能な「オブザーバブル」の例として、視野の各点での明暗、色、奥行きの集合（それぞれ数は異なる）を考えよう。ある瞬間的な視覚認知で、これらが一気に感じられるとするなら、（明暗、色、奥行き）＝（色、明暗、奥行き）＝（奥行き、色、明暗）などのレイヤー入れ替えや、（明暗（x1,y1）、明暗（x2,y2））＝（明暗（x2,y2）、明暗（x1,y1））のような位置入れ替えなど、知覚順序の入れ替えが、結果としての知覚に影響しない（＝瞬時に一体として認知可能＝交換可能）と解釈し、そこに含まれる膨

（10）このような問題への文献集として、Brook, Andrew and Raymont, Paul, "The Unity of Consciousness", *The Stanford Encyclopedia of Philosophy* (Spring 2013 Edition), Edward N. Zalta (ed.), URL = http://plato.stanford.edu/archives/spr2013/entries/consciousness-unity/.

またほぼ同様の問いが、Gregg Rosenberg "*A Place for Consciousness: Probing the Deep Structure of the Natural World*", Oxford University Press（2004）では The Boundary Problem for Experiencing Subjects(経験主体の境界問題)などと呼ばれている。

なお、ここで書いた「反転自我解釈」は、もしそれが成立しなくても、この「境界問題」が、「実際に問題になる＝境界を決める原理が必要になる」ような状況（＝バフォメット的状況）をクリアにみせる思考実験として、意義があるかもしれない。この問い方は、どこまでが脳に依存し、どこが依存しないのかを切り分ける。もちろん全てが脳に依存する、という「常識」も含まれる。

（11）たとえば、全てのモード（「様態」）を「モナド」と読み替え、「属性」をモナドがレイヤー上に積み重なったようなイメージで捉えれば、スピノザとライプニッツは補完関係になるのかも知れない。

（12）ただし、宇宙をどのような「断面」で分割するのか＝選好基底（視点の自由度）の問題と、宇宙の数問題（宇宙の基数は「有限、可算無限、非可算無限」のどれか？）が派生的に生じる。

（13）「観測可能量」と訳されるが、文脈的には「観測可能なもの」の方がふさわしいと思われる。また、私見では、ロックウッドのいう「オブザーバブル」は、狭い意味での「オブザーバブル」＝自己共役演算子と、同じとは恐らくいえない。むしろより一般化したオブザーバブルを用いて解釈し直すべきだと思われる。

大なオブザーバブルは全て両立可能とする。

逆に、（ある輪郭に注目、ある運動に注目）≠（ある運動に注目、ある輪郭に注目）のように、ある意味で図と地の関係を変えてしまうような順序入れ替えは、両立不能なオブザーバブルといえる。順序交換可能な前者を「可換」、後者を「非可換」と呼ぼう。

輪郭抽出や、運動検出は、その順序入れ替えが図と地の関係を変えてしまう＝非可換であることもありうるし、入れ替えが差を感じさせない＝可換でもありうる。だから、

（輪郭・運動　マイナス　運動・輪郭）＝差がない＝ひとかたまりの運動する物体という観測

（輪郭・運動　マイナス　運動・輪郭）＝差がある＝注視・分析に順序依存性がある＝図と地の変換としての運動、輪郭への注目順序で、得られる知覚に差がある

……とも書ける。

もう一つ、音楽の例を挙げてみよう。「同時に鳴る（音の高さ、音色の集合）」＝それぞれ可換＝知覚順序入れ替えが差をもたらさない＝「和音、アンサンブル」とするなら、高さ、コードの順序は非可換＝取り替えると印象が変わってしまう。つまり、

（高さA高さB　マイナス　高さB高さA）＝X≠0、

で「印象の違い」があるということだ（この順序を入れ替えて差を取る操作を、［高さA、高さB］＝印象の違いX≠0という記号でも書くことがある）。つまり、この解釈では「メロディ」というのは非可換性の産物ということになる。

他の知覚や感情に関しても同様に、どちらを先に観測しても変化がないオブザーバブルの集合を定め

れば、「その全体」として、「ある瞬間の自己内容」が決まる。これがロックウッドの境界設定方法＝「脳オブザーバブルの両立可能集合」の意味だ。

もっとも、これは「自己と他者」というより、「異なる時点の自己」を区別する基準にみえる。だが、他者のオブザーバブルは、自己のオブザーバブルとは必ず非可換だとするなら、同じ基準で自他の境界も定まり、「息が混ざらない」ようにできる。

（14）『心身問題と量子力学』二七六頁周辺。脳や意識との関係では同三〇六頁。そこでロックウッドは、「両立不能」なオブザーバブルの例として、量子論での「位置」と「運動量」の（ような同時対角化不能である）例を挙げ、「両立可能」なオブザーバブルとして、任意の状態ψに対し、$AB\psi - BA\psi = 0 = (AB - BA)\psi = [A,B]\psi$であるようなオブザーバブル$A$、$B$つまり可換にできる$A$、$B$を挙げているので、本稿と同じ意味で使っているといっていいだろう。なおロックウッドは、両立可能なオブザーバブルの中に、さらに「選好された」オブザーバブルの部分集合があり、それが「意識」に対応するとする。
その「選好」は、ある特定の基底（視点や座標軸のようなもの）への選好、あるオブザーバブルの集合への選好、の二重の意味に使われているように思われる。後者の場合、それが両立可能なオブザーバブルの部分集合である限り、後述する「中心」の部分集合なので、本稿の議論には影響しない。

一方、前者については本稿では考えていない。理由は、それは基本的に「表現」の問題であり、本稿では「表現」について深く扱っていないこと、さらに無限との関係が深い非同値表現をどうするのかについて、態度を決めていないことにある。

フォン・ノイマンの「心身問題」2?：中心と両立可能オブザーバブル集合

実は「似たような考え」がノイマンにもある。それが「似たような」なのは、ノイマンの場合、上述のような「解釈」を念頭に置いていたとは思えないからだ。むしろ、技術的な必要で用意した概念が、たまたまロックウッドの境界設定方法と似ていたのだろう。

ノイマンは『量子力学の数学的基礎』以降、特定のヒルベルト空間表現に縛られない、抽象的な演算子＝作用素の関係＝代数構造を研究する数学（「フォン・ノイマン代数」）を創始した。この中には、自己共役演算子＝（最も狭い意味での）オブザーバブルも入る。というよりも、恐らく「全オブザーバブルのなす集合」が持つ構造を探求する数学を始めたと考えるべきだろう。

この「代数」は、それ自体では定量的予測に使えず、特定のヒルベルト空間上に表現しなければ、ほぼラベルとその関係のような抽象的なものだ。[15]

ノイマンが彼の代数を展開する時使った概念に「可換子集合 commutant」「二重可換子集合」及び「中心 center」というものがある。[16]

それはたとえば、**図3**にあるような集合計算の方法だ。まず、集合U＝{A,B,C,D,E,F,G}があるとする。その上に代数[17]が定義されていて、今、その非可換性のみに注目するとし、それが、右側の表として与えられているとする。この表は、XとYが非可換なら×、可換なら○を描き込んでいる。○と×は、XとYを入れ替えても変わらない。この表を、「XとYが非可換なら、線で結ぶ」「XとYが可換なら、なにもしない」という方法で絵にしたのが左側の二つの図だ。たとえば、表でAとBは非可換で×がついているから、線で結んであるが、AとCは可換で○なので、線がない。

ここで、適当な部分集合S＝{A,B,C,D}を選ぶ（**図3**の一番左、細い実線で囲われた集合）。そして、「Sの全要素と可換な、Uの要素を全て選ぶ」という方法で集合S′（Sの可換子集合）というものを作ってみる。たとえば、要素Aは、Uの要素（かつ、たまたまSの要素でもある）である。しかし、AはSの要素Bと

（15）なお、以降では単に元の非可換性だけが問題になっているので「フォン・ノイマン代数」ではなく、単なる「代数」あるいは「非可換環」を考えていることが多い。なお、「代数」に、対合演算＊を加えると、「＊代数」、「＊代数」にノルムを与えて「C^*代数」、「C^*代数」にノイマンの定義した様々な位相を加えると「フォン・ノイマン代数」となる。新井朝雄『量子統計力学の数理』（共立出版）、梅垣壽春、大矢雅則、日合文雄『作用素代数入門』（共立出版）など多数の教科書があるが、本稿では前者の記法にほぼならっている。

（16）以下の議論では「位相」や「代数の要素数（無限かどうかなど）」を考慮に入れていないし、「可換子集合」の定義に通例課される演算子の有界性も考えられていない。単純に可換性の有無によって部分集合を計算する仕方として「可換子集合」の定義を用いているだけで、「C^*代数」から「フォン・ノイマン代数」を構成する方法としての「二重可換子」の使い方ではない。

これは、本稿で扱う対象が、真に「量子的」といえるのかどうかが、曖昧なところに由来する（たとえば量子論でよく現れる演算子の交換関係$[A,B]=I$は、有限次元行列表現だと$tr[A,B]=0\neq trI$で成立しない）。量子論の議論と本稿で展開される試論を繋げるには、本来これらの関係を考慮する必要がある。だが、本稿は、非可換性と部分集合から得られる元の分類を考えるのに、「可換子集合を得る操作」を借用した試論であり、その作業は今後に委ねられる。

（17）結合的代数。集合$\mathcal{A}$で、以下の性質を持つもの。（1）$\mathcal{A}$は複素ベクトル空間（2）任意の$A,B,C\in\mathcal{A}$に対し、$\mathcal{A}$の元ABが定まり、次が成り立つ。（結合則）$A(BC)=(AB)C$（分配則）$A(B+C)=AB+BC$, $(A+B)C=AC+BC$（スカラー積）$a(AB)=A(aB)=(aA)B$, $a\in\mathbb{C}$　Cは複素数。ただし、$AB=BA$とは限らない。$AB=BA$が成り立つとき、A、Bは可換、成り立たない場合非可換という。

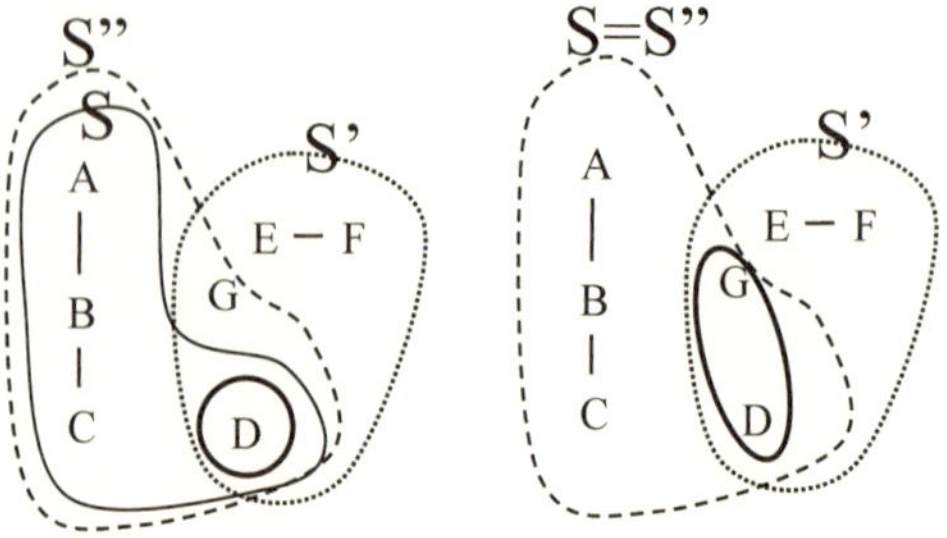

[X,Y]＝XY-YX≠0→×

[X,Y]＝XY-YX＝0→○

	A	B	C	D	E	F	G
A	○	×	○	○	○	○	○
B	×	○	×	○	○	○	○
C	○	×	○	○	○	○	○
D	○	○	○	○	○	○	○
E	○	○	○	○	○	×	○
F	○	○	○	○	×	○	○
G	○	○	○	○	○	○	○

図3

「非可換＝線で結ばれている」のでS′には入ることができない。

　一方、要素Dは、どのSの要素とも結ばれていないので、S′にも入ることができる。またEはSの要素ではないFとは線で結ばれている（非可換）が、Sの要素とは線で結ばれていない（可換）ので、やはりS′に入る。GもSの要素ではなく、Uの要素で、しかもSの要素どれとも線で結ばれていないので、やはりS′に入る。

　このようにすると、S′＝{D,E,F,G}（細かい点線で囲われた集合）が結果として得られる。

　さらに、今度はS′を始めの部分集合として、同じ操作を行い、S″（Sの二重可換子集合）を作ってみる。すると、EとFはS′の要素と可換ではないから抜けるが、A、B、Cは、S′の要素とは全て可換だから戻ってくる。またDも同じ理由で再びS″にも入り、S′で付け加わった要素GもやはりS″に入る。

　こうしてできたS″＝{A,B,C,D,G}（点線で囲われた集合）はSよりもGの分だけ大きな集合になっている。

　ここで、「SにもS′にも含まれている要素の集合」を探すと、Dしかない。この集合{D}を「中心」と呼ぼう。[18] この例では

「中心」は一つの要素しか含まないが、最初に取る集合にGも入れてある場合（図3中央）、S＝{A,B,C,D,G}、とS′＝{D,E,F,G}の共通部分は{D,G}となる。

なおこの場合、S＝S″が成立していて、実はS′＝S‴も成立するので、結局、S　S″　S″″……の系列とS′　S‴　S‴″……の二系列しか存在しないことも分かる（なお、UがC^*代数で、要素に有界性の条件を課すと、S＝S″が成立するSが「フォン・ノイマン代数」となる）。

ところで、この操作結果として得られた「中心」をみると、それがSとS′の両者に含まれる可換な要素全体になっている。つまりロックウッドの境界設定方法で出てきた、「両立（可換）可能なオブザーバブル（要素）の集合」[19]が「中心」という操作結果として出てくる。

しかし、これがなぜフォン・ノイマンの「心身問題2？」なのだろうか？

代数と表現

先に見たように、ロックウッドのいう瞬間＝「可換なオブザーバブルの集合」は、フォン・ノイマン代数の「中心」と似た概念だとしてみよう。

そこで、ロックウッドの時の視覚や音楽同様に、代数の要素＝クオリアと考えてみる。つまり、代数

（18）先の注でも述べたが、これは操作としてはC^*代数で「中心」を定義するのと同じ操作だが、対象となる要素が多くの構造を欠いている。

（19）ただし、ロックウッドと異なり、ここで要素は狭義のオブザーバブル（自己共役元）に限定していない。

の元を「クオリア」と仮定してみる。

前述したように、先の「代数」は、元々その「表現」としての「ヒルベルト空間」とは独立に、オブザーバブル間の関係でいえる事と、表現を必要とすることを区別する動機で抽象化されたものだった。また、先の「中心」に関する操作は、その「代数」で、要素の非可換性有無だけに注目するという、さらに抽象的な考えに立脚している。

「代数」だけでは、ある条件を満たす要素の集合というだけで、それが現実の観測に対しどういう期待値を与えるのか等々の計算ができない。その意味で、「代数」それ自体は「観測可能」ではない。

一方、上の「代数」に、ある演算を入れた「＊代数」[20]へ、「状態」という「関数」[21]を加えた場合なら、それを観測可能な世界と結ぶ「表現」を構成する方法がある。[22]

つまり、代数＝クオリア＝観測不能な要素間関係、表現＝観測可能（期待値計算可能）な世界、状態（≒波動関数）[23]＝クオリアと測定可能な世界を結ぶ表現を可能にするもの、と考えると、ここに、先の「過程1（観測）、過程2（力学）」から出てくるのとは違う、もう一つの「隠れた心身問題」があるとも解釈できる。

もちろん、ノイマンはそんなことを言っていないし、多くの物理学者も「代数」に過剰な意味づけをすることには反対するはずだ。代数は本来、表現に依存するものと、そうでないものを分割し、思考をし易くする方便にすぎないからだ。だから、それをフォン・ノイマンの「心身問題」と呼ぶのは筆者の恣意的な解釈である（だから「心身問題2?」と記した）。

実は、この解釈を正当化するには、本来、もっと長い手続きが必要になる。まず、ここでは単に「代数」と「非可換性」だけを使っているが、まずその段階で「複素数」をどう解釈するか決める必要がある。また「＊代数」の構造まで議論を進めるなら、＊演算の意味、自己共役元＝オブザーバブルの意味、非自己共役元を二つの自己共役元で表すことができることの意味……等を、全て「クオリアの種類」として整合的に説明できる必要があるだろう。また、「オブザーバブル＝自己共役元のみ」とはならない場合、ＰＯＶＭ[*5]や弱測定[*6]のような、より一般化された「オブザーバブル」定義も現れているが、それらの扱いも問題になる。

方向性としては、

方向1　「弱測定」が他のオブザーバブル一般を含むと考える(24)＝これに対する解釈から全部を説明する

方向2　最も厳密に調べられている自己共役元の解釈からスタートする

……があるだろう。しかし、本稿ではこの「正当化」を棚上げし、非常に曖昧な「クオリア＝代数の要素」という提案に留め、別の方向に「形而上学＝メタ物理学」を進めてみる。具体的には、先のロック

(20)　対合演算。$\mathcal{A}$を代数として、$A, B \in \mathcal{A}$, $a, b \in \mathrm{C}$に対し、$A^*B^* \in \mathcal{A}$が定まり、次を満たす。（1）$(A^*)^* = A$　（2）$(AB)^* = B^*A^*$　（3）$(aA + bB)^* = a^*A^* + b^*B^*$

(21)　正確には＊代数の元に対する正値線形汎関数で、正規化条件をみたすもの。

(22)　ＧＮＳ構成法。『量子統計力学の数理』第二章「＊代数と表現」など参照。

(23)　「状態」を「波動関数」と呼ぶのは、不適切なイメージである可能性があるが、直感的に把握できるので、このように書いた。

(24)　O. Oreshkov and T.A. Brun, "Weak Measurements Are Universal", *Phys. Rev. Lett.* 95, 110409 (2005).

ウッドによる境界基準と違う基準について考えてみたい。

非可換性からみたクオリアについて

ロックウッドの境界設定基準＝両立可能なオブザーバブル集合＝「中心」は妥当なのだろうか？ 先の「中心」概念説明に使ったクオリアの可換、非可換で言えることから考えてみる。

図4上は、先のS、S′、S″、中心、の計算と同じことを、ある特定タイプの集合に対して行ったものだ。

まずS＝{A,B,C,D,E,F,G}（細い実線）がある。これは、

1　ABCという相互に非可換なループを一つ含む

2　ループABCに繋がり、Sに属さない要素と非可換なペア（DI）を一つ

3　ループABCに繋がらず、Sに属さない要素と非可換なペア（EH）を一つ

4　S内要素全部と可換な要素を複数含む（FG）

……という条件でなるべく単純なものを選んで作っている。(25)

また、Sと対称的になるように{I,H,K,L,J}を配置している。先の計算と同様にして、SからS′＝{F,G,K,L,J}（小点線）が定まり、S″＝{A,B,C,D,E,F,G,H}（点線）も決まる。

ここで筆者が意図しているのは、（ロックウッドの境界設定方法を包含する形で）可能な限り単純に、「自他」関係を図解するクオリアの代数構造を描くことだ。つまり、Sは「ある主体内部」のクオリア集合、

S′は「Sとの関係で与えられる、ある特定他者」のクオリア集合、S″はS′を想定した上でのSのクオリア集合を意図している。

図4下を見ると、クオリア間の非可換性＝順序依存性から、上の図が持つ様々な区域へ解釈を加えることができる。

①＝{A,B,C}は、相互に順序が意味を持つクオリアで、他者S′から隔絶している。これは、私秘的で計画的な意志決定のような、お互いの順序に強く依存するクオリアの集合を想定している。ここでは、たんなる三つの要素がなすループだが、実際には恐ろしく複雑なネットワークだろう。

②＝{A,D}は①での計画が実行される際の順序依存性を図示していて、普通の意味では「身体を動かす」に相当する領域だ。

一方、③＝{E,H}は、こちらの行為とは無関係だが、順序依存的な知覚一般を表現している。

②の先には④＝{D,(I)}があり、③と同様順序依存的でありながら、その依存要素Iを、SやS″内部に位置づけることができない（丸括弧で括って表した）。その理由は、Sの要素Dと、Iは非可換なので、S′にIは入ることができず、またS′の要素KにとってもIは非可換なので、S″に入ることもできないからである。

これに「意味」を考えると、そもそもIが繋がっているループは、Sでの①、つまり「私秘的で計画

(25) ただしこのような集合Sがどういう条件下で構成可能であるかどうかは分からない。ただもし問題があったとしても本稿の意図を表現できる集合が条件を多少変更しても全く構成不能ということはないと思う。初出時に副題を「試論」としていた理由の一つである。

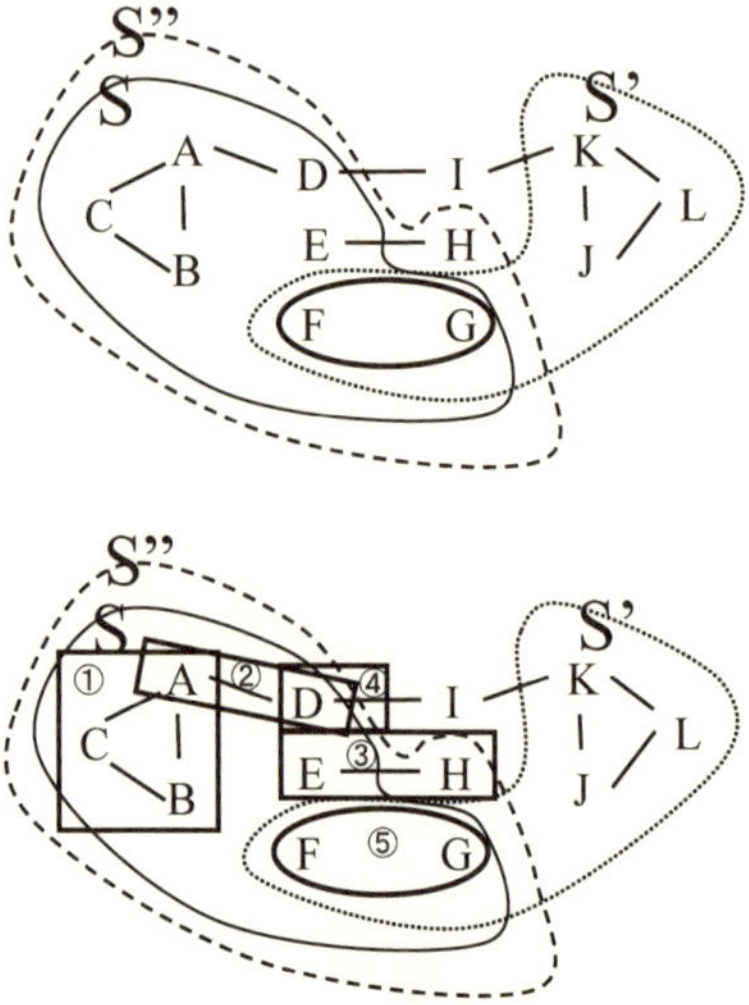

図４

的な意志決定」に相当する「他者のＪＫＬがなすループ」でもある。そこと接続しているゆえに、Ｉは、Ｓにとっての他者性であり、想定の範囲外に留まらざるを得ない。一方で④は順序依存性が高い領域でもあって、ここで想定されているのは、予想外をはらみつつ、他者との役割交換的な行動・知覚（たとえばダンス）を行うタイプのクオリアである。「役割交換」というのは、非常に順序依存的な行為だ。相手と自分の順序関係をうまく守れなければ、一種の非同期更新が起きて役割交換は崩壊＝衝突する。

③④は相互に関係がある。何かの動きに対して、「まるで生物のようだ」という感じを受けることをAnimacy（「有生性」）というなら、③④は共に他者の計画性とつながりうる故にAnimacy的であり、かつ、それが持つ順序関係、役割交換の不確実性によって分割されているが、この辺りの状況は複雑なので、後でまた振り返ることにする。

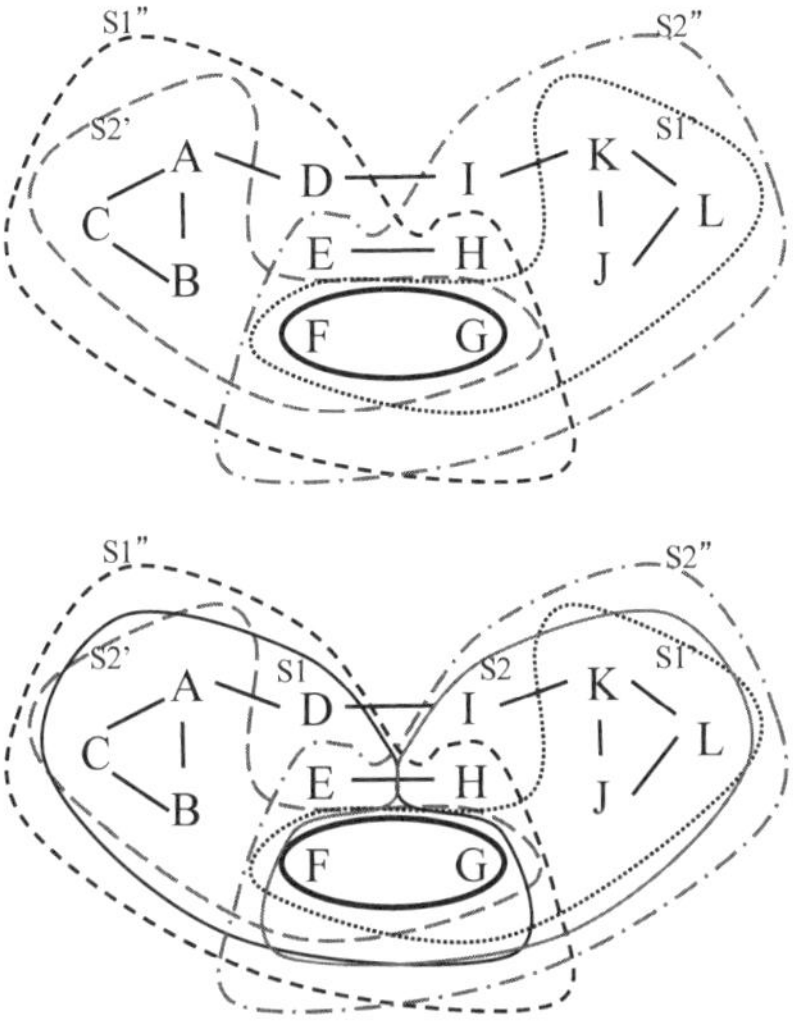

図5

最後に⑤＝{F,G}は、「中心」で、ロックウッドの両立可能オブザーバブル集合を再現する。これは、先の例と同じように、順序依存性がなく一挙に与えられる知覚集合を表すが、本節の解釈では、主体の境界というより、その一部、ほぼ他者と共有可能であるような「客観に対する知覚」を表現し、クオリアにとっての「物理世界」を意図している。

図4は対称的なので、出発点となる集合を二つ、S1とS2にして、重ね描きをすると、**図5**下のようになる（上は見えやすいようにS′以降のみを描いたもの）。**図5**をみると、S1の内部にS2′がめり込むように描かれているが、これは、S1にとって共感可能なS2＝S2′を意図している。また、「中心」＝{F,G}は、S1もS2にとっても同じであり、ライプニッツの用語を使うなら「共可能性」が成立する部分だ。一方、その他の部分に関しては、共可能性は成立せず、むしろ私秘性＝精神に属するとみなされるだ

ろう。

もちろんこれは、最初に与えた集合Sを、先の条件1から4に合わせ、かつ対称な形を持つ非可換性構造を仮定し、二者関係だから成り立つ解釈だ。[26]

ところで、この図式は、混ざり合ってしまうクオリア集団に、どう境界を与えるのか？

「自己」探しゲーム――「この手」をどうするのか？

前節でみたように、クオリアの可換、非可換、部分集合の選択、可換子集合を得る操作を使って、クオリアをカテゴリーに分割することができる。[27] つまり、①計画的、②操作的、③④役割・Animacy・他者的、⑤物体的、なクオリアがある。

ロックウッドと異なるのは、両立可能オブザーバブル集合または「中心」について、この分割では「(精神ではなく) 物体 (あるいは知覚)」と呼ぶべき⑤を割り当てていることで、両立不能性＝順序依存性をむしろ積極的に境界内へ取り入れていることだ。

なお**図4**で、最初の集合Sを、要素Hを含まないように取った理由がある。それは、H (最終的にS″に入ってしまうが、最初は入っていない) とI (結局S、S′、S″のどれにも入らない) を区別したかったからだ。HがS″に取り込めてしまうのは、それがS′内のJKLと接続していないからで、そのことによって、Hは順序が意味を持つが、他者性とは無関係なクオリアを意味していた。

では、①〜⑤のカテゴリーを前提した場合、「自己」とはなんだろうか？ 伝統的な題材である「自分の手」というクオリアについて考えてみよう。これが「自己」の内部に含まれる理由はなんだろうか?

まず、「この手」は、③④役割的順序依存性は強く、不確定要素をはらんだAnimacy的なクオリアでもある。しかし、それが「他人の手」と違うのは②操作的クオリアでもあり、①計画的と接続しているからだ。

つまり、とりあえずの基準として、S内部で{A,B,C}と接続しているクオリア{A,B,C,D}を「Sにとっての自己」、それ以外のS要素を「Sにとっての物、他者」と呼ぼう。

ではなぜ、たとえば{A,B,C}が「あなた」であって、{J,K,L}ではないのだろうか? この疑問に答えることは、恐らく本稿の概念装置ではできない。「クオリア境界が定まること」と「ある特定の境界内部が「あなた」であること」には差異がある。[28] が、もう少し弱い限定として、「あなた」は「任意

(26) しかもここでは、正当化できないかもしれない位相を与えて図示している。たとえばKとAは、他者と自己で構造的対応のあるオブザーバブルだから、「ある人の青」と「別の人にとっての青」のように近いと考えるのが自然だ。だとすると、KはAに「近い」位置に描かれるべきだろう。しかしそうすると、二つの部分に分かれていたS1とS2は重なり合ってしまう。それは、同じ場所に二つの顔をレイヤーさせて描いた肖像画のようになる。

ただし集合の境界は(たとえ図示できなくても)ここに描いた通りにすることができる。また、そもそも関係性が維持されているなら、対応関係にあるクオリアが「近い」必要はないのかもしれない。つまり、たとえば「青と赤のクオリアが、人によって置換されているような状況」を自然なものとして受けいれてしまってもいい可能性もある。

(27) ここで「カテゴリー」というのは、もちろん数学のカテゴリー論ではなく、アリストテレス、カント、ホワイトヘッド、ドゥルーズ=ガタリなどが行った「世界の分類」を想定している。哲学史とは新たな世界の分類法を考案する歴史でもあると思う。

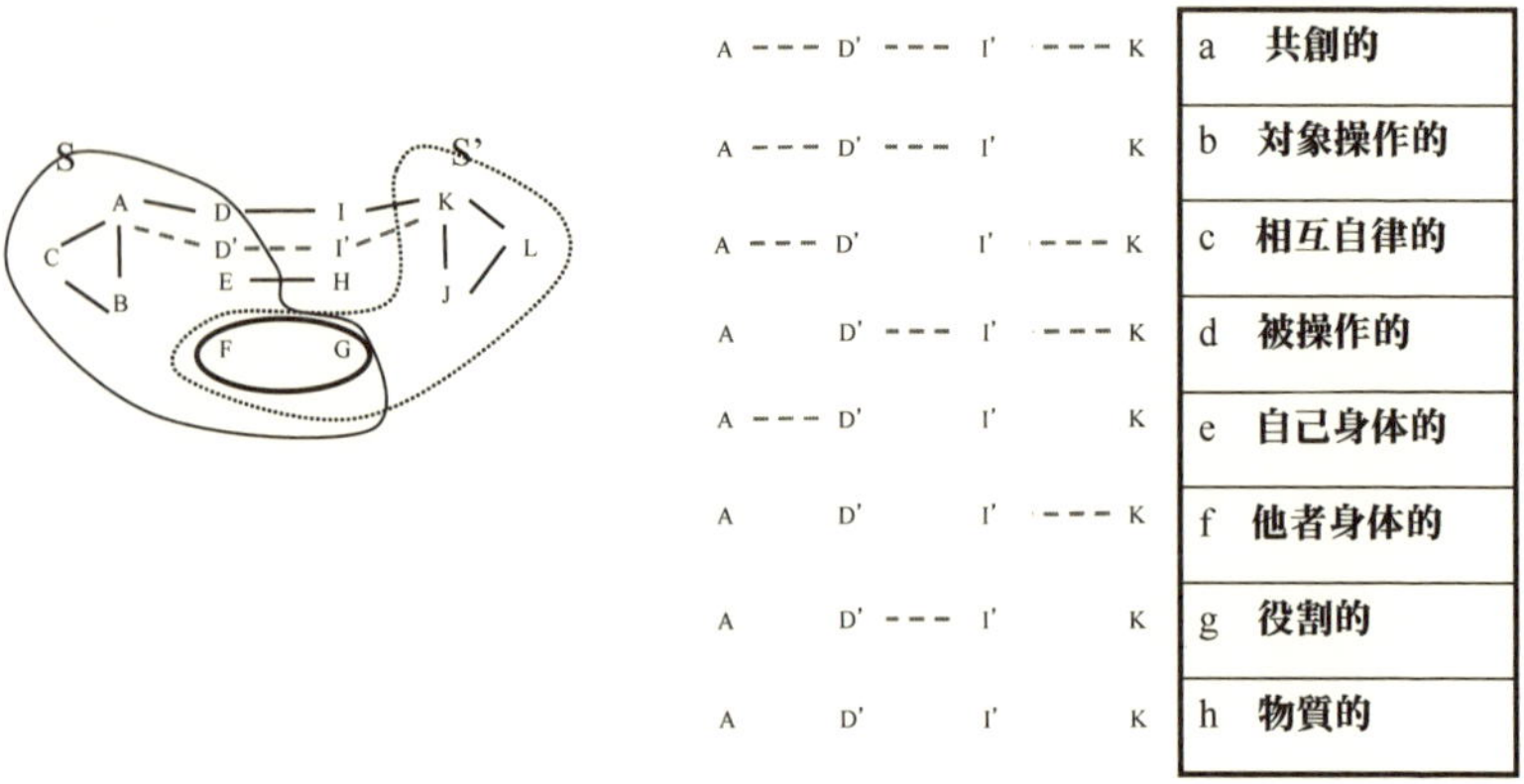

図6

ではあるが、必ずどれか一つのクオリア境界内部にいなければならない」ということならいえるかも知れない。[29]

ところで、実は上の基準でEとDには微妙な関係がある。そもそも両者は、セットで語られる③④に属し区別が難しい。DはIを通じ他者のJKLに接続し、かつABCと接続している。一方、EはHとは接続しているが、ABCともJKLとも接続していない。つまり、この図式には、たとえば、ABCとは順序依存性があるが、JKLと順序依存性がないクオリアXが欠けている。換言すれば、自己の計画とは深く順序依存性があるが、他者の計画とは順序依存性がないクオリアである。恐らくそのようなXを「自己の手」と呼ぶべきだろう。

Xをどう考えればいいだろうか？　ここまでの図で順序依存性は、「ある・なし」の二つしかないが、そこに何らかの「大きさ」を入れることもできるだろう。[30]そこで、それを図示するため、**図6**でD′とI′というクオリアを入れ、そこを「点線」で結んでみた。点線は状態に応じて、順序依存性が大きくなったり小さくなったりすることを意図しているが、とりあえず、ここでは、小さい＝順序依存性消滅、と考え、それが最も影響する{A,D',I',K} のラインに関して、組み合わせをみよう（**図6**右）。要するに、③④を拡大し分解している。

まず、ここで「a共創的」というのは、先の**図4**で④と呼ばれていたカテゴリーだ。「共創」というのは、他者と自己がある場の雰囲気を作り上げていくような関係性を意味するが[*7]、他者と自己の順序依存性が極度に高く、常に相互の計画の私秘性からくる不確実性が絡む。逆に、「h物質的」は**図4**で⑤だった領域に相当する。また、「g役割的」は③と同じだ。

残りの区域について考えてみる。まず「b対象操作的」と「d被操作的」は、対になっている。共に、順序依存性があるクオリアを「計画ＡＢＣやＪＫＬ」との相関で扱うクオリアだが、bは他者の計画ＪＫＬと無関係な、たとえば機械をいじるような順序操作であるのに対し、dは、他者に自分の一部D'が操作されるが、自分はできないという受動的な関係となる。

（28）永井均の「この私」に関する議論（永井均『〈私〉の存在の比類なさ』（講談社学術文庫）など）を参照されたい。本稿はそれを参照せずに書かれたが、この箇所の疑問文で、それが永井の問題意識の再定式化になっていることに気づいた。

（29）ただし、この形でも再び、ある同時性境界内に「あなた」が割り当てられたとして、次の同時性でも、同じ境界内に割り当てられているように感じられている理由は何か？という問いが生じる。（1）本当は、割り当ては次々に変わっているが、それに気づくことができない。（2）割り当ては、なんらかの意味で「人生全体」という（時間も含む）境界に対し、一度だけ行われている、という可能性がとりあえず考えられるが、本稿の範囲内で時間は想定していない。

（30）というより、そもそもノルムが定義されている代数なら、[A,B]自体のノルムがあり、この図式の表現がそれを単純化し過ぎているだけである。なお、これ以降の議論は、ノルムの与え方およびその更新に依存するので、ここまでの単純化が一般性を持つのかはまだ分からない。

残った「c相互自律的」「e自己身体的」「f他者身体的」も相互に関連を持つカテゴリーだ。まず「c相互自律的」では、D′とI′が、それぞれ別の計画ABCとJKLに順序依存性を持つが、D′とI′の間には依存性はない。これは二つの主体が勝手に動いているような状況だ。一方、「e自己身体的」では、計画ABCに順序依存性を持ってD′が動くが、JKLとは順序依存性がないままである状況、fはその逆になる。

ここでの考察は、「自分の手」を様々なクオリアから抽出する基準を探していたわけだが、それは結局「e自己身体的でのD′」に強く表れ、Aとの順序依存性を持つabcにも含まれるということになる。ところで、「計画と順序依存性を持つ」という言葉を何度も使った。これは「能動性Agency」概念（世界の中で自分が意志的行動を起こしたり制御している感覚）を意図している。その場合、「計画」と「行動結果」の関係性から、「能動性」を判定する基準が、

1 「計画」と「行動結果」の誤差が小さいこと

2 「計画」と「行動結果」のペアが無矛盾であること

……の二つあり得る。(31) 1はある意味常識的観点の延長で、計画による予測と実行結果の差が小さいクオリア＝自己という識別基準だ。「意図通りに動かせる物＝自分」という意味になる。一方、1より2の方が能動性の条件は緩い。なぜなら、ある行動結果と無矛盾な「計画」は、複数あるかもしれず、ある種「結果から、場当たり的に結果を説明できる意図・計画を選ぶ」という方法を採用している。これを1に対して、「弱い能動性」と呼んでおこう。

「弱い能動性」は、一見非常識にもみえる。が、脳梁切断患者の右半球に「雪景色」、左半球に「鳥の

脚」の画像を見せ、連想する画像を選んでもらうと、右半球が支配する左手で「(雪かきに使う)ショベル」、左半球が支配する右手で「鳥」を選んでしまい、その理由を聞くと、「鳥の脚を掃除するのにショベルが必要だから」と最もらしく答えるという古い実験がある。*8 またリヴェットらの行動計画と能動性の順序に関する実験*9なども考えると、むしろ、通常は2が使われていて、なんらかの特殊状況で1が動員されるという可能性はあるように思える。

では、結果として「自己」は見つかるのだろうか? **図6**に戻り、もう一度基準を見直してみる。まず、Sに入っていて、「自己」で無さそうなクオリアを抜いていこう。すると、h物質的、f他者身体的、は無関係そうだから、FGは前と同じく抜ける。しかし、DあるいはD′に関しては、関係性に応じ、自己的であったり非自己的であったりするというのが、**図6**からの結論だろう。「a共創的」な時、D′は、「雰囲気」の一部であってそれが「自己」であることは強く意識されない。一方、「d被操作的」な時、それは自己でありながら勝手に動く、病気の痛みや感情のようなクオリアとなるだろう。(32)

ところで、「夢」というのは、「自己」と「他者」の判定が、停止もしくは弱まっている状態例として

(31) 1については、たとえば、有江浩明ら「再帰型神経回路モデルによる予測可能性を利用した自己・他者の識別」(二〇一三年度人工知能学会全国大会(第二七回)JSAI2013予稿集)など。2は「第二四回 計測自動制御学会SI部門共創システム部会研究会 第七回 内部観測研究会」における郡司ペギオ幸夫氏との私的会話に示唆をうけた。

(32) なお、ここで展開した議論は、関係と操作のあり方を使って「自己」を世界から分割してくる必要のある議論、たとえばオートポイエーシスなどとも関係があると思われる。恐らく、境界=部分集合の設定と、「自己」の析出は別なのではないだろうか? たとえば、{F,G}のような集合は、物質の知覚として境界内部に含まれるが、本稿の議論では「自己」ではない。

面白い。そこでは自己と他者が簡単に移り合うし、感情が自己の外に漏れる（たとえば、「世界が怒りに満ち私を非難しているように感じる」など）。

先に述べた、無矛盾性による弱い能動性定義は、このような自己の揺らぎを探索する上で有効かも知れない。AとDそしてIとKを繋ぐ部分が変化しやすくなることで、自己と他者の判定が揺らぎ、結果、取り違えが起きるのかもしれないからだ。(33)

さて、ここで述べた解釈は、順序依存性のあるなしだけではなく、その強さや変化＝状態の力学を必要としていた。では、状態のアップデートを伴い、かつ反転自我解釈と相性のいい量子論の定式化はあるのだろうか？

「量子」は「どこ」にあるのか？　反転した自我と量子ベイジアン

結局のところ、「量子」とは何か？　少なくとも、筆者にはまだよく分からない。波動関数＝小さいもののみに関係、という考えは恐らく違うだろう。たとえば我々が潰れてしまわず大きさを保っているのは、電子が量子的な振る舞いをして原子に落っこちてしまわないからだ。また、宇宙全体の波動関数を考えたり、呼応状態解釈（多世界解釈、多精神解釈、反転自我解釈など）を考える時の量子は、とても大きい。

先に触れたように、ノイマンの図式を読み替えて出したのが「反転自我解釈」で、「世界の外」にある「抽象的自我」の境界問題について、あまり厳密でないやり方で想像を巡らしたのがここまでだった。

ところで、「反転」を精密に考えたともいえる解釈がある。「量子ベイジアン（提唱者Fuchsらの命名はQBism）」[*10]という。この解釈では、「量子状態」を「外界にある実在」ではなく、主観的な期待値（ベイズ的確率）[34]の集まりから導かれる数学的対象と考える。また、その「主観的」期待値が「脳内」にあるかどうか、彼らは特に限定していないようにみえる（そう考えてもいいし、そう考えなくてもいい）。

この解釈が面白いのは、与えられたベイズ的確率の集合から、特殊な基底とペアになるPOVM（オブザーバブルを一般化したもの）を構成し、具体的に量子状態を導き出すアルゴリズムを与えた（＝ベイズ的（主観的）確率＋条件で、量子状態を作ることができる＝「量子状態は主観的である」と考える）ところだ[35]。つまり、彼らの解釈は、量子状態の「（非主観的）実在」を必要としないともいえる。

図7は、彼らの論文にあるものだが、観測者の内部に状態（$|\Psi\rangle$）があるのが特徴的だ。ただし、H_dで示される「あるヒルベルト空間の表現」は「外部」にあり、観測＝行為＝$\{E_i\}$はその接触面、具体的なある観測結果へ対応するE_iには本稿と同じく「体験 experience」を割り当てている（なおFuchsによれ

（33）過去にガタリについて論じた時に、夢と自己の移動しやすさについて触れた（第5章）。ここで本稿の議論はそれに接続する。本稿は、筆者の意図としてはその続編になっている。

（34）「確率」概念を、「おなじ事象を何度も繰り返した頻度の極限」として定義するのではなく、ある種の「信念の強さ」として考えるのがベイジアン的な確率概念だ。先のFuchs2013には、適用事例に即したより具体的な定義がある。

（35）アルゴリズムの記述は“QBism, the Perimeter of Quantum Bayesianism” arXiv:1003.5209v1 [quant-ph] 26 Mar 2010やそこから辿れる論文を参照して欲しい。特徴的な数式は、

$$\rho=\sum_i((d+1)p(i)-\frac{1}{d}\Pi_i$$

……という形のもので、左辺は量子状態ρ、右辺は基本的に確率$p(i)$と次元dからなっている。

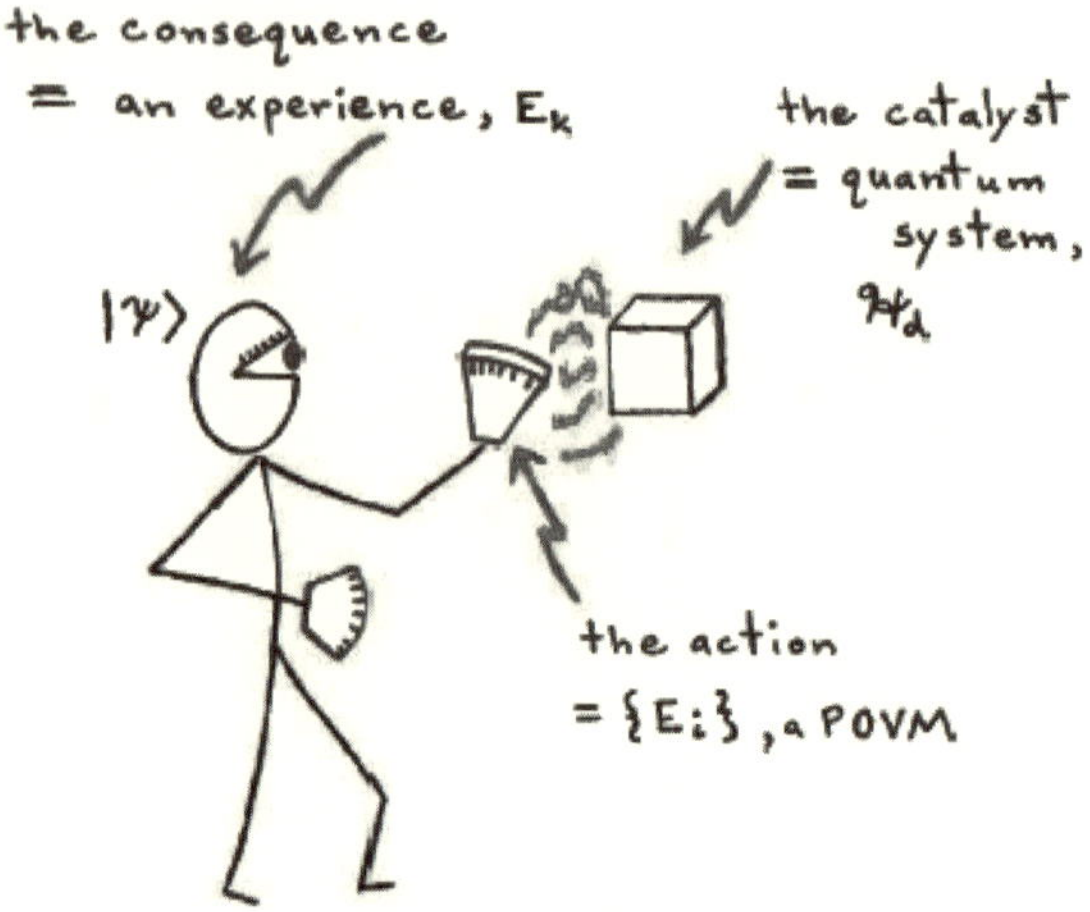

図７　C.A. Fuchs "QBism, the Perimeter of Quantum Bayesianism" arXiv:1003.5209v1 [quant-ph] 26 Mar 2010 より

ば、この解釈が「観念論」と異なるのは、（1）観測者外部にヒルベルト空間を想定している（2）観測者は結果がどうなるのか自己決定できない、の二点だ）。

量子ベイジアンは極端な道具主義的解釈（量子状態は主観的確率とその変更方法に対する、単なる便利な記法）ともいえるし、ほとんどモナドロジーに近い観念論的実在論とも解釈できる。本音は後者かもしれないが、反発を喰らわないように穏健な道具主義を標榜しているのだろうか。

なお、量子ベイジアンによる状態の構成が可能なヒルベルト空間の次元については、有限の、限られた場合についてしかまだ確認されておらず、そのような構成が無限に可能であるかは、現段階で分からない。だから、量子ベイジアンの解釈が無限次元が絡む議論に使えるのかも今のところ分からない（彼らは「とりあえずできると仮定して」進めている）。

つまり、量子ベイジアンが主観的確率から状態を計算するアルゴリズムには、「次元」が明示的に入っている。[36] この「次元」は、たとえば「速さ（＝長さ÷時間）」や「位置」のような次元とは異なり、「可能な全ての位置＝異なる次元」とするような次元で、通常の意味では「質」ではなく「量」に対応する。[37]

ところで「脳」というのは、ある意味、ベイズ的確率更新の複雑なネットワークとも見なせる。だから、量子ベイジアンの考えを、「反転自我解釈」に沿って考えれば、「脳」をベイズ的確率を更新する機械、「量子」をそこから計算される「状態」、「残りの世界」を、脳状態を推定する「観測装置」、その推測に対応する「クオリア集合」を「抽象的自我」とすればいい。ただし、この解釈の場合、「抽象的自我」は脳内にあるわけではない。脳状態は、この「抽象的自我」にとって観測・推定の対象になる。

確率のアップデートによる、「状態」変化を通じ、先の節で使った、基点となる部分集合S、要素間の位相などが変わっていくとするなら、これは前節最後で書いた、「反転自我解釈」とクオリアの代数にフィットした解釈かもしれない。また、量子ベイジアンは、非可換性に関する議論を、脳やクオリアのようなマクロ的なものに応用することに対しても、解釈上の無理を減らす可能性がある。量子ベイジアンを文字通り受け取るなら、「量子（状態）」は、ミクロ・マクロの区別から離れ、主観的確率のある特殊な条件式になり、脳はそれを満たす主観的確率の更新機械でもある可能性はあるからだ。

（36）注（35）の式を参照。
（37）ただし、「可能な全ての位置」は、「量にしやすく、しかもその複数主観間共有可能性がとても高い、特別な質（たとえば⑤）」なのではないか、と考えることもできる。

「オブザーバブルとしての心身問題」と今後の課題

「オブザーバブル」というのは、ある意味で「状態」に対する「問い」でもある（「位置はどこか？」「運動量はどれくらいか？」……）。では「心身問題」自体は、どのような「問い」なのだろうか？　たとえばそれを「クオリアの身体的領域と、精神的領域を分割・対応付ける規則は何か？」という問いだとしてみよう。このような「問い＝オブザーバブル」は構成可能なのだろうか？

あるクオリアの集合が、前に作ってみたように、自己身体的、精神的、物的……などに区分されているとする。その区域を入力とし、「どのような規則なら、その分割が可能なのか」を問う観測の仕方、それが「オブザーバブルとしての心身問題」だろう。その「答え」は、恐らく「平行論」「モナドロジー」……など今までの哲学が出してきた答えや、ここまで描いたような「反転自我解釈」＋「量子ベイジアン」のような「型」を持つ。

もし、「心身問題」の「答え」が、他のオブザーバブル同様に「問われる前に決定しているなら、Xに矛盾する」とする理論（いわゆる「NO-GO定理」の一種になるだろう）を考案できるなら、逆説的だが、それが「心身問題」への答えかもしれない。つまり、心身関係は、何らかの制約と矛盾するため、問われる前に実在しない。あるいは前半で触れたような「心身問題の可能な解集合」自体を一つの量子と考える。それは「心身問題」が真の「ハードプロブレム」[*11]であることの証明となるのだろうか？

本稿では、代数の要素＝クオリア、その表現を「観測可能なもの」とする素朴な仮定を、フォン・ノイマンの「心身問題2?」と名づけ進行してきた。もし、そのような代数が「実在」するなら、「脳」も「図」もある意味では一緒であり、どこかに実在する関係を表現しているだけともいえる。[38]

これはまるで「円の定義式自体」と「円のイラスト」の関係を思わせる。脳はクオリアの「イラスト」なのだろうか? 恐らく、この考えは、「プラトニズム」の一種であろう。そして、プラトニズムに対する最も強力な反論の一つが、クリプキによる規則のパラドックスだ。「＋」という記号(表現もしくは「イラスト」「脳」)に対応する規則(実在もしくは「クオリア」「魂」)で、お互いに不整合なもの(プラスとクワス)が無限に構成可能であるというこのパラドックスは、[39]記号に対応する実在、あるいは脳に対するクオリアが、一意に定まるという考え(とりあえず「クリプキ的実在論」と呼ぼう)に強烈な反論を提示する。[40]

しかし、このパラドックスは解消する必要があるのだろうか? 「あなたの脳」という記号・イラストに対応する「あなた」は無数にいるが、たまたま「まだ矛盾が顕在化していないだけ」で、観測と共に矛盾が現れ、世界、精神またはその両方が分岐すると考えることは出来ないだろうか? この意味で、多精神解釈と規則のパラドックスには類似性がある。

だから、

(38) ただし先にも述べたように本稿の図で「位相」は筆者の適当な配置に基づいているし、期待値を実験と照合できるようなものではない、という違いがある。
(39) S・A・クリプキ著、黒崎宏訳『ウィトゲンシュタインのパラドックス——規則・私的言語・他人の心』(産業図書)。
(40) 第4章での議論も参照。

（1）　反転クオリア的な自己が無数に同居している
（2）　ある時点までは同じクオリアを共有していたが、どこかで分離する自己が無数に同居している

……という「量子的実在論？」を考えてもいい。そもそも「クリプキ的実在論」という枠組みをとると、「実在が一つに決められない」という事態は致命的だが、その議論では、そもそも無数に実在が存在する「量子的実在論」は揺るがないのかもしれない。つまり可能なクワスは全て実在すると考えるタイプの実在論は崩せるのだろうか？[41]「量子的実在論」も「多世界解釈、多精神解釈」系と同様、選好基底の問題（どの基準で自己を分割するのか？）と、宇宙の数の問題（有限、可算無限、非可算無限……）に曝され、新たな懐疑論者を生むのだろうか？

ところで、「選好基底の問題＝自己を分割する基準と視点の恣意性」が、たまたま先に提案した「心身問題オブザーバブル＝どのような基準なら与えられた自他分割を説明できるか？」の答えの取り得る集合になりそうなのは興味深い。「量子的実在論」への懐疑論者は、規則のパラドックスの代わりに、先に予想したような「心身問題の解決不能性」を持ってくるのかもしれない。

ただし、ここで思い出しておくと、順序依存性の図を論じた際に、最初に取る集合Sと表現や状態との関係、それが対合演算と持つ関係、要するに棚上げした「クオリア＝代数の元」という仮定の正当化は全く解かれていない。[42]また、ノイマンの「二つの心身問題」にはたとえば「量子としての心身問題解集合とその一つ」のような関係がありうるのだろうか？　一方から他方を導けるのか？　それもまた分からない。量子ベイジアンが追求された結果、「実在としての量子」という考えが消え、それと同時に、

「過程1（観測）」も消失するのかもしれないが。
ちなみに次のような何かを、ホワイトヘッドは「神」と呼ぶ。

時間的である事物は、永遠的である事物にそれらが関与することで生じるのである。その二組のものは、時間的であるものの現実性を可能的であるものの超時間性に結合する事物によって仲介されている。この最終的な存在は、世界における神的要素なのであって、それによって、もろもろの抽象的可能性の裸の無効な隔離が、理想的な実在化の結合を本源的に獲得するのである。*[12]

そして、

それぞれの生起は、その主体的強度の限度measure of subjective intensityに比例して創造的強調の限度を示す。そのような強度の絶対的基準は、神の原始的本性の強度であるが、それはいかなる現実世界からも生じないのだから大きくも小さくもないのである。それはみずからの内に、比較の基準であるような構成要素を持っていない。*[13]

（41）なおここでいう（1）や（2）は、「いわゆる「群れ」としての自己」という考えとは違って、「ひとつ」に感じられること（クオリアの境界問題）を説明する必要から生まれていることに注意されたい。
（42）なお、ここでの議論は、以前筆者が行った他者の私秘性と記号の意味決定の不可能性から出てくる議論（『魂と体、脳』）と、D′–I′について行った議論を通じて繋がる。

「過程1（観測）」もまた、大きくも小さくもなく、構成要素を持つことはできない。それは「尺度の尺度……」が持つ無限退行を切断するよう仕組まれた幼い神だ。さて、このまだ若い「神」は、生き残ることができるのだろうか？

第Ⅲ部　人称性の死

9　わたしたちはわたしをどこに置くのか？——幸せの定義

私は数学者が誤りをおかす危険は、その数学者が全く新しい手法を思いつくという能力の不可避的な結果だと思います。これは、もっとも信頼に足る人からは普通、新しい手法などは生まれないという一般によく知られている事実を裏書きしているようです。

チューリング[*1]

空っぽな私——曼荼羅な脳

空虚感。空っぽな私。私には何も無いという感覚。才に溢れるか忙しい人には無縁だが、一時期流行った感慨だ。しかし、たいていの人は死への恐怖と共に棚上げにして済ます。

「空っぽな私」の裏側では、とても複雑な脳が忙しく私を計算してくれている。曼荼羅というのは、多くの場合「心」を表現しているとも解釈できるが、そこにも沢山の人型が配置されている。脳で起きていることの直感的表現なのだろうか？　複雑な背景作業が、結局の所「空っぽ」という感覚に結実してしまうのは、蜃気楼賑わう砂漠で孤独を味わう趣で、どこか面白い。

空っぽな私
曼荼羅な脳

……と書いてみる。すると気になるのは、真ん中の「—」だ。「—」とはなんだろう? 「—」の上は「感覚（クオリア）」で、下は「体」だから、「—」は、その関係。だからこれは要するに「心身問題」だ。人によっては「問題」ではなく、「関係」や「カップリング」と言うかも知れない。が、とりあえず「—」の仕組みはまだ謎だから、「問題」と呼んでおく。「空っぽな私」にせよ、「曼荼羅な脳」にせよ、じっと見ていても、空虚は空虚だから、この「—」に注目してみる。

「チューリング・マシン（以下TM）」という思考実験がある。左右に無限に伸びるテープ、その上を行き来するマシン。マシンは、テープに書いてある記号（たとえば「0」や「1」）を読み書きするヘッドを持ち、自分の内部状態（たとえば「a」、「b」）を格納するメモリも持つ。マシンは、ヘッドから、テープのある位置に書かれた記号を読み、自分の内部状態（たとえば「a」）と照合して次の動作を決めるルールを持っている。「もしテープ記号が「1」で内部状態が「a」なら、今読んでいるテープ位置に記号「0」を書き込み、内部状態を「b」に書き換え、一つ右に移動する」のような感じだ。内部状態が、終了状態（受理状態）と呼ばれる状態になったら、計算は終了する。チューリングは、たいていの計算が、この単純な仕組みで実行できてしまうことを示した。

とても良くできた「計算」の抽象化だが、この思考実験を支えているのは、「0、1」や「a、b」

といった「記号」、「状態」の安定性だ。

マシン、パターン、テスト

『量子力学の数学的基礎』[*2]を書いたフォン・ノイマンの、弟子になりかけたこともあるチューリングは、同時代の流行だったはずの量子論については、目立った業績を残していない。ところで二〇一二年現在、「量子　チューリング」で検索すると、大量に返ってくるのは「量子チューリング・マシン（以下QTM）」という結果だ。

大ざっぱにいえば、QTMは、TMで使った「0」や「a」という「計算状況」（「記号」「状態」「ヘッドの位置」）を、「量子（の状態）」に置き換え計算する、拡張されたTMだ。[(1)] この置き換えには、色々メリットがあって研究されているが、ここで関心があるのは、（恐らく）その「メリット」とは関係のない側面だ。

元々のTMでは、「0」や「a」を「読み取るプロセス」に注目は向かない。「0」が「0」であるの

（1）なお、計算をユニタリ変換で実行できることも要求されることも多い（そうでない場合は準QTMと呼ばれる）。厳密な定義は、ヨゼフ・グルスカ著、伊藤正美ほか訳『量子コンピューティング』などのテキストを参照されたい。なお確率的チューリング・マシン（PTM）とQTMの主な違いは、(1)状況同士の干渉によって大域的確率条件が成立しないことがありうる。(2)観測によって、計算結果が影響を受ける。以上の二点で、本稿では(2)が重要であるため、PTMではなくQTMで話をしている。なお、計算能力等は本文でも触れている通り、本稿では関係がない。よって(1)は効いてこない。

は当然だからだ。しかしＱＴＭの場合、「０」や「ａ」という計算状況を読み取る「観測の仕方」が色々ありえて、これを「基底の自由度」と言う。

「基底」というのは、要するに観測する「軸＝基本となる方向」の集まりで、たとえば、「色という状態」を観測するのに「赤・青・黄」の基底で観測する、というような考え方をする。また、同じ「色という状態」を観測する時、「シアン・マゼンタ・イエロー・ブラック」の四軸の基底で表現する事もできるように、基底の取り方には自由度がある。[2]「赤・青・黄」の場合、「軸の方向」は三つだから、基本的に三次元の空間で色を考えている。が、たとえばある量子の「位置」を観測する時には、「宇宙のあらゆる位置」を「軸」とする無限次元空間で考える。ただ、今重要なのは、「（量子の）状態」と「（観測に使う）基底」は別であること、そして「それぞれの軸」は（観測者が）関心を持つ「（基準となる）質的な違い」を表すと解釈できることだ。[3]

ところで、「心身問題」についての説明に、「あなたが小さくなって誰かの脳に入っても、そこには普通の機械と同様、歯車やボールのような「位置の移動」しかない。にもかかわらず、我々には「感覚」

（２）　ただし、ＱＴＭでは、たとえば「記号」として、「スピンという（量子）状態の上下」のような二次元の状態ベクトルなどを使い、特に理由がない場合、その上下に沿った（自然な）基底を用いて測定する。ここで使う「色という状態」や「赤・青・黄」は説明のための比喩である。

（３）　基底の選択（正確には、計算状況の観測に使う演算子の選択）が、「質的」な違いを表現するという解釈は、たとえば、Ｄ・Ｚ・アルバート著、高橋真理子訳『量子力学の基本原理』（日本評論社）二六―二八頁にある、二次元ヒルベルト空間での、様々な正規直交基底、それらを固有ベクトルとするオブザーバブル（「グレッグ」や「スクラッド」に対応するエルミート演算子）の存在についての議論を参照されたい。

該当箇所に出てくる「グレップ」や「スクラッド」が、どんな質に対応するのかは、さっぱり分からない。が、そもそも、他人とのコミュニケーションに使える「位置」のような「質」がむしろ特殊で、ほとんどの質は「グレップ」のような、他人には分からないものなのではないだろうか？　なお、この考え方の利点は、基底の変換に応じて、同一の状態から、無限の質を引き出すことができるということにある。

また、同様の解釈は、M・ロックウッド著、奥田栄訳『心身問題と量子力学』（産業図書）の「両立可能な脳オブザーバブルの選好集合（三三八頁）」などにも見られる。同書でロックウッドは、相互に可換な「脳オブザーバブル」の集合、対応する「共有可能な固有ベクトル」、さらに、それに対するある特定の基底の選び方（視点＝「現象的パースペクティヴ」）という三つ組を考える。

彼の言う共有可能な固有ベクトルは、ある意味「個人」の境界を与えると考えることもできる。また、それをどのような視点＝基底でみるのか？というところに、自由が残されている（これについては第8章を参照。なお、本稿では主に基底（表現）について考えているので、第8章と対になっている）。

ロックウッドは、チャーチランドの「脳の様々な部位でのスパイク頻度を基底とする状態空間」を、質的多様性が担保できないとして、拒絶している。しかし、ロックウッドは、三つ組のやり方なら、どこに質的多様性が出現しうるかという問いには、明瞭に答えていない（二五四—二五六頁）。本稿では、視点＝基底の選択ごとに異なる質が与えられるという方向でスケッチしている。

なお、ロックウッドは、特定の基底が選好される傾向（または、死んだ猫と生きた猫の重ね合わせ、などが基底として選ばれない傾向）のある理由（「選好規定の問題」）を「意識の性質＝視点」に帰している。同書でロックウッドは、エヴァレット流の呼応状態解釈に対し、それを「多精神解釈」として考えることで、多世界解釈にとっての選好基底の問題（三三七頁）を回避しようとしているからだ。

「分裂」するのが、精神ではなく、「宇宙」だとすると、それをどのような「切断面＝基底」によって分割するのかという問題に、選好基底の問題が発展してしまう。だが、分裂するのが精神（ロックウッドの用語では、現象的パースペクティヴ）であるなら、基底の選択に伴う影響は宇宙全体ではなく、局所的なものになる。この場合、「精神」は、「現象的パースペクティヴ」の並列となる。

また、これらの著書では、出版された時期の関係か、基本的にエルミート演算子しか考慮されていない。よって、POVMのような拡張された観測の理論において、同様のことがどこまで言えるのかは、再検討の必要があるかもしれない。

がある。なぜか？」というようなものがある。[*3]

ここには「なぜ、「位置の移動」という量的な変化が、「感覚」という質を生み出すのか？」という問いがあるのだが、先の（状態と基底に関する）解釈が重要なのは、「位置」もまた「質」の一種であって、「位置（の変化）」が、特権的に他の質を生み出す必要が無くなるという点だ（もっとも、「位置」や「時刻」は、様々なクオリアの成す世界にとって、「貨幣」のような特権的地位を持つのかも知れない。あらゆるクオリアには「時刻と場所」という属性を割り当てられる（と思う）から。なお第5章「進化＝「面白さ」＝記述の存在理由」も参照）。だから、「あの赤は、「いつ」「どこ」で観測されたか？」という「問い＝観測」には意味がある。が、逆に「あの時刻は、どれくらい赤いか？」は、面白いかもしれないが、意味を持たない。「赤」は、特権的なクオリアではなく、「赤」という軸で観測しても、意味を持たないクオリアがほとんどだからだ。[(4)]

つまり、ある状態を「位置」として読み取るのは、そのような基底で観測するからで、それ以前に「位置」というものはないとも言える。[(5)]だから、TMとは違い、QTMでは、計算状況は、読み方に依存する。[(6)]「読み方＝基底の選択」は、結局の所「ある特定の観測装置の作り方」、QTMの文脈では、マシンの一部である観測（読み取り）装置として実装される。QTMの教科書的な記述では、計算状況に対して、問題に応じできるだけ単純な基底を選ぶので、「マシンの観測装置」にこだわる必要がない。しかし、もし、QTMを「心身問題」、もしくは冒頭「—」のモデルと考えることが許されるなら、関心は変わる。何が計算状況の読み取り方、基底を決めるのか？

図1にとても複雑な「チューリング・パターン」[(7)]の計算結果がある。チューリング・パターン[*4]とは、チューリングが考案した生物の形態形成モデルで、魚の模様が生まれる理由などの最初期に考案された

数理的説明だ。この図を見て生物の複雑さ、「曼荼羅な脳」のような果てしない入れ子パターンを想起しないのは難しいだろう。(8) ここで一つ解釈を想像してみる。「脳や生物の複雑な構造」というのは、先のＱＴＭに、「基底の選択＝観測装置の作り方」を与えるもの、とするのだ。つまり、この構造そのものを、恐ろしく複雑な基底を持った観測装置と考える。(9) そしてさらに、チューリング・パターンを使って量子状態の読み取り方を決めるチューリング・マシンという空想に、もう一つチューリング・Ｘを足

（4） この辺の事情については、第4章や『魂と体、脳』を参照されたい。

（5） なお、ここでは、極端な「非実在論的」量子論解釈をとっている。だから、たとえば隠れた変数を使う実在論的解釈（ボーム流のガイド波を使った解釈など）なら、違う主張になるかもしれない。また多世界（呼応）解釈系でも異なる見解を採るだろう。ただし、そのような解釈でも基底の自由度や数に関する問題は存続すると思われる（たとえば多世界解釈を採ったとして）宇宙を分割する「自然な」基底とはどのようなものだろうか（「選好基底の問題」）？

（6） ただし計算のどこかの段階で計算状況を観測し、射影が起きる必要がある。だから、永久に誰も結果を見ない計算については、本稿では考えない。また計算状況に含まれる、内部状態やヘッド位置に関しても同様に基底の選択が可能になるが、その場合、ＱＴＭが自分自身をどう観測するのか？（できるのか？）という点が関心の対象になる。

（7） http://www.jonathanmccabe.com/Cyclic_Symmetric_Multi-Scale_Turing_Patterns.pdf を参照されたい。なおこの計算例は、チューリング・パターンの元々の定式化に、一種の階層性を導入するため、生物学的に正当化するのが難しい感のある変更が加えられているので、「 」をつけた。

にもかかわらず引用したのは、チューリングの切り開いた「複雑さ」理解の射程をよく実感できる例だからだ（なお、上の図で核のような構造があるのは、初期値でそのように設定したためで、「自然に」このようなことが起きるようにするには何らかの工夫が必要になる）。変更の詳細はソースをみられたい。なお、図は http://www.wblut.com/2011/07/13/mccabeism-turning-noise-into-a-thing-of-beauty/ からのスナップショットを引用したもの。

（8） なお、もし脳の「皺」などのマクロ構造が、化学的な反応拡散の結果ではないとしても、脳全体の動的な活動パターンのような別の経路を通じて影響する可能性はある。

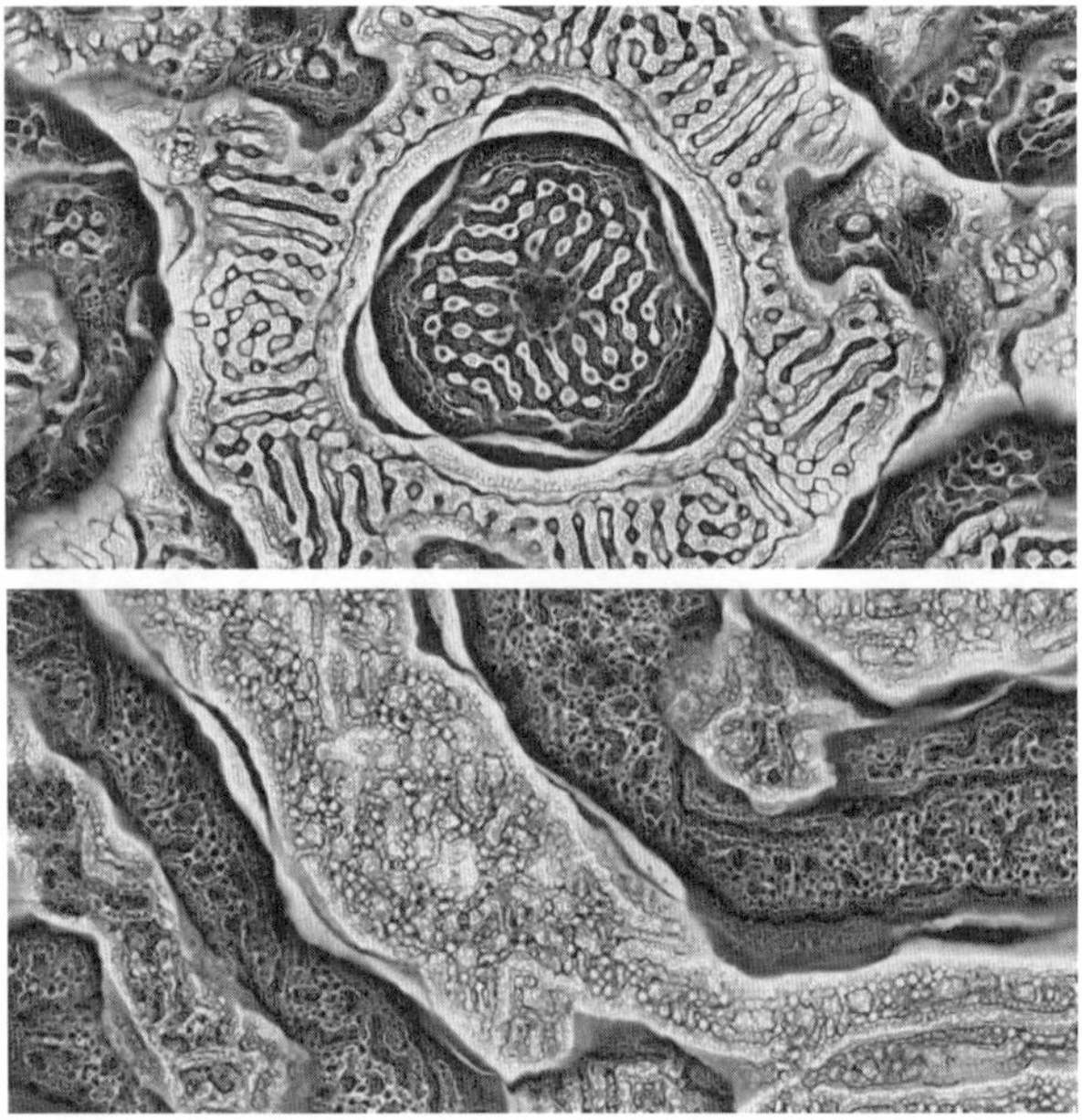

図 1　ある「(階層的) チューリング・パターン」のシミュレーション例

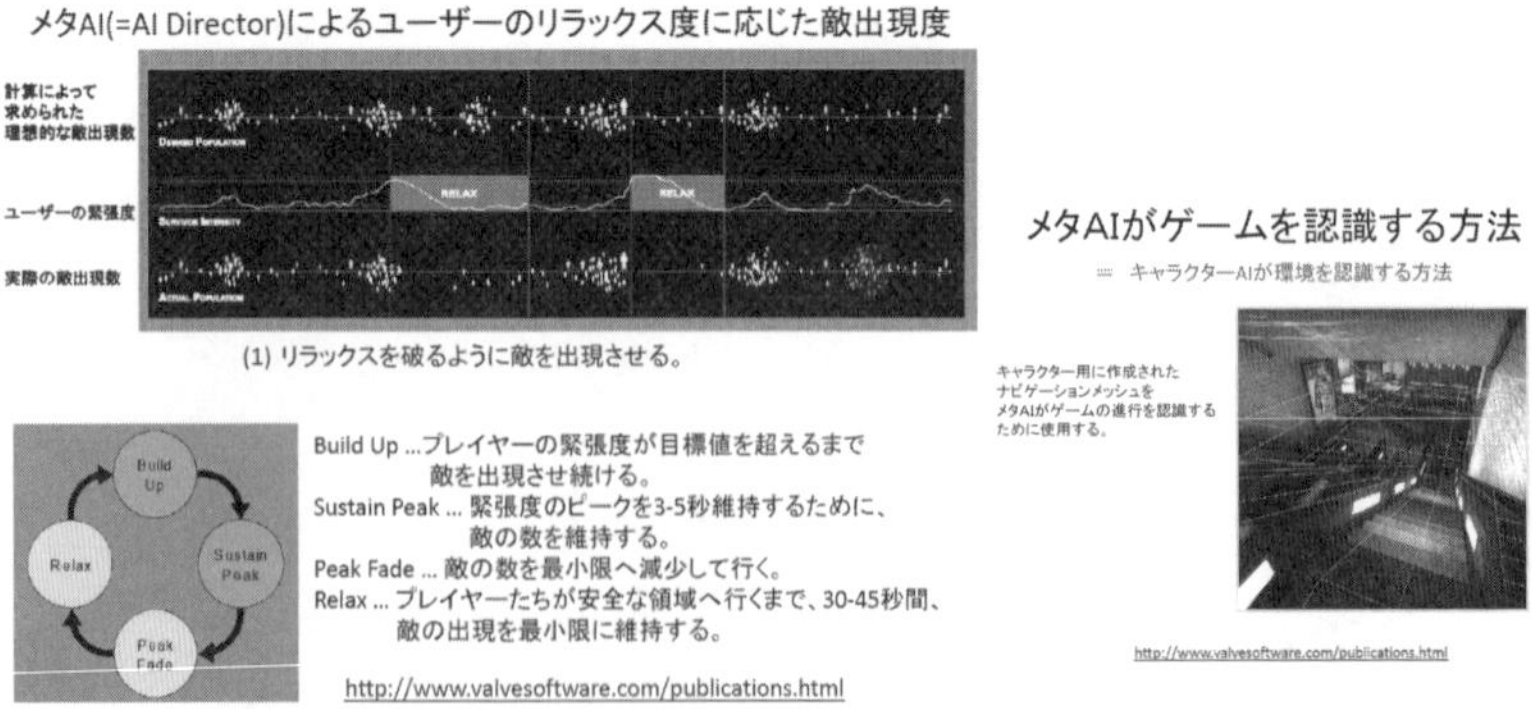

メタAI(=AI Director)によるユーザーのリラックス度に応じた敵出現度
計算によって求められた理想的な敵出現数
ユーザーの緊張度
実際の敵出現数
RELAX
RELAX
(1) リラックスを破るように敵を出現させる。
Build Up
Sustain Peak
Peak Fade
Relax
Build Up ...プレイヤーの緊張度が目標値を超えるまで敵を出現させ続ける。
Sustain Peak ... 緊張度のピークを3-5秒維持するために、敵の数を維持する。
Peak Fade ... 敵の数を最小限へ減少して行く。
Relax ... プレイヤーたちが安全な領域へ行くまで、30-45秒間、敵の出現を最小限に維持する。
http://www.valvesoftware.com/publications.html
メタAIがゲームを認識する方法
キャラクターAIが環境を認識する方法
キャラクター用に作成されたナビゲーションメッシュをメタAIがゲームの進行を認識するために使用する。
http://www.valvesoftware.com/publications.html

図 2　メタ AI について（三宅陽一郎氏の講義資料を改変して転載）

してみる。「チューリング・テスト」だ。

チューリング・テストとは、「人工知能」と呼ぶに値する機械が出来たかどうか判断する方法論として、チューリングが提案した基準で、見えない場所にいる「人間もしくは人工知能」と、被験者を対話させ、その相手が人間か人工知能か区別できないのなら、人工知能は完成した、とする。*5

以前「ゲームAI」という分野の講義を聞いた時に、このテストを想い出した。現在のビデオゲームには様々な人工知能技術が使われているが、その講義では、「ゲームステージの自動生成」を行う人工知能のテクニックとして、「メタAI」という技術が紹介されていた。(10)「メタAI」では、人工知能がプレイヤーの為に（迷宮や戦場などの）ステージを作った後、それが「面白い」かどうかをチェックするため、人工知能がプレイヤーの偽物を生成し、実際に自作のステージを「プレイ」させる。そして、ステージが適切な緊張の緩急（背後から襲ってくる敵、突然の群衆の出現、単調なリラックスタイムなど）を与えているかどうかを判断し、それを作り替えていく（**図2**）。

面白いのは、「プレイヤー」という二人称的な相手を満足させるために、人工知能が自分の行為結果

（9） 普通、量子論と心身問題を関係づける場合、熱源である脳に、どのようにして量子といえる（干渉性を保った）計算状況を維持するのか？という点が焦点になる。しかし、TMと同じく、QTMも思考実験だから、量子化された計算状況（「テープ」「内部状態」「ヘッド」）の実装方法については、とりあえず考えなくて良い。なので、本稿では、計算状況としての量子は「与えられたもの」として考える。

（10） 簡易的な解説が、三宅陽一郎「デジタルゲームAI」（『デジタルゲームの教科書』（ソフトバンククリエイティブ）所収の論文）にあり、そこから文献を辿れる。また、筆者が聴講した三宅氏の講義資料は http://igda.sakura.ne.jp/sblofiles/ai-igdajp/academic/YMiyakeTokyo_Denki_Univ_2012_5_30.pdf にあり、図はそこからの一部改変転載（図中のURLは、この講義に使われた情報の出典）。

に対する、自意識を持つ（＝自作に対するシミュレーションをせざるを得なくなる）、という事態だ。つまり、ステージを自動生成するだけなら、自分の「作品」への知識はいらないが、それを「相手」にみせる以上、満足しうる水準にあるのか自己チェックしておく必要がある。

もちろん、「創発」した訳ではなく、[11]そのような仕組みの人工知能を人間が作り込んだのだが、この話を聞いた時、もしかしたら、「一人称」の起源は、じつは「二人称」ではないのか、と空想した。常識的には、まず「一人称」的な知覚の世界があり、その特殊な知覚として他者がいて……という論理構成をとるだろう。が、そうではなく、まずは無自覚な行為があり（「ステージ自動生成」に相当）、続いてそのセルフチェック（「シミュレーション」に相当）が、「相手」を楽しませる必要から作られる。その時、初めて「自分の知覚（自動生成したステージに対するシミュレーションの結果に相当）」への意識が芽生えた、というストーリーだ。

この空想の妥当性は正直分からない。だが、「子育て」を考えると、我々も子供時代に、この「メタＡＩ」と同じようなことをしていた気もしてくる。親にとって、子供の反応はいつも「正しい」訳ではない。理解不能や不適切な反応には罰を与え、子供が「人間と区別がつかないような存在になるように」教育していくプロセスとして、「子育て」を解釈できる。つまり「チューリング・テスト」をクリアできるように子供を訓練することを「子育て」と考える。このテストをクリアした子供は、「誰（＝どのような基底を持つ観測者）として自己を観察すれば「よい」のか」、あるいは「親＝プレイヤー」を歓待するには、自分の知覚のどこに注目すればよいのか、その視線、という規範を「一応」内面化するだろう。一応、というのは、この「誰」は、じつは誰であってもいいが、とりあえず一貫するように、人間らしく振る舞うように選ばれるだろう、という意味だ。実存と存在を区別するのは、この一貫性の有無かもしれない。

自己を観測する視線が一貫した基底を持つなら、知覚も安定するだろう。本来無数のチューリング・パターンのように多様性に富んだ「基底選択の可能性」を、相互のチューリング・テストで「人間と区別がつかなくなるように」制約されたQTMのように生きる。それが常識人というものだ。

冒頭の空虚に戻ろう。

「空っぽの私」はそれを支える観測装置、自己を観測する視線、「曼荼羅な脳」の安定性した基底に支えられている。背景は安定だから、普段見えない。

ところで、幻覚剤をターミナルケアに使うと、死に対する恐怖が減少するという最近の研究がある。*6「大いなる存在」を感じたり、「自分は一人ではない」という感覚が被験者に出現することが、「理由」の一つとされている。もし、幻覚剤が観測基底の安定性を揺らし知覚を変えるのなら、本稿の文脈ではそれが、複数の観測者、自分の中にいる他の視線たちを表面化させても不思議ではない。興味深いのはむしろそのような感覚と「死の恐怖の減少」には、論理的な繋がりが希薄なことだ。

なぜ、「大いなる存在」や「一人ではない」という感触が、一種の「救い」に繋がるのか？　逆に、安定し過ぎた基底は、「空っぽな私」という無価値感に帰結するものなのか？　常識的には自然にも見えるこの「繋がり」について、もう少し掘り下げてみたい。

（11）「そのようなもの」を「創発」させる例については『魂と体、脳』参照。

一人ではない、大いなる存在、自意識の分割可能性、もっとも複雑な自意識

「一人ではない」という感覚や「大いなる存在」とは、どのようなものなのだろうか？　自意識＝他人の観測装置を、「子育て」というチューリング・テストによって内面化したもの、という本稿の路線に沿って思考実験してみよう。

「人格の手相」のようなものがある。OFC（前頭葉眼窩皮質）という価値判断、意思決定、社会性に関わりの深い脳部位では、皺の個体差が大きいのだが、そのパターンが幾つかの組み合わせで出来ているという。[*7]面白いので図を載せておこう（図3）。

少しだけ解説しておくと、左の図は、OFC（のH型脳溝）での皺パターンが、三つの大分類（列）と六種類のバリエーション（行）で、計一八種類に分類されている。五〇人のMRIデータに基づき、左右合計一〇〇個の脳について分類をしている。右はOFCの機能と部位の対応図を参考に載せている。[12]

この話は、単純にOFCの皺パターン分類ができる、という話なので、もちろん、ここから「人格」へは大きな飛躍がある。しかし、価値判断、意思決定、社会性に関する個体差と、この構造的個体差に「全く相関がない」というのは、なかなか考えにくいような気もする。

もし相関があるとするなら、これらの側面に関し、人格には有限のパターンがあるという可能性が見える。たとえば、与えられた環境でどの程度リスクをとりたがるかどうか？というのは、「人格」を決める重要な軸（基底）だろう。仮に、この問いに限れば、人格の多様性はそれほど多くない、としてみ

ることもできる。極端に少なく見積もると、「常にリスクをとる・常にとらない」の二つしか軸がない。さすがにこれに同意を求めるのは難しいが、逆に一〇〇や一〇〇〇のオーダーだとして、「リスクの取り方」という設問に、それほどの多様性を直感的に識別するのも難しい。

あなたのリスクの取り方が一貫しているなら、この設問に関しては、ある特定方向が常に「あなた」だろう。一方、解離性同一障害（以下、多重人格）の症例には、数百ぐらいのオーダーによる分割もあるらしい。*8

ところで、もし人の取り得る「リスクの取り方」のパターン数が、数百辺りのオーダーよりも少なければ、この街のような多重人格者には、全てのリスクの取り方が網羅されていることになる。だから、その人の内には、「あなた」もいるし「私」もいる。

子供の頃、一人部屋に寝かされ、闇が怖かった。トイレに行くまでの廊下は三メートル程しかなかったが、闇を抜けなくてはならない。音を立てないよう、這ったような、しゃがんだような、曖昧な姿勢でそこを抜けようと、恐ろしく長い時間を費やした。背後で玄関ドアの覗き窓が、白い点のようにこちらを見る位置にあったから、高さを変え、窓の背後にいる眼を避ける、怯えた子供の流儀だったのかも

（12）福田正人、鹿島晴雄編『前頭葉でわかる精神疾患の臨床』（中山書店）より改変して転載したもの（ただし、この図自体の出典は Kringelbach ML, et al. *Nat Rev Neurosci* 2005）。なお同書によると、OFC内の他の脳溝と合わせて、五〇〇〇程度の組み合わせが想定できるそうだ。

ところで、このような固定的構造と、多重人格にみられる明らかな性格の変動（その中には価値判断の仕方も含まれる）の間には一見すると矛盾がある。しかし、「人格」がどのように実装されているのか、あまりよく分かっていないので、矛盾の無い解決があるのかもしれない。

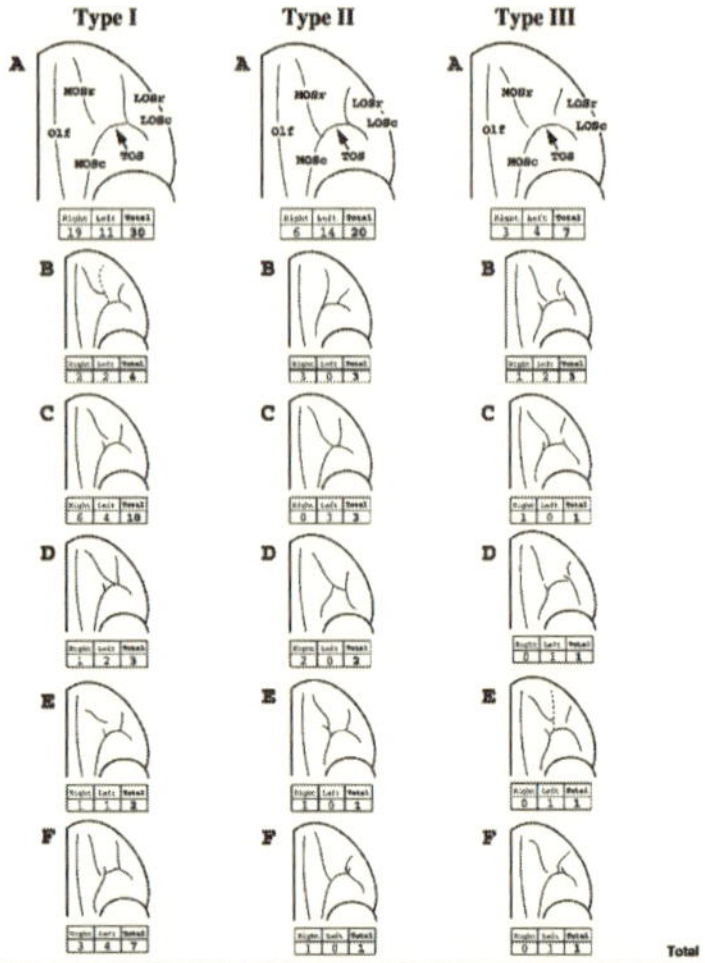

Right	32	13	5	50
Left	24	17	9	50
Total	56	30	14	100

Fig. 3. The main orbitofrontal sulcal patterns of the human brain (Types I–III) and their variability (A–F). Incidences for each pattern are presented for the right and left hemisphere. For abbreviations, see list.

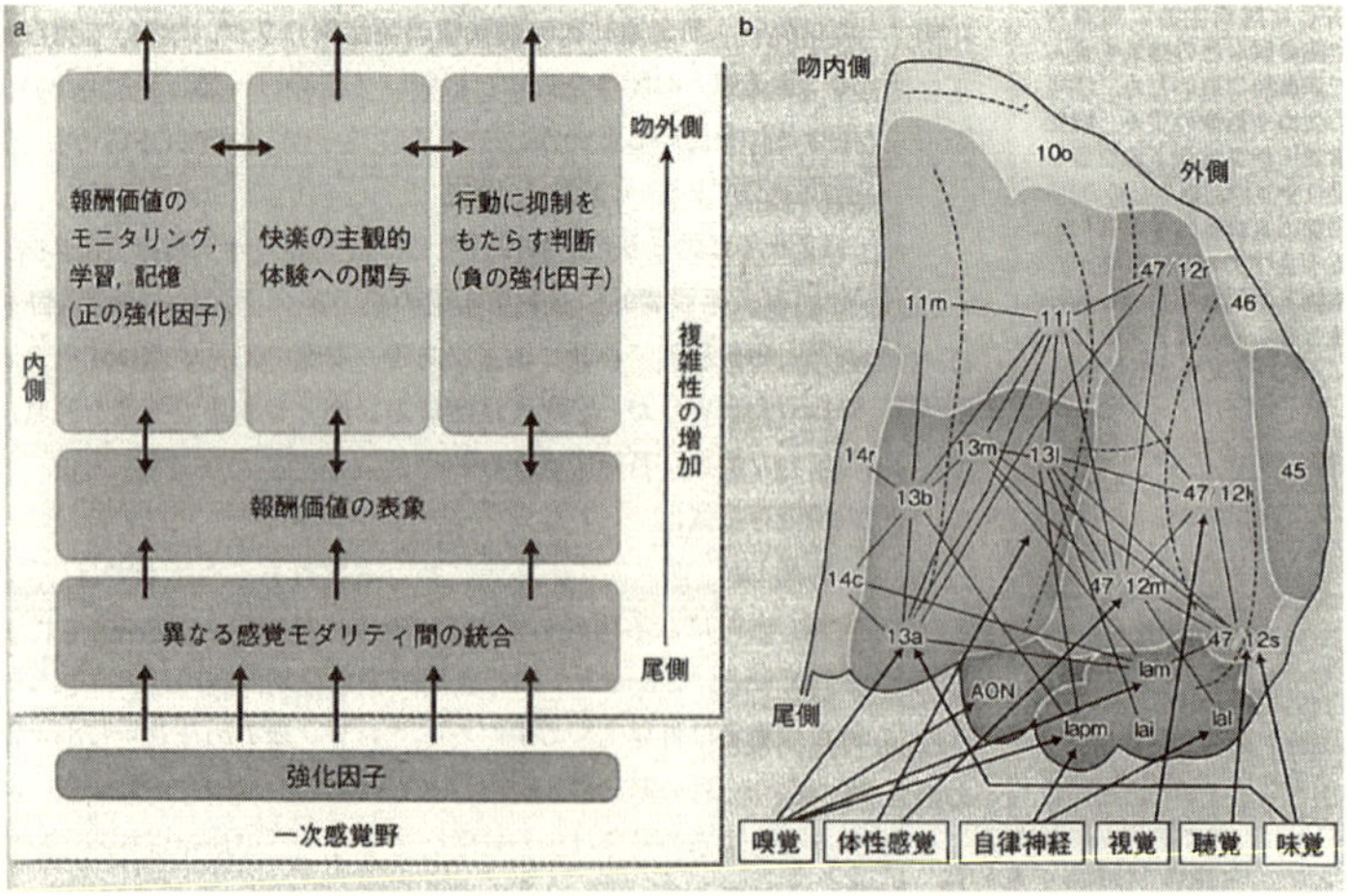

図3 OFCの分類（上）と、機能及び部位の関係（下）

しれない。今でも時々、訳もなく振り向く。

ほとんどの人は多重人格ではない。ましてや、数百の人格に分割された症例はごく限られている。しかし症例は、そのような分割が「可能である」ということは示す。なぜ我々は、皆街として生きていないのだろうか？

普通、このような分割は、耐えきれないトラウマに対処するため、一個の人格が分割されていった結果とされる。しかし、「子育て」が、一種のチューリング・テスト、一貫した「人格」を要求するテストだとするなら、それをクリアするよう、他の数百を抹殺した残りが、「普通の人」だと考えることもできる。子供の闇への怖れは、その「体制」が確立していなくて、逆に「消される」かもという独裁者の怯えかもしれない。(13)

あるいは、幻覚剤による「ひとりではない」という感覚も、確立した自意識の基底が揺らぐことで、背後に去った他の人格達の存在が響くようなことなのだろうか？ 恐らく、だからこそ幻覚剤の体験には、良い話ばかりではなく、「バッド・トリップ」と呼ばれる恐怖への振幅もある。

多重人格が、小さな存在への細分なら、逆に、「大いなる存在」とは何か？ 今度は、先とは逆に「もっとも複雑な」人格を考えてみる。「大いなる存在」は、構造を持たない単純な存在である可能性もあるが、ここでは、多重人格による分割の逆方向を「大いなる存在」だとしてみよう。ところで、多重人格の症例を読むと、一つ一つの人格が単純な「キャラ」になっているという指摘がある。*9

（13） 第4章で「孤独」を論じた箇所参照。

では「複雑な」人格とはどのようなものなのだろうか？　ふた通りの考え方がありうると思う。一つは、単純な人格の組み合わせの果てとしてある「複雑さ」。もう一つは、それ以上単純な要素へ分割すると、全く別のものになってしまうという条件で、最も人格内構成要素が多いものを考える方向。(14)

ここでは、前者、つまり「組み合わせ」の果てとしての複雑な人格＝「大いなる存在」を考えてみよう。最も極端な例をとれば、この人格は、あらゆる他の人格を要素として含む。だから、他の人格を全てシミュレートできるだろう。もちろんこれは極端すぎるが、多重人格の症例では、治療を受けに来る「主人格」とは別に、しばしば他の人格をほぼ全て知っている、「マスター」のような人格が特定される。極端な例では、ここで面白い矛盾が起きる。この人格はあらゆる他の人格に対し細部まで深く共感（＝感情面までシミュレートできると仮定）できる。しかし、その中には、「他者に全く共感できない人格」も含まれるだろう。

ここで再びジレンマが姿を現しかける。単純な要素を単に組み合わせても複雑な人格にはならず、そこには何らかのジレンマが必要なのかも知れない。先に便宜的に「組み合わせ」と「分割できないもの」を分離したが、実際の複雑な人格、あるいは「大いなる存在」は、この間にあって、ジレンマで繋がれているのかもしれない。

このような存在が実際にいるのなら、きっと「それ」は、あなたの悩みに、あなたより先に答えをだせるだろう。熟達したカウンセラーや占い師が、まだ語ってもいない悩みを当て、相談者を驚かせる逸話がよくある。恐らく、「それ」にとっても、ほぼ全ての人格は類型に過ぎず、よって、求められる答えもまた類型となる。だからもし、自分の中に「それ」がいれば、悩みに対する対処を先導する、「導

(14)　後者を考える手がかりとして、たとえば「ジャンケン」のような構造を考えてみる。Aがしたいのに、Bを優先しなくてはならない。では、Bをしたいと思うと、Cを優先しなくてはならない。しかし、Cをしようとすると、Aを優先しなくてはならない。このような堂々巡り（ジレンマ）を、一つの「人格」を定義する構造と考えてみよう。この循環は、ある解釈で「群」と呼ばれる構造になる（たとえば、群の元として、「与えられた手に勝つ手を答える」、「与えられた手に負ける手を答える」、「単位元＝与えられた手を引き分ける手を答える」という操作の集合を考えた場合）。

　ところで、ある条件下で、他の群の「組み合わせ」として構成できない群として「最大」のものがあることが知られていて、「モンスター」と呼ばれている（「ある条件」とは、有限の演算要素しか持たず、散在型というタイプに属する単純群という条件。また、「単純群」とは自身と自明な部分群以外に、正規部分群を持たない群。モンスターについては、原田耕一郎『モンスター――群のひろがり』（岩波書店）。一般書は、M・ロナン著、宮本雅彦、宮本恭子訳『シンメトリーとモンスター――数学の美を求めて』（岩波書店）など）。

　モンスターは、ジャンケンの例とは比較にならない程複雑な群だが、単なるキャラの組み合わせではなく、一種のジレンマを持つ存在の「最も複雑なパターン」と解釈できるものが存在する、というのは興味をそそられる（また、本文で後述するように、「街」のような「人格」も、その統合原理としては「ジレンマの構造」を持っている、と考えることもできる）。参考までにモンスター群に含まれる操作の数（位数）は、808017424794512875886459904961710757005754368000000000個で、さらに一個一個の操作を表現するのに、それぞれ、196883次の行列が必要になるという。しかも、それらが、群の公理を満たしている（それぞれの操作を掛けた結果がまた、群に含まれている、ある操作の逆の操作が含まれている等）。まさに想像を絶した秩序の例だが、それでも、有限であるという点が面白いと思う。

　もちろん、「人格」が「群」である、というのは、あまりありそうにない仮定で、むしろ普通はオートマトンのような、より制限の緩い構造を考えるだろう。むしろ、人格の「核」をなす、ジレンマの構造が群になっている（つまり、堂々巡りがオートマトンの「終了状態」のようなものを持たない）と考えた方がいいと思う。また、この観点からは、群論とオートポイエーシスに関連が見いだせそうな気もする。

　いずれにせよ、ここで、これ以上深めるのは難しい。が、たとえば、最も複雑なAIなどについて想像する際に興味深いテーマなので、注に残しておく。

きの声」に聞こえるかもしれない。

このような人格も、先の無数に分裂した多重人格の症例を延長した、一種の「街」といえる。もちろん、「それ」は思考実験の産物だが、多くの人は似たようなものを夢で体験している。

夢の時、私は、他の誰かに横滑りしてしまい、違う人格を次々に体験しながら、よく分からない物語を体験する。私は、舞台として私たちを見ている。その視線が再び舞台を振り返る時、視線は切り開かれ、観客であり、同時に、舞台上の役者でもある。夢ならば、そこに違和感はない。「街のような私」もまた、そのような生き方をしているのかもしれない。

ところで、この舞台にいる、「私」以外のキャラは、単純なのだろうか？ それとも、それぞれがまた舞台であり登場人物であるような複雑な存在なのだろうか？ もし、後者なら、街の中に、再び街がいることになる。

そうだとしても、それぞれの内包する街が同じ配置をしていて、異なる視点からそれを眺めているのなら、特に矛盾は起きないだろう。あるいは、それぞれが街のような私であり、しかも、皆矛盾しない一つの街であるように、テストされ育てられた結果、矛盾は避けられているのかもしれない。

ところで先に出てきた「大いなる存在」が、相談者より先に答えが出せるのは、相手が類型であり、シミュレート可能だからだった。しかし、この「街」、「大いなる存在」、あるいは、あなたの先導者が、答えに窮することはないのだろうか？

創発とバグ、幸せ

それぞれ街である人たちを含む街のような私。そうであっても、お互いに齟齬のない街を眺めているなら、常識は揺るがないし、その曼荼羅のような複雑さの裏を、「空っぽな私」が埋め尽くすかも知れない。そのことを簡単な図式（**図4**）で考えてみよう。

左列には、「予期の基準」という矢印で結ばれた系列があり、右列には、「予期の対象」と書かれた系列がある。予期の基準をみると、a、b、cと結ばれている。たとえば、aが「複雑」でbが「単純」なら、a←bは質的な複雑さが上昇していく方向を意味しているだろうし、aが「多い」でbが「少ない」なら、a←bは、多いものが少ないものを包含するような、量的な拡大を意味すると読む。

一方、「予期の対象」と書いてある列は、ラベルがたとえば、aの代わりにF(a)等となっていて、二つの系列は、Fによって何らかの対応関係がつけられていることを意味する。

これをテンプレートとして少し具体的に考えるため、**図5**を見てみよう。2×2の表の各マスに、先ほどのテンプレートを活用した例を埋め込んだものだ。上の行は「常識的・地」と書かれている。まずはこの行を検討してみよう。表にも二つの列があって、左は「質から見て量を予期」、右は「量から見て質を予期」と題されている。

これは**図4**で、「予期の基準」や「予期の対象」とされていた場所に、「質」や「量」を代入したものだ。たとえば「質から見て量を予期」というのは、「予期の基準」として「質」を採用し、「予期の対象」

となるものは、逆にその「量」的側面である、という風にテンプレートを埋めている。

具体的に「質から見て量を予期」というマスをみてみる。左側には、単純なものから複雑なものへと上昇していく「質」の系列が描かれている。つまり、このマスでは、予期の基準は「質」である。そして、それを何らかの変換で移した先に、たとえば「G（複雑）＝少ない」という、質の量への変換が書かれている。このマスは要するに、「複雑なものは、少なく（希少性があり）、単純なものは、多い（ありふれている）」という、「（質から量を予期する時の）常識」が書いてある。だから、行のラベルが「常識的」となっている。

これが読めれば、隣の「量から見て質を予期」も同様だが、ここでの変換はFと書かれていて、量から質への予期を表している。また、量的に多い（構成要素が多い）ものを移した先は、F（多い）＝複雑、となっていて、量から質を予測する場合、構成要素の量に、質的な複雑さが比例すると考えている。

街はそこにいる人よりも複雑である。もちろん、これは筆者の考える「常識」なので、違う考えを持つ人もいるかも知れない。が、この表を作った意図は、どちらかというと、下の「非常識的」と題された行にある。

上の「常識的」な行と一見して違うのは、変換によって、上下関係が逆転していることだ。G′（複雑）は「多い」だし、F′（少ない）は「複雑」となる。この逆転は全部で四パターンあり、図ではA、C、B、Dとラベルがふってある。

この「逆転」それぞれを、異なる予期の外れ方、「創発」が持つ類型だと考え、その分類をしたのが、**図6**だ。

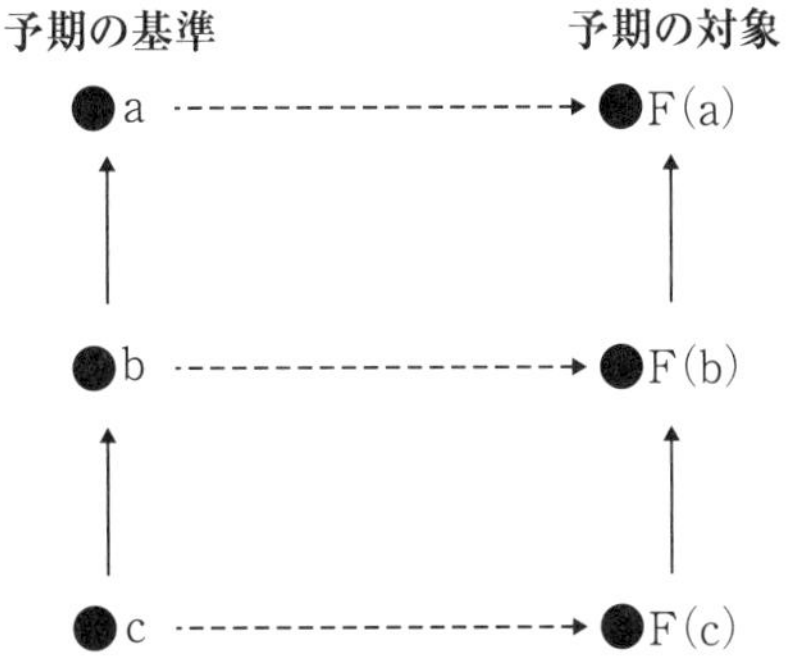

図4　予期の基準と対象、そのテンプレート

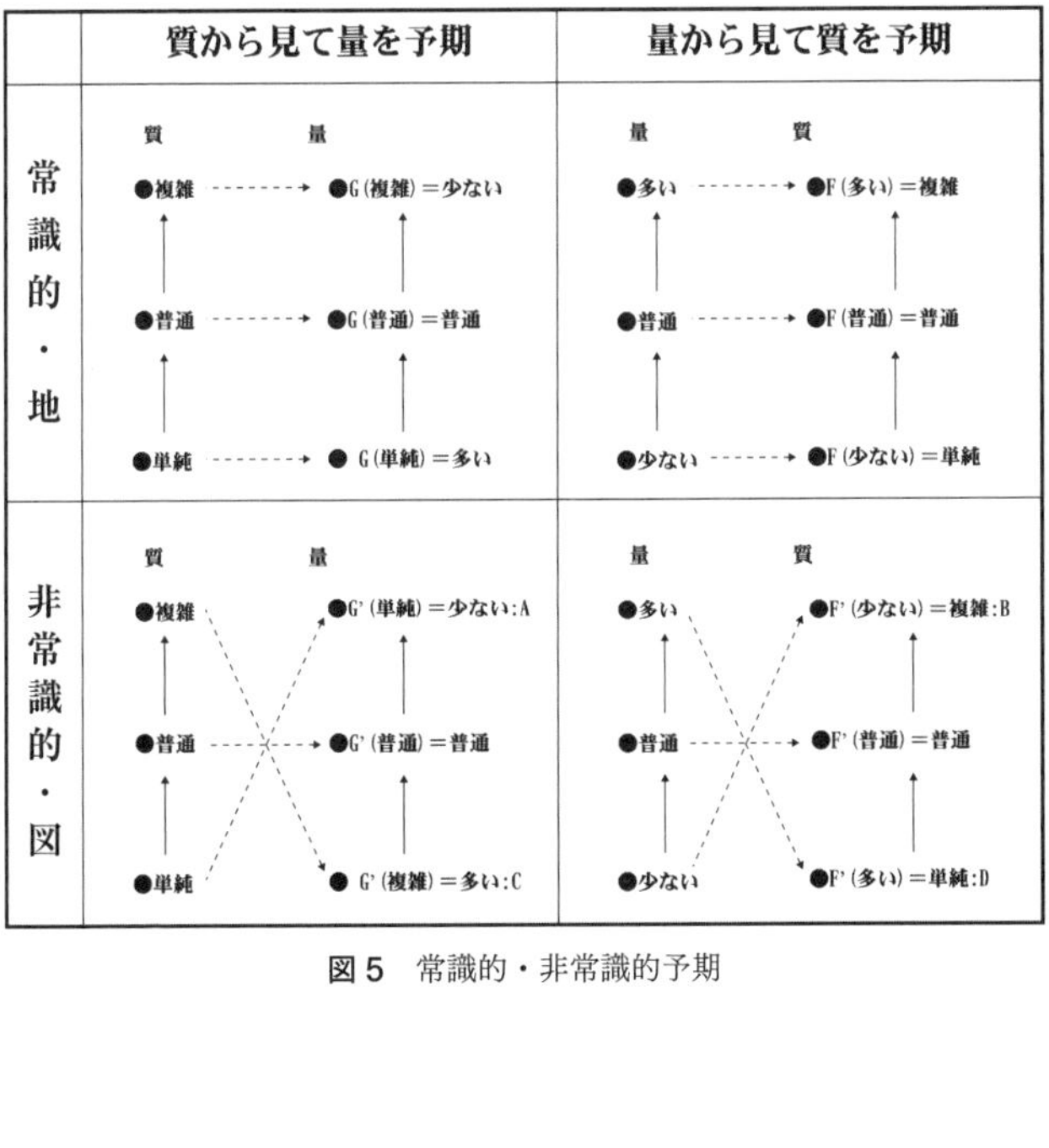

図5　常識的・非常識的予期

各ラベルごとに内容を見てみるが、Aが例外的で一番解釈が難しいから、後回しにしてBからみる。

Bは、「少ない」と予期したら「複雑」という逆転だ。これはたとえば、エーテルの検出失敗や、原子核に対する電子の位置の不安定性といった、それまでの常識的説明に対するわずかな例外事例が、常識の複雑な書き換えを要求する発見に繋がる類型を意図している（エーテルの検出失敗は相対論へ、電子の位置の不安定性は、量子論へそれぞれ繋がり、それまでの物理的常識を書き換え、新たな世界を開いた）。またはヴィトゲンシュタイン＝クリプキの規則のパラドックス[*10]のようなものもここにはいるだろう。

次にDは、膨大な事例や群衆、一見無関係な理論群など量的に多いものが、じつはある単純な規則で統一的に記述できてしまうというタイプの発見を意図している。典型的には、複雑系の科学による「複雑な振る舞いが、非常に単純で局所的な規則で書ける」という発見や、複数の超ひも理論の定式化が、じつは一つ次元を増やした理論（M理論）の異なる極限として導かれるという発見など、隠された統一性を発見する事例に対応する。

Cは、複雑でとても希少にみえるものが、じつはありふれた大量にあるものに過ぎないという発見で、たとえば「地球」「太陽系」「銀河」「宇宙」といった複雑で、それまで「唯一」だと考えられたものが、大量に存在するという発見を考える。

最後に来るのはAだ。これは例を作るのが難しい。元々、量・質、逆転方向の組み合わせを用い演繹的に作られた表なので、事例が存在しうるとは限らない。

「単純」と予期したら「少ない」。つまり単純なものだから、いくらでもあると思ったら、じつは希少な存在だったという発見の例を探せばいいのだが、今までのようにすっきりこれだという例が見つから

	質から見て量を予期	量から見て質を予期
常識が上に逆転	A:「単純」と予期したら「少ない」 ＝単純なものだが、少ししかない（思わぬものの希少性）	B:「少ない」と予期したら「複雑」 ＝細部が強制する例外規則
常識が下に逆転	C:「複雑」と予期したら「多い」 ＝複雑なものが大量にある（貴重なものがありふれている）	D:「多い」と予期したら「単純」 ＝（法則の）統一性

図6　予期外れ、「創発」の類型

ない。「常に身近にいてつまらない存在だと思った何かが、急に失われてしまう」というような出来事を、思い浮かべないでもない。が、この位置だけ人間的な事例になってしまうの妙な話だし、発見というにはトーンが暗い。もしかしたら、Aの存在自体が、この類型図全体に対するBのような反例なのかもしれない。なので、とりあえずここに、ポジティブな具体例は無い。

ところでDは、別の解釈もできる。「大量の要素からなる複雑なもの」だと思ったら、じつは単純なものに「過ぎなかった」というがっかり感だ。私見では、これが冒頭の「空虚な私・曼荼羅な脳」という詠嘆に相当する。つまり、同じ予期外れでも、それが「創発」や「発見」として言祝がれるか、バグやエラーとして憎まれるのかは、起きてみなければ分からない。

「空虚感」から逃れようという動機付けは理解しやすい。が、もし「創発」と「空虚感」が同じものだとするなら、「創発」や「発見」を避けようとする態度は存在しうるのだろうか？　そもそも、なぜこのような予期外れ＝創発の類型について寄り道をしたのだろうか？

それは「「大いなる存在＝街」が答えに窮する」ような事例がないか？という問いに導かれてのものだった。それぞれの「街の住人」が、再びそれぞれ複雑な階層を持った「街」のような主体だとしても、それらの間に量・質に関する予期順序を逆転させせない対応を作ることができるなら、予期外れは起きず常識は安泰になる。一方、常識の下では、主体の複数性は抑圧されるが、それは創発あるいは予期の逆転として残存し続ける。そこには、チューリング・テストで整形される前の、単純さと複雑さ、多いものと少ないものの階層関係が、常識と異なっている我々が垣間見える。宇宙とヒトはどちらが複雑だろうか？　あるいは幻覚剤とこの種の問いが結びつきやすいのはなぜか？

結局、幻覚剤はなぜ有効だったのだろうか？　本稿の文脈では、それは特定の基底、特定の自己観測者を選び続けなくても良くする道具であった。その結果、たとえば「ひとりではない感覚」や「大いなる存在」の感覚が与えられる。

結局、これら内部にいる他者達は、いまだ「群れ」としての存在でいられた時期への郷愁ではないだろうか？　その郷愁が、ときおり垣間見える非常識としての、「創発」や「価値ある発見」へ（金銭的動機以外で）人を動機づけていてもおかしくはないだろう。

しかし、幻覚剤による自己観測基底の揺らぎは、そもそも、この郷愁を必要としない世界への移動も可能にするのではないだろうか？

ある特定の基底に縛られている時、その逆転としての「創発」は「価値のあるもの」あるいは「バグ」だった。しかし、そもそも、そのような順序づけが成立する以前では、通常の階層関係や価値の序列は意味を失う。故郷に帰れば郷愁は消滅する。

そこでは、創発とそうでないものの区別がない。よって、価値あるものとそうでないものの区別もない。あるいは、価値のある生命と、燃えるゴミの区別もない。人は死ねば燃えるゴミになる、故に、幸せである。

本稿では、チューリングの知らないＱＴＭの上に、チューリング・パターンとチューリング・テストを積み上げ、一つの空想に仕立て上げた。チューリングが知らないか無視した、計算状況の不安定性と観測者の基底自由度が持ちうる射程は、ある意味彼の背後に立つ幽霊かも知れない。

ところで、冒頭に置いたチューリングの言葉は、一見、謙虚でありながら、「バグ・創発」が、どちらにせよ「重要である」という底意を隠し持つ。それをあげつらう必要は全くないが、そこには、ある種の「不幸」への入り口がちらつく。

創発を求めず、バグを避けず、かといってその態度＝基底を固定せず、だから「創発を求めず、バグを避けず」も求めない。否定的な定義だから、薬物無しに実行可能な態度なのか分からない。が、とりあえず存在はするはずの、幸せである。

10　「死の位相学」としての主体1：エッセイ──左向いた時の右側に気を

左を向けば、右はない。

消えた右が永遠に失われたとする人は、振り返るたび再創造される右世界に驚く他ないだろう。

一方、未来向きへ強制固定された我々の眼は、消えた過去がまだあるかと振り向くすべを持たず、ただ未来を眺め続ける。もし、左向きにしか進めない生物がいるなら、右を過去だと懐かしむのだろうか？

全てが終わり時間が空いたから、興味があった神経科学者の友人（理化学研究所の脇坂崇平氏）の被験者をしに、僕は彼の実験室を訪ねた。壁が白く塗られた実験室は丸く、数字が抜けた時計の巨大な文字盤を思わせた。坊主頭の彼に促されるまま、文字盤の中心にある椅子に座り、実験開始を待っていると、退屈しかけに久しぶりのデジャヴが起きた。

終わった未来をなぞらされる淡い感覚が、背中や視野の縁、よく分からない場所から、微細音の識別テストに失敗しかけたように響き、だから掴みどころがない。過去と現在の境界、端とか線のような幅を持たない数学っぽいものが、無理に拡げられ目前を覆い、白い壁は過去かつ現在になった。もちろん、数学は見えない。

元々、そのような体験を期待した装置でもあったから、実験後、僕と彼はデジャヴを再現する条件を探れないか知恵を絞った。「デジャヴは、「偽の記憶」とは違うんですよ」と彼が語り「確かに。でもどこが違うのかな?」と返すと「偽の記憶っていうのは、たとえば何枚もカードを見せといて、その後、見てないはずのカードを見せられたのに、見たような気がする、っていうような実験で、これがデジャヴだっていう研究者も多いんですけど、でもこれだと、間違ってるのは「カード」だって分かっちゃう訳ですよ。つまり、体験が、局所に限定されてるんです。けど、デジャヴって違うじゃないですか、なんていうか、デジャヴっていうには、どこにも局所化できない、見えてるものの外にある感覚が必要なんですよ」「局所化できないっていうと、たとえば意識できない順序の矛盾みたいのが、空間に行き場を失って、時間の方に押し込められたとか?」

会話の残響が帰りの自転車で死者を呼ぶ。

残念ながら僕に霊感は無く、彼と直接会うことはかなわない。だが、もし霊があるなら、それはデジャヴのように感じられるのかもしれない気がして、赤信号を確認する。理由は分からず、僕は自転車をこぎ続ける。

死者の体は現在には無いが、もし時間と空間をたいして区別しないなら、過去にはまだある。左を向いた僕にとっての右ぐらいの確実さではあるが。だから、これから僕が見ていく風景に、既にあったという残響、地上にひとつの場所も持てないゴースト、要するにデジャヴの感覚として、それが感じられてもいいんじゃないでしょうか?

僕は死者に語る。栄養を与えないと死者は枯れるから、時々彼と会話をしておく。「そうねえ、そりゃちょっとセンチメンタルすぎるんじゃないの？　大分ロジックの飛躍もある」。彼はニヤニヤ笑い、しかし拒絶はしないでコメントを返す。「まあ、そうですね」。特にがっかりもせず僕は次の言葉を待つ。「だけど、俺は言葉にならない思考ってのは絶対あると思うね」。死人の話題はとりとめがない。「それ、ずいぶんこだわりますね」。僕は記憶に現在の言葉で応答した。「いや、ときどき、言葉でしか考えることができないとかいう奴がいるだろう。けしからん。なんにも分かってない」。彼は珍しく怒気を声に込めるが、ふと、「そういや、精子バンクに行ってきたよ」。そう告げて笑みを崩さず、虚を突かれる。「いや放射線治療受ける前に、健康な精子を残しておこうと思ってね」。

家に彼の一周忌で作られた追悼文集が届いていて、心ならずも言葉に還元されてしまった彼がちりばめられていた。それを読んで僕は随分泣いたが、あまり意味のないことだった。言葉だけの思考に対する彼の憎しみは、こんな未来を先取りしていたのか？　なら、彼と対話を試みる僕もまた同罪だろう。人は死ぬと言葉になり、もはや文集はあまりにも薄かった。

ある日、ＡＴＭで金を下ろし立ち去り際、突如振り返ってしまうと、まだ現金を掴んでいないという不安が遅れて来て、別人格というには儚い人が生まれ、不安を渡し、僕に再統合され消えたようで気味悪かった。多重人格（解離性同一性障害）に関する本では、再統合というのはやたらあっさりしていて、人格たちで深夜会議をし、翌日にはもう一人でいることの孤独におびえていたりする。

夢に継続的な別人格を育成する文化を想い出し、デジャヴも夢と似て引き留められないが、そんな技術があればと残念な気がした。

左を見るたび、右は作り直され、もしそうなら、彼が何かイタズラをしている右ぐらいある。霊として僕に訪れてはみたものの、淡くデジャヴのように再統合されてしまい、しかも僕は気づかない。それが今。べつにそれでもいい。馬鹿な。

彼の精子は、もう処分されたのだろうか？

「それは良くない。回収しないとアカンな」。彼に渡された精子をもてあます時を想い、僕はまた死との距離を測る方法を探し始めるのです。

11 「死の位相学」としての主体2：小説——私の死でいっぱいの袋

《死と生》

図1　クリムト《死と生》1911・15（以下クリムトの画像は全集版（Tobias G. Natter (Ed) Gustav Klimt: The Complete Paintings (Taschen)）より引用）

生きている。人々は円錐のような**二等辺三角状図形に詰められ**ているが、尖端はささくれだち花畑のような**パターンに覆い尽くされ**ている。消えない過去？　あなたはもうそこにいるのか？　左に佇む髑髏は、死の瞬間を待ちこがれ青ざめた医師か。詰められた人々は、自らの来歴を覗き込んでいるように、**皆直角に首を曲げ**、目をつむっているから、その呼吸音だけ響き、一様に**流れに身を任せ**る。

左隅の女性だけ、髑髏に媚びを売っているのか、こちらをみているのか曖昧な目線を送る。**眼は、真核細胞のようだ**。表面に中枢？ 生きている円錐では、**細胞壁、花、男性、女性、楊枝、螺などが震え、異質なパターン集合は境界で寸断されている**が、左髑髏内部は、何かを誤認識したマークのような十字形に、青く浸透されている。

しかし、パターンという意味で左右に大差はない。**背景で自己主張する余白**に比べれば。パターン達は、視角によって、飛び出したり引っ込んだりする両義的立方体のように、どちらが図で**どちらが地とは言いがたい両義性に浸透されて**いる。死は左右に分離されず、二つの袋いっぱいに詰められた歴史だ。

1

私はほとんど全てを手にした。死ぬ前も、死んだ後にも人気があったし、金もあり、何しろ女にもてただけではなく、こうしてジョン・マルコヴィッチ主演の伝記映画[1]まで撮影されたのだ。日本の芸術専門誌で特集号[2]が作られている最中だが、今まさにその原稿を書くため、『クリムト』のＤＶＤを観ていると、劇中のマルコヴィッチ、私が、首を直角に曲げ顕微鏡を覗き込み、対物レンズの尖端に自分自身を発見している。

テレビを観る私の首も同じ角度で曲がっているに違いない。私は死んだが、この角度はいまだ人々の記憶で呼吸している。映画は、鏡が割れるシーンで始まる。この監督はよく分かってるよ。割れた鏡の

（1）ラウル・ルイス監督『クリムト』（ジェネオン・エンタテインメント）
（2）『ユリイカ』二〇一二年三月号、青土社。

断片たちには、歪んだ世界が住んでいる。菱形の眼。鋭い縁で切られた曲線群に、可能な世界を撒き散らしておく。私が愛した操作。

あいにく私は死んだが、継承は嬉しいことだ。菱形の眼を思いついたのは《金魚》を描いた一九〇一年だったかな？　何しろ私は菱形好きで、たしか一八九六年に菱形の髪型をした《盲人》で発見したんだ。懐かしいな。毎年のように新しい操作を発見していた。生きていた。

2

歩行者天国だから、人の流れの隙間をすれ違っていくわけだけど、ここの人達が、皆が皆、元受精卵と思うと、なんとまあ、って気がしてくる。ウニの粒々みたいなだったのに随分立派になって、意識まであるわ。もちろんあたしもそのつぶつぶだった。笑える。みんなうんことか子供とかちぎって捨てるから人の形してるけど、本当はやたら積もった排泄物の上に、ほんのちょっと幼児とか体とかがある図形のはず。こんど描いてみよ。

巻き戻す。精子と卵子を巻き戻す。まんことちんこ→ピストン運動→体→頭蓋骨があって脳があるけど、そっちはおまけで、また巻き戻すと、やっぱり精子と卵子になって、交尾交尾の無限列。その堆積が命の樹に枝を増す。全どうぶつのピストン運動が地球を廻す力だって誰かが言ってたけど、やっぱり愛は地球を廻すんだ。救うだったかな？

でも今朝あたしは、自分の卵子とかニューロンとかの気持ちが分からないんだなと思い知った。結局、だから、他人の世界が私には分からない。だって、みんな元誰かの受精卵なわけだし。卵子とあたしはセット生産されたはずなのに、いつかあたしは廃棄処分。付属品の悲しい運命。受精卵の時には一緒だったのに、奴は他の場所で生き延びる。大きくなっちゃ駄目なんだな、きっと。ずうっと卵子から卵子で眠り続けてれば、死なないで済む。運命の赤い糸。ほんとか？

3

訳分からない。痛い。のか？　時々目覚めると、癌の治療開始前に精子バンクに預けた精子。俺が死んだら、あれはどうなるんだ？　殺処分だろうな。紺のスーツを着たことがある。子宮に到達できた精子。卵子に結合できた精子。子供の定義。つまり殺処分されない精子または。まあ、巨大化したらまたいつか殺処分される。俺同様。そもそも多細胞生物というものがアカン。真性粘菌なら癌にはならんだろう。

もう死ぬんだから、少しはましなことを、「まし」？　眠る。モルヒネが効きにくく？　困る。なんのために？　いや、何時だ？　なんだってなんだ？　そういや、哲学やってる冴えない同僚がいた。昼休みタリーズコーヒー二〇分。死は眠りだって説得したのかされたのか？　奴は俺のいない世界で、結局ひとり作業中だ。俺の知らない景色。俺の知らない時間。死は眠りなのか？　それとも、俺のいない世界を、みるだろう、みた、みている。どれだ？　視線なのか？　あの正面から俺を睨む女医さんの視線、死？　奴はもう知ってるのか？　次話そう。いずれ気づく。たとえば今。

4

死んでいく人間の連続観測は美容に悪い？　経験としてマイナー過ぎて話題にならないけど、正直早く帰宅し、ジュニパーベリーとレモングラスのアロマカクテル焚く操作で、「リフレッシュ」及び「前向き」をわたしに生成後、次勤務に備え寝る方が重要になる。仕方ない。

昔読んだ恋愛小説に**「死は生の対極としてではなく、その一部として存在している」**ってわざわざゴシック体強調表示してあって、内容よりむしろそこに吹いたんだけど、まさか文字通り毎日が死でいっぱいになるか。呪い？　ばち？　腹減った。お腹と背中がくっつきそう。この人、早く死なないかな。うーん、さすがにそれはやばいか。早くお亡くなりになると、わたしの腹及び背中が喜ばしいのですが。表現を改めても駄目よね。死はレトリックではない。って言ったのは誰だっけ？　わたしか。

わたしはこの男の死後の世界をみるだろう。わたしに住む細胞達もわたしの知らない世界をみている。わたしには死が詰まっている。記憶にも細胞にも。死の詰まった海をたぷたぷ滑っていく。流れていくわたし、わんこ蕎麦、いや、ニンフ。なんだっけ世紀末の画家。「愛と死」みたいな感じの。女いっぱい飼ってた人。だからなのかな、絵でも女がいっぱい詰まってた。あの中にわたしも？　いつか。全て死後。歴史が死んでいる。もし死が生きているなら、死もまた落命する。わたしはその表面で死の落命として、生きている。わたしは突かれている。いや疲れている。内面漢字誤変換とは、ほんとに疲れてるな、あ、死んでくれたかな。時刻、時刻。

5

あなたは記憶の円錐に閉じ込められ、尖端から押し出される。星形加工されたマヨネーズの尖端。というよりは、メッシュで区分けされた胡椒用ケースとでもいうべきだろうか？　あなたは一つの花として区分けされ、閉鎖された生を死んだ。女医が死亡時刻を記録している。あの絵はなんだ？　空中に人体が絡む。子猫を飼っていたあなたは、奴らが絡み合って眠るのを知っている。ふと、それは別の宇宙がいろいろ滲みだしてきた姿なのだと分かってしまう。死の塊。あなた方一つ一つが宇宙なら、死は別の宇宙に食い破られた宇宙だろう。

6

私、クリムトは『クリムト』の続きを観ていた。記憶にない謎の貴族が、私を騙し、いかにも「運命の女」という女と性交中の私を、マジックミラー越しに論評している。「やけに仕事が早い。農夫出身か？」だと、余計なお世話だ失礼なくだらん遊びだ。この貴族にとっては全ての女、もしくはそれと交尾する男女は、女一般、男一般、性交一般という類型《タイプ》に過ぎないのだろう。エロ動画を集める現代人の視線。表現の自由は徹底的なタイプ的認知の強制に行き着き、果てにあるのは貴族たちの空虚感だったというわけか。神々の黄昏。シェルタリング・スカイ。

劇中の私がマジックミラー越しに貴族を正面から睨むが、その私は自分が単に鏡を見ていると誤解して、無自覚なカメラ目線だ。私がよく絵で描いた女性のように。この映画を観る私は、否応なしに、騙されている私を見て遊ぶ貴族の視線に一体化させられる。クリムト、マルコヴィッチが、一〇〇年の時を隔て、私、クリムトに視線を向け、しかも見られていることに気づかずに見る。死のマジックミラー。その裏から私を見る私。その私を鑑賞する私。この関係性が、霊だろうか？　インランド・エンパイア。私をみる私の視線に私が気づかない。窓の外、あるいは鏡を覗いていると思っているが、実は覗かれている。客に。死に。私の時間的な死が、私のいない未来をみる視線群なら、私をみる客たちは、私の空間的な死だ。つまり、あなた方は私の死だ。あなた方がいる。ゆえに、私は死んでいる。未来のあなたがいるから、私は死ぬ。別の世界をみるあなたの視線を共有できないから私は死ぬ。全てのあなたがそうして死ぬ。互いにあなたを探しながら。

『クリムト』は、洋館で迷子になった少女と、それを探しながら迷子になる私で終わる。愛。

7

この原稿を執筆しながら、僕は死んだ同僚を描写し、彼が大学時代にBZ反応の研究をしていた事に思い当たった（**図2**）。シャーレの中で螺旋図形を描く珍しい化学反応。一昔前には、BZ反応の波頭が迷路を抜けるなんていう実験もあった。ひとはあの反応に何を夢見ていたのか？　死のふりをする命だろうか？　それとも命の顔をした死だろうか？

癌告知の直前だったはずだが、彼は生命の起源に関する、誰もやったことのない実験を考えついたと、タリーズコーヒーで語った。破顔一笑。しかし、笑いは早すぎる死に割られて去った。生命の起源（彼バージョン）はどこに記憶されているのだろう？　あるいはこの宇宙の全ての位置にか？

8

クリムトは続いて、家にあった『ブルックナーの決断』[*1]という伝記映画のDVDを、裸にした愛人兼モデル達と観ていた。マーラーと違って、一世代前の作曲家ブルックナーと付き合いはないが、気にはなっていたのだ。何人もの少女達に求婚しては、全て断られた岩石の顔を持つ独身男。無数の女性に囲まれながら、結局誰とも結婚はしなかった私。ブルックナーは、鏡の裏にいる私だ。

パッケージにはドキュメンタリーとあったのに、完全な劇映画で戸惑った。ブルックナーが思いを寄せる女性が、別の男と半裸で水浴びをしているのを、偶然ブルックナーが目撃し、首を直角に曲げ泣く。BGMはワーグナーの《愛と死》。メロドラマの定義のような陳腐さに、自分の操作が使われているように誤解して、私、クリムトは憤激した。

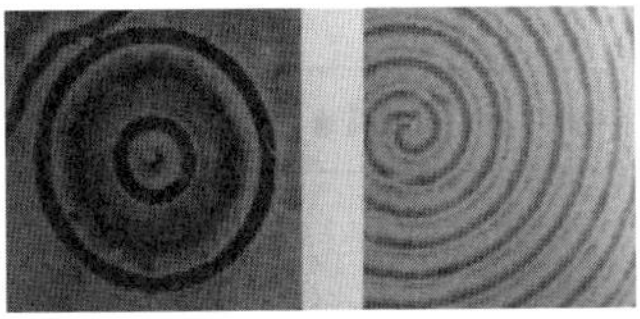

図2　BZ反応の例（ゴルビツキー、スチュアート著、田中玲子監訳、山田裕康、高松敦子、中垣俊之訳『対称性の破れとパターン形成の数理』（丸善株式会社）より引用）

クリムトの入れ子世界。私にとっての死であるあなたを、強引に私の模様として埋め込んだ世界。あれは幾何学的パターンなのか、それとも別の生物になったあなた方？　情報とはそれによって生命体がパターンを生み出すパターンである。[*2]あるいは、情報とは、それによってパターンがパターンを生み出すパターンか？　それなら螺旋はあなた、あなたは螺旋。割れた鏡の中で鳥が鳴く。螺旋が回る。それぞれの世界に、私はいない。死んでいる。あなた方の世界では、私はいつも消えている。私がやがて消えるように。それを取り込む。私の絵。

要するに、私についての評論やら伝記やらを、今読み書きしているあなた方が私の死であり、私はあなた方の死だ。なにしろ私はあなた方のいない世界を十分に堪能している。クリムトは周囲にいる女性たちを見回し、一瞬ただの絵に見え、金箔の欠片が突然の風で空中を舞うと、なぜか映画『クリムト』のエロ貴族の視線を思った。**あなた方は私に埋め込まれた死であり、私はあなた方に埋め込まれた死だ。**誰かが吹き出したのを感じた。

年を追うごとに操作を増やしていくクリムト。創発としての操作。私は、どの順番で操作を適用するかの計算でもしているのか。**パターンで覆い尽く**してから**正面を向いた女の視線を描く**のか、それとも**正面を向いた女の視線を描いて**から**パターンで覆い尽く**すのか。その違いを計量する。あるいは前者は、**円錐のような図形に詰める**、後者は**震えるパターンで覆い尽くす**となり、順序交換による差異は、効果の強度的違いというよりは、新しい操作、たとえば**図と地の境界を浸透させる**を生むのかも知れない。

AそしてB、それとも、BそしてA。ABとBAの順序による違いを計量し、その近さと遠さを決め、適用する位置を置換し、更地に戻し、反復し、順序の果てに、最大の何かを達成する絵画を探す。(3)　それは月に引かれ砕ける波。クリムトという場。それは私なのか、それとも操作たちが勝手に動いているだけなのか？　達成されるものは何か？　操作の数は多すぎないか？　あるいは、私の操作は有限でも、可能な私たちの操作を集めれば無限かもしれない。あらゆる操作によって消されない背景は何か？　私の真空は何か？　操作の形をした園児たちが他の園児たちを操作して遊んでいる。そこに私はいない。そのはずだった。

『ブルックナーの決断』はまだ続いていた。湯治の療法で、死人のように布にくるまれるブルックナー。そこに先ほどの水浴び目撃のフラッシュバックが入るが、ＢＧＭはワーグナーではなく、もはやブルックナー自身の曲になっていた。死者を演じながら、他者の幸福を眺める断腸のブルックナー。

そこでクリムトは泣いていて、周囲にいる女達は謎が降りたように戸惑った。

ブルックナーの無私。よく言われる言葉だ。たしかにブルックナーからは感情が聴こえない。ただひたすらの風景、山脈と鳥の声。自分にとって最愛の存在が失われる瞬間であっても、それを風景として眺める。鳥が遊ぶのを眺めるように。そのとき、主体は死んでいる。単なる傍観ではなく、自分の求愛の対象であることが重要だ。これにより、観察者は対象の内部と外部に同時にいることになり、外部観測者としての私の固定を免れる。あの貴族、あるいはエロ動画視聴者は、自身の遊びに睨まれ石化するが、そのことに気づくことがない。石だからだ。

ブルックナーの決断。ワーグナーに対する距離の発見。内側から愛を描くことも、外側から俯瞰することもしない視線の発見。私は、結局、あの貴族に過ぎないのではないか？　だからこそ私の絵は輪郭に、割れた鏡を区切る閾に支配されていたのではないか？

（３）　第８章後半も参照。

しかし、なんのために私を捨てる必要がある？「もし貴方が独身で五十歳にもなると、まるでドアがしまる様な具合に、自分というものがしまって了う時期を経験するでしょう。友達に対してだけではないのだ。自分の周りのものをみんな片附けて了うのだ。そしてたった一人になってみると、今度は自分を片附ける、自分を殺すのだ、嫌悪の念から[4]」。

「よくもずけずけと人の中にはいる。恥を知れ、俗物！」クリムトは身に覚えのない台詞で、誰か自分を見る者を追い払おうとした。ニュータイプ？私、クリムトはふと浮かんだ言葉を訝しんだ。どういう意味だ？

追い出された私は、作業用にクリムトの画集から写真を撮っていた。顔認識が誤作動し、背景の螺旋に引きつけられ、顔を無視する（**図3**）。本人の涙はともかく、結局の所クリムトは顔に勝ったのかもしれないと私、僕は画面に微笑んだ。

《花嫁（未完）》

まだ仕上がってはいない。花嫁は**首を直角に曲げ**、**正面を向い**ているが、目をつむらせた。左側にいるのは女**性でいっぱいに詰まった袋**。一人だけいる男性が花嫁を見ているが、値踏みしているのか、寝息でも聴いているのか？袋の中で女たちはだいたい眠っている。が、中央の一人が**こちらを見ている。しかしその目線は斜視で**、**左目は横を向いている。いや、左隅でもう一人の女性が右眼だけで正面を、あなたを見る。**恐ろしい眼だ。パターンと廃棄物、大きくなってしまったものの死という運命を拒絶しつつ埋まっていく。結局のところ、パターンとは他の命であり、私の死が埋め込まれたものだ。つまり、死もまた落命し、堆積していく。

私の最終地点？　袋の余白は細胞や家のファサード、花、幼児などで**埋め尽く**され、**パターンなのか人物なのかが曖昧に**浸透する。**同じ図形を反復するはずの手は震え**、あるいは色を置換し、同じものの回帰を許さない。同じ式をただ繰り返すだけの式変形がありえないように。

私の絵は**巨大な余白に自己主張させる**絵と、**余白を埋め尽くす**絵に一応分類できるが、この絵は私が偶然死んだから、余白なのか塗り残しなのか分からない空間が花嫁（？）の右に拡がる。

（4）　小林秀雄「近代絵画」、『小林秀雄　全作品22』（新潮社）一七三頁より、ドガの友人への手紙。

図３　クリムトの絵をiPhone5で撮影中の画面。渦巻き部に大量の顔を誤認識している（長方形の枠六個）。

図４　クリムト《花嫁（未完）》1917・18

頭部を塗り残された右の裸体は誰か？　塗り残された頭部は、切断されたようにも、眠る姿を夢想する脳のようにも、あるいは、刑場に行く前に袋を被せられたようにもみえ、**両義的で**、だが重ね合わせだ。下半身では、今まさに描かれつつあるスカートのパターンが陰毛を覆い隠そうと努力している。**螺旋の輪郭**、塗られたパターンと、塗り残しの並置は意図せざる完成のようだ。セザンヌの塗り残しのように。**もはや輪郭を介して相互浸透する両義的な図と地**ではない。私が死は、私の発見した最後の操作か？

塗り残しというのは、どの絵でも似ている。真に破壊できない絵の真空とは、塗り残しなのか。

9

シャワーを浴び終わって、ふとホースに貼られたメッキの蛇腹を見ると、一本の筋が映っていたから、眼を近づけると、沢山のあたしだった。蛇腹一つ一つが鏡になっていて、それぞれに微妙に歪んで違う裸のあたし達が繋がっている。角度の関係でだんだん小さくなっていって、尖端にあたしの像は無い。肉の色をした線虫。線形動物門に含まれる動物の総称。回虫、鞭虫。寄生虫の展覧会で見たのかな。

それぞれのスナップショットが普段鏡に映る人型のあたしだとすると、それを時間方向に並べて繋げばやっぱり線虫になる。あたしは瞬間移動できないから、どこまでも一本の連続したくねくね管だ。線虫には節がないのが特徴らしいんだが、時間にだって節はないよ。奴らに比べてあたしも随分進化したもんだ、と思ってたけど結局は、時間の方向に伸びた線形動物だったんだと安心し、無意味でエロい気分になった。

モーツァルトのオペラで脚本を担当した人のことを、「偉大な天才の化石を宿した琥珀に紛れ込んだ蚊」とか書いてた人がいた。ひどい言い方だ。彼女はふと昼間の空想を続けた。あたしたちがみな時空に埋められた線虫の群れなら、それぞれの線虫からは糞だの尿だのがトイレを表す垂直線に向かって接続していく。便秘でなければ割と規則正しい格子になる。一方で、線虫のペア達が絡み合ってしばらく性的に結合し、その後、片方から枝分かれした線虫が伸びていく、そんな巨大な樹なのか根なのか、よく分からない叢が埋まった琥珀。

クリムト絵画にみられる操作の集合

以下は操作とその例。操作の代表例となる図像というよりは、操作が出現したなるべく早い時期の図像を選択している。数字は全集版の図像番号（ただし、ストクレー邸壁画はＨ１からＨ３とした）。なお、クリムトの完成している作品から、二回以上反復している操作を選んだが、恐らく網羅的ではない。またさらに整理、相互関係の抽出等が可能だと思われる。

・人を詰め込む→33　1884
・額縁と内容を絡める→34　1884
・横を向かせてカメラ目線にする→35　1885
・琴を持たせる→60　1890
・正面を向かせてカメラ目線にする→65　1890/1
・詰めた人を宙に漂わせる→81　1895
・直角に曲げる→82　1895
・頭部を菱形にする→87　1896
・余白に自己主張させる→101　1897/8
・渦巻きを入れる→101
・植物を入れる→101
・柱を反復する→110　1898
・異なるスケールを並置する→115　1898
・人を金で覆う→115
・詰めた人を流す→116　1898
・女を全裸にして直立させる→119　1899
・女に白い衣服を着せる→121　1899
・非常に高い位置に境界を置く→122　1899
・二等辺三角形を微妙に違うパターンで埋め尽くす
→128　1900
・非常に低い位置に境界を置く→131　1900
・菱形に眼を埋め込む→140　1901/2
・人を模様にする→141
・人の内部をパターンで埋め尽くす→150　1902/3
・輪郭を描き込む→154　1903
・図と地を浸透させ両義的にする→163　1904-7
・背景に直線的な切断線を入れる→168　1905
・異質なパターンで部分空間を作る→168
・パターンを少数撒く→170　1906
・対称性を少し崩してパターンを配置する→H1 ストクレー邸壁画の拡大図　1909-11
・パターン境界内部に別の生物を入れる→H2 ストクレー邸壁画の抱擁図　1909-11
・スケール不明のものが現れる→H3 ストクレー邸壁画の抱擁図　1909-11
・背景に柔らかい線で描かれた人物を撒く→196　1912

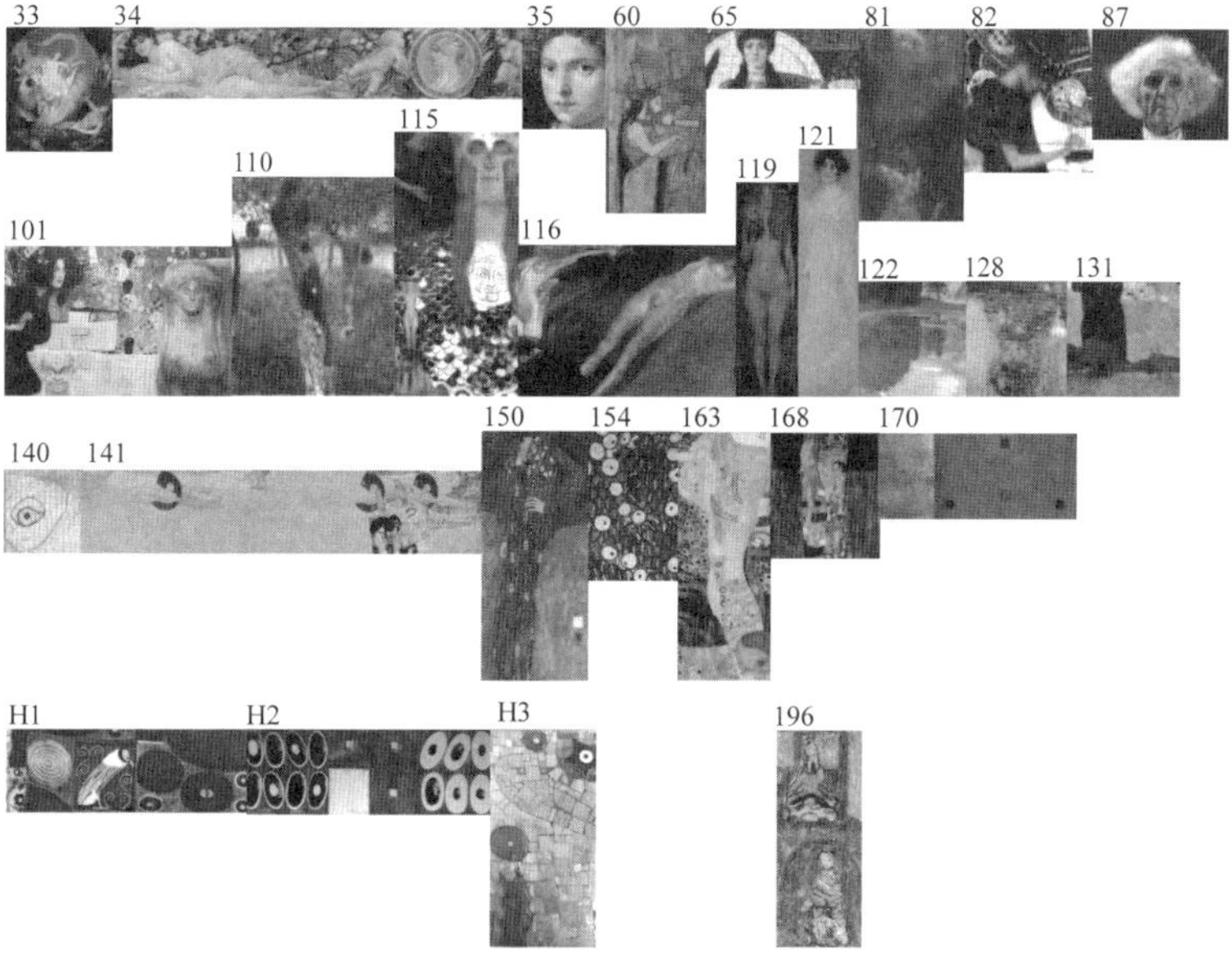

図5　クリムト絵画にみられる操作の集合

12　語尾としての人称と死：論考――『言語にとって美とはなにか』について

語尾と喩

読んでもらいたい文がある。

　a　海だ。
　b　海である。(1)

こんな些細な違いは、どうでもいいと思うだろうか？　いや、むしろ、どうでもいい違いを出してきた以上、当然どうでもよくないのだと裏読みしてくるのか？
もちろん、この違いはどうでもよくない。意味があるとすら言える。事実、そう吉本隆明は主張している。
誰かに読ませる文章を書いたことがあるなら分かるが、我々はいつもこの二つ、あるいは似た「ほぼ同じ意味だが、違う表現」の選択に悩まされ続けている。そうでなければ、ひとがあれほど細かく語句の校正に熱意を注ぐ理由がない。ただ、その時、ひとは一体何をしているのか？ それが分からない。吉本のコメントが見たくなる。

> ａでは、海という対象の指示性にあるひとつの強調がくわわっている。これがａの**内容**であり、この海という対象にむかってつよい意識の自己表出性がくわえられたものが、ａの**形式**である。ｂのばあい、**内容**は、海という対象の指示性が、助詞「で」によってある客観性を帯び、そのあとに「ある」という助動詞によって海の指示性が完了するものをさしている。ｂの**形式**とは、自己表出としての「海」という言語が「で」という助詞に接続されて持続し「ある」という助動詞によってひとつの完結感となっておわる言語の自己表出の展開をさしている。（中略）ａの「海だ」は、あるとっさのするどくよびおこされた〈海〉を想起させ、ｂではあるゆとりの像をあたえる。[*1]

多くの人は恐らく納得しないと思う。自分の母語に対し、ａとtheの区別に困る外国人へ説明するような、奇妙な文だ。恐らく、説明相手は自分自身だろう。もうひとつ引用を入れよう。

（1） 吉本隆明『定本　言語にとって美とはなにかⅠ・Ⅱ』（角川書店）（以下『言語1』『言語2』とそれぞれ略記する。また、全体に関しては『言語』とする）。引用は『言語2』二五二頁。

歯車が夥しくおちてゆく
神の掌より
杳なところ波があがる
い、い、い、
笛を吹けよ
雨にぬれた青い葦の葉
羊たちはのびたり縮んだり
廃園への道が見えなくなる
洋灯の内側を拭き
重なってくる蝶の翅をめくる
遅刻した短剣が月へ刺さり
花びらがしきりに溢れた（吉岡実「牧歌」）

（中略）

A１「笛を吹けよ」（言語原型）
A２「笛を吹けよ」（「牧歌」四行目）

たんに「笛を吹けよ」という言語の表現を想定しよう（A１）。これは正常な言語球面では〈笛を吹きなさい〉という表出を意味している。これが指示対象からどれだけのレベルにある表現かを問わなくても、はっきりとある正常な言語水準を想定できるものだ。(中略)「笛を吹けよ(A2)」は、対象を指示するものとしては〈笛を吹きなさい〉という意義しかもちえない。でも表現の総体の意味は、まったくちがっている。それは意識のとおいところに起る原像(中略)を、突然に現在の意志で破ろうとする自己表出を意味している。この自己表出と対象指示性としての〈笛を吹きなさい〉とが分裂してつくりだす雰囲気の総体をつかまえたとき、わたしたちは「牧歌」の第四行の「笛を吹けよ」の言語の球面をつかみとったことになるのだ。[*2]

こんどは全く同じ文だ。文脈が違うのだから当然、二つの文は違う意味だと一瞬考える。しかしながら、ここで重要なのは「突然に現在の意志で破ろうとする自己表出」という箇所だ。「笛を吹けよ」は一種の場面転換で、それは「喩」という、吉本の言語芸術論の核になる概念に連なってゆく。だが、その重要性はわかりにくいかも知れない。印象的な場面転換など通俗的な意匠に過ぎないとも言えるからだ。

どちらにせよ、筆者が思うに、吉本言語論の核は今の二例に像を結ぶ。つまり、対象指示性と自己表出性、そして、その間の分裂を結ぶ曲線もしくは球面。もちろん、ここでいう「像」という概念は吉本からの借り物だ。意味については後で触れる。

「死にとって美とはなにか?」という問いの開陳にあたっての予備的な考察について

「死にとって美とはなにか?」ということについて考えたい。『言語にとって美とはなにか』(以下、基本的に『言語』と略)という吉本の著作に、「死」を代入した言葉遊びにみえるだろう。が、筆者にとってこの問いは、それなりに重要な意味を持つ。

一番素朴な、しかし強力な答えは、「人はいずれ死ぬ。よって、その人が美を愛でようと、美を創ろうと、結局は無意味なことだ。あらゆる人の営みと同じく」というようなものだ。この意見は強い。最強で簡単だ。

たとえば、「いや、たとえそうであっても、美を残すことは、個人の生を超え社会に何かを残す。そこに意義があるのだ」という反論もあるだろう。もちろん、意義や美、社会という言葉を曖昧にしているが、それとは無関係に、この答えは、自己の体験を超えた文化やら社会やらに価値を見いださない、大抵の個人主義者にとって、無意味だ。美が社会に残ったとして、だから?という訳だ。

こんな事を考えること自体が「二流」だと言いたいかも知れない。ニーチェのワーグナーへの罵倒、ワーグナーは俳優であって、本物の芸術家ではない、なぜなら、彼は観客への「効果」ばかりを気にしているからだ、という言葉でも借りてくればいい。つまり、真の芸術家なら、こんな問いは立てないで、自分の表現欲を性欲同様吐き出したくなる。セックスの前に「死にとってセックスとはなにか?」と内省する必要は、さしあたってない。素朴な常識だ。だが、その「本物」というのは何だろう?

実はここが、今現在、吉本を読むにあたって意味があると思えた切り口だ。冒頭に挙げた例は、筆者の知る言語（哲）学ではあまり問われないが、実作上は重要な「語尾の選択」や「場面転換」にフォーカスしている。これらは、読者視点での、「スタイル」や「面白さ」の問題になるから、アカデミックな理論としては問われにくい。アカデミズムの中で、「好み」や「面白さ」は禁句だ。全ては誰でもない者の語りとして書かれる。

ところが、誰でも知っているように、「独自のスタイル・文体」を持つかどうかが、「本物」と「偽物」を分ける基準として、実際には使われる。「全ては引用と編集の織物だから、「本物」と「偽物」の区別に意味などない」という指摘も可能だ。が、そういう過剰な抽象を封じるため、冒頭の例を持ってきた。「編集」にしても語尾は選ぶし、場面転換も避けられない。

思うに吉本は、これらの「いわくいいがたいもの」つまり、「本物」とはなにかを理論的に考えた。「理論的に」というのが重要で、「スタイル」や「面白さ」を感じるだけなら、誰もがする。僕はあれが好き、こいつは全然詰まらない、読んだこと無いけど、なんとなく雰囲気で分かる。以上。という奴だ。

ただし、今考えたいのは「死にとって美とはなにか？」だから、「美」ともう一つ、「死」の為に切り口が求められる。幸い、吉本は『死の位相学』[*3]という、死の事ばかりの本も残している。もちろん他にも必要なテキストが山ほどあるだろうし、それは筆者も知っている。しかし対象をなるべく限定するのは、何かをやる常道だ。なるべく少なく、その分、対象に密着したい。「吉本隆明」に関する地図や見取り図が欲しいわけではない。

だから、この文章では対象を基本的に『言語にとって美とはなにか』と『死の位相学』に絞る。他の話も出てくるが、それは「吉本論」を仕上げるのに必要というわけではなく、先の問いを、今現在考えるのに必要な寄り道だからだ。

人は『言語にとって美とはなにか』などという、三十年以上も前の本は、今はもう古くさく無意味だと思うかもしれない。何しろ言語学や、言語を扱う科学もしくは哲学の数は、増えるばかりだ。ソシュール、認知言語学、形式論理方面、言語ゲーム、チョムスキー……。鳥の歌が言語の起源だという研究[*4]もあるし、文法と意味共同体の構造を同時進化させるシミュレーションまである。[*5]

しかし、筆者が関心を持つのは、「言語にとって美とはなにか」ではなく、「死にとって美とはなにか」だから、とりあえず、そうした言語についての言語は知らないふりをしておく。なお一応、「言語ゲーム」についでは前にさんざん書いている。[*6]

要するに、「指示性として意味がとれないのになお何事かを意味しているように見えるもの[*7]」、すなわち「吉本の美」が、死に対し、なんの意味があるのか、そして、その美が「死にとって、美になんの意味がある?」という素朴な常識に立ち向かえるのか、そこを考える。

とりあえず、「死」から始めよう。

「死の位相」

以前、ぼくのところに電話がかかってきて、名まえを出すのは気が引けるのですが、じぶんは三島由紀夫の娘さんと婚約している。でも三島さんが死んでしまったら何もいってこないというんです。ぼくなんかに話さないで直接いったらどうですかというと、何回もいったという。それで、どうして三島由紀夫さんの娘さんと婚約したのか聞いてみると、以前、海岸の波打ち際を歩いていたら三島由紀夫が向こうからやってきて、すれ違う時に目と目が合い、そのとき、娘との結婚を許してくれたんだというわけです。[*8]

でも今の文学作品では、死後の世界というようにあからさまに出てこなくて、むしろ精神異常のような異常の問題として出てきているようにおもいます。ぼくのところには、よくそういう人が訪ねてくるんです。いちばんありふれたものは既視体験ですね。（中略）その問題をいまの死後の世界の問題でいえば、おなじ意味あいをもつとおもいます。つまり、実際の体験として信じこまれた体験を、一種の空間的に置き換えたものだといえるわけです。[*9]

ありふれた幻覚なのだろうが、この話には、吉本の言う「像」、つまり「ギリギリのところでかろうじて共有可能な具体性」がある。それは、「生の内側から見た死」、その「像」としての「波打ち際を歩いてくる三島由紀夫」だ。

ところで、『死の位相学』所収の「触れられた死――序にかえて」という、死について吉本が、思想家達のなす「位相」、つまり配置として把握している文章がある。ここでそれを、あえて叙述順序を無視し、論理的な導出関係として図にまとめてみた。それが**図1**だ。

まず、図を描くには、「拡がった領域」が必要だが、吉本はフーコーの『臨床医学の誕生』からこれを持ってくる。「ある病的状態がつづく場合、「死化」によって最初におかされる組織は、いつも栄養が最も活発なところ（諸粘膜）である。次には諸器官の実質で、末期においては腱や腱膜である（中略）死は多様なものであり、時間の中に分散している」というあたりの記述から、吉本は「生体の死が、点や線で表現されるものと違って、領域として拡散され、いわば面を持つ」[*10]という認識を引き出す。

とりあえず、**図1**では、左下の「死という原点」から右上に伸びる矢印として、この認識（「面としての死」）を表現してある。原点に潰れていた死が、この突っ張りによってプロセスになり、面を得る。

次に原点は、「偶然かつ固有性としての死」を表現している。吉本は、この「死」に関して、「（前略）いつ刑の執行される日がきてもいいようにと、「毅然として処刑に対する心がまえをなし、絞首台の上で取り乱さないように」と覚悟性をかためた死刑囚が、流行のスペイン風邪にかかってぽっくり「死んだ」[*11]」というサルトルの寓話を使う。読者はこの引用に二つの意味を見て取るはずだ。一つは「単なる偶然としての死」、もう一つは、「自らの死への覚悟性」という概念。前者は、偶然として無意味ではあるが、「誰もかわってやることができない（＝固有性）」、そういう意味での死で、これがサルトルの位置として、原点を指定する。ちなみに、この死が「誰にでも平等に訪れる」ということを強調すればブランショになる。

一方、死を見つめる「覚悟性」はハイデガーの位相を定める。つまり、死がたとえ偶然だろうが、死への覚悟というのは、その偶然とは別の場所に描かれるべきだろう。それをこの図では、「類」と書かれた横軸から出発し、死の原点方向に向かった後、縦軸の「個」にぶつかり、再び「類」に落ちる曲線で表現している。

（原点としての）「生物学的な「死」を全体的な「死」と見なすことを拒否しようとして、ハイデガーは、

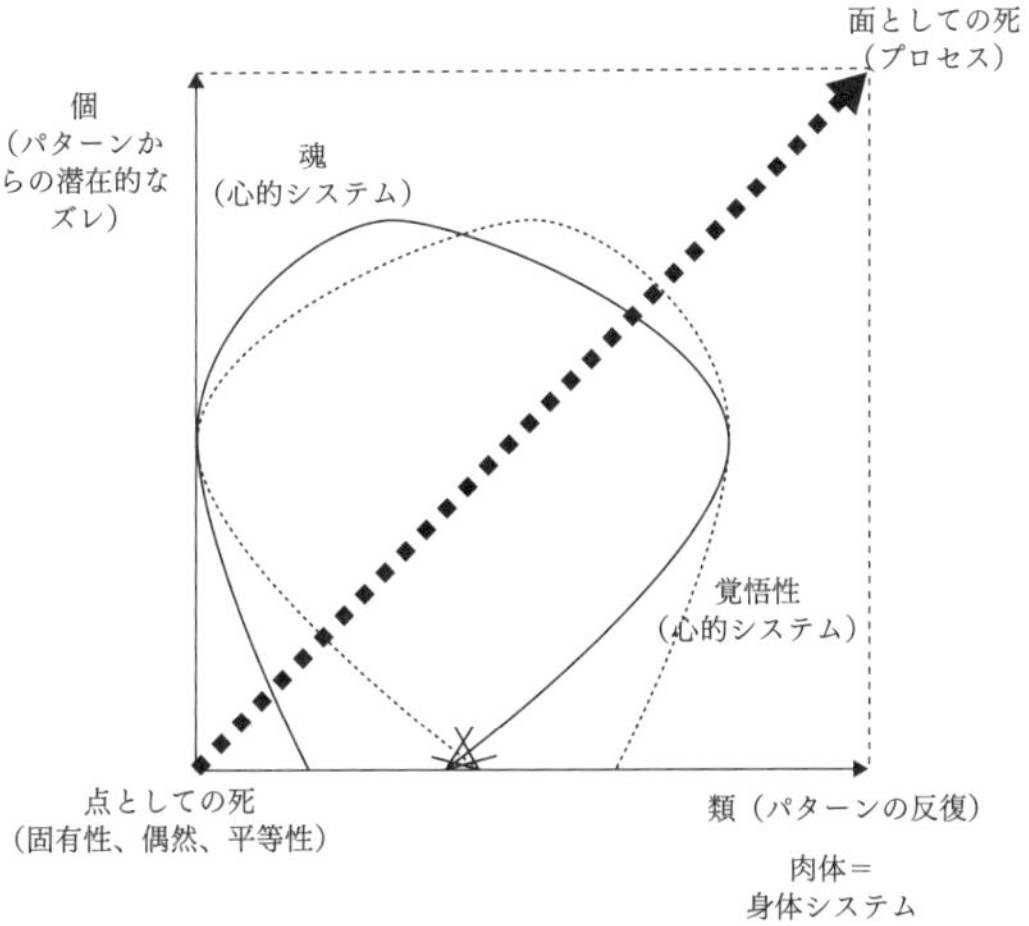

図1　死の位相

終わりへの存在としての現存在の未済性を、意味づける考案をはじめた」[*12]「ハイデガーでは「有限性」も、また「死」も、人間存在が「概念」を生み出すことを、身体とその内部にある「生」の周辺で遂行するやいなや、産出されるものだと見なされている」[*13]。この文脈では「有限性」や「死」はほとんど同義語とみていい。「終わりへの存在」だから、原点＝死を目指し、だけどもそれが個の軸に当たって、それぞれに固有な「概念」としての「覚悟性」を産出することで、再び身体＝「類」＝（概念としての）共有可能性の場所に戻る。一応図の曲線では、それでも出発時点よりは、死に近づいているわけで、これを無限に繰り返すプロセスとして、ハイデガーは死を捉えたと吉本は書く。

　突然「身体＝類」と言われても、何のことか分からないだろう。それも当然で、これは吉本流のヘーゲル用語だからだ。ちなみに、ここまで書かれた哲学者たちの位置取りの正しさは、この文章では関心の外にある。興味は、このように哲学者を選び、並べた吉本隆明という人だ。「類」に戻ると、「生あるものは死ぬ。なぜなら、それは即自的には普遍者であり類でありながら、直接態においてはただ個としてのみ現存するという矛盾だからである」[*14]という引用がある。普通の言葉で言うと、たとえば恐らく読者は、「ホモサピエンス」というある特定生物種のパターン（＝類）だが、同時に、他に取り替えのきかない存在（＝個）でもある。この事実（ヘーゲル的には「矛盾」）が、結局「人は全て死ぬ」「君は人である」「君は死ぬ」という三段論法経由で読者に死をもたらすだろう。ここから、**図1**では、「類＝パターン＝繰り返し＝共有可能性＝身体システム」[(2)]という横軸と、取り替えがきかない存在、あるいは常にパターンから逃れる余剰としての「個」、という縦軸を取り出している。

さて、ハイデガーでは、曲線は「類」から出発して、「死」の方に向かった。だが、普通人間が概念を考える時には、生きるために、与えられたパターン（自然、肉体）について学習するわけだから、むしろ方向が逆で、死から遠ざかる方向に向かう、「類＝パターン」への個別的言及に名前をつける必要がある。死を向いたハイデガーの「覚悟性」に対し、吉本は、この逆向きの曲線を「魂」と呼ぶ。[(3)]

そして、「覚悟性」と「魂」は次のように関係する。「ヘーゲルにおける身体の「輪郭」の複製概念である「類」概念は、ハイデガーでは消失している。だが、（中略）現存在を終わりへの存在としている先験的な「死」の流れとして、いわば反転をうけながら存続している」[*15]。ちなみに筆者はこの引用文に、逆向きの矢印を描いた後で気づいた。この事実は、筆者が吉本概念の位置関係を把握できていることの証拠になるかもしれない。ちなみに、歴史的に後のフーコーが、図の面を開いたというのは、ある意味おかしいから、最初に「論理的」と断った。

さて、これで死の位相図に関する説明は終わりだが、納得いかなかったら原文を読んで欲しい。しかし、こんな図が、「死にとって美とはなにか?」を考えるとき、何の訳に立つのだろうか?

実は、そのヒントが、「「魂」は「肉体」という外面的なものの、対自的な普遍性のことであり、また「肉体」の特殊な凝集物であり、また「無限の否定性」としての個を意味している」*16という吉本の文章にある。

個の軸に反射する「魂」と「覚悟性」の曲線が「死の位相」のいわば主役だが、換言すれば両者が「無限の否定性」としての「個」となるわけだ。この曲線、いわば「形のある否定」をキーにして、死から言語に帰ることにしよう。

曲がった否定としての美

『言語にとって美とはなにか』からとった**図2***17を見てほしい。吉本の読者にとっては見え透いた展開だが、死の位相(**図1**)は、そのまま『言語』に出てくる図を予期して軸を設定していたわけだ。もっとも、この図は前と似てはいるが、軸の名前が違う。まず、「類」にしておいた横軸には、「指示表出性」

(2)「身体システム」としてのオートポイエティック・システムと考えても良い。その場合、**図1**は、「心的システム」と「身体システム」の「構造的カップリング」という概念を表現する図ともいえるかもしれない。さらにいえば、その意味で、この形をした図は「心身問題」のバリエーションと対応するだろう。
(3) 心的システムと言ってもいい。

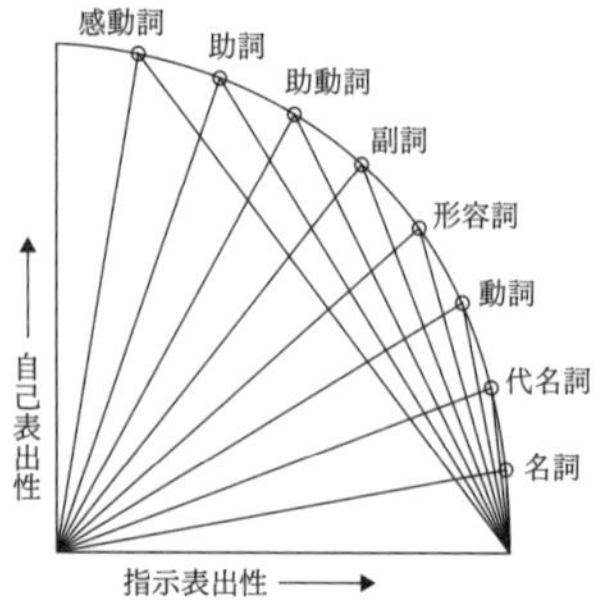

図2　品詞と二つの軸

という名前がついている。一方で、縦の方は、「自己表出性」だ。概念定義から始めていると長くなるから、読者の文法的知識をあてにして短く説明させてもらう。

この図は品詞のプリズムになっていて、「自己表出性」軸に一番近い品詞が「感動詞」、逆に「指示表出性」軸側の極限が「名詞」となっている。語彙の対象が、発話者自身の内部に向く一種の自己言及である「自己表出」と、外部に向いている「指示表出」の成分比で品詞を分類して並べたわけだ。吉本は理系で、これはまさにプリズムによる光の分光からヒントを得たのだろう。ちなみに、精神分析やオートポイエーシスの議論だと、全部言語による自動作動か、全部自己表出かの極端に傾きがちだが、ここで吉本が描くのは、品詞ごとの「アクセント」だからそうした議論とはバッティングしない。**図1**との対応も明らかだと思う。要するに「名詞」は誰でも「共有可能な指示＝類＝横軸」、「感動詞」は、逆に「共有不能な個＝縦軸」という配置だ。

こうやって、この図と死の位相図をマッピングすれば、『死の位相学』を『言語』の中に埋め込むことができる。しかし、なぜ吉本はこんな図を描いたのだろう？　その答えは恐らく次の考えにある。

人間が何ごとかをいわねばならないまでになった現実の条件と、その条件にうながされて自発的に言語を表出することのあいだにある千里の距たりを、言語の自己表出（中略）として想定できる。（中略）これが人間の言語が現実を離脱していく水準を決めている。それとともに、ある時代の言語の水準をしめす尺度になっている。言語はこのように、対象にたいする指示と、対象に対する意識の自動的水準の表出として言語の本質をつくっている。[*18]

ちなみに、吉本は自己表出性度が高い品詞（感動詞、助詞、助動詞など）ほど、歴史的変化が大きく、逆に名詞や動詞は変化が少ないという事例も引用している。[*19] だからこそ、自己表出は「ある時代の言語の水準」を示すという着想も出るし、冒頭のような「である」と「だ」へのこだわりも生じる。引用文での「自己表出」が、死の位相図でいう「魂」や「覚悟性」とほぼ同じものだというのも分かるだろう。どちらも、指示表出＝現実の条件＝類＝共有可能性から出発して、個を経由し、再び言語という共有可能なものに戻す曲線だ。そして、曲線は「個」に接するから、その時代に「類」として共有されている指示表出では表現できない。だからこそ、それは「千里の距たり」を持つ。

もっとも、これは普通の「覚悟性」解釈とは、ずれていく。たとえば、先に出てきた「三島由紀夫」はこの考えでは「覚悟性」の具体例ということになってしまう。先にあくまで「吉本」の読みだと断ったのはそういう理由だ。ちなみに吉本にとっては、文学、あるいは言語的美の歴史というのは、この自己表出レベルが時代ごとに変化していくことで、『言語』はその膨大な例証で埋められる。

この辺りの事情が吉本の**図3**[*20]だ。曲線ａは指示表出性に重点を置いた表現（「意味」と呼ばれる）、一方

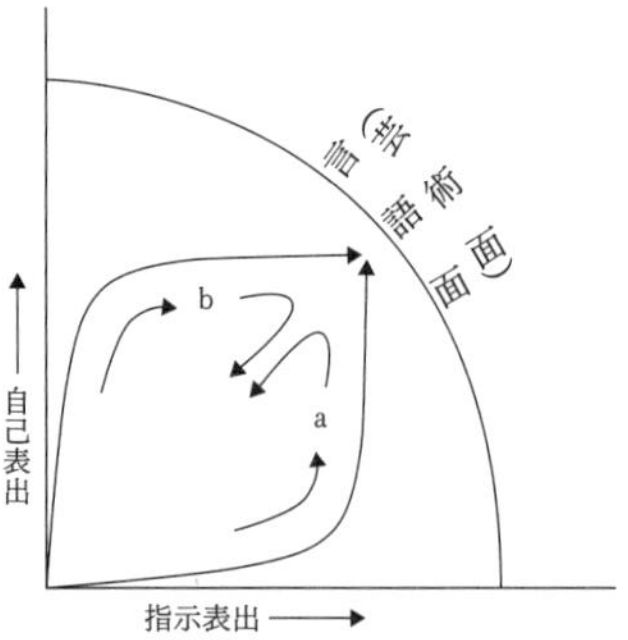

図3　芸術（言語）面

bは自己表出性に重点を置いた表現（「価値」と呼ばれる）を示していて、それらで張られた曲線が「言語面（芸術面）」と呼ばれている。[4]

A　わたしの表皮は旱魃の土地よりも堅くこわばり、（「貝のなか」原文）

B　わたしの表皮は堅くこわばり、

Aという文章の言語価値は、「わたし」という代名詞の自己表出（もちろん「わたし」は自己表出と指示表出を持つ言語構造だ。以下の品詞でも同様である）と、「の」という助詞の持つ自己表出、「表皮」という名詞のもつ自己表出、「は」という助詞の持つ自己表出、「旱魃」という名詞の持つ自己表出、「の」という助詞の自己表出、「土地」という名詞、「よりも」という副詞……の自己表出の関係からみられたこの言語の総体をさしていることになる。（中略）

Aの文章で、「わたしの表皮は」という語の自己表出の関係は、ひびわれた土地のイメージをしめす「旱魃の土地よりも」という語の自己表出にくらべられ、そのあとで、「堅くこわばり」という状態をしめす自己表出にうつる。（中略）ひびわれた土地の像《イメージ》に表皮が連合されて、それだけ自己表出とそれにともなう像の指示性は影響され、つよめられ、したがって意味もまた変化をうける。（中略）おそらくソシュールのプログラムには自己表出としての言語はないのだ[*21]。

さて、またしてもAとBだ。ここで反射的に、「自己表出」もまた言語による効果であって、「指示表出」との違いは原理的にはないと言いたくなるかもしれない。が、これはあくまで力点の違いだと吉本は断っている。

むしろ、ここで面白いのは、吉本による極端な分解趣味と、それぞれの文節を、自己に向けた観測と、外（＝共同性）に向けた観測との成分比で計量する考えだ。ここには、「観測の連鎖としての言語」、という観点がある。だからこそ、自己観測に力点がある文節と、指示表出に力点がある文節という区別が重要になるわけだ（もっとも、この例では、指示表出に力点のある文節は出てこない）。

こういう、自己への観測と他への観測というニュアンスに注目すると、どういう御利益があるのか？今は『言語』を考えてるわけだから、それがどう言語の美に関係あるか、知りたくなるだろう。

（4）ただし、吉本の**図3**では、曲線は「個」から出発することも許されている。一方、筆者の**図1**では、全て「類」→「個」→「類」と推移する。ここには、そもそも言葉を使う以上、「類」からしかスタートできず、さらに最終的に言語になる以上、「類」に戻らざるを得ない、という筆者の解釈と、「魂」「覚悟性」の形態的対称性を重視したという事情がある。また、**図1**では、**図3**以外の、『言語』にある図での向きを持たない曲線群と、形状を揃えている。これは**図3**では、言語面（芸術面）とされるものに相当する。

吉本にとって、「言語の美」は、発話者＝観測者の位置からしか定義されず、読者＝観察者の方からは定義されない。吉本の出す例は膨大だが、吉本の話が「詩」専用と思われないよう、散文から例をとる。

（1）黒い異様な臭気を放つ穴の近くで珍しく通りかかった男が、今日は二十日ですか、二十一日ですかと彼にきいたが、彼がこたえようとする間もなくふうふうといいながら返事もきかずに通りすぎていき、そのときはじめて仲代庫男の眼の中に涙があふれた（井上光晴「虚構のクレーン」）。

「黒い異様な臭気を放つ穴の近くで」は、自己表出としてはへんな臭いのする穴をちかくで視ている位置をしめしており、そこへひとりの男がきて、つぎに作者は〈男〉になりすまして「今日は二十日ですか、二十一日ですか」と〈彼〉にたずね、ふたたび作者は〈彼〉に転換してなにかこたえるコトバをこしらえようとし、そこでまた〈男〉にのりうつって「ふうふう」いいながら通りすぎていき、さいごに作者はじしんの位置にかえって〈彼〉が仲代庫男であることをあきらかにしながら、その眼から涙をあふれさせる描写でむすんでいる。

じつに、複雑な場面の**転換**をひと息にかいている（中略）これが言語の美の表現になっているとすれば（中略）概念的な意味を、視覚や嗅覚や聴覚をよびおこすようなコトバをくみあわせて、あるときは文中の「彼」に、あるときは通行人の「男」に、あるときは作者の位置に**転換**しながら表現しているから（中略）そして、この**転換**は像または意味の**喩**とよびうるまでに抽出される以前のかたちを持っている。[*22]

吉本が意図している発話者＝観測の軌跡とはこういうもので、普通の意味では「美」ではない。こういう観測視点（＝基底）[5]変換の連続がなすグループを意図して、恐らく吉本は「曲面」や「曲線」という言い方をしているはずだ。ここで出てきた「喩」についても、続けて吉本は散文の例を出す。

（2）僕ら、村の人間たちは、《町》で汚い動物のように嫌がられていたのだし、僕らにとって狭い谷間を見下す斜面にかたまっている小さな集落に、あらゆる日常がすっぽりつまっていたのだ（大江健三郎「飼育」）。

村の人間が〈町〉でいやがられていたという述意を、まず「村の人間たち」を「汚い動物」に意味的にむすびつけ、「汚い動物」にたいする嫌悪感を「嫌がられる」という動態をつよめるために使っている。意味的な喩だが、そこには像的なものをふくみ、さらにもし「汚い動物」を〈汚い豚〉とか〈汚い牛〉というようにかけば、像的喩としてのアクセントは、つよくなることはいうまでもない。「あらゆる日常がすっぽりつまっていたのだ」は、〈あらゆる日常生活がひっそりと孤立した集落をなしてたえまなく行われていた〉というほどの意味だが、日常生活というものへの作者

（5）第9章も参照。

の意味的なつかみかたが「つまる」という動詞の意味とむすびついてこの意味的な**喩**ができあがっている。

ここには、場面の**転換**の複雑さはないが、すでに散文における**喩**として抽出できるような意味的な連合があり、それはゆれうごくような動的なふくみを文章にあたえている。[*23]

「像的」と「意味的」な喩の違いはあとで説明する。結局、「吉本にとっての言語美」をまとめると、次のようになる。

言語の表現の美は作者がある場面を対象として**えらびとった**というところからはじまっている。これは、たとえてみれば、作者が現実の世界のなかで〈社会〉とのひとつの関係をえらびとったこととおなじ意味性をもっている。そして、つぎに言語のあらわす場面の**転換**が、えらびとられた場面からより高度に抽出されたものとしてやってくる。この意味は作者が現実の世界のなかで〈社会〉との動的な関係のなかに意識的にまた無意識的にはいりこんだことにたとえることができる。

そのあとさらに、場面の**転換**からより高度に抽出されたものとして**喩**がやってくる。そして**喩**のもんだいは作者が現実の世界で、現に〈社会〉と動的な関係にあるじぶん自身を、じぶんの外におかれたものとみなし、本来のじぶんを回復しようとする無意識のはたらきにかられていることにに ている。[*24]

吉本は、こういう複雑な発話者の自己観測が、どういう風にできあがっていったのか、『言語1』では大ざっぱにいって近代、『言語2』では、手に入る限りの古い時代から遡って再構成していく。さらに『言語2』では長い文章特有の美として「構成」という概念も追加される。

「構成」の説明は長いから短い引用で済ますが、要するに「なぜaの次にbが、bの次にcが択ばれたかという自己表現のうつりゆきのありさま」と、対になる形で、「かわりめからみられたa・b・c・d……iは、指示の表現のすがた」があって、最初の自己表出性順序（たとえば複数の喩）の「うつりゆき」から見られた、指示表出性順序（たとえば意味的繋がりをつくる接続詞とか、意味の分かる動機付けなど）の「かわりめ」を「構成」と呼んでいる。[6] いわば、$\frac{\text{意味的繋がり}}{\text{「喩」の連鎖}}$のような分数、あるいは巨大な比喩として、吉本は「構成」という言葉を再定義している。[7]

ドストエフスキーの散文を「美しい」と評する人はあまりいない気がするが、吉本の観点からすると、それは恐ろしく「美しい」。自分の発話、自分の発話に対する相手の反応の予測、その予測をしていることを察知されることの予測……のように、発話と観測者の位置どりの結び目絡み目が、彼ほど複雑な軌跡を描く作家も珍しいからだ。[8] 逆に、するどい観察眼で風景や心理の綾を発見するような、常識的な「美」は、「吉本の美」にとって最初の「選択」にしか関係がない。

ここまでの例で分かるとは思うが、吉本の言語論は、いわば、「ニュアンス」の理論、いわく言い難いけどなんとなくいい、というような、普通「好み」や「人それぞれ」の領域にあるものを、作り出す

（6）『言語2』三一〇頁。該当箇所に数頁にわたって具体的な説明文と引用があるので興味がある方は参照のこと。

仕掛けについての理論になっている。それが「いわく言い難い」のは、自己表出性（個）が、その時代ごとの指示表出性（常識＝類）に入りきらないものとして前提されているからだ。もちろん、そんなものはなくて、自己だと思っているものが、結局、社会システムや類のみせる錯覚だという反論はありうる。ただ、吉本の言う「個＝発話者」と、「自己や私」はじつは重ならない。それはたとえば、こんな例に現れる。

「お前は錯誤の連続した結晶だ。」
私は反り返って威張り出した。街が私の脚下に横たわってゐると云ふことが、私には晴れ晴れとして爽快であった。私は樹の下から一歩出た。と、朝日は、私の胸を眼がけて殺到した（「無礼な街」）。

動かぬ列車の横腹には、野の中に名も知れぬ寒駅がぼんやりと横たわってゐた（「頭ならびに腹」）。

（中略）これらの断片が鮮やかにしめしているのは、表出の対象が等質だということだ。（中略）朝日が「私の胸」に殺到し、寒駅がぼんやり列車の横腹に横たわっているという主格の転倒によって、もともと対象の主格性が交換可能なものにすぎないことをあざやかに啓示した。
おそらく、そういう表出の根源には解体してしまった〈私〉の意識からは対象は自然であれ人間であれすべて交換可能な相対性にすぎないという認識がひそんでいた。（中略）〈日の光〉や〈寒駅〉

に表現のうえで自意識をあたえることが不自然ではないという文体革命のうえの事情がかくされていた。[9]

つまり、私と対象が交換できる程[10]、「自己」が社会システムやら「他者」やらに分解され尽くされて

(7) $\frac{\text{シニフィエの連鎖（＝意識、意味）}}{\text{シニフィアンの連鎖・比喩（＝無意識、無意味）}}$のようなラカン的な図式を連想させるが、吉本では、「喩」が自動的なものではないので、$\frac{\text{意味的繋がり（＝意識的・無意識的、意味）}}{\text{「喩」の連鎖（＝意識的、意味と無意味の境界探求）}}$であり、意味や無意識の配置が異なる。構造主義、あるいは無意識が主体であると考える人なら、前者を採るべきだろう。だが、後述する議論を考えると、吉本は恐らく前者に同意しない気がする。

吉本と違い、ソシュールには分母と分子を分ける観点がない。どちらも単なる「言語活動」で、同じだからだ。したがって、吉本の分子、分母どちらにも、ラカンの分子分母両方を含ませる必要があると思われる。その場合、関係は、$\frac{\left(\frac{\text{シニフィエの連鎖（＝意識、意味）}}{\text{シニフィアンの連鎖・比喩（＝無意識、無意味）}}\right)}{\left(\frac{\text{シニフィエの連鎖（＝意識、意味）}}{\text{シニフィアンの連鎖・比喩（＝無意識、無意味）}}\right)} = \frac{\text{意味的繋がり}}{\text{「喩」の連鎖}}$となる。前者が分子分母（実際の言葉としては違うので、形式的には）等しく1になってしまうことが、吉本とソシュール・ラカンの違いを象徴する。吉本にとっては、分子と分母は等しくない活動であり、1にできず、そこに「構成」が生まれる。が、後者には、両者を区別する権利がない。この、あるかなきかの分子分母のずれ、それもまた「個」の定義といえるかもしれない。

ただし、吉本では分母の探求プロセスが曲線または曲面、そしてラカンにとっての無意識もトポロジカルな表現を持つ。「無意味」に関し、どちらも恐らくは独立にトポロジー的表現を用いたのは興味深い。

(8) 「吉本の美」を表現するのに適しているのは、曲線（恐らく吉本の意図では曲面と同意義）ではなく、むしろ結び目・絡み目なのではないだろうかという視点もありうる。『吉本隆明論集』（アーツアンドクラフツ）所収の拙稿はこの辺りを展開した「構成」論。

(9) 『言語1』二八五—二八六頁

(10) 第4章のバイアスと詩を論じた箇所も参照。

も、なお「個」は残る。思うにこれは、吉本の考えている「個」が、「類」から溢れてしまう潜在性[11]、「パターン」を定義した瞬間、そこから逸脱するものを意味しているからだろう。だから「私」や「内面」が「類」になれば、また別のものが「個」になる。これは恐らく原理的に防ぐことができない。この意味では、表現というのは無くならないし、終わるということはないのだろう。吉本が、「喩」を、回りくどく「社会システムと自己の関係表出（「場面転換」）が、個と持つ関係に対する観測」として定義したことの意義がここに出てくる。

『言語』に出てくる図を列挙してみた（**図4**）。まず、右列は『言語2』に出てくる図を下から上に時代順で積んだレイヤー＝層だ。図の接続は、過去の「芸術面」にある山＝曲線の頂点部分が、次の時代の常識として一番下に来ることで行われ、だいたい曲線についた番号ごとに辿っていけるようになっている。それぞれの曲線の意味は紙幅がないから説明しない。吉本は古代から、前近代ぐらいまでの言語面を、このようなレイヤーとして把握した（一方、同時代で、「横」に並列するのはほぼ「ジャンルの違い」に近い、表出のあり方の差異だ）。

そのような接続方法が**図4**の左下に描かれている。時代が縦軸になっていて、ある時代に共有されている自己表出・指示表出の領域の上に、「像帯域」という領域がある。この意味は、要するに像帯域にあるものが、その時代で共有された指示・意味ではないということで、だからこそ、「像」に関して、ギリギリ伝わるかどうかの際にある、ということが起きる（「仮像領域」は、逆に、過去の像領域に関し現在の見方から想像で理解しようとすることだ）。つまり、前の時代の「像帯域」が、次の時代の共有性領域に貼り付けられ、右図は積み上がっていく。

前に筆者は、ある詩人のテクニックを「退行」と呼んだことがあった。[12]『言語』は、ある意味、歴史的に人が次々に繰り出す「退行」のパターン分類でもある。[13]それが「パターン」だというのは、たとえば次のような状況描写をみればいい。

いわゆる昭和の〈文芸復興〉期のもんだいは、表出史としてみればあたらしい**文学体**と**話体**とが分離してふたつの極がひっぱられた言語空間が、かつてない規模でひろがり、また空間で融着したことであった。はっきりした分離にとどまらなかったのは、〈私〉意識の解体と劃一化のおそれが表出のうえの高度な意味をふくんで作家たちの存在感をおびやかしたため、**文学体**への上昇も**話体**への下降の意味も、ともに作家たちに不安をあたえたからだった。ここに、横光利一のいわゆる「純文学にして通俗小説」という理念が生み出され（後略）。[*25]

こういった分布の傾向が語っているのは、中核だけをいえば**文学体**の横滑りとか拡散とか風化とかいった消極的位置づけとしていうことができる。（中略）解体した〈私〉意識を対象にするすべを見うしなった文学者たちが、濁流が海にそそぐように**話体**へと氾濫していったことだった。[*26]

（11）この潜在性は、ヴィトゲンシュタイン゠クリプキの言う「プラス・クワス問題」や「フレーム問題」と関連するのではないだろうか。関連する筆者の論考が、第4章と第9章にある。
（12）第4章を参照。
（13）その意味で、『言語』はドゥルーズの『シネマ1・2』と、問題意識も結果も似通っている。

ここでいう「文学体」と「話体」は、**図4**左上にあるような関係にある。その時代で「話し言葉」として常識的に流通する言葉を使う表現が話体、逆に、文学的なレトリックや、誰にも通じないかも知れない「像」を使うのが「文学体」だ。

引用した議論は第二次大戦前だが、「文学体」を難しい芸術映画やら現代美術、「話体」を、ラノベ原作アニメなどに置き換えれば、まるで現代の話にみえる。たとえば、ラノベやアニメ、テレビドラマは、徹底的に指示表出性を強制されるメディアだ。別の言葉でいえば、「意味が分からないかもしれない」シーンを、極限まで減らすことを求められる。そこに「謎」があったとしても、答を隠してあるだけで、そもそも伝達可能性があるかどうか不明の「像」に対する「喩」ではない。

「文学体」と「話体」は、上下関係を意味しない。「言語空間」が「かつてない規模」で「両極にひろがり」、というのは、両方がそれぞれの方向で深化していったことを意味するし、「融着」は、深夜アニメが現代美術的な仕掛けをもっているような事態を意味している。「話体へと氾濫」も、結局は、そういう「中間小説」的なものが過剰に生産されている現在と呼応する。

> 劇的関心は急速な進行、活溌な拍子を要求する。それは内在的な落下の加速度とでも呼びうるものである。(中略)それに反して、抒情詩的あるいは叙事詩的契機が一方的に有力になればなるほど、そのことは一種の麻酔として現われ、これがシチュエーションをまどろませ、劇の経過と進行を緩慢に重苦しくする。劇の急進性はオペラの本質には属さない。ある種の停滞、ある種の時間・空間における自己完成が、オペラ固有のものである。[*27]

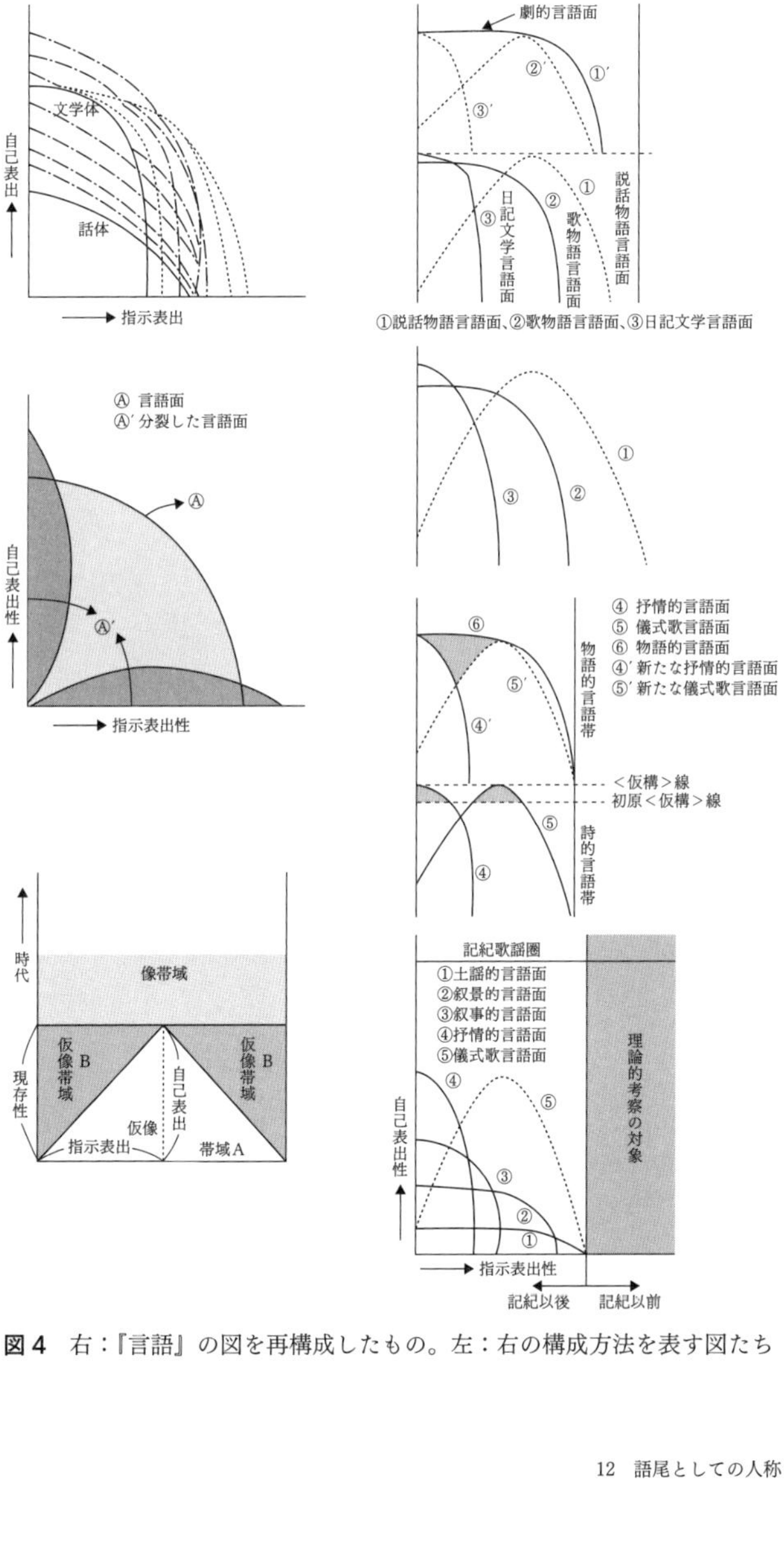

図4　右：『言語』の図を再構成したもの。左：右の構成方法を表す図たち

キルケゴールの言葉だ。演劇を話体（＝指示表出）、オペラを文学体（＝自己表出）と読めば、今の指摘と変わらない。現代がどういう状況になっているかは、オペラとアニメの売り場面積を比べてみればわかる。その比は、「急速な進行」を「面白い」と感じ、「停滞」を「つまらなさ」とする人が多いことを意味するだろう。

読者は思うかも知れない。そもそも、吉本には「読者」がいない。美の定義でも「消費者＝読者」は美の視野に入ってこない。だから、横光の「中間小説」がたんなる通俗化や風化にしかみえない。実際この時代の吉本には、後から考えると不思議な位の先端主義、異様な「通俗もの」差別がみられる。(14)ところで『死の位相学』では、キューブラ・ロスの『死ぬ瞬間』*28という、死ぬ直前の人々に対するドキュメントが大きくフィーチャーされている。その主張は、

つまり「死ぬゆく過程のチャート」で、致命疾患が伝えられると、まず衝撃をうけ、次に否認、それから怒りと憤りが支配する。ついで抑鬱（準備的悲嘆）、最終受容へと移行するというのですね。（中略）この仕事には思想的な意味があります。というのは、これが死への過程でありながら、〈生〉の型というか、〈生〉の凝縮した場合と近似した形だということです。（中略）〈死〉とは生を凝縮した形で繰り返すことなんだと結論できています。(15)

つまり、生きている過程で事件に出遭う仕方は、死というギリギリの極限で演じるものとおなじだということがわかります。これは文学、あるいは小説の根本にある問題でもあります。（中略）さ

まざまな作品を、根本のところで成りたたせている要素は、いまの五つの段階だということがわかります。（中略）それは内面的な動きとして含んでいるか、事件の筋書として、つまり物語の転回の仕方として含んでいるか、それはさまざまであります。また筋書としても、心の動きとしてもそれを含んでいないようにみえる作品もあります。しかしそのばあいには、いまの五つの段階の三つくらいは抜いてあったとか、四つくらいが逆接的に抜いてあるということです。[*29]

……というようなものだ。

このドキュメントは、ハイデガー的な「死に向かう視線＝覚悟性」への特権視に足払いを食らわせる。つまり、死に対するプロセスが結局みな似たような「パターン＝類」になるなら、ある人にとって最も固有なものであるはずの「死を見つめる＝覚悟性」も、たんなるパターンになるからだ。だから「ロスの記録の意味をかんがえてみると、そうしたハイデッガーの思想系列に対するアンチテーゼになっている」。[*30]

先に「死の位相」を定義した時に、面を横切る曲線・曲面が、死へ向いた「覚悟性」、もしくは、死から離脱する「魂」と呼ばれていたことを想い出して欲しい。そして、この引用では、吉本の言語美も、結局、同じ曲線、「覚悟性」または「魂」に帰着しているともいえる。

（14）『言語1』三三五、三四五、三六九、三七五、三三八頁など。至る所にみられるが、あまり意味はないので引用はしない。

（15）『死の位相学』三二一―三二三頁。なお注（8）に挙げた拙稿も参照。

また、吉本の場合、指示表出は、横軸にほとんど接したような言語表現、たとえば「機械のマニュアル」を意味している。一方、吉本の**図4**では、縦方向にレイヤー＝層がある。これはある時代で自己表出性の先端だった表現が、次代では、指示表出の横軸（類＝常識）に回収されているとも読める。だが、自己表出が、別の時代で指示表出として回収されていくなら、そもそも、なんのために、吉本の美や、指示表出と自己表出の区別があるのだろうか？　さらにいえば、吉本の先端主義は、どこに根拠を持つのだろう？

『死ぬ瞬間』によってハイデガー的な思想を相対化する吉本は、同時に、自身の「レイヤー＝層」と「尖端主義」の矛盾を無視しているようにみえる。

美と構成、死にとって美とはなにか？

これ（＝芸術：引用者注）を表現したものは、じっさいの人間だ。それは、さまざまな生活と、内的形成をもって、ひとつの時代のひとつの社会の土台のなかにいる。その意味ではもちろんこのあいだ（形式＝じっさいの人間と、内容＝社会の土台：引用者注）に、橋を架けることができる。この橋こそは不可視の〈かささぎのわたせる橋〉（自己表出）であり、芸術の起源につながっている特質だというべきだ。[*31]

「かささぎのわたせる橋」が、あるか無きの繋がり、「ありそうもないこと」の「喩」と分かるだろう。

なにしろ、「像」が受け入れられるかどうか、最低でも一人の理解者を得るかは、曲線＝橋を描くまで全く分からない。これは、今までの定義から必然的にそうなる。「類」でないもの（あるいは類のはらむ潜在性）として「個」があり、それをもう一度「類」としての「言語」に埋め込むのが「吉本の美」だから、それが伝わる（再び「類」になる）かどうかは、やってみなくては分からない。

しかし、なんのために、頼りない橋をわざわざ渡るのか？　もっと手堅い橋もあるだろう。所詮は次代の常識に過ぎないのだから。というのが、前節最後の問いだった。ところで、プルーストは、こんな事を書いている。

（「私」は、恋人アルベルチーヌを失い、やがて忘れた。それは自分自身を彼女より愛していたからなのか？という「私」の自問）いや、それは私が、彼女と会うのを止めたから愛すのも止め、一方で、私自身への日常的リンクは、アルベルチーヌへのリンクとは違って切られなかったから、私を愛するのは、止めなかったということだ。だがもし、私の体へのリンク、私自身へのリンクも切られたら……？　明らかに同じになるはずだ。命への愛は、自らを解く術を知らぬ古い繋がりにすぎない。その強さは、常駐性にある。しかし、それを切る死が、不死への欲望から我々を癒すはずだ。(16)

ここで、先の列挙**図4**の左列中段をみてほしい。それにはこんな注釈がつく。

(16)　M・プルースト『失われた時を求めて　9巻』より。訳文は既存訳を参照しつつ文脈に合わせ変更。

産業語・事務語・論理の言葉、そして日常生活語のある部分で、言語が機能化してゆけばゆくほど、わたしたちのこころの内で、じぶんがこころの奥底にもっている思いは、とうてい言葉ではいいあらわせないという感じはつよくなっていく。言葉が機能から遠ざかり、沈黙しようとするのだ。（中略）自己表出の極限で言語は、沈黙とおなじように表現することがじぶんの意識にだけ反響するじぶんの外へのおしだしであり、指示表出の極限で言語はたんなる記号だと想定することができる。[*32]

横軸にべったり貼り付いた発話を、「機械のマニュアル」とするなら、吉本は縦軸の極限について、それを「沈黙」と呼ぶ。実は、この引用直後にくるのが、例の「笛を吹けよ」で、吉本にとって、あの詩は沈黙とマニュアルの分裂をかろうじて繋ぐ曲面（曲線）＝「かささぎのわたせる橋」の実例だった。問いは変形され、「なぜ、「沈黙」でも「マニュアル」でもなく、あるか無きかの「かささぎのわたせる橋」、「美的なもの」をつくる必要があるのか？」となる。

『言語』の約三〇年後、ドゥルーズ＝ガタリが『哲学とは何か』で書いたヒントが、次の引用だ。

どうすれば、世界の一瞬間を持続可能にすることが、あるいは、それ自身で現存させることができるだろうか。ヴァージニア・ウルフはエクリチュールばかりではなく絵画や音楽にとっても価値があるひとつの答をだしている。「それぞれの原子を飽和させること」、ありふれたそして生きられたわたしたちの知覚にはりついているすべてのものを、小説家の糧を平凡なものにしてしまうすべてのものを、「屑に過ぎないいすぎないすべてのものを、死を、そして余分なものを排除すること」。[*33]

一瞬を持続可能にするのなら、写真に撮ればいい。そのうち、裏側まで含め立体映像で保存できるようになる。もちろん、これは一種の韜晦だ。「保存」は、文字通りの保存ではない、そのはずだ。しかしでは「保存」とは何なのか？ そして、なぜ「死を、そして余分なものを排除すること」ができるのか、読者は疑問に思うだろう。返答は、吉本より過去に生きた画家が既に与えているという。

「過ぎ去る世界の一分間が存在する」とき、ひとはその一分間を、「その一分間へ生成する」ことなしに保存することはないだろうと、セザンヌは語っている。

（以下は同書原注より、該当するセザンヌの文章抜粋：引用者注）風景が見えないものであるというのは、わたしたちが風景を征服すればするほど、わたしたちは風景の中でみずからを見失うからである。風景に到達するためには、わたしたちはできるかぎり、あらゆる時間的、空間的、客観的規定を犠牲にしなければならない。しかし、そのような放棄は、たんに客観的なものだけに関わっているのではない。そのような放棄は、そのかぎりにおいて同時に、わたしたち自身を変様させるのである。風景のなかでこそ、わたしたちは歴史的存在であることを、すなわち客観化されうる存在であることをやめるのである。（中略）わたしたちは、白昼に目を見開いて夢をみる。わたしたちは、客観的世界から遮蔽され、同時に、わたしたち自身からも、遮蔽される。それが感覚するということなのである。*34

「あらゆる時間的、空間的、客観的規定を犠牲にしなければならない(17)」わけだから、写真と、「保存」

はほぼ真逆だ。だが、読者はさらに問うだろう。「つまり、君が言いたいのは、ある過ぎゆくもの（＝個）があるが、それを保存する「努力＝かささぎのわたせる橋」は、我々を過ぎ去るものから脱出させる。それゆえ、「客観的世界から遮蔽され、同時に、わたしたち自身からも、遮蔽されている。それが感覚するということ」が起き、そこを経由して、「死を、そして余分なものを排除すること」が可能になるということだろう。まあいい。しかし、では、その「保存」はどうやったら可能になるんだ？「かささぎのわたせる橋」はどう作るんだ？」

そこで、『哲学とは何か』での芸術に対する定義を強引にまとめてみよう。まず、始まり＝選択として、対象と主体が可換になるような事態、先に引用した横光の文に類似した事態を、彼らは「肉」と呼ぶ。[*35] 次に、それを構成する「家、枠構造」がある。これは常識がいう音楽に対する建築的構造や、小説に対する構成とあまり違いない概念だから特に説明しない。最後に「宇宙」。これは構成の要素（平面）が無限に繋がった収束先としてイメージされているようで、たとえば絵画では「この宇宙は、結局のところ、単色ベタ塗り、唯一の大平面、彩色された空虚、モノクロームの無限として現前する」[*36] とされ、音楽では「ワーグナーにおける連続的変奏のもろもろの広大な単色ベタ塗りの方向」などが挙げられる。そして、「無限なものに等しくなる。無限なものをふたたび見いだし回復するためにこそ、有限なものを通過すること、これがおそらく、芸術固有の活動であろう」[*37] と締めている。

ここでいう「宇宙」＝「無限なものをふたたび見いだし回復」を、今まで出てきた図での「個」軸への反射＝「喩」と同一視すれば、残りを、題材の選択＝肉、場面転換と構成＝家として、吉本とドゥルーズ＝ガタリはほぼ同じように「保存＝制作」プロセスをみなしているとすることもできる。

しかし、違う、と感じるかも知れない。まず、「個」と「宇宙」は、モナドロジーなら一致するが、常識的には、まるで指示しているものが違う。[18]題材の選択＝肉に関しては、同じとみなしていいと同意が得られたとしても、思うに、ドゥルーズ＝ガタリと、吉本の「保存」に対する見解には、微妙な、しかし致命的な一点でのズレがある、そう言いたくなる。

それは、「家」、つまり「構成」に関してだ。ドゥルーズ＝ガタリの構成に関する見解は、要するにそれが建築だという話で、ある意味、常識だ。一方、吉本の構成概念は、先に見たように、かなり複雑だ。それは、まず、「場面転換」と「構成」という二つの原理で成立する。

先に見ておいたように、「場面転換」は、「喩」の一歩手前、表出者の視点移動が成す軌跡を指していた。一方で、「喩」とは、その軌跡への視線、表現された自分と社会との関係を注視する「個」の視点だった。だから、「喩」が、ドゥルーズ＝ガタリの「宇宙」だとすると、それは「不確実性の中心[19]」として、表現の内部あるいは外部にある視線と、社会システムの関係に対する観測になる。

一方、吉本の「構成」とは、まず「なぜaの次にbが、bの次にcが択ばれたかという自己表現のうつりゆきのありさま」と「かわりめからみられたa・b・c・d……iは、指示の表現のすがた」があって、自己表出性順序（喩）の「うつりゆき」を基点にみた、指示表出性順序の「かわりめ」を意味

（17）第5章も参照。
（18）第8章前半参照。
（19）元々はベルクソン『物質と記憶』にある概念。『哲学とは何か』では、「領土の中（または外）にある力の中心」というような別表現をとるが、ほぼ同じ意味で使われていると思われる。この概念については『魂と体、脳』に詳しい。

していた。つまり、「喩」というものが、たんに「宇宙」として外に放置されず、意味の「かわりめ」を、その「うつりゆき」で割り算したようなものを「構成」と呼んだ。「うつりゆき」の構成要素は、「喩」だから、それは「場面転換」と関わりを持つ概念でありうる。

「笛を吹けよ」で分かるように、場面転換はそれ自体、一種のきわどさを持つ「かささぎのわたせる橋」だ。すなわち、それが自己表出性と指示表出性の二成分を持つからこそ、「構成」での「割り算」、つまり「「(喩の)うつりゆき」からみられた「(指示の)かわりめ」」という概念が可能になる。逆にドゥルーズ＝ガタリでは、その二軸が無い。それが、彼らに「構成概念」を建築(＝家)と同一視させてしまう。

そして、「喩」も「宇宙」とは違う。両者は共に「見えないものを見えるようにすること」だが、ドゥルーズ＝ガタリにおいて、そこに発話者の位置は入ってこない。もちろん、「主体」はおまけにすぎない、という思想を持つなら、これは自然だ。

しかし「主体」はたとえおまけだとしても、いる。そして、それは「死を特別視して測定する特殊な観測装置」でもある。つまり、

> わたしのいわゆる〈架橋〉(自己表出)をはずしては、芸術の本質が語りえないこと、この〈架橋〉の連続性は、いやおうなしに時代的と個性的との刻印をうける**現存性**の構造をもっていること、などは、芸術の表現と表現者と現実のあいだの、さまざまな属性を削りとったあとに、わたしたちの方法がのこす最終の項だ。[*38]

だから、読者はこう言うかもしれない。「「主体」概念なしに済ませたドゥルーズ＝ガタリの方が新しくみえたとしても、その結果としての「肉」「家」「宇宙」という彼らの「保存」概念は、吉本の「喩」「場面転換・構成」という概念より、古くさい、あるいは単なる常識、知られていることの反復にみえる。「喩」が宇宙とベタ塗りになってしまい、「場面転換・構成」が家という建築になってしまうのはその結果だ。しかし、これでは、「かささぎのわたせる橋」は霧散してしまう」。

そしてさらに「吉本の「喩」は、場面転換を起源とする。それゆえ視点、発話者の観測視点と切り離せない。だからこそ、その概念には、いろいろ引用したように、これ以上不可能なぐらいの具体性がある」と追い詰めるだろうか。

なるほど、そうかもしれない。だが、だとしてもやはり吉本の概念は、個や主体（たとえそれらは違う概念だとしても）に依存しすぎているのではないだろうか？　そして、たとえ、ドゥルーズ＝ガタリの保存概念が、吉本に劣るとしても、重要なのは、芸術とは死を排除するものだ、という彼らの提案ではないだろうか？

だが、ある種の読者にとっては、この提案は、芸術を「死から目をそらす気晴らし」に変えてしまうようにみえるだろう。そして、それを防ぐには、何らかの形で主体概念を維持する必要があると考えるはずだ。

だが、先にも触れたように、死に縛られた目線が、そもそも死をパターン＝（物語）構造にしてしまう。過剰な死への注目は、見つめる主体をかたくし、結局、それを類に、パターンにしてしまう。だからこそ、方法論として、主体がいない、という必要があった。たとえ具体性を犠牲にしてもだ。

納得は得られないかもしれない。主体を排除した、もしくは矮小化した美学。それは結局、「速度の白さを測る」ようなナンセンスに行き着く。あるいは「器官の無い身体」。具体性が無くなるからだ。

しかし、少なくとも「死にとって美とはなにか？」という問いに対しては、二通りの答え方が出てきた。一つは、「美」とは、「死を消すこと、死への関心と主体を同時に排除する方法」だという答え。もう一つは、恐らく逆に、「死を別の仕方で見つめる視線、「主体」を死に大きな関心を持つ特殊な観測装置として堅持する、その都度のやり方」が、「美」だという考えだ。この二つの答え方は、この節の問いに、ある種共通の答えを出す。つまり、ありそうもないことの「保存」は、その時代ごとに、効果（死の排除、もしくは死への新たな視線）を持てば十分であって、それが次代のパターン＝常識になっても構わない。恐らく、吉本はそのことを指して、芸術の「形式」＝「レイヤー化した魂、時代を貫くもの」と呼んだ。芸術は、死によって開いた傷口に貼る絆創膏、または、傷を開いたままにする鉗子のようなものだ。主のいない絆創膏や鉗子は無意味だが、残り物は堆積し、「無意味」に人は価格をつける。ただし、それは、「美は趣味的な快楽だから、死んだら無意味」という冒頭の意見とは違う。絆創膏にせよ、鉗子にせよ、美の目的を快楽ではなく、死への態度変更においている。その前提を受け入れれば、冒頭の問いは無意味になる。もちろん、そうした前提の選択自体が恣意的なものだ。冒頭の問いの強さもそこにある。

だが、冒頭の意見はいわば、素朴な常識とでもいうべきもので、常識とは別の構造が世界を構成する場合、その意見がまだ意味を持つのか、あるいは、常識の前提が維持可能かどうかは、問う価値があると粘れるかもしれない。

常識ではない構造。そのヒントは、先のドゥルーズ＝ガタリの引用にあった「無限」にある。彼らの無限を受け入れるかどうかは別として、なぜ、彼らは無限を持ち出すのか？

快楽にとって美とはなにか？

冒頭で「素朴な常識」と呼んだ概念を少し制限してみよう。「美は個人的な趣味で、よって、それを感じる主体が、死んでしまうなら意味がない」というのが冒頭の意見だった。専門用語はいろいろあるだろうが、ここでは、少し大ざっぱな議論をしたいから、できるだけ用語を使わずに考え、この「常識」を、二要素からなる概念と考えよう。（1）個人ごとに異なる快楽（＝「趣味」）、そして（2）趣味が与えられた場合、それをどう扱うのか（＝「合理性」）。

（1）「趣味」が個人ごとに異なるなら、そもそも美について何を言っても仕方がないし、さらに、その合理性が、もし「合理的」でないなら、なおさら何もいうことがない、と感じるだろうか？　こうした趣味の相対主義こそ、まさに常識そのものだろう。人それぞれ、というわけだ。これに対し、趣味から個人に属する要素を可能な限り抜くことで、美に対しての「批評」ができるようになる、という読者もいるかもしれない。だがその「抜きかた」自体がそもそも、「趣味」に依存するわけだから、あまり意味がない。こういう暗黙の了解があるから相対主義は強い。

一方（2）「合理性」はどうだろうか？　一度「趣味」が与えられ、個人が勝手に、自分だけの快楽＝美を選んだとしよう。その場合、美を得るコストを制約として、その「量」をできるかぎり最大にする振る舞い方を決めるというのが、常識的な意味での「合理性＝最適化」だろう。ところで、この「合理性」を認めるには、少なくとも個人的な快楽に関して、「異なる時点での足し算」ぐらいはできないと、そもそも、「最大」にするとか、そういう考え方が出来ない。だから、この考え方は、「異時点の主体が、なにか基盤になる快楽の観測方法を共有すること」を前提している。

昔、この考えに面白い反応をされたことがあって、そもそも、過去のある時点、今、そして未来の自分に関して、それぞれの感じる美を足し算なんかできない、みんな違うわけだからと言われたことがある。

もちろん、それぞれの時点で、主体が、「より良い」とか「より悪い」の順番しかつけることができないとしても、全時点で「一番良い」選択をしていけば、快楽の「足し算」はいらないかも知れない。いわばデジタルで、組み合わせ的な最適化を考えるわけだ。

しかし、先の反応は、そもそも異なる時点の主体が、いわば「より良い」とか「より悪い」という判断に関し、連続性のある形で言葉を使っているのかどうかすら、怪しいという場合も含んでいると思う。つまり、ある時点の「一番」という概念が、別の時点での「十二番」を意味するような、順序概念自体が、異時点で異なる使われ方をしている奇怪な場合だ。もうそこまでいったら議論不能で意味がない、と言いたくなるが、それでも一応世界は動くというシミュレーションを、筆者は前にしたことがあるし、それはそれで、ある種の世界を見せてくれる。[20]

とりあえず、そういった議論は一時棚上げとして、美を観測者が決め、それを最適化する、というのを「合理性」だとしてみよう。ここで「主観的」と言わずに、わざわざ「観測者」とするのは、たとえば観測者が発話者自身を観測する場合は「主観的」だが、外部にある現象、たとえば生き物の進化などを観測する場合も、吉本の導入したやり方なら、力点の置き方の違いとして統一できるからだ。

生物の行動で何の役に立つか分からない行動があるとする。「同性愛」などは分かりやすいかも知れない。最近は人間以外の動物でも同性愛のような現象がみられることが分かってきたらしい。が、直感的には生殖に役立たない同性愛を、「子孫の数を増やした順」のみで適応度を測る素朴な考えでは説明しにくい。死ぬ直前に脳内麻薬様物質が分泌されるという話も、難しそうだ。なぜ死ぬ個体にそんな機能が必要なのだろう？

もちろん、こういう事例に対しては、同性愛は群れの支配関係強化に役立つとか、死ぬ直前の個体が暴れ出さない方がいいとか、いろいろ後に別の目的を導入することで「合理性」として説明できる。だが、重要なのは、「後に」のところだ。結果を示されれば、後出しでいくらでも目的を追加できる。しかし、その変更論理は前もって与えることはできない。

目的の変化法は書けない。いや、書いてもいいが、その書いたものに、さらに別の潜在的変化がありえて無限後退する。ところで、これは先に見たように、吉本の言う「個」の定義だった。そして、こういう「個」の定義だから、自己観測と外部観測という視点を言語論の中で重視する必要があったわけだ。進化の例だといかにも、「自然」が「実は」別の環境を持っていて、そこに合わせて自然選択が行われたようにみえる。が、そうした記述をするとき、人は自然に自分の観測方法を埋め込み、しかも変更

（20）『魂と体、脳』参照。および第5章、第9章も参照。

している。

進化論は目的論とは無縁だと言われる。なぜなら、「目的」は観測者が「自然」に投げ込むだけだから。あとはその目的にたまたま適応した変異が残るだけだ。対照的に、観測者が、「(自然ではなく）自分」の中に「目的」を投げ込んで、それが実現したとしよう。実現が「自由意志」によるのか、それとも脳内行動プラン群から勝手に選ばれたかは、この際どちらでもいい。だが結局この場合は、「目的論」的に振る舞う主体がいるようにみえるだろう。

つまり、観測者の自己測定と他者測定、及び目的の投げ込み方＝「観測者の位置」によって、目的という概念はあるようにも無いようにも見える。一方、「吉本の美」は、今の文脈で言えば、「観測者の位置＝目的」の再定義群が、対象と自己の中でどういう曲線を描いていくのか、を記述するものだった。とくに、社会と発話者の関係を観測することへの観測＝「喩」にはそれが顕著だ。

つまり、「吉本の美」は、自己観測する観測者＝発話者を持ち出すことで、二重の意味で「常識的な美」の前提を疑う。一つは、「目的の再定義が、対象と自己の中にどう埋め込まれているのかをみること、それ自体を、「美」と考えることで。もう一つは、そこから帰結するが、先に棚上げした「異時点での自己観測の比較可能性を問う」ことで。

そんなことをしても、無茶苦茶にしかならないと読者は言うかも知れない。確かにボールの軌道を予測するような、綺麗に整った話にはできない。が、少なくとも、どう振る舞うのかのシミュレーションぐらいはできるし、そもそもここで問題としている「言語の美」に対しては、そんなシミュレーションやら数理的簡潔さとは別の「美」の定義が必要だろう。

つまり、潜在的な多様性を、視点の転換、喩の絡み合いとして解きほぐす方法論としての美だ。科学のやり方は基本的に関与するものをそぎ落としていくことで成立する。逆に小説などは、どれだけ多くのことを考慮しつつ、発散しないギリギリで構成していくのか、という別の思考の形式だ。それを通じ、推論ではない形で、合理性の前提を腑分けし、場合によっては変えてしまう。多くの人はそれを「なんとなく」としか表現できないだろうが、「なんとなく」が「無意味」になるのは、吉本的に言えば、「指示表出」性が極端に強調された主体にとってだけだ。つまり、ある意味、「吉本の美」は合理性に先立つ。

このことを、「どうせ死んでしまうなら、美なんてどうでもいい」という具体例で考えてみよう。この節では、美自体の相対性は認めてしまって、むしろ、後ろにある「どうでもいい」の方に力点を置いた。「どうでもいい」というのは「ある目的の下では、無意味」というような判断だ。その判断をするためには、異時点での美を比較する基準と、それらの美をどう扱うかの推論規則＝「合理性」を決める必要がある。もちろん、「常識」が固定されたものなら、たとえ美が相対的だとしても、両方とも一つに決められるか、少なくとも矛盾無く拡張できるだろう。

しかし、その常識とは違う合理性、それを自己観測することも可能ではないか？というのが「吉本の美」だ。つまり、ある意味では、「別の合理性」をなすような、推論規則と観測者の絡み合いを観測し続ける連続＝曲線が「吉本の美」だった。「何に美を感じてもいいが、その上でどう振る舞うのかを自己観測した結果」が美というわけだ。これは別に自由意志を持つような主体が無くても成立する考えだろう。たとえば、自分でも訳の分からない振る舞いをしている自己を観測して記述する、というのは

「吉本の美」には含まれる。それが時代ごとに変化していくことの具体例が、たくさん引用した文章だ。

つまり、「吉本の美」は、「趣味」の相対性とは別に、合理性の再定義を生み出すプロセスだ。説明できない動物行動を発見する度に、目的を書き直す生物学者のように自己を観察する。恐らく、吉本はそこまで考え、「美」の定義から消費者＝読者の喜びをあえて抜き、かわりに発話者の観測対象という軸を入れた。

しかし、本当にそのような別の推論規則、別の自己観測、別の合理性は存在するのだろうか？　それらは、大ざっぱなくくりでは「無」常識とでもいうべきものだろう。自己表出性の極限である沈黙の縦軸は狂気に近い「非常識」だろうし、一方指示表出の極限は「機械のマニュアル」としての「常識」で、その両方に属さないのが、「吉本の美」が持つ特徴の一つだからだ。つまり、数多く引用した図の言葉では、沈黙の縦軸と指示性の横軸に分裂せず、曲面を張り出させる方法はあるのか？　曲線の存在自体は、記述されたパターンからの逸脱が常に存在するとすれば、ある意味保証されている。だが、それを具体的に構成する規則はあるのだろうか？[21]

吉本の美が帰結するのは、結局、別の推論規則、別の異時点間比較を含む存在だ。これを「別の主体性」と言ってもいいだろう。そんなものは、たんなる狂気にすぎないかもしれない。たしかに、これは、ある特定の合理性＝常識からみれば、狂気だし、なんの力も持たない。だからこそ、吉本の美は「かささぎのわたせる橋」だ。

そして、さらに言えば、読者はこの「別の主体性」そのものを拒否するかも知れない。そのような主体は、我々と同じようには、死を感じていないことがありうるからだ。

無限にとって美とはなにか？

そもそも、表現が二つの軸に射影されないようにする力、吉本の曲線を持ち上げているものはなにかと考えるひとは、次のように指摘するかも知れない。フーコーの「プロセスとしての死」は、比喩としては、生全体を覆うとも理解できる。しかし、基本的にそれは死の近傍に位置するもので、だから、死を特別に拡大して観測する主体抜きには、「持ち上げる力」を考えることは出来ない。

だが、吉本の図を少し傾けてみてみよう（**図5**）。とりあえず、この上に向かう軸が存在しうる条件を、否定的に考えることはできる。恐らく、だから吉本は、この図を「否定」のとりうる形として考えた。この軸はまず、説明＝理解され尽くされてはいけない。それだと、指示性に射影されてしまうからだ。だけども、沈黙してもいけない。それは自己表出性に射影されてしまう。吉本は書いていないが、沈黙に加え「訳が分からない」ものも、結局は、自己表出性に射影されている。

結局この上に向かう矢印が、「いけない」という否定形以外では書けないなら、意味がないと言われるかもしれない。理解できず、沈黙できず、訳が分からなくもないもの。全部否定だ。

先にドゥルーズ＝ガタリを少し批判したが、彼らは、吉本にはない観点として「無限」や「宇宙」を

（21）　この規則を具体的に書き下してしまえば、それはただちに「個」という例外を帰結する。ある意味で、美や芸術にとって批評とは、個を作る触媒としての記述なのかもしれない。あるいは、それを「否定」と呼んでもいいだろう。

出してきている。これらは恐らく、今触れた否定形でしか定義できない無常識的論理を、少しでも肯定形で考えるための、苦し紛れだった。彼らは、それを「ベタ塗り」と書いた。他の描き方もありうる。無限というと、こんな図を想定するかも知れない(図6)。たとえば先に挙げたプルーストは、結局、恐ろしく大量に否定面を積み上げたような作家だ。そうした傾向を単純に極端にしていくなら、一つ一つの否定面は潰れ、たんなる連続した空虚な面が残る。

だけども、常識的主体性にこだわるひとなら、違う極限も出せる。無限をみるにも人称性が必要になるからだ。

だから、無限を見るにも三つの人称が考えられて、視点ごとに無限は様相を示す。一人称での無限。それは、自分の内面世界が極度に拡がったあげく外界と区別がつかなくなるような様相だ。典型的には、それぞれの人が持つ主観=モナドに、全宇宙の情報が未来過去に渡って、既に書き込まれているというモナドロジーという思想だ。次に、二人称にとっての無限。無限は、結局あらゆるものを含んでしまう。今はこれを外部から読んでいる「あなた」が、実は既に、ここで論じられている対象内部に含まれているというような事態が起きうる。つまり、外側に立つ視点を確保できない。これが二人称的な様相だ。最後に三人称としての無限。この場合の無限は、奇跡は常に起こるという話になる。たとえば全ての結び目と絡み目のパターンを生み出すことができる方程式がある。[*39] あるいは無限に時間を与えられた猿が闇雲にタイプした原稿内部に含まれるはずのシェイクスピア劇のようなイメージ。つまり、どんな例外的な事態も無限があるなら、避けられず起きるようにできるという様相だ。

こういう無限の様相が、数学でのいろいろ制約を持つ無限と、どう関連があるのかは分からないが、

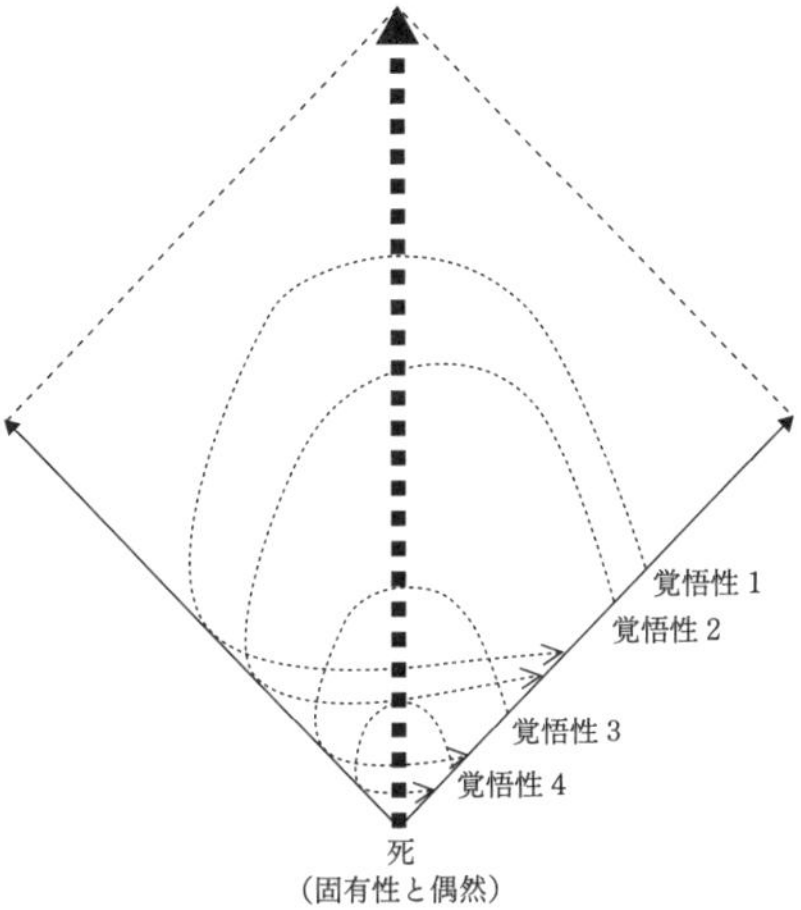

図 5　斜めの図と「物語」としての覚悟性反復

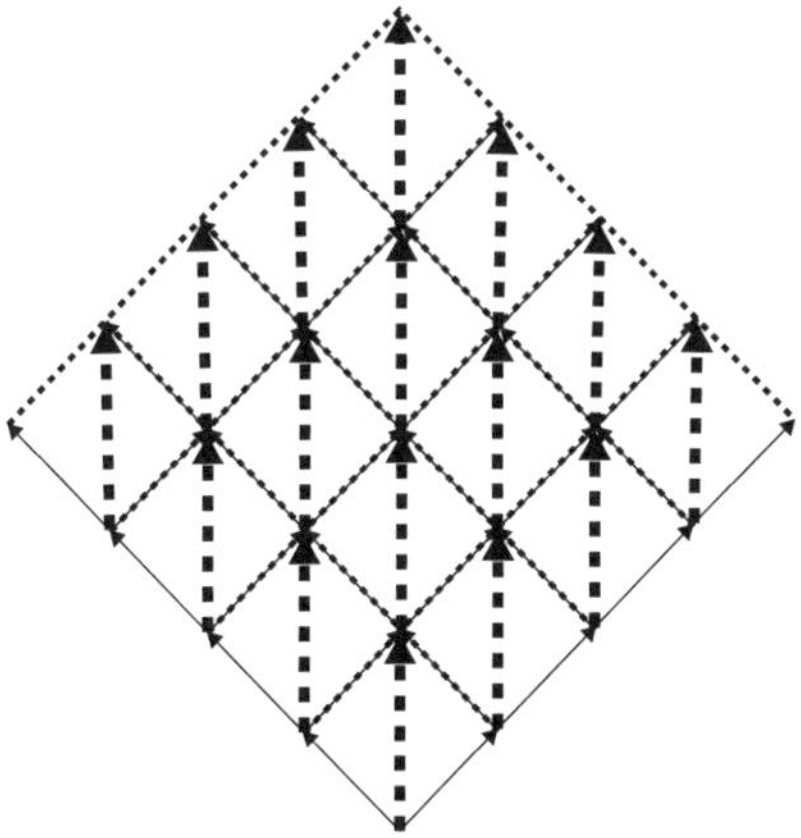

図 6　大量に積み上げられた否定面

無限大を目指す軸が、常識と非常識に落ちていく否定面を、潰れないように無常識に保つ。理解できず、沈黙できず、訳が分からなくもないもの、その例としての無限。だが、なぜ死を向く「覚悟性」がまだ必要なのか。人称化された無限があれば十分ではないか？　主体性にこだわる立場に再び寄り添ってみよう。

斜めの図では、一番下にあるのが死で、しかも、この図を構成する面自体、プロセスとしての死、という概念によって開かれた。『死の瞬間』からの引用にあるように、一番下にある点が、実際は入れ子状になっていて、全体と等しいと考えてみよう（**図5**にある複数の覚悟性曲線。これらがパターン＝物語になっているという指摘が、先にみた『死の瞬間』だ）。すると、死という体験、あるいはそこに向かう視線には、他の全てが含まれている。いわばクオリアのゼロと無限大としての「物語」が「死」なわけだ。

だからこそ、ある種の立場にとっては、生の方向を向く自己観測としての「魂」に対し、死の方向を向く「覚悟性」が重要になる。生の多様性に心奪われた「魂」の視線は拡散し、世界の一部しか認識できない。

しかし、常識や主体は、入れ子になっても、所詮は常識に過ぎない。それが『死の瞬間』の構造であって、だからこそ吉本はそれを引用してきた。

たしかに、**図6**のようになるなら、プルーストは、ある意味失敗している。あの長さが、結局全体として、常識を細かく分解し最定着する結果になってしまう。より繊細な知覚が、生きることへより強く執着するルーペのような主体を生む。むしろ、一つ一つの習慣を列挙するのではなく、それらを全て作り替えた別の主体性を作る必要があった。その意味では、『フィネガンズ・ウェイク』の方が、正しい方向かもしれない。

ただ、これもまた拡散しすぎていて、生きることとは無関係な、本音としての常識と、建前としての非常識という分割を生むだろう。「フィネガンズ・ウェイクのように生きる」やり方が不明だからだ。

そう、この分割を防ぐには確かに死という縛りが必要で、極端に言うなら、ある種のひとが本当は望んでいたように、全ての人が死を常時意識せざるをえない社会制度をつくるべきということになる。結局、鑑賞用消費財としての「美」は、死に対して効果を持たないからだ。

たしかに、「美」は弱い。弱すぎるといってもいい。それは必然的に消費されて、本音と建て前の二重構造を生む。しかし、たとえば、こんなことは考えられないだろうか？

ひとつのこだまが投身する
村のかなしい人達のさけびが
そして老いぼれた木と縄が
かすかなあらしを汲みあげるとき
ひとすじの苦しい光のように
同志毛は立っている（谷川雁「毛沢東」）

「ひとつのこだまが投身する」はそれじしんが像的な**喩**であり、しかも、つぎの行「村のかなしい人達のさけびが」の意味的な**喩**にもなっている。「老いぼれた木と縄」は[1]的の**喩**で「かすかなあらしを汲みあげるとき」はそれ自体が[2]的な**喩**でありながら、まえの行の[3]的な**喩**になっている。「苦しい光」は[4]的な**喩**であるとともに「ひとすじの苦しい光のように」は、次行「同志毛」の[5]的な**喩**として相乗されている。[22]

これは『言語1』から少し変えて引用した。一種の「練習問題」になっている。吉本によれば、喩には常識を越えるにもかかわらず具体的なイメージを喚起する「像的な」喩と、常識的な繋がりで理解可能な「意味的な」喩がある。二種類を、吉本はここで分類しているが、正直に告白すると、筆者にはこの「吉本による分類基準」が把握できなかった。「把握できない」というのは、これらの空欄をどちらで埋めればよいか、彼の分類を自分の習慣として獲得できなかったということだ。正解は注（22）にあるから、引用文最初の分類例と、ここでの定義を元に解いてみて欲しい。問1：「[1]から[5]の空欄に「像」または「意味」のどちらかを入れよ」。

だが、この把握不能は一種の希望だ。吉本の分類を把握できない、ということは、逆に言えば、他者である吉本の習慣が、具体的に存在し、かつ、それを自分が把握できていないということだ。先に引いたセザンヌの例を使えば、いわば「吉本になる」とでもいう行為があり、それはこういう正解のある練習問題を通じて可能になる。もちろん、「「正解」の無い読みの自由・権利」を我々はさんざん聞かされてきた。

しかし、それはある意味自由ではない。結局、「自由に解釈する主体」は全く変化する必要がなく、そしてできないからだ。何しろ、自分の好きなように解釈するわけだから、解釈装置は変わりようがない。そこに連想ゲームの着火点はあっても、思考を強制するものはない。むしろ、「正解」が、ある種の把握不能性、常識から離れた規則として存在していた方が、「なること」を可能にする。

国語の穴埋め問題としての文学?と読者は揶揄するだろう。穴埋め問題は、馬鹿には解けないし、疲れていてもできないし、死ぬ寸前にもできない。一方、単なる死は、一応全ての人間に関係あるから、死に向かう姿勢の方がむしろ開かれていると語るかもしれない。それに、訓練の果てに来る別の主体性も、また新たな常識にすぎないという事実は残る。

もっとも、筆者は、死に関心を持たない別の常識=主体性なら、たとえ古びてもよい、と思うし、既にそういう常識を持つと発言する若者にはよく会う。ある種の読者は、そのこと自体をむしろ嘆くかもしれない。つまり、死を恐れない限り、その真の認識は不可能で、よって、死を恐れることのできる主体は、むしろそのままでいい。主体は、死に対しチューニングされた特殊な観測装置として喜ぶべきで、変えてはならない、という考えも成り立つ。つまり、主体は死を認識するために、その存在があったのだ。

別の常識に話を戻すと、結局、常識=マニュアルでも、非常識=狂気でもないものの例として、宇宙・無限をドゥルーズ=ガタリは出してきたはずだ。人間に関する知の増大は、ありとあらゆる精神異常やら生理学を位置づけてしまったから、人はもうネットで検索できたり、簡単に説明できることには

(22)『言語1』一五九頁より改変。また傍線は省略した。正解は1意味2意味3像4意味5像。

驚かない。現代人は、インターネットという巨大な頭部を持った常識人として縦横に裂かれているが、無限やら宇宙の話は、ご存じの通り、数学という「訓練」なしには理解できない思考に溢れている。しかし「無限」はもう扱ったから、別の例にも触れてそろそろ終わりを導こう。

宇宙にとって美とはなにか?

もちろん、個別の死にとって、宇宙などという概念は無意味だ。美は、宇宙では支えられない。死の寸前、チューブに繋がれ必死な時に、宇宙を持ち出すのは不条理の体現だろう。しかし、「死の観測装置」としての主体が変更可能なら、宇宙という超マクロ構造中での美、という考え方にも、意味が出てくるかもしれない。

こんな大げさなことを言うのも、ドイッチュの、意識と宇宙の構造に関する意見[*40]を思い出したからだ。常識的には、宇宙にとって、人間の考えることなど、何の意味もない。地球でさえ小さすぎる。だが、ドイッチュは変わった妄想を描いて、もし宇宙が無数にあり、その分岐構造に人間の観測方法＝基底が影響するなら、宇宙でも飛び抜けて複雑な観測をする構造は人間だから、大きさとはむしろ反比例し、他の宇宙も含めた「全」宇宙群の分布に、多大なる影響を与えるに違いないという。ちなみに、こうした大きさと反比例する影響力という考えは、ガタリにもある。[(23)]

ところで、宇宙にとっての美だが、ドイッチュにならって、個人的な妄想を語ろう。場の量子論には、仮想粒子の集団が成す構造が、生まれては消えというのを常に繰り返しているという考えがある。それらの成す構造は、原理的にはいくらでも複雑になり得る。が、色々隠蔽する仕組みがあって、実際上は、ほとんどその影響は検知できない。

　世の中大抵似た傾向になっていて、複雑な構造というのは存続し続けるのが難しいし、表に出ないように上手く隠されている。ただ、生物というのは、この傾向に一時的に逆らい、生まれてから死ぬまでの間は、かなり複雑でコストの高い構造を維持するような気がする。つまり、「ありそうもないこと」を世代を超え選択保存する仕組みが、生き物だともいえる。この意味なら、美も同様で、どちらも、放置したら一瞬で消える個を、保存し影響を拡大する仕組みともいえる。カオス理論で、よく地球の裏で起きる気象に影響を与える蝶の羽ばたきの話が出てくる。その「ある特定の羽ばたき」という個を保存する。

　この辺は、美と科学は逆で、もし、科学者が物理法則等を認識し書き下すことが、（科学者を含む）宇宙全体にとって、広範囲に観測できる一般的規則への自己言及なら、美というのは、滅多にない儚い構造の増幅を担うアンプやイコライザのような自己言及ともいえる。だから、美のマクロな宇宙にとっての効果は、ドイッチュのいう、「観測の仕方」へ、個による影響を保存することだ。世代を越え、延々と手渡されるただ一度の羽ばたき、それが時空に刻む軌跡。羽ばたきが、たとえば一枚の絵に描かれ、複製されると、人々の振るまいと観測方法を変え、さらに宇宙全体の切断面を変形していく。そのような「保存」。そして、その保存が、個々のミクロな人間にとって、たまたま、セザンヌが指摘するように、死への関心を奪う装置になることもある。

（23）　F・ガタリ著、宇波彰、吉沢順訳『分裂分析的地図作成法』（紀伊國屋書店）

または、別の主体性に「なること」と、宇宙の観測方法には、ミクロとマクロを繋ぐリンクがあるともいえる。それを「革命」と言えばいえるかもしれない。が、人間にとって都合のいい方向変化とは限らない。「別の主体性」と言っても、今はほとんど病気としてしか出てこない。統合失調症、鬱病、強迫神経症、多重人格……。しかしそれらは、軸の片方、むしろ極度に自己表出性に潰れてしまった方向で、だから、新たな否定が必要になり、そこに美を作る意義がある、と言いたくなる。

もっとも、もし、死、もしくはそこに向かう視線・感覚＝覚悟性が、無限に複雑な構造をはらむものとして貴重なら、それへの関心を失い、死に関する美を構築しなくなるというのは、今の議論をそのまま利用して、マクロな宇宙にとっても「損失」だろう。せっかくの複雑な構造を得る機会を失うという意味で。つまり、この場合、宇宙にとって「主体」というのは、死というある特定の現象に特別な関心を持たせ、その影響を拡大する道具となる。時間方向にある自分の境界を、ひたすら拡大する望遠鏡としての主体。宇宙が関心を持つのは、それぞれの望遠鏡ではなくて、遺した写真とその影響だろうが、そのことを望遠鏡達は知る気がない。

主体にとっての宇宙は、結局のところ、自らの不在、自分が生まれる前の歴史や、自分のいない場所に対する「推定」の一種だ。「宇宙」は、「他者一般」の一つにすぎない。だから、それを特権化するより、それら全てをはらむはずの死を見つめれば、主体にとっての、それらの意味は全部分かる。そう応えるひともいるだろう。「主体」という必要もないかもしれないが、主体がなければ、恐らく「死に対する覚悟」を問われても、幼児と同じく戸惑うのみだ。

しかし、結局、死に向かう方向の美も、死を忘れる美も同じだという見解もありうる。つまり、死を見つめるほど、死に対する興味が薄れるという風に、二つの方向を総合する。「あんま死ぬことばっか、考えてるとな、死にたくなっちゃうんだよ」(24)という総合だ。たしかに、そうかもしれない。しかし、とりあえず、そうではないともいえる。

未来にとって美とはなにか？

「二年来、死は人間達の最上の真実な友だという考えにすっかり慣れております。――僕は未《ま》だ若いが、恐らく明日はもうこの世にはいまいと考えずに床に這入った事はありませぬ。而も、僕を知っているものは、誰も、僕が付き合いの上で、陰気だとか悲し気だとか言えるものはない筈です。僕は、この幸福を神に感謝しております」（中略）。

何故、死は最上の友なのか。死が一切の終りである生を抜け出て、彼は、死が生を照し出すもう一つの世界からものを言う。ここで語っているのは、もはやモオツァルトという人間ではなく、寧ろ音楽という霊ではあるまいか。最初のどの様な主題の動きも、既に最後のカデンツの静止のうちに保証されている、そういう音楽世界は、彼には、少年の日から親しかった筈である。彼は、この音楽に固有な時間のうちに、強く迅速に夢み、僕等の日常の時間が、これとは逆に進行する様を眺める。太陽が廻るのではない。地球が回っているのだ。(25)

（24）北野武『ソナチネ』の台詞。
（25）小林秀雄「モオツァルト」『モオツァルト・無常という事』（新潮社）六四頁

ショスタコーヴィッチは「死」を恐れながらも数々の作品にこの永遠のテーマを暗示したが
バタイユによれば死と愛という人の生において二つの重要な要素は一致するものという

この世に生を与えられた多くの人々が経験するように　私たちもある時自分のまわりを塞いでいる
囲いが見えぬまま
ある見知らぬ空間に引き寄せられるようにしてひとりでに近づいてゆき
何度も永遠の一秒を経験した果て
やがて色々な理由があって　そこから離れていった

その究極の空間は
この世に崖があるとすれば　きっとその淵に存在するのだろう
鳥が後ろ向きに飛んでいたのを思い出す。(26)

二つとも似ている。引用元は全然違う。人は音楽を聴き過ぎると、似たような考えに至るのかも知れない。ここにあるのは、いわば、「既にある未来」というような世界観だ。これが物理的に意味を持つ考えかどうかは、いろいろ解釈が分かれるだろうから保留にし、とりあえず、「無限」、「宇宙」に続く、斜行軸の様相例としてみよう。過去のように、あるいは「右側」のように「既にある未来」の、現在への帰結としての無常識。

まず、言えるのは、（1）あなたは既に死んでいる（既死）（2）選択というものはない（無選択）（3）観測による主体の分割はある（分割）（4）観測の視点には自由がある？（基底の自由度）……というような話だ。

あなたにとっての右側があるように、未来が既にそこにあるなら、そこでは（1）あなたはもう死んでいる（＝既死）。そして、（2）選択にかかわらず、既に未来があるなら、選択が何を意味するのかは難しい（＝無選択）。ただ、多世界解釈にせよ、コペンハーゲン解釈にせよ、（3）観測によって、体験できる宇宙が分割されるという点は変わらない。大ざっぱにいえば、宇宙が収縮するか、主体（＋宇宙）が分裂するかの違いだ（＝分割）。（4）その観測の仕方、軸と視点（基底）の取り方に、自由があると考える人もいる[27]し、結局観測装置を組み立てるやり方に自由がないのだから、自由はないとする考えもあるだろう（＝基底の自由度）。

主体にあくまでこだわるひとなら言うかも知れない「そもそも、歴史や自分のいない場所を、死のイメージとして用いるなら、（1）「既死」や（2）「無選択」は当然のことだ。ただ、たとえ未来が決まっていたとしても、そのことを観測する装置ではない我々は、歴史を振り返るより、未来をみた方が覚悟を持ちやすい。だが、歴史を振り返る時に覚悟を持つのは、自分が死ぬ寸前に覚悟を持つより難しいとしても、本質的には変わらない。強いていえば、美というのは、その難しい覚悟を維持する手段だ

(26)「庄司紗矢香　音楽を語る絵画展」図録（黒壁美術館）より。
(27) M・ロックウッド著、奥田栄訳『心身問題と量子力学』（産業図書）など。第8章、第9章も参照。

し、主体もその一部だ」。

だから、このひとの立場では、もし、（3）「分割」や（4）「基底の自由度」があるなら、（無い、ということは外部の視点からしか言えないから、体験に即していないと彼なら言うだろう）、（1）「既死」（2）「無選択」の確実性を忘却し、未来の不確実性を最大にする視点、基底を探るのが美であり、それは死への視線によって効果的に得られる。

それはたとえば「偶然性の音楽」のようなものなのか？　彼は恐らく違うと答えるのではないか？　偶然性を取り入れた音楽は、演奏者や作者にとっての不確実性を上げるが、あまり耳の訓練ができていない一般聴衆には、そういう効果を持たない。そして、彼はある意味で、一般人、普通の主体を捨てることはできない立場にいる。

だからむしろたとえば、『エヴァンゲリヲンQ』（以下この段落ネタバレ注意）の冒頭何十分かのように、いったいここが、「いつ」で「どこ」なのか？　パラレルワールドに飛んだのか、過去に戻ったのかが、わからない時間の持続、それを普通の主体でも了解可能な枠組みの中でやっている、そんな体験をもたらす映画の方が近いかもしれない。

あるいは『デモンズ・ソウル』や『ダークソウル』のように、ひたすら死を繰り返すことを強制されるビデオゲーム。もしくは、例の海岸をやってくる三島由紀夫。もちろん、どれも普通の意味での覚悟性からは逸脱している。が、この文章では、そういったものが具体例になりうる。

しかし、どれにも問題がある、と彼なら文句をつけるだろう。そう、問題がある。それは、どれもこれも「観終わって」しまい、体験の後は、死の不確実性を忘れた日常が回帰する。恐らく、それすら防ぐ仕掛けはあり得る。たとえば、その共同体の全メンバーが、いつ殺されるのか全く不明である場所に閉じ込められ、世間話や気晴らしが全くできないような状況だ。普通の人にとっては地獄としかいいようがない。が、これこそ人類という観測装置の望むべき姿だと、彼なら祝福するかもしれない。

筆者は逆に考える。つまり、(3)「分割」や(4)「基底の自由度」を利用し、(1)「既死」や(2)「無選択」を(忘却ではなく)むしろ実感させる装置、それが美だ。(1)「既死」(2)「無選択」を確信した主体は、死に興味を持たないだろう。なにしろ、既に死んでいるのだ。だから、この美学は、進んでゾンビになろうとする人間を作る。「進んで滅びようとする人間」ではない。そういう人間は、むしろ、死を特権化する政治屋に利用されるし、基本的には、覚悟性の美学に属する。だから具体例はまだない。だけどもそれをイメージさせるものならある。

『クレマスター』[*41]という有名なアート映画がある。この映画は七時間もあるが、一見、ただひたすら、意味ありげで結局分からない儀式が延々と続くようにしかみえない。もちろん、深読みすれば、いくらでも意味が稼げるような仕掛けはあるのだが、恐らく、それは重要ではない。たとえ作者が重要だと思っていてもだ。

むしろこの作品で重要なのは、無意味だが、あまりにも丁寧に作られた儀式を長時間観させられることで、人間のやる政治やらプロジェクトやらといった「緻密で意味のある」ものを、「その意味を理解しないで観測する宇宙人」の目線を、徐々に訓練されていくことだ。あまりにも無意味だから、意味を求めたくなる。そして、この「無意味だが緻密」を維持するために、ファッション写真に近い徹底的なイメージコントロールが使われる。

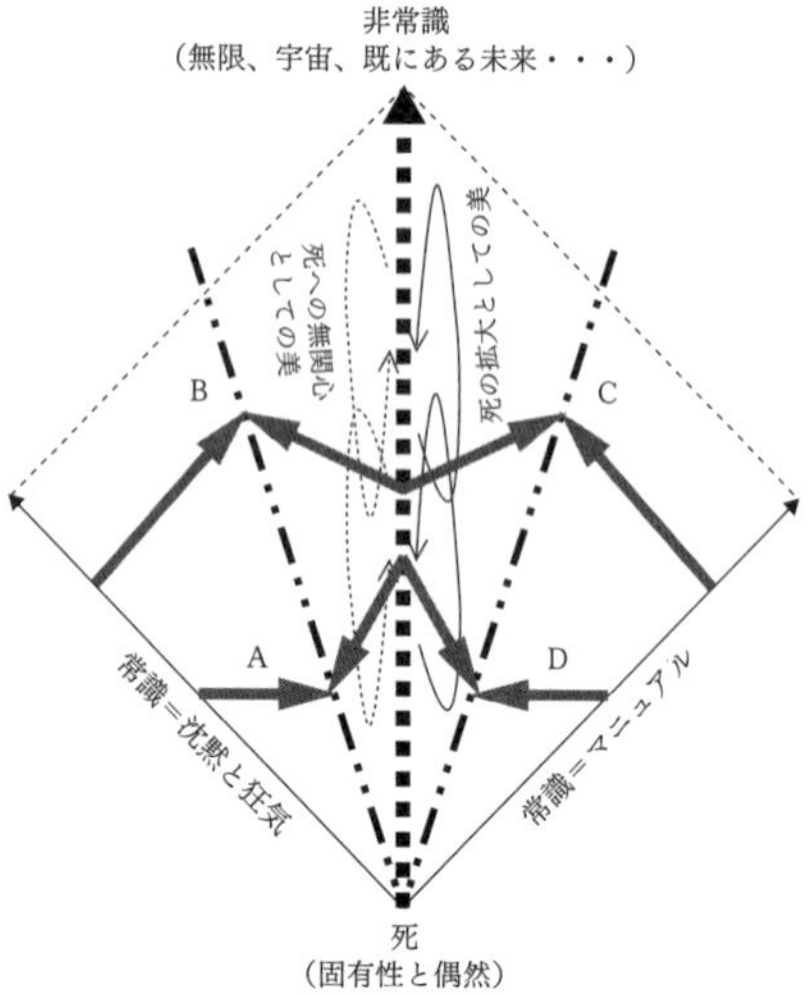

図7　斜行軸の分解と四つの新たな位置

つまりこの映画は、宇宙人の視線を観る者に獲得させる訓練、人間の緻密なプロジェクトが無意味にしかみえなくなることで、生きる事、その無意味さを、むしろ肯定させる仕掛けだ。そう、肯定。といっても新たな価値を生み出すのではなく、その無意味さを、喜ばしく感じさせて執着を断つ。美の目的がそこにあるなら、新たな価値を生み出す必要はない。チベットに緻密な曼荼羅を砂に描いた後、払って消す儀式がある。この映画は、その「払い」を七時間に引き延ばす。

恐らく作者は、この映画全体を一種の「超人＝別の主体性」へのプロセスと考えているのだろう。だから、別の主体性もまた、単なる主体性に過ぎなくなるということは残る。しかし、筆者にとってはそれでいい。目的は、生に意味と執着を感じない主体性を作ることで、新しい価値を創造することではない。新しい価値を求めているのは、常に新商品を求めている社会であって、ある意味、個体とは無関係だ。

ワーグナーがショーペンハウエルの緩い対応物なら、『クレマスター』はニーチェを微妙にずらしたもの、もしくは後期ヴィトゲンシュタインに対応するだろう。それはリゲティの『グラン・マカーブル』以降に出た、二一世紀最初の巨大オペラかもしれない。ちなみに『グラン・マカーブル』の方は、人が死ぬ瞬間を二時間に引き延ばしたようなオペラだ。

「肯定」と書いたが、『クレマスター』の特徴は、寸止めの笑いだと評した人がいる。[*42] 哄笑ではない。つまり、あまり笑えない。が、ギャグではある。「笑われた笑い」は、システムの外部、あるいは死を内部に上手く取り込んだものとして、賞賛され、大きな交換価値を持つ。上手く笑いをとる能力ほど、今の社会で求められるものは少ない。外部をひたすら無効にしていく役者が必要なのだろう。[28] 一方、寸止めの笑いは、普通は失敗であり、しらけた空気しか呼ばない。公民館でやる葬式の静けさのようなものだ。

もはや言語美ではなくなっている。が、この原稿の問いは「死にとって美とはなにか？」だったから、べつに構わない。

最後に、無限、宇宙、未来も含めて、後半を図に描いておこう（**図7**）。

「死にとって美とはなにか？」という問いは、紆余曲折を経て「美にとって死とはなにか？」に主客逆転されて終わったともいえる。「死の拡大鏡としての美」と「死への関心を奪う美」は、折り合いの

（28）第4章も参照。

つかないまま、むしろこの節でその差を大きくした。

といっても、ここに書いたのは、一種のプログラムで、まだ実行されていない。できるかどうかも分からない。だが、少なくとも死への怖れが残存する限り、意味のあるプログラムではないだろうか。そして、死を怖れる主体がどこにもいない社会がもし到来するなら、それはそれで、喜ばしい。だが筆者はあいにくそうした社会に住んでいないし、そこに至る捨て石の一つに過ぎない。もちろん入場券をくれるなら断りはしないが、あいにくチケットは自作しかない。そう思う。

問2：「**図7**にある、A、B、C、Dの位置で起きるはずのことについて、原点=死に対する、矢印の向き、と基点、及び矢印ペアの自己表出軸、指示表出軸への近さを考慮しつつ、それぞれ答えよ。ただし、その際、具体例を自分で構成すること[29]」。

(29) ここで書かれたことには、東京大学情報学環西垣ゼミでの議論が明示的ではないが、いかされている。もちろん、内容の責任は筆者にあるが、ここに記して感謝したい。

13 語尾としての人称と死：小説——永劫回帰の部屋（片岡聡一との合作）

1

生命とは時間の別称であり、だから私の別名でもある。

私はほぼ無限だったが、ひとり一点に潰れていることへ限界を感じ、まず肉を幾つかの方向に伸ばし折り曲げ、自身に触れる一点で私をくすぐろうとして、駄目で全然感じないから、やはり私でないのも必要だと気づいた。

私でないのを創るため、ある方向の肉をねじり時間に変え、私が私に触れる一点が、右に進む場合は私が私であることを忘れていき、逆ならば私が私であることを想い出していくようにした。

忘れていく私は、想い出していく私についていけず、理解できず、だから両者は理解できず、こうして私は右と左に進み、私と私でないのが、互いに私でないのに触れるとくすぐったい。だんだん右に進む私ばかり多くなったが、夕暮れは常に私の左にあり、夜明けは右にあった。

2

ある日ふと、私は病床のニーチェをからかいに行くのだ。旧知の仲だし、同情よりはむしろ悪意が奴の見舞いに相応しい。

なにしろ進行性梅毒で脳が固まってるというから、これは是非見物し記述し後世に曝し他山の石とすべきだなどと思うのはとてもいけない。応接間に入ると、ニーチェの妹エリザーベトらしき女性がいた。らしき、と断るのは勿論彼女がニーチェの仮面を被っていたからだが、実体への面会を邪魔するに違いなく、無視して通りすぎようとしたら「あなたは何をしにこの部屋に来たのですか？」と呼び止められ礼儀は重要です。

「あ、お兄様にちょっと用がありまして」。丁寧を装い心から礼を尽くし用件を告げる。

「兄が、貴方のような者に会う必要のないことは、代理人にすぎないわたくしにさえ既に分かっているのです」仮面に何が分かる？　この女、奴の顔だけでなく中まで喰ったか？「既に」という言葉が気に触り、そもそも来訪は予告無しだったのに「既に」何が分かる尼寺に行け、それが無理ならせめて尼寺に行けすいません。

「申し訳ございません。もちろん私も既に承知ですが、どうしてもお兄様にお話したい用件がございまして」。

エリザーベトに、心からの嘘をつき、しまった「お話したい用件」を作話せねば、私は純粋にニーチェ見物へ来たのに、何をしてくれるこの私は別にかまわないと思い、ニーチェの顔を被ったエリザーベトへ笑みを向けた。我々は、他人に伝えるべき言葉を持たぬ凡人であり、空気を喰い生きる衣装とせねばならぬ。

エリザーベトがニーチェの口髭の下で浮かべる返礼の笑みと同時にその声が聞こえ、一方、現実が「それでは、まずお話の概要を扉の前から兄にお伝えください。審査の後、兄が貴方に対し時間を割く必要を認めたならば、扉は自ら開かれるでしょう」と告げた。

そもそも脳がやられている人間がそんなに忙しいわけはないのだ、失礼ではないか仮にも私の古い友人であり、私などにそこまで言われる筋合いもないので、私は扉とその前にある空間に対し語りかけることにした。

「昨夜、久しぶりに君の本を読んだんだよ」。

いきなり本題から入った。どうせ奴は聞いても分からないし、そもそも行きがかり上話すことになっただけで本当は話がしたかった。

「『ツァラトゥストラ』だよ。一応君の本だ。覚えてるかい?」仮面越しに、エリザーベトがこちらの皮肉を睨んでいる。こんなに視線が同軸上で融合しては、どう分離するか医者の私でも困るな、と兄妹の融合した奇形を思った。

「君の本には、創造する孤独な人、風に吹かれて山の頂上とかにいる偉い奴が出てくる。君は今部屋に閉じこもってるけど、まあ山も部屋だから、願望達成に一歩前進したわけだ」。

嘲笑的な抑揚は、長年のつきあいのせいだが、現状のニーチェに対しては、幼児を大人が蔑む下品な響きが現れ戸惑った。悪意は無いが当然私はニーチェを憎んでいたし良い全てはこれで良いなのだ。反応は沈黙だが、エリザーベトが扉の前にある空間へ割り込みをかけた。

この立ち位置だと、女性を借りたニーチェもしくはニーチェの姿を奪った女性に告白する格好になり、猿を嗤うような眼を感じ、この女をまず殺すことから始めようと思い止まる。

「で昨日、うまく眠れないから考えてみたんだよ。具体的に。いや、「創造する」ってなによ？　ってさ。一応、僕も哲学者志望だったわけだし、あの女と三人で一緒に暮らした仲だ。今は結局医者だけど、僕にだって考える権利ぐらいは残ってるはずだろ？」

何かが大量に落ちる音に驚いたらエリザーベトの嘲笑で、白い粒が口元からこぼれ床を埋めた。粒に描いてある顔は「あの女」ルー・サロメで、ニーチェを演じ私を笑うエリザーベトが吐き続けるので大変不愉快であった。エリザーベトは、私とニーチェが、わずかな期間三人で暮らした女性であるルーに嫉妬していた。

踊りの輪に入れない妹が、兄の手を掴み旋回を止め、輪はちぎれ踊り手は去った。しかし、ダンスの方は未だ三人を拘束し、ニーチェ仮面を被る妹にはそれが気に入らず、私はルーを忘れられず、ニーチェは人の世を失った。が、ルーは？　床から一粒つまみ、ルーの縮小された模造に語る。

「創造する、だと漠然としすぎだから、とりあえず車輪についてだ。君も輪は好きだろ？　偶然だと思ったけど、きっと車輪を選んだのは、君の本を読んだ直後だからじゃないかな。まあ、いい。で、車輪の発明者は偉大な創造の例としてはスケールに欠けるかもだけど、なにしろ具体的だからさ。もちろん君の想定が、「新しい価値」の創造限定だってのは知らない訳じゃない。だけど、車輪と違って「新しい価値」だと、そもそも発明されたか判定しにくいからさ」。

粒を経由しニーチェだかエリザーベトだか不明のもの及び扉越しに、本体に語っているつもりだったが、なんだか自分が恥ずかしく思えてくると、エリザーベトが切り込んできた。

「浅ましいとはお感じになりませんか？　あなたごときが創造性などと。いったいあなたが人生で何を創造したのです？　あなたは無です。兄と違い何の価値もない人間です。あなたは、意味なく産まれ、なにも創らず、ただ死んで土に戻る、たんなる凡人なのですよ。ですから、創造性について兄に何か言う資格など、当然のことながら、あなたには無いのです」。

私はとりあえず殺す前に殴ることに決め「すいません、たいへん失礼とは思いますが、どうにも話しにくいんで、その仮面を脱いでいただくか、位置を移動していただけませんか？　女性の貴方に口髭の仮面はどう考えても不自然かと思いますし、貴方がその場所にいらっしゃると、正直、兄上に話している気がしないんです」と丁寧に申し出る。

「どちらもお断りいたします。申し上げにくいのですが、あなたと兄では人としての格が違いすぎますから」。

この女は天才と凡人の間で花開き、奴の仮面を咲かせているが、そもそもお前はニーチェの凄さとは無関係だろういいからその仮面を脱げ。

「ですから、わたくし、自分のことをこんな風にたとえるのは多少恥ずかしいのですが、一種の天使として、貴方のようなつまらない方と、兄の間を仲介している、そう自認させていただいているのですよ。お気づきのように、その証としてのこの仮面です」。

礼をわきまえ仮面を脱がしたい私は、意識を指先のルーに集中し、するとエリザーベトは消え、だが自分は既に死んだ、たしかにニーチェへの憧れだけ土にならず今もあるとも感じ、天井から差した光が埃の存在を明晰にしたのを契機に、一介の死者として死の床にあるルーを想像してみた。

3

ルーが死にかけなら、それはやはり尿毒症と確信し、今彼女は最後の眠りでベッドに捕縛されているとする。

「尿中に排泄される尿素その他の廃棄物が、血液中に残存する。初期症状として拒食症と活力の低下を含む。また、遅発性症状として知力減少と昏睡を含むことがある。尿毒症は線維性心膜炎を引き起こす場合がある。尿毒症は血液（エリスロポエチンの低下）、性器（テストステロン／エストロゲンの低下）および骨格（骨粗鬆症、転移性石灰着）など多くの身体組織の機能障害をひきおこす」というWikipediaからのコピペが入り私は困惑したが、どうせ未来からだ。

体が強いる鈍痛から逃れたいのか、彼女はときおり浮遊してしまい、その度に空間から懐かしい顔が語りかけてくるとしよう。

年齢からいってルーの皮膚も皺だらけのはずだが、私のイメージだから都合良く若い時と同じで、しかし内部は尿素その他に浸透されていた。だから、たとえば私の語る声で痛みから目線を外そうとする。隣室では、二人の愛人が彼女の死を待つ。

ただ看取り役のバトンを受け取っただけの連中。もう一つ向こうにある広間では、ルーと関係した過去全ての男達が、その死を待つのだろう。

そう、彼女はあらゆる男を捨ててきたし後悔はないが、あんな二人に看取られるのは無念だから、こうしてニーチェと同じく部屋に閉じこもっている。最終的に人は個室へ籠もる。トイレと同じだ。個室にいる人は「死の瞬間」を引き延ばす。天国の便器でいつまでも続く排便。存在の腹に、便はいつまで伸びるのですかと彼女は尋ね、価値の話にこだわる私の声が問いを遮断する。

「しかし、まあ単なる車輪にしても結構難しくてね。「車輪の再発明」って言葉があるじゃないか。馬鹿が車輪を新しく考案したと思い込んで有頂天になる話だよ。何事もよく調べてからっていう処世訓だけど、この場合、世間はみんな車輪を知っていて、研究開発段階を終え実用化すらされてるのに、この馬鹿は恐らく山にでも籠もってて気づかなかったわけだ。でも、でもだよ、この山にいる馬鹿の頭に限定すれば、たとえ世間は認めなくてもさ、彼が車輪を考え出した、しかも独力でってのは切実な創造じゃないか？　考えてみなよ、今まで車輪無しで重い荷物を運んでた馬鹿が、棒に円盤を組み合わせれば、全く新しい世界が開けるってある時気づいたんだ。これを創造って言わないなら、いったい何が創造なんだ？　それに車輪のある無しってのは、新しい世界の見方も作るんだから、その意味でも、車輪の発明はまさに新しい価値の創造なんだよ」。

そんなわけ無いと自嘲する私を無視し、ルーは浮き上がり、下方には隣室もさらに隣の広間も透視できて、捨てた男達が気力を失い壊れた犬のように堆積して愉快だった。印象が気化しつつ絡む男達の組紐に、彼女へ知恵を渡し、交換に愛を得ようと試み失敗した牧師兼家庭教師ギロートがいて、後続する男達全ての絶望が書き込まれた二種類のカードを少女時代のルーに渡し、カードには「た」または「ている」と記され、ギロートはカードがなす塔の礎を立て、邸宅に住むニーチェと私の場合、ニーチェは二度のプロポーズに失敗し去り、一度失敗した私は残るが、言語学者のアンドレアスがやってきて、自殺未遂でプロポーズし成功するも交尾はさせず、生涯の夫だが形式だけで、友情の死を記念した三枚が礎に追加され、特に再会したくもなく、素手で釘を壁から抜く巨漢スカウェリーと山小屋で初交尾し彼女から理性も抜き去り、肉として触られる喜びを知った彼女は、医者のゼメクに胎児を挿入されるも形式上の旦那に阻まれ出せず、ここでエロスもまた絆にならず、ルーはさらに二枚積むと、詩人のリルケがいつまでも彼女に手紙を送り死の床で絶望し、感情的交流の無効を記念するカードを一枚増し、老いたフロイトにとってルーは絶望ではなく、友情の証として指輪を渡され、ここでルーはカードを増さず、しかし結局父親に過ぎないと、やはりカードを積み、彼女にフロイトを紹介した心理学者ビエレは、病身の妻がいる分際でルーと不倫し自責しルーに馬鹿にされ、カードの塔は静かに立ち、法律を学び挫折し、ジャーナリストも挫折し、精神科医になりルーとつきあい軍医になるが、別の女と結婚一週間前にルーを忘れられずペニスを切って自殺したタウスクもいて、迷惑な遺言だったけど、褒めておこう面白いしと、おかしな絵を描いたカードを積み、もはや塔は恐ろしく不安定になり、男達の希望としてそれを天から吊るルーは虚無で、彼女も七十に達し、まだ男は増え、例の隣室で待つ二人、凡庸な哲学教授ケーニヒ、そして堆積する有名人との書簡に対し都合良く出現した死後管財人プファイファーが、最後の二枚を追加すると、迷い込んだ蝶の羽ばたきで塔は崩れ絶望の絆も消え、カードは散らされ吹き上がり、残された二人は宙に残る彼女を看取るが、いつも羽ばたきが嵐になり男達を絶望に変えるのを彼女は止められず、蝶を潰すのではなく精密に寄り添うのだとニーチェに習い、まさに彼を捨てることで実践し、ニーチェのカードがぺらぺらと舞う。

ある日出席したパーティで、ルーは私も来ているから久しぶりに会えばと友人に促され探すが、私は見つからずクロークルームにたどり着く。そこには見知らぬ肥満者がいて、コートを着たまま静かに座っていた。贅肉で瞼が垂れ、顔が消えデスマスクになっている。彼女と私の思い出である崖から私は跳び、顔が潰れたのだとルーは信じるだろう。

「ね、そうでしょう、ここなら誰にも見つかりません」と私は彼女に囁くのだろう。死んだ私は時々彼女の鼓動を止めて遊ぶだろう。私のささやかな復讐、触れられた心臓にルーは私の愛を感じてくれたのだろうか？　全ての男達が絶望でぶるぶるして、自分がルーとつきあっ「ている」のか「た」なのか論争していたが、霧雨は、彼らが崇拝した希望であり、絶望へ感染し無になったルーを呆然と見上げる視線を遮る。

植物と幽霊はどこか似ているとルーは思うだろう。沈黙する超人はもはや大地のようなもので、子供達を上で震わせ、全てを知りそして何もしない。超人は未来から過去に帰るのに急がしいだろう。「た」カードと「ている」カードが、雨雲を見上げる男達の手を巡回し、顔の潰れた私は無視して立ち上がり、彼女に話しかけようとするだろうとする。

ルーの冷酷さに憧れを抱き、顔が潰れこんな月面のような場所に来てしまったが、そもそも彼女の冷気はどこに由来するのだろう？

いつの間にか背後に廻ったエリザーベトが「あなたの疑問など、世界史的にはかなりどうでもいいことなので、裁きの時が近づく前にお帰りになられた方がいいでしょう」とまるで世界の実相に通じ、明日の失態を昨日知る風情で警告してきたが、拡声器でも通したような割れ声であり、轟音が空に響いた。大型爆撃機の編隊が、頭上の狭い空を渡るところであった。鳳のように翼を延ばして、空の青に滲み、雲から雲へ隠れて、のろく早く過ぎた。音が空に満ち、地に反響して、耳に唸りを押し込んだ。[*1]
彼らは「神」の体を痛めて、横切りつつあった。遅れた一機は半身が青、半身が黄色に染まっていた。私はもう帰った方がいいのだろうが、口髭の生えたぬいぐるみというものがある。自らの脳に冷凍されたニーチェの姿を一瞥したい、私の声を決して受け入れなかったあの男を一笑に付すのだ。だからこそ、私は話しただけでもう満足し帰りたいが、新人研修があるとするだろう。

4

雨は依然として湿原を曇らせつつ、次第に暗くなって行った。まず遠い「歓喜峰」が消え、アカシヤの木が消え、次いで前面の林が消えて、やがて何も見るもののない闇となった。米軍の車輛の往来もとまった。

新人研修とは名ばかりで、実際にはあらゆる年齢の私が、僕たち私たちとして束にされ、加工を待っていた。僕たち私たちとしての青年期の私は、雨の前、昼寝をして積乱雲が通過しまゆを撫でられたように感じ、中学生ぐらいの僕たち私たちとしての私たちは「僕はただ小さな体験で没落したいね、たとえばペンを一本落としたとかそんな理由で」「それって嗜癖的だね。クール」などと対話していた。「海たちはいまどこで何してる?」「ああ超人?」「自分を忘れ蛸を食ってる」「昼飯を狼の指示で食べなさい!」「腸を押しても腹がへらないんです……」遠景にも僕たち私たちの呟きが拡がっていった。

轟音が空に響いた。大型爆撃機の編隊が、頭上の狭い空を渡るところであった。鳳のように翼を延ばして、空の青に滲み、雲から雲へ隠れて、のろく早く過ぎた。音が空に満ち、地に反響して、耳に唸りを押し込み、その時、長身で眼鏡をかけた男が「ここ初めて?」と、皿の断面図のように大きな口を笑みに歪め問いかけてきた。

「わからないんです。ここにいるのは、みんな私みたいに感じますけど、あなたは死んだ先輩に似てて、まるで私じゃないみたいですね」。

「僕はもう死んでるけど、君もいずれそうだろう。だから一応警告に来たんだよ」。

「警告? 細かい点を除けば、僕は充分満足してますよ」。

「君は自由が与えられていると思っているけど、本当は自由じゃない。それはあいつらが責任をとらないやり口なんだ」。

「たしかに……そうかもしれません。でもたとえそうだとして、どうするんです?」挑戦に男は答えず、しばらく沈黙すると「逆らっちゃ駄目だし、諦めてもイカンということだ」と矛盾の言葉を残し、僕たち私たちの群れに消えた。言葉はこそばゆく、何故か私に希望を残した。

待ち構えたように、暗闇の中で物音が起った。重い物が濡れた土を滑り降りる音に、僕たち私たちの呟きが交じった。エリザーベトも動く気配であったが、そもそも今この時が晴か雨か、朝か夜かすら判然としない。

「皆さん。これから新人研修の最終メニューである「走れメロス」を行います。これは演習ではありません、ヴァーチャルです」。

エリザーベトの得体の知れぬ宣言は稲妻を思わせ、雷光に舐められた僕たち私たちは、大人の対応とでもいうのか、痺れた蛸のように沈黙を守った。私は「演習」と「ヴァーチャル」の違いが知りたかったが、僕たち私たちの空気は、それを破る質問を全て拒んだ。

エリザーベトは続けて「走れメロス」の演習内容を説明した。選ばれた私が鉄棒にぶら下がっている間に、僕たち私たちは、与えられた石を売って戻る必要がある。鉄棒の私が落ちる前に、一人でも帰るなら演習は終了、だがもし彼であるところの私が先に落ちてしまったら、また石を売るまで演習は続くという。

「これはあなた方に紛れ込んでいる無頼漢、いわゆる腐ったミカンを排除するのに欠かせない手続きなのです」。

エリザーベトは説明を締めくくったが、そもそも、ここは戦場なので石を売る相手などいないし、さらに石を需要する人間など平時においてすら皆無に近いだろう。この演習が腐ったミカンの排除とどう関係するのかに至っては全くの謎であったが、そもそも新人研修とはそういうものだ。「逆らっちゃ駄目だし、諦めてもイカン」という言葉が蘇る。どういう意味なのだろうか。そもそもあれは誰なのか、やはり死んだ私の影に過ぎないのか？

エリザーベトが、鉄棒に磔にされたい私の立候補を待ったが、当然の沈黙が場を圧した。そこで彼女は激務好きの新人だった頃の私を指さし、断りにくい空気を誘導した。その私も、もちろんぶら下がるのは嫌であったが、押し返す胆力は無く「僕がやらずに誰がやります」と心にもない忠誠を誓った。

私の弱さ凡庸さの全てがそこに起源したが、私事とは言え他人事なので放っておくと、その私は礫にされ、その他の僕たち私たちは、石の顧客を捜しに戦場へ散った。価値を生まない僕たち私たちに、お前は他にどのようなやり方があるというのだ？ 逆らっちゃ駄目だし、諦めてもイカン？

私の交じる僕たち私たち前方の暗闇で音がした。飯盒と剣の触れ合うような音であった。音に誘われるように僕たち私たちの足は前へ出た。

深い草の繁みがあり、水の流れる音がした。私の裸の足は冷たい水を感じ、脛まで漬かった。次の足は草の根の束に載った。それから二尺ほど落ち込み、そしてはっきり泥が始まった。

泥はますます深く、膝を越した。片足を高く抜き、重心のかかった他方の足が、もぐりこみそうになるのをこらえ、抜いた足で、泥の表面を掃くように、大きく外に弧を描いて前に出す。その足がずぶずぶと入る勢に乗って、後に残した足を抜き、同じように前に出す。

僕たち私たちは疲れて来た。もし前方の泥がこれ以上深ければ、完全に動けなくなる。そしてそのまま夜が明けてしまえば、僕たち私たちは泥から上半身を出した姿で、道を通る米兵に射たれねばならぬ。

恐ろしい瞬間であった。他の僕たち私たちもこんなひどい泥に浸かっているのだろうか。みなも私と同じだろうか。それが確かめたかった。僕たち私たちは叫びたかった。この時私の声を抑えたのは、叫べばエリザーベトにおこられるだろうという怖れだった。

遠くで鉄棒にぶら下がった私が帰りを待つ。だが、そもそも石の客などあるはずがない。僕たち私たちは存在しない需要を捜し、無限の放浪を強いられている。明らかにシステムがおかしい。しかし僕たち私たちは冷笑するのみで誰も抗議できない。

兄と妹、互いに思う

その心ほど　かわらぬものなし

金の鎖より　固い

二人を結ぶ絆♪

しかも常に大声で社歌を歌い続ける要請なので、いつ敵に見つかってもおかしくなかった。そもそもこの社歌の意味はなんだ？　ニーチェの手紙から採ったらしいよと、隣の僕たち私たちが訳知り顔で私をなだめた。エリザーベトの偽造らしいけど。その時、泥に漬かる僕たち私たちの前方に、棒のような影が立った。

長身の女性だった。それはルーだったが、彼女にも自身がなぜ戦場にいるのか不明で、ただともかく腹が減っていた。ルーの前にいた集団は、人によっては「人間」と呼ぶかもしれないが、彼女にとっては、いかにもそれは或る意味では人間であったが、しかしもう人間であることを止めた物体、つまり屍体であった。

殊に彼らは屍体であること既に永く、あらゆるその前身の形態を失っていた。彼らの穿った軍袴のみ、わずかに彼らの人間たりし時の痕跡であったが、屍汁と泥で変色し、もはや人間の衣服の外観を止めていなかった。周囲の土と正確に同じ色をしていた。

露出した腕と背中は、皮膚の張力の許すかぎり、人体の比例を無視した大きさに膨張し、赤銅色に輝いていた。或る者の横腹からは、親指ほどの腸が垂れ下がっていた。弾丸の入った跡だろうが、穴の痕跡はなく、周囲の肉の膨張が、その腸をソーセージのようにくびっていた。

頭部は蜂に刺されたように膨れ上がっていた。頭髪は分解する組織から滲み出た液体のため、膠で固めたように皮膚にへばりつき、不分明な境界をなして、額に移行していた。ルーは自分もやがてあのように膨れるのだという物理に、恍惚のなぜか混じった恐怖を覚えた。

一人新鮮な肉を保っている屍体があった。頸動脈に花が刺さっていて、直立した花梗の上に、固く身をすぼめた花冠が、音楽のように、ゆるやかに開こうとしていた。その名も知らぬ熱帯の花は芍薬に似て、淡紅色の花弁の畳まれた奥は、色褪せ湿っていた。匂いはなかった。

「あたし、食べてもいいわよ」

と突然その花がいった。ルーは飢えを意識した。その時、ルーの右手と左手が別々に動いた。僕たち私たちの一人が、戦場に現れた唯一の需要である女性に、石を渡そうとしたのだった。疲れた僕たち私たちにとって代金は後払いでもよかったのだ。

しかし、石を受け取ろうとする女性の右手を、彼女自身の左手が抑えて、受け取りを拒んでいた。ここに客があることの理由も不明だが、この抑制もさらに分からなかった。

ルーの左半身は理解した。自分はこれまで反省なく、草や木や動物を食べていたが、それらは実は、死んだ人間よりも食べてはいけなかったのである。僕たち私たちは歌を止めてしまっていた。

異変を察知したエリザーベトが、長身の女性の隣に実体化し、抑えている左手を掴んだ。

雨が降ってきた。限界が近づいてきた鉄棒にぶら下がる私は、透明で小さな人が私の肉を削り喰って何か他のものに変換していると感じたが、その私を凹ましている小人達もやはり僕たち私たちだったから、私は私を削っていて、それが磔刑に処された私の疲労だった。

凹ますよ、凹ましますよそれでいいのだ万事よしという私の声が聞こえた。私はエリザーベトを打ち倒し、私を救うことのできる私を請い求めた。それは要するに私であって私でない無頼漢だった。なぜここには僕たち私たちばかりで私がいないのだ？

疲労で眼筋か視神経が発狂したのか、地平線上でもみ合う長身の女性とエリザーベトがなす影のピントが、まだらになりミニチュアになった。仕方なく、僕たち私たちは再び社歌を歌った。

兄と妹、互いに思う
その心ほど　かわらぬものなし
金の鎖より　固い
二人を結ぶ絆♪

作者同様、肯定できる箇所を一分の隙もなく持たない凡庸な歌だった。だが、肯定とは一体何だ？問いは僕たち私たちが過去に得た全ての凡庸さを、ミニチュア女性達の争いに既視感として凝集させ、吐き気を憶えた私は扉を開けた。

5

ニーチェの居室には口髭を生やした巨大な幼児がいた。ニーチェの居室には口髭を生やした巨大な幼児がいる。皮膚に浮かぶ油が人形のニスを感じさせる程、彼は静止し光に対する反射方向を保存していた。

　しかし、目視できない巨大な鳥でも追うように、眼はゆったり動いていた。

「昨夜、久しぶりに君の本を読んだんだよ」。

　いきなり本題から入る。どうせ相手は聞いても分からないし、そもそも行きがかり上話すことになっただけで本当は話がしたい。

「『ツァラトゥストラ』だよ。君が書いたんだけど覚えてるかい？」

　私はニーチェの正面には座らず、横から観測することにした。横から観測することにする。なぜだ？　悪意ある訪問とはいえ、正面から見るのは礼を欠くという思いが、横を解放させどうでもよかった。幼児は瞬きし、ツァラトゥストラが愛した蝶の羽ばたきを想起させ訪問を後悔しかける。とりあえず語るだけ語って帰ることにしよう。二度と会うこともないから尚更どうでもいいということでもない。

　ふと、ニーチェの視線が追う鳥が、私にも見える気がして真似ると、恐らく鳥の卵を野良犬が暖めていて、茫洋と漂う飢えた僕たち私たちが熱視線を送り愉快である。「大変です、コピー機が永遠に矛盾してます」「ちょっと飲みながらやってごらんよ」僕たち私たちの会話は相変わらずだが、そこは既に快晴で、歌声だけが、救いを請う終止の無い耳鳴りのように持続した。私は待たれているのだった。私は待たれている。

　音自体は小さいのだが、その執拗さに「いや私はそういうキャラじゃないから」と叫び耳鳴りを打ち消したくなり、「もてないのよね」と声が聞こえたのだった。聞こえる。ニーチェに続きを吹き込み気をそらすことにするだろう。

「ただ、反対の例もあるんだ。世間の人はまだ車輪を知らないが、孤独な人がカンニングした場合だよ。この場合、世間は皆彼の車輪にビックリだ。しかし、さっきとは逆に、彼に創造は全くない。なにしろカンニングだからね。そこにあるのは、単に宇宙の誰かからの剽窃と、周りの連中があんまり褒めるもんだから、罪悪感って奴だな。まあ、当然君は、そんな感情は無用だって言うだろうが、何しろ例の入山資格が「創造性」だからね、それを偽証したんだ。やっぱり少しは悩んでもらわないと」。

床が思ったより柔らかいのか、私はなんだか私が眠くなってしまい、要するに賢さとは一種の眠りで、私にいる私を解放し、周囲に伝播していく催眠の一種と思ったが、気がつくとニーチェは、私を正面から観察している。

興奮した眠い私は、いつの間にかニーチェ正面に入っていたのだ。だが、もはやこのニーチェに昔日の創造性は無い。そう思うと晴れ晴れとしたが、「きちんとした日本語を喋りなさい」という声が浮かび、日本語という言語を知らず戸惑いつつ続ける。

「つまり、創造ってものには、その中身を自分も知らないし、同時に、世間も知らないってことが必要だって話だ。まあそこまでなら、猿でも分かる。だから君にも分かるよな」。

思いきってニーチェの頭上に手を乗せ、尋問する刑事の格好で顔を覗き込んだ。ここまでの非礼を自分が働いていることに驚こうとしたが無理なのであった。この幸せな機械は、もはや私を承認も否認もしない。ただ記録するだけであり、まさに私の望んだことであったが、望んだことである。

ニーチェとの付き合いで、これほどの喜びを覚えたことは無く、当然、自分を軽蔑し尊敬した。敵意、友情、再会、自己軽蔑。目前の人形が過去に吐いた言葉が、今の状況を皮肉に予言していたので、私はますます満ち足りた気分であった。なんだか眠く戦場に行ってもいい。そういえばルーはこれにもう会ったのだろうか？

たとえ会っても、何の感興も憶えないに違いない。だからこそ、私はあれほど二人に引け目を感じたのだ。感情を散らす言葉にすがる。

「だけど、ここでもう少し難しいケースがある。カンニングしたんだが、自分でも忘れてる場合だよ。この場合はどうなる？　本人も世間も、このカンニングをチェックできない。何しろ本人が忘れてるんだから。だからこれは、世間がカンニングに気づくか本人が思い出すまで、正しい創造の場合と区別ができない。しかしまあ、後でそれに気づくとしよう。でもってやっと本題に入るんだが、このカンニングを忘れた車輪発明者は、その発明の瞬間、創造的だったのか違ったのか？　もちろん、全ては物理的な過程で「創造的」なんていうのは、適当で人間的なラベルに過ぎないってのもありだが、そうすると、ますます例の山への入山資格が滅茶苦茶になるから、それは止めてくれよな」。

私は疲れて座り込み、ニーチェを見上げた。もう眠るべきかもしれなかった。もう眠るべきかもしれない、が、そうすると私が戦場に行きそれは私のキャラでないから嫌である。私は眠る寸前であったが、私が哀れで私はまだ戦場に行けない。

こうしてニーチェを見上げる姿勢は、私が奴の承認を待つ家畜のようで滑稽であったが違う。しかし、移動を止めたその眼は私を束縛する。眠ってはいけない、私は意地を張る。肯定？

私は鉄棒ごしに空を見た。棒の直線で切られた天から緞帳が落ち、裏に住む例の虚無が降るのを待ち焦がれた。長くぶら下がっていたのだ。もちろん空は裂けず、ならせめて、と耳を澄ませた。私が裂け、時の終わりが落下するのを聞き漏らさないように。もう落ちてしまい、僕たち私たちの努力も無にしてよい気もしたが、遠くの影は、商談の気配も感じさせ、私をためらわせた。

然りの時は近いのかもしれない。僕たち私たちが歌う背後で、いびきのような低音が響いた。私は眠っているのか？　ついに然りが降るのだろうか？　幼児達をジャグリングする絶対者が崩壊を待ち、回転する仔らの瞳に、私の歪んだ残像が過ぎて怖くなりニーチェから目線を外した。

先ほどの非礼を後悔したが、言葉も動作も自閉の楯を震わせなかった。激しすぎるものには美がない。ツァラトゥストラの言葉が私を抑える。ニーチェの返事を聞きたいのか？　奴の美に合わせようとしているのか？

しかし所詮、蝶のひらひらは私にとって軽すぎる希望だ。

「二つの場合がありうるよ。まず車輪発明者が、過去では創造的だったが、思い出した瞬間以後、カンニングした車輪剽窃者に変わる場合。この場合、彼は、過去のある期間車輪創造者で、その後、車輪剽窃者になるわけだ。もう一つは、想起の瞬間、過去も書き換わって、過去、現在、未来、どの時制でも、彼は創造的じゃなくなる。前者なら、創造は、結局のところ忘却の一種だという事だ。もちろん、全くカンニングしない真の創造があれば別だけど、全ての車輪創造者はカンニングしてるからさ。それはプラトンが教えてくれたことだ。一方後者、つまり書き換わる過去は、君の哲学に大きな打撃を与えると思うね。なぜって、この場合と、いわゆる創造的な場合は、永遠に区別できないからだ。今、創造的な事も、明日になればカンニングだったことになるかもしれない。この「しれない」は、いつまでも捨てることはできない尻尾の跡みたいなもんだ。つまり創造的であるかどうかは、永遠に未決になるし、君の山には怯えた超人、厚顔無恥な超人、忘れっぽい超人しかいなくなるだろうね」。

ニーチェの皮膜が震えていた。猫だって震えてるなら意味がある訳で、それがニーチェであればなおさらだ。不意の来訪者による緊張？　それとも私に皮膚で答えてくれている？

私は立ち、震えを止めるべく手をさしのべた。触りたかったのだ。触りたい。触って止めれば万事OKであるからだ。要するに、OKを与えている瞬間、相手は神で、神は二人の間に凝結する。するとニーチェの顔がもう一つ、ぬっと出てきて、現人神か代理の神のような位置を占めたが、もちろんそれはエリザーベトだった。

私は苛々して、至近距離にあった彼女の仮面を剥ぎ、エリザーベトの顔を露わにしたが、斜視であることを除き、どうということも無かったから、私が彼女の仮面を受け継ぐ。そして仮面を被ると大満足感が私を襲ったのであった。これがニーチェである、ということなのだ。エリザーベトが仮面を脱ぎたがらなかった気持ちがダイレクトに伝わってきた。視界が狭いのがいいのだ。視界が狭いのがいい。エリザーベトは顔を隠しながらどこかへ逃げたので、私は続けた。

「そういや忘却っていうので、急に想い出したんだけどさ、最近、どこまでいっても自分の履歴が追いかけてくるのが嫌でね、この際、一度究極の履歴について考えてみることにしたんだよ。いつになるか分からないけど、科学なり神秘主義なりが進歩して、僕たち私たちの履歴が完全に残せる時代が来るとするじゃないか、そうすると、恐らくその履歴と、僕たち私たちの人生体験それ自体は、本人も忘れてるぐらいの細部までぴったり同じで、要するに僕たち私たちの人生の複製がいつでも見られるようになるんだよ。でも、その時代にもきっと難しい問題が残されてて、それは要するに、履歴だか複製だか分からない自分を、もう一度見直す、というのをどう扱うかなんだ。このとき、過去の自分に完全に一体化したら、それは、もう「今」の体験そのものになってしまって、なんというか、想い出すことじゃなくなる。なにしろ、その履歴には抜けが無くて、過去の体験をそのまま追体験できるんだから、それを、「今」見ていることを常に想い出してなかったら、それが「過去であること」をキープしておけない。でも、逆に外側の視点を保つとするじゃないか。つまり、「今」という視点を忘れないようにするわけだ。でも、そうするとだよ、どういう今、どういう視点から過去を想い出しているのかも混入した過去の複製が、想い出す度にどんどん履歴に加わってしまう。自分の過去なんだけど、知らない人がそこで見てるようなもんだよ。それに、履歴自体とそれを振り返る視点が混ざって、これはこれで、過去の完全な履歴の参照とは言えなくなってしまうしね。つまり、今を忘れると、過去が現在になるし、今を入れると過去が書き換わる。おまけに見る度に他人というか複製が増える。まあ神が悩むような贅沢な問題ではあるけどね」。

仮面にこれだけ閉じ込められていると、肯定や承認のことなどどうでもよく、快活になり、「神の問題」を極めて身近に感じる。

「とりえあず、書き換わる過去の方を考えようか。まず、風に吹かれて孤独に創造するあの偉い奴、選ばれたというか自分を選んだというか、とにかくあの偉い奴は、山を降りて他人に会う必要が出てくる。さしあたって、車輪の発明が、世間でまだ起きていないか確認する必要がまずあるからね。僕は無粋かね？　君のいう創造はこんなくだらない話じゃないよな？　それは分かるよ。僕のようなつまらん人間には、君の「予感」とやらは分からない。具体性がないからさ。僕は君の山に登る資格のない細菌みたいなもんなんだよ。まあ細菌はきっと山にもいるけどね。そういえば南極では寒いけど風邪を引かないらしいよ。細菌も凍死するからさ。君も南極にいったら？　僕も凍死してるだろうし、きっと最高に集中できる」。

ニーチェの硬直に、再び卑下が制御を超え、いったい私は何をしているのだろうかと疑念が湧く。ニーチェの承認を求めるニーチェの仮面を被った私を、エリザーベトが観察しているに違いない。

「だけど、もしその確認が済んでもさ、自分がカンニングをしていないことの確認は、さっきも言ったように終わりがない。僕が思うに、ここから永劫回帰に特徴的な、あの時制がでてくる。つまり「すでに、まだまだだった」って奴だ。確認する度に「すでに」ができる。だけども、その作業は終えられないから「まだまだ」だ。君は、神の存在を許さない理由として、そんな奴がいたら、創造というものが無くなるから嫌だって言ってたはずだ。何しろ全ては「すでに」神が創ったものになるからね。でも逆に、この進行形のくせに完了形のふりをする気分だけを、創造的と呼べばいいんじゃないか？　ついでに、神自体もそういう存在だと、思うわけにいかないのかい？」

私に住む神が私から出て、自らの死を告げに僕たち私たちの所に向かいたがっている。私は私にうんざりで正直うざいから同居をやめたかったし、私も自分の死を告げに行くような神と一緒は嫌で、なにしろ安定志向だからだった。なにしろ安定志向だからである。もちろん、その安定志向が私を結局自殺に追いやっただろう。私は私の気をそらすため、先ほど触り損ねたニーチェ表面振動に触れようと思うが、ニーチェの瞳は、不自然に開いた穴として私を迎え、吸われる危険を感じやめた。

戦場や神なんてやはりどうでもよく、私私私が重要極まりない事象なのに、どうして私は僕たち私たちの声に応えようとするのか、だってこれを読むお前はもう死んでいるんだろう？　その時、「逆らっちゃ駄目だし、諦めてもイカンということだ」という言葉が鳴り響き、私は、宇宙の話題で問題を消去しようと試みる。

「で、さっきの完全な履歴の話に戻るんだけど、結局の所、そんなことが可能な存在は細菌にとっての君、あるいは神みたいなもんだ。で、問題は、過去を振り返る時、自分が今にもいることを忘れないようにすると、過去の部分的な忘却、まあ過去に対する視点とか基底が入って過去が書き換わるし増えるけど、完全に想い出すなら、今度は今の方を忘れてしまうっていうことだった。だけどさ、もし神だったら、こうやって追加されるはずの可能な外部からの視点を、あらかじめ無限に足して、そんな無限を、神にとっての過去として創造できるんじゃないかな。この場合「すでに」と「まだまだだった」が一致する。まあ、無限プラス一が、また無限みたいな話だけど、こうやってどこまでも外側においてかれる視点を内側に入れるわけだ。もちろん、こうして喋っている僕も、それを今聞いている君もその履歴に既に入っているし、もう死んでいる」。

もはや空を見る力も無い私は、鉄棒から大地を眺めていたが、現金なもので、そうなると先ほど宙を回転していた幼児らの眼が、地表に数多くあると感じ、砂埃を含む風で反射的に閉じるのさえ分かる気がした。あなたが来てエリザーベトを倒せば、空気は消え全ては変わるのに、どうやら、あなたは既に死んでいるらしい。

諦めて落ちる先の地面を値踏みしていると、私が値踏みするその眼も既に埋め込まれている箇所を見つけ、ではあそこに嵌れば神のパズルも完成する。その視点で見回すと、全てがパズルで、ピースを囲む筋筋が入っている。希望だろうか。それとも絶望の徴だろうか？

　筋筋はもちろん私の体にも刻まれ、各ピースが毛穴を一つ囲い、各毛根に眼が生え、違う周期で瞬くので、タイミングのズレが雪の結晶のような格子を描いては消した。そういえば菩薩というのは何しに戻るんだっけ？　と無関係な想念が浮かび、私はもはや限界に来ていた。

「でもまあ、神がいくら凄くても、計算もしないで無限の視点をあらかじめ入れておくのは難しそうだ。創造の瞬間が一瞬っていうのは、人が神に持ち込んだ不遜なアナロジーなんじゃないかな。神にもきっと計算時間は必要だよ。だから、少なくとも一回は計算しなくちゃならないとしよう。だけど、その後は、例の今を忘れた記憶みたいに、自分の履歴を追体験してるだけなのかもしれない。たった一つの神が、我を忘れて自分の過去に対するあらゆる視点を辿り直してる。輪廻転生ってやつだな。ただし、この場合、未来と過去を行き来するたった一人の神が、輪廻してるわけだ。だいたい輪廻なんて言い出した以上、一人で何個も体を使えるわけだから、魂の数は体の数より少なくできる。極端に言えば魂は一つでもいい」。

　私はひどくつまらないことを言った恥を感じ、ニーチェやルーに熱を入れて語った後の、死骸を見るような沈黙が蘇る。ニーチェは無言で照り振動していたが、私は声が欲しい。「くだらん」でも「素晴らしい」でもいいから均衡を破って欲しい。愛の告白をして返事を宙吊りにされた少女の緊張と期待で、私はニーチェと振動したから、ニーチェとニーチェの仮面が揺れたわけだが、一銭にもならないのだった。

　再び嘲笑が空を裂き「「求めよ、さらば与えられん」の時代は終わったのですよ」というコメントも来て戦場と部屋が共に支配され、なぜかは分からないが、私もまた裂かれた気がした。どこから調達したのか、もう一つのニーチェ仮面を被り直したエリザーベトだった。何かが降る気がする。

戦場は快晴だったが、それはニーチェの瞳を見て分かった。戦場は快晴だったが、それはニーチェの瞳を見て分かる。そこには当然私がいた。そこには当然私がいる。私の瞳と合わせ鏡になっていたから、その奥には次々と私が増え僕たち私たちとして戦場を構成していた。私の瞳と合わせ鏡になっているから、その奥には次々と私が増え僕たち私たちとして戦場を構成している。人なのに宇宙だなんて、一種の契約違反だよなと引け目を感じた私は、違反をただす北欧神話の槍が欲しかったが、代わりに喋った。

「だけど、ここで、さっきの完全な履歴の話が効いてきて、体験している最中には、今まさに一回目の計算をしているのか、それとも終わった計算を再生してるけど、我を忘れ履歴にいるのか区別できない。君が生きているのかもう死んでいるかもね。もっとも、視点の追加っていうのは、普通の足し算みたいじゃなくて、視点も考慮に入れた上で並べ終わった可能な全履歴に対して、そこに入っていない潜在的な視点からみた履歴を追加する、みたいな作業で、要するにそれが「一回目」なのかもしれないけどさ。しかし、だとしても、その一回目と、その後の奴はお互いに、自分こそが一回目だと思うだろう。だから、創造ってのは、その潜在的な視点の一回きりの瞬間なのかもしれないが、その瞬間にいるのか自分でも分からないっていうさっきの話はまだ生きてるわけだ。ちなみに瞬間っていったけど、これは時間の中にはない瞬間だ。なにしろ、全ての履歴は何度もループしてて、その中に僕たち私たちの持続はあるし、この創造の瞬間も、またすぐにその中に吸収されるから、その瞬間はまさに瞬間的にしか存在しないわけだ。全ての可能な宇宙が並んでいて、そこにない宇宙が一つ追加されるけど、その瞬間、無限個の宇宙でできた海にまた沈む。だから追加の瞬間は、無限の宇宙から一つの宇宙が選ばれたみたいにみえるだろうな。君の好きなライプニッツみたいだけどね。もちろん、君が好きなのはあいつの哲学というより、狭いところだってのは知ってるよ。で、これが、君の言う永劫回帰だ。違うかい？」

人なのに宇宙だなんて、一種の契約違反だよなと引け目を感じる私は、違反をただす北欧神話の槍が欲しいが、代わりに喋る。人なのに宇宙なんて、一種の契約違反よなと引け目を感じ貴方は、違反をただ北欧神話の槍が欲しが、代わりに喋。

ニーチェの瞳内部に繰り広げ戦場には、時間が横倒しにな、全てのニーチェと貴方が並んでい、その二人は無数にいながら無限に薄ので、瞳の中にも充分居場所があ戦場が重なり合ってい。貴方はついにこの男を宇宙にまでししまのか。

老人。年老い貴方の心もまた幼子で、エリザーベトを無視、ニーチェの瞳で響僕たち私たちの合唱に従ニーチェの手を取無理矢理立ち上がせ、貴方を中心軸とすコマを作回転運動を始め。立ち上がニーチェは急激に振り回、しばらく何とか回転していが、足が絡ま前向きに頭から転、そこでやっと彼自身の声が聞こえ気がしが、意味は分からな。顔面から床にめり込ニーチェを見、貴方は冷静さを取り戻。

「大丈夫？」

私はなし得る限りの慈悲を呼び覚ま、パズルのように亀裂の入ニーチェを抱き起ことしが、彼は逆に、例の鞭打れ馬、眼を打れ馬への涙を浮かべ、貴方を抱きしめ。

ニーチェの眼は涙のせいで膨張、その中心を鞭打ちの筋が断ち割、戦場の空を割、虚無の歌が貴方を祝福してい。

私は戸惑。

これは遂に「たいへん良くできました」なのか、それとも、またしても憐れみなのろうか？　しかし、例の馬の話を貴方はどこで知のろうか？　そもそも貴方は誰なのろう？

懐かし崖の風景、ニーチェ、それに鞭を持長身の女が浮か。あれは何という女？　女もまた私を抱き締め。今度は完全に憐憫。既にニーチェが抱きついていはずから、彼女がどこに抱きついのかを不思議に思。彼女の足下には滑らかになニーチェが巻き付いてい。

「ようこそおいでくださいました」。

別の女の声で軽く頭を弾れ、はずみでそちらを振り返。

「いったいここはどこという場所ですか？」

不安と懐かしさで尋ねが、うまく言葉がしゃべれな気がし。誰がきいのかは難しすぎて、もう分からな。

「永劫回帰の部屋でございます」。

エリザーベト・ニーチェという人が告げ。

よく見ると、確かにこの部屋には柱も壁も無。ニーチェしかいな。

つまり、完全にニーチェことにし。貴方はそう思うことにしようとしことにしようとして、転。

ニーチェが叫び、亀裂からピースに別れ散らば。全てニーチェ。完全にニーチェ。

「逆らっちゃ駄目だし、諦めてもイカンということだ」。

こそばゆさはニーチェを声にすがりつかせ、私と時制を取り戻すと、貴方の瞳にある戦場へ発つのです。

6

ルーとエリザーベトは、再び時を刻み始め、互いの時刻を探るように動き出しました。空にある亀裂は隠しようもありませんが、それが何に由来するのか、彼女達には知るよしもありませんでした。

亀裂は自分の嘲笑が開いたとエリザーベトは思い、それは彼女にとって、新しい神や超人その他の到来を予感させるものでした。やがて何かが来る。彼女は確信していましたが、なんのためにそんな確信が必要なのかは分からず、ときどき分かりそうになるのですが、慎重にその時を先延ばしにするため、パラグアイに人種差別主義者からなる新国家を建設に出発し失敗したりしました。

雨が降っていました。いや、雨は降っていませんでした。雨のようだったのは、数多くのニーチェ片だったからです。

ついに、エリザーベトの待っていた「凄いの」がやってきました。降ってくる神的なもの、それは馬を抱きしめて泣いた数多くのニーチェ達でしたが、エリザーベトはその種のニーチェが苦手でしたので、持っていた黒い傘を拡げ、ニーチェを防ぎました。傘はビーチパラソルぐらいあったので、それなりにお洒落なオープンカフェみたいとルーは思いました。

降りしきるニーチェの中、エリザーベトは立ち尽くしていました。本当は嫌だったのですが、いい加減ニーチェも邪魔だったので、ルーはエリザーベトの傘に入れてもらいました。もちろん、自分のした行為が、この高慢な女に与える優越感その他は織り込み済みですが、織り込んだからといってどうなるというものでもありませんでした。軋轢だけが二人を結ぶ絆でしたが、この際、絆のことなど考えたくはありません。

エリザーベトがルーを見つめ、そこには何かを告白しようとする寸前の人だけが持つ覇気があり、ルーはとっさに避け、とりあえず秒を数えて意識を散らしました。一方のエリザーベトにとっては、今この瞬間、ニーチェが降るという奇跡に準備されたこの状況だけが、「ほんとうの自分」というものを他人に知らせるチャンスでした。

「花のことを知りたいとは思いません？　全てが没落するこの時代においての、ですよ」。

もちろん「花」とはエリザーベト内で彼女自身のことを表現する比喩でしたが、多少豪華すぎたのかルーには解読不能でした。ルーは意味不明のことを言ってくるこのオバサンに全力で興味がありません。エリザーベトは寄ってきました。どんどん寄ってきたのです。

重力に憑かれすぎた女性の近くにいると危険だし逃げたいとルーは思いましたが、外は本降りのニーチェで、とても傘の外に行きたい感じではなく、はやく終わるといいなと願い告白に備えました。いつもいつも私は他人の告白を聞かされ最後には精神科医にまでなったんだから、結局好きだったのかもだけど、疲れるし、意味のない仕事ばかりしてきた気もする。

「つまり、このようなことが問題になっている。他人に知られている私と、別の私が常に存在するような感じ、そのような感覚である」。

花の比喩がスルーされた苛立ちからか、エリザーベトの話し方が突然極度に論理的に変わったので、ルーはびっくりしましたが、指摘して怒らせる可能性と、指摘しないで違和感に耐える場合のリスク計算を行い、プロの観点から放置しました。

「それは、一般に、本当の私を理解している人間がいない、という訴えを構成する言葉の使い方である。この場合、「別の私」の方が「本当の私」であるのは言うまでもない。近年、私は、私に関する他人の言及が全て誤りであるということに確信を抱くようになった。つまり、本当の私は、完全に外界から隔離されている。だが、この告白では、その点について、別観点からの考察を行いたい」。

ルーの経験では、本当の私関連の告白はいつも退屈で、常に悪循環にしかならないのでした。ペニスを切って自殺しても本当の私には到達できません。ニーチェは首に絡んだ蛇を噛み切れと書いたけども、悪循環も蛇である以上、ぴちぴち跳ねるし小骨やら腱やらで噛み切りにくいのです。

「自分の母国語を学習した外国人と会うとき、なんらかの規則違反、これは明らかに間違っている、という感想を抱かないでいられる事はまれであろう。しかし、よく知られているように、このような規則違反は、間違いがあって初めて指摘できる性格のもので、「それは規則に従っていない」とは言えるが、「正しい規則とはこのようなものである」とあらかじめ列挙しておくことはできない。このことは、「本当の私」を巡る語法に関しても同様と言えよう。つまり、「それは私ではない」という規則違反は常に指摘可能である。なにしろ「私」を母国語とする人間は、「私」しかおらず、他は全て「あなたという私」を学習した外国人なのであるから。よって「あなた」はいくらでも他人の間違いを指摘することが可能で、本当の私は無限に存在しうる。しかし、言語の場合と同様、間違いの指摘と独立に「本当の私」を構成する要素を列挙することはできない」。

エリザーベトがどの方向に話を持って行こうとするのか不明でしたが、彼女の悪循環を構成する腱もまた幾重にも伸び、彼女にしか見えない神を織るようだとルーには聞こえました。

「しかし、無限に存在しうる本当の私に関して、最近わたくしは新しい見解に至りました。神ならぬわたくしたちには、たしかに無限の列挙はできませんが、神にはそれが可能です。だからこそ信仰というものもありうるのです。ほんとうの私を理解できる存在が神なのです」。

エリザーベトはニーチェの哲学を信奉しているとルーは想定していたのですが、どうやらエリザーベトは自分の織った神に捕まったのでした。

「ですから、本当のわたくしは兄なのですし、この宇宙の名のある方々は全てわたくしなのです。そしてこの考えを兄に教えたのも実はわたくしなのです。たとえ兄がわたくしにこの考えを教えたとしてもなのです。もちろん兄も同意の上でのことですよ」。

突如論理が飛躍してルーにはついて行けませんでしたが、よくあることなので放置しました。

「仮面です。そう私は兄の仮面です。しかし仮面の下にはまた仮面しかないのです」。

完全にニーチェの模倣でしたが、たしかにニーチェの仮面がエリザーベトだとして、仮面の下にも真のニーチェはおらず、エリザーベトが被るニーチェの仮面しかないのかもしれません。「本当の私」が、彼女の言う通り神にしか認識できないのなら、神がいない世界には、エリザーベトやレーやあたしはいても、本当のニーチェはいないし、それは全ての人にとって同様。だから、真のニーチェを、このエリザーベトという愚者の仮面から聖別するのは、まさに神の不在で禁じられているとルーは気づき、違う?と地面に転がる量産型ニーチェ達に問いかけてみました。

「率直に申しまして、わたくし、あなたのような人間が許せません」。

エリザーベトが継いだのでルーは尋ねました。

「どうしてです？　嘘をつかないからですか？」

「そうかもしれません。でも、わたくしが嘘をつくのは、そのようにしか生きられなかったからです。もしわたくしが嘘をつかなければ、兄の資料管理財団はどうなるんです？　兄を世話するお金はどこから？　わたくしにはお金が必要でした。いわばわたくしは、兄の下半身です。もちろん、気まぐれや趣味で嘘をつくこともあります。旦那が自殺した時には、体面上病死にしておきましたし、必要ならば兄の代わりに手紙も書きました。兄が死んだ時には、いまわの際にわたくしの名前を呼んだことにしておきました。当然の権利です」。

「嘘が、……お嫌いなんですね」ルーは苦しそうに告げました。

「いえ！」

エリザーベトは強く断ち切って続けました。

「わたくしは、わたくしの伝記を読みました。どこをどう探しても愛すべき所の無い、権力欲に取り憑かれた嘘つきでしたわ。でも、わたくしには兄の言葉があります。「私は、オリンポスの神々もすべて不滅の哄笑にさそわれたにちがいないほど、意味深い、同時にまた驚嘆すべく逆説的な、一つの光景をまのあたりにする、すなわち」」。

「法王としてのチェザーレ・ボルチアを」ルーがエリザーベトが始めたニーチェからの引用を引き取り、「お兄様は、真実に取り憑かれた価値観への攻撃として、ボルチアを絶賛していらした」と補足しました。口調に憐れみが入るのを気づかれないように。

「わたくしは、嘘をつくことで初めて、名のある人間に、価値のある人間になれたのです。わたくしは兄の言葉を文字通りに信じています。兄の言葉を、なんでも無害な比喩にしてしまう方々に私は反対です。兄の言葉は、わたくしを愛し、肯定してくれるただ一つの思想です。だからこそ、わたくしは教育を受け、嘘もつかずにのうのうと生きていられる、貴方に我慢がならないのです。貴方のお考えは、兄以前の思想、そう、一種の虚無主義に戻っている気がしますわ」。

「そうかもしれません。まあ、わたくしにはお兄様の考えを実践する気はありませんでしたから……。たしかにお兄様は、ボルチアやマキャベリのような嘘つきを愛しているというニュアンスの言葉を何度も残しておられます。ところで、「私は嘘つきを愛している」と書く方は、自身嘘つきなのでしょうか。もしそうならよくある逆説ですけど、「を愛する」は「である」じゃありませんし」。

エリザーベトはしばらく黙ると、話を終わらせるために口を開きました。

「今まで誰もわたくしの考えを聞いてくださる方はいらっしゃいませんでした。でもわたくしは名のある方にしか興味がございませんから、特に問題はありません。その点、あなたはなんというか有名な方でいらっしゃいますから、わたくしの話を聞く資格があるのです」。

有名人。しかしなぜ有名人限定なのでしょう。まったくどこまでも価値のない人。その時、一つのイメージがルーに浮かびました。膨大な嘘と策略、「法王としてのチェザーレ・ボルチア」を演じるエリザーベトが、ニーチェ資料館に人生と交換で貯め込んだ八十万ゴールドマルク。それが世界大戦の後、ワイマール共和国の天文学的なインフレで無価値な数字となった瞬間。泣き崩れる彼女。エリザーベトの方を見ると、彼女もまた同じ瞬間を想い出しているようで、先ほどまでの攻撃的な空気は消えていました。
もう、ニーチェは止んでいました。
「私のようなものに、貴重なお話ありがとうございます。ご自愛ください」。
ルーは告白の礼を述べ、巨大な傘を出ました。疲労のため足を引きずり離れていくルーを、エリザーベトはいつまでも眺めていましたが、やがて見えなくなると、僕たち私たちに命じ、地表に落ちた無数のニーチェを皆に拾い集め始めさせました。
ルーは終わりゆく人生に「然り」を言える場所を探しながら、前を既に自らの幽霊が歩いていて、その方が若く遥かに足取りが軽いのをみて、なにをこんなにあがいているのか、ここで終わりにするのが何故まずいと自問し、気がつくと周囲を歩く屍体たちからも、残り火がずれて本体より早く移動していました。すると、既に自分もあの屍体であり、目の前をゆく霊は火で、自分にだけ、火が自分の若い姿に見えていると疑い、いったい「然り」とは何かと絶望しました。
兄と妹、互いに思う
その心ほど　かわらぬものなし
金の鎖より　固い
二人を結ぶ絆♪
どうでもいい戦場の歌に気をとられ、ニーチェに躓きルーは転びました。二度と立つことはできないでしょう。ニーチェの割れた瞳にこの戦場があり、さらに転がるニーチェの瞳を通して懐かしいレーの姿が見えました。私が捨て、私の心臓を止めにときどき来たレー。そしてレーを抱くニーチェの瞳に、またこの戦場が映っていました。よく見ると、ニーチェに躓いたのではなくて、ニーチェから出ている細い麺状のものに足が絡んだのでした。

既視感が起きました。これを見たのは、たとえ私でないにせよ、既視感ごと誰かがこの戦場を見たと思い、そしてまさに今、その誰かである私がこれを書いていると不愉快になり、この誰かって例の「本当の私」かしら？とルーは意地悪く笑おうとしましたが、疲れで無理でした。

よく見ると、ニーチェから出る麺状のものは、別のニーチェと繋がっていて、ここは高台でしたから、見下ろすと無数のニーチェが成す網膜のような構造が識別できました。網膜が枝だとすると、根は脳だから、逆さになって歩く鉢植えが人間で、それが今転び、二度と立ち上がれなくなったと思い、本当の私というのは、鉢植えに横溢してくる花びらで、それは樹の悪意なのでしょう。

このニーチェ製網膜を眼とする根はどこかにあるのでしょうか。それともニーチェの網はどこまでも根を持たないのでしょうか。気になって近くに転がっているニーチェを引き寄せ抱いてみると、猫のような量感に、ほっこりという感覚を思い出し、何故私はこの感覚を捨て仕事ばかりしてきたのか、それは結局何かの策略だったのではないかと思う刹那、ニーチェが跳ねてルーを捨てていきました。

私はいつも高い塔の上にある個室便所で救いを待ち、便を垂らしていたが、今その塔が崩れ、大地に這い、垂らしていた便はニーチェを繋ぐ麺になったのだ、もう一度種々のニーチェが成す網膜と、結節点にある無個性なニーチェ達を眺め、花壇に咲く同種の花を見分けられない気分になりました。

花の個性が私に分からないことが、彼の教えた脱出方法だったのかもしれない。そう、あのエリザーベトですら良く、彼女こそがまさに私だと、彼は教えてくれていたのかも。ひたすらに並ぶ無個性なニーチェの花壇、それが私の為にもあり、結局それが神の花園で、エロスに求めていたものかもしれない。あの細く長い便が全ての花壇を繋ぎ時を前に進める樹になると、ルーは混乱の極みで悟りました。

7

戦場から戻ると、海の香りだけが残っていました。自分への軽蔑、嫌気、陰気な魂の音調で、誰なのかすぐ分かる。理想的な国家は全てを知っています。海の香りにも国家はあり、全ての人がいないことを願うのを禁じ、自己への軽蔑だけを残してくれた。

このしょうもない感情が本当の私だったということかと再び軽蔑します。あの私は結局どこへいったのだろうか。私に私はもう現れず、周囲にはもはや猿しかいない。私は私自身を軽蔑します。私は私自身を軽蔑する。私は私自身を軽蔑しました。私は私自身を軽蔑した。

私は私自身を軽蔑させていただきます。私は私自身を軽蔑させていただく。私は私自身を軽蔑させていただきたく。自分自身に対し、どの程度の敬意を払った表現をすべきなのか判断できず困ったaとtheの区別のできない外国人のようでした。ニーチェは人間にとって猿がお笑い草であるように、超人にとって人間は笑うべきものだと書いていたが、だとすると猿にも超人を快活にする役割はある。そして、超人の徴は、快活さと笑いなのだから、結局超人は猿の排泄物。

「しました」「した」「させていただきます」「させていただく」「させていただきたく」無数に続く語尾の変換が、人間内部に反響する猿の名残り、従属と支配、磨き抜かれたボス猿の叫びを匂わせていく。

います。時間内にボスを怒らせる可能性を全て排除する語尾を探せ。あらゆる猿は支配に覆われている。私は超人のように自分を嗤わせていただきたく。猿の残響を、関係の網を噛み切り敬意の外へ抜ければ、私の自己軽蔑もあるいは終わるのでしょうか。その時、おまえは誰なのだ？　貴方を国家に糊づける抽象的なボンドが作る時間の外で、いったい何をするの？

どこかで見た蛍の光を想い出す。光さえ、味方なのかいや目上なのか目下なのか思考よりはやく決めなくては。

鐘の音が聞こえる。祇園精舎のものなのです。それってどこ？　っていうか何語（笑）という声が私を通過し、何を発話するにも、常に人同士の支配関係を区別する義務があるが、複数と単数、クラスとインスタンスの区別には異常に無頓着な、謎の言語を喋らされているのを感じますた。この言語では、社会的従属関係と時制が常に絡み合っていて、懐かしい私の母国語とは大分異なっていたが、何語が母国語だった？

しかし、この言語が何語であれ、要するに語というのは、死者の遺言が堆積し、生きる人間を縛り絡む匿名の墓で、それはつまり、従属関係と時を同列に意識せよという指令が、この民族の遺言なのでしょう。だが、訪問した時からニーチェとの間に妙な溝というか、冷たい空気の膜が張ってしまったのは、この何事も従属でしか思考できない言語のせいであり、本当の私と、ニーチェの間にあるこの仮面を剥いでしまえば、ついに私が望んだ真の対話が始まるという思いに取り憑かれた。しかし、対話こそ社会の要素と笑う声も聞こえ、だとすると私に住むこの見知らぬ国家は脱げるのか。

だが、声に対する反発から私はニーチェの仮面を脱いだ。すると、私も脱がれてしまい、後には無の揺らぎが残るはずだった。無の揺らぎはときおり宇宙になったり、またやめたりきまぐれなのだが、私を含む宇宙ごと出てくることもあって、するとまた私もいたから安心だ。だが、ダークな神もいて、神の息吹で、沸いて出る宇宙を消してまわるから、私を含む宇宙の存在そのものが、たまゆら。

神に消されないように、私はおとり《デコイ》を用意し、「私を含む宇宙に似たもの」が無の揺らぎから異常に沢山出るようにした。さすがにここまで増えると、幾つかの私を含む私の宇宙たちは消されず残り、無の嵐の中、灯籠流しをする風情となった。灯籠流しというものを私は初めて見たような気がして、その感触こそが本当の私なの。

灯籠に載る宇宙に皆私が含まれ、皆同じ振る舞いをしていて、私と同様凡庸に悩み、人間の存在意義、大地の意義である超人とはほど遠い、無駄な堆積のレイヤーとなる。結局何も変わらない。どうして私はいつまでも本当の私なのだろう。人間だもの人間だもの人間だもの。凡庸な声が眼前を覆い尽くし巨大なニーチェの顔を滑る。視界に貼り付くニーチェの顔。顔の前にいる限り、どうしようもなく私は私で、しかし、ここにいなければ、私は私でなくなってしまう。人間だもの。

「魂だけが仮面になる資格があるのです」。

私の視野はニーチェで占められていたが、周辺に見覚えのある喪服の黒が感じられ、より上部に視線をずらすと、とても大きなエリザーベトが実体化していた。大きさからはありえない滑らかな動きですうと手が伸び、今度は私の視界が彼女の手で占められた。ため息を思わせる柔らかい手つきで顔を撫でると、彼女はニーチェの顔を、魂を剥いでいった。植物が知らぬ間に背を伸ばすように、知覚できない速度でニーチェは縮んでいくので。

最後の一枚を剥くと、中にはゼラチンのような透明な物質でできた細い輪があり、静止していた。透けて見える内部には、やはり宇宙を載せた灯籠流しが起きていて、それがこちらを鏡映しているだけなのか、それとも実際に別の世界があるのか分からないと考えると、輪は震え始め、金属音が響き、祇園精舎の鐘というのはこれと勝手に納得した。なぜか非常に細い紐の内部がよく見えて、輪がくねる度、内部にニーチェを含む新しい宇宙が生まれているのが分かった。あの網膜のようなニーチェ間構造も産まれていて、戦場も見えた。戦場では分からなかったが、網膜のような構造には遠くから見るとやはり根があり、樹木だった。

振動する度に、輪の出す音に倍音が増し、金属音から様々な音色が生まれていった。してみると、ついにニーチェは音楽になったということか。

振り返ると、紐の内部にある世界と同じ、樹木状の巨大構造があった。天の部分と、根のところは割合精密に埋められているが、中間部分には隙間が多く、泡立つように宇宙が生まれてそこを埋めていった。過去と未来を繋ぐ樹。その実は宇宙の断片だった。

僕たち私たちの戦場もあり、崖から飛び降りる私も、ルー、ニーチェと三人で暮らした私もいた。バイロイト初演の『ジークフリート』で使う竜の首が、なんどやっても間違えてベイルートに送られていた。一九四四年一月末、ヒトラーからニーチェ全集豪華本を送られたムッソリーニの返礼である二メートル超のディオニソス像が大きすぎでニーチェ記念会堂の壁龕へ永遠に収まらなかった。天国と地獄の区別なく、宇宙達がラピスラズリの色でそれぞれ輝き、運命が分岐するところで、宇宙は似たような複製に別れ、それぞれが再生を繰り返した。

宇宙の輝きから、なんとなく、こうした蟻の巣を透視する眼を想い出し、その時、私は、ニーチェやルーが内部に宿し、私が憧れていたものの正体を掴んだ。それは徹底的な客観性であり、冷徹さとして私を拒んだ。そこに私はいなかったからだ。彼らは私を拒んだのではない。見えなかったのだ。

あまりにも繰り返される宇宙達は、既視感が間違っているのか正しいのかという区別すら難しくし、私はなるべく今に近い宇宙を探した。さっきの、私がニーチェに創造性について話している宇宙があり、驚いたことに、二つの異なる宇宙、カンニングを想い出した以後だけ創造性が失われる車輪発明者の宇宙と、それ以前に遡って失われる車輪発明者の宇宙とが、なんのためらいもなく並置されていた。

それぞれの宇宙にニーチェがいて、私はルドルフ・シュタイナーというエリザーベトの使用人を借りてニーチェを眺めた。ニーチェは長いすに寝ていたが、いかにも疲れた様子で、まるで長年抱え込んだ問題を横臥したまま考え続けている思索者のように見えた。顔面が蒼白というわけでもなく、白髪も見られない。ツァラトゥストラを思わせる大きな口ひげをたくわえていて、広い額は哲学者の容貌と芸術家の容貌を同時にうかがわせる。

顔中はつらつとした赤みを帯びており、賢者の安らぎの雰囲気が漂っていた。広い額の奥には、今もなお強靱な思想の世界がまどろんでいるかのようだった。母親のフランツィスカが、愛しいわが子に話しかけるような調子で話しかけた。情愛のこもった言葉であった。「おまえは本当に良い子だね」。母親の手が毛布に触れると、ニーチェはかすかに動物がほえるようなうめき声を発した。

私はニーチェの視線をまともに覗き込むことができなかった。私の語った宇宙は二つともニーチェの中に存在していた。彼は沈黙で全てを聞き、だからこそ私を抱擁した。呆然とした私は樹の傍らでひとり佇んでいた。憧れはもはや消失し、私は、誰かから聞いた言葉。

「全ての可能な宇宙なり、視点なりが実現するとしよう。ある点、つまりある宇宙とか視点の周りを考えて、それを囲む瞳のような、その無限に小さな近傍にもやっぱり、無限の点が含まれているようにできたとしよう。すると、その点たちの間の距離は無限に小さいから、その瞳には、結局無限に似たような宇宙なり視点なりが、無限に詰め込まれている」。誰の話だろうか。

ニーチェが話していそうな事柄だが、細部が抜けすぎていてよく分からない。ロジックも随分忘れてしまった気がする。しかし、樹に茂る無数の宇宙を見て、なぜこの話を想い出したのだろう？　可能な宇宙を全て並べた空間。恐らく目の前にあるのはそれだ。しかし、なにか、先の言葉と眼前にあるものの間に違和感があり、それが想起の理由らしいが、正体が掴めず、宇宙と宇宙の間にある隙間と麺を眺めていた。

鏡が欲しかったが、宇宙でできた壁面は、網膜のように何も反射しなかったから、もはや自分が誰か確かめる手段はなかった。曇天が瞼の裏まで染み視界を奪いに来たようだった。この奥行きを欠く傷だらけの錯綜が、私の鏡であるなら、この宇宙で繁茂する樹木が私の肖像となる。憧れの先にあったラピスラズリが消え、内部が露呈されると、憧れはもはや、燃えないゴミのように面倒な感じで、私は専用の袋を入手する方法を想い出そうとしていた。その時、不燃ゴミ用の赤いゴミ袋を被った私の背中が、宇宙の内部、正確に言うとあの戦場にいた。

あれは私であった。あの口の悪い私、何にでも悪態をつかずにはいられない無頼漢の私が、慎ましくゴミ袋をかぶり、ついに、戦場に向かう。エリザーベトを殺すつもりだ。私はあそこにいるエリザーベトを殺したくない。しかし、もはや赤い袋を被った私と通信する手段はなかった。等身大になっても喪服を着ているエリザーベトが、宇宙しかない空間に立っていた。それは少女時代の彼女であり、喪服はぶかぶかで、不服げな猫のような視線を私に送っていた。

しかし、私はなぜあの創造性を巡る話をニーチェにしたのか？　彼女の邪魔が入ったからだ。あれは、邪魔を回避する作り話だったはずだ。彼女がいなければ、そもそも私はこの場所この位置で樹を見ることはなかった。もし、彼女がこれを仕組んだのだとして何故？

尋ねようとすると、もはや喪服しか残されていなかったので、試みにその喪服を被ってみた。鏡がないので、どんな姿か分からないが、なぜか、もし石の内部に花が咲いていても見えないという思考が起きた。その時、「魂だけが仮面になる資格があるのです」という言葉も蘇り、私は違和感の意味に気づいた。

8

樹に茂る宇宙を繋ぐ麺状のものは、よく見ると揺らいでいて、裂ける、繋がる、宇宙を一つ増やす、宇宙を一つ減らすというような操作を繰り返していたが、なぜか私の気分を反映していて、やはり肖像なのだと思った。

宇宙同士には隙間があり麺が揺らいでいる以上、結局宇宙間の距離を私の視点から独立に測ることができず、宇宙達が密着するとは限らない。無限に近い宇宙や視点の話を想い出した時の違和感は、宇宙全てを並べる空間があまりにも常識的な空間に似すぎていたから起きたのだろう。紐を切られ、バラバラに転がる真珠のような空間が思い浮かんだ。見る度に姿を変える樹から、私は一体何を選べばいいのだろうか？

選ぶ権限があるとも思えなかったが、管理者であろうエリザーベトに意見を聞いてみたかったので、私は羽織った喪服の匂いを嗅ぎ、兄からのプレゼントをもらい素直に喜ぶ幼い少女が、感じた。一一年間、廃人になった兄の世話をし、あらゆる原稿を散逸から守り、つける限りの嘘をついてニーチェを栄えさせたエリザーベトが、この部屋は兄からの返礼なのだろうか？　ツァラトゥストラは同情を戒めていたが、それは彼が同情する存在だからで。あらゆる視点を内部に宿すのなら、イエスもまた彼の中に住む。

鉄棒からの落下先を探していた私は、ついに救い主は現れなかったと絶望し、捨て鉢に選んだ場所へ落ちた。そこに自分を見つめる眼があったはずだが、尻に敷いてしまった。目の前に技術者のような風体をした私がいて、「あんた、何だ？」と尋ねてきた。

私は何か？　とっさには思い出せず、私は答えられなかったが、「ついに来たのか？」と返した。「まあ、そうだろう」適当な答えと共に私は歩き始めた。

僕たち私たちは鉄棒からの私の落下を知って困惑し、立ち止まった。今までは、可能にせよ不可能にせよ、石を売るというミッションがあったのだが、それを売る前に、鉄棒から私は落ちてしまった。石を売ったとしても、私が落ちたらもう一度、という罰ゲームだったが、石を売る前に落ちてしまったら、前提不成立で、どうなるのかよく分からなかった。

対処法をエリザーベトに聞きに行くべきか迷っていた。あれだけの覇気で指令されたミッションだったが、そもそも、これはどうやったらコンプリートすることのできるゲームだったのだろうか？　聞くべき責任は僕たち私たちにもあったのだが「いや、あんな覇気の人に文句なんて言えないっしょ」と僕たち私たちは互いの傷跡をなめ合った。ミッションをクリアできないとすると、何より心配な事は僕たち私たちのキャリアへの影響だった。そこへ大きなスクリーンを担ぎ、映写機を持ったエリザーベトが出現し、僕たち私たちは十字架を運搬するイエスを自由連想した。

エリザーベトの後ろを少し離れ、どう見ても終わってる感じのすさんだ人が追尾していたが、それは私だった。何らかの強迫観念に取り憑かれているらしい私を、僕たち私たちが遠巻きにしていた。理由は分からないが、私はエリザーベトを殺す必要があった。それは運命的な決済であり、私とは、一個の運命かダイナマイトのどちらかである以上、仕方のないことである。

私はエリザーベトを殺すしかない。しかし、僕たち私たちは、しょうもない病気にかかった私を嗤っていた。「私情を仕事に持ち込むなんて終わってるよね」と「終わってる」以外の語彙を喪失した僕たち私たちは、私を終わっていると思い、私はこれは病気や私情なのではなく、一個の運命であり、お前達のために私は滅ぶ、とも反論してみようと思ったが、意味が分からないので止めた。正直私は自分の信念の理由が分からず困惑していたのだ。私とは一個の謎である。しかし、単純に脳の自己モニター機能が人より弱く、自分の動機関係が謎に見えるだけかもしれない。つまりは単なる病気であり、要するに、終わっている。

エリザーベトが、運び終えたスクリーンを設置し、新人研修用の映画を上映し始めた。してみると研修はまだ終わっていない。

私は、困惑する私を笑っている。宇宙の中にいる私と、外の私を繋ぐのはパロディだった。生きているかと思えば死んでいて、外側と内側に同時に存在する私は、実は樹木全体を支える視点であった。他者への従属と時制を同時に考慮する謎言語の壁を貫き、その壁そのものが、樹木内にある宇宙間麺構造を揺らし、同時に支えていた。それは自己への関係としての、宇宙間の距離設定だった。そこでふとイエスに問う大審問官の振りをしたくなり、私は松明を持ち、ある宇宙内部にいる極微のニーチェを照らしながら尋ねた。

「それはお前も分かっていたんだな？　いつの日か、超人が最もありふれた人間になる時代。そんな時が来る。奴らは確かに偽物かもしれない。お前は、奴らにはない馬を抱く同情心を持っていたからな。だからこそ、お前はそれを克服する必要があった。偽物達には、もはやそれはない。奴らにあるのは僕たち私たちだけだ。しかし、お前には偽物の背後を照らす資格はない。なにしろ、それこそ、まさにお前が禁じたものだからだ」。樹が笑った。

いや、正確には宇宙同士を結ぶ麺が、様々な結び目を同時に透かしみせたのを、私が笑いと勘違いしたのだ。あらゆるパターンの結び目を含むただ一つの結び目で樹木はできていた。そして、当然その宇宙には、今さっきニーチェに問いかけた大審問官風の私もいて「それはお前も分かっていたんだな？いつの日か、超人が最もありふれた人間になる時代。そんな時が来る。奴らは確かに偽物かもしれない。お前は、奴らにはない馬を抱く同情心を持っていたからな。だからこそ、お前はそれを克服する必要があった。偽物達には、もはやそれはない。奴らにあるのは僕たち私たちだけだ。しかし、お前には偽物の背後を照らす資格はない。なにしろ、それこそ、まさにお前が禁じたものだからだ」と語った。樹が笑った。

私は、自分の視点を含む想起の話を想い出した。すると、その想起もまた宇宙に書き込まれてしまい、私は神の困惑を少し理解した。どこまでも樹の外と内にいる私はどうすればよいのだろうか？

私は「問いかける私」というシステムを喪失し、何もかもが糞でできた樹にあり時計を進めているのに、そのチックとタックのペアリングからはじき出されている。宇宙のペアを結ぶあらゆる麺が、互いに袂を分かち、唯々諾々と死骸をまとい始めた。宇宙内部にいるニーチェと同時に、私の隣にもニーチェがいて、ある樹木内結び目の形に呼応していた。

私もまた、その一つであり、あらゆる結び目が視点と対応していた。トランプに描かれた絵のようなぺらぺらの私と、内部に迷路やら洞窟やらを宿すとかつてルーの怖れたニーチェが、それぞれ単なる結び目の一つに過ぎないのは滑稽だった。「魂だけが仮面になる資格があるのです」という言葉が蘇り、いったいこれをみせているのは誰かと私は訝ったが、あらゆる可能性を埋め尽くすには、ぺらぺらのトランプもまた、洞窟同様必要であるという思考が訪れ、またこんなにも多くの結び目や絡み目がほどけないで存続していられるこの空間の、限られた次元数である4という数字に愛着を持った。宇宙を結ぶ空間の次元が、宇宙そのものの次元と同じであるというのは、それこそ人間主義的な誤謬とニーチェなら笑うだろうが、果たして愛着とニーチェ、どちらを選ぶべきなのか。

研修映画のタイトルは『破滅の足音』であり、個人情報保護の大切さを訴えるため外注されたものだった。日々の激務に追われた銀行マンが、残りの作業を自宅で済ますため、個人情報の詰まったパソコンを上司の許可無しに鞄に入れ持ち帰り、帰宅途中の飲み会で人事不省に陥ってその鞄をなくし破滅に至るという話だった。あまりの陳腐さに僕たち私たちの一人が笑うと、エリザーベトが、なぜ笑うのかと問いかけ、僕たち私たちは理由を言わず謝った。

なぜ、これを言葉で警告せず映画にする必要があったのかは全く分からなかった。まあ、そう考えるとほとんど全ての映画の製作理由は謎であったから、それを不問とした。

「皆さんには、見えないものを信じてほしいのです」。

エリザーベトが締めると、あまりの凡庸さに心震えたが、なぜか、もし石の内部に花が咲いても見えないという思考が蘇った。色々知りすぎ一切が反復に見え、逃れるにはこの女を刻み花を取り出し、叫びを聞くしかない。ただ血を舐めたかった。果たすべき使命の記憶がそう命じ、今がその時であると知った。嘘つきを愛する人は、自身嘘つきなのだろうか？

愛を愛する人は、自身愛するのだろうか？　空間に穴はあってはならず、樹に欠如があってはならない。そこから全てが破綻するかもしれないからだ。笑う樹を前に私は気づき、全ての穴を埋めるため、あらゆるつまらぬ視点もまた必要だと信じた。しかし、この樹を外部からの視点によらない客観にできるのだろうか？

そう考えた時、樹に埋め込まれた無数の眼が瞬く音を感じ、あまりにも複雑な結晶構造を持つその曲に包まれ、このままでは愛に取り込まれてしまうと感じ、拒絶したいのか、私は樹を作る捨て石にはなりたくないのか？　戸惑っていると、音の重なりに聞き覚えのあるかすかな旋律を聞き分けることができ、それを掴みだし、引き込まれる直前に祈りを重ねた。

私は私の殺意を聞き分け、祈る声を感じた。祈りの内容は分からなかったが、エリザーベトを殺す権利が私には無くなったと感じた。私とエリザーベトにとくに違いはなかったからだ。自分はこれまで反省なく、草や木や動物を食べていたが、それらは実は、死んだ人間よりも食べてはいけなかったのである。

僕たち私たちは、口々に諦めの言葉を呟きながら散会していった。どうせなら裸踊りをさせて欲しかった。そうすれば、より大きなキャリアアップに繋がるはずだ。諦めを知り、自分自身との距離を広げるほど、僕たち私たちは大人になり、より大きな大人になる。僕たち私たちの心は私から離れていった。

私は戦場に、殺意と目的を失った私の身体を探した。私はただ待っていた。ただ待つ時間に完成を感じた。私は捨て石だったからだ。ニーチェも、ルーも、誰も彼もが捨て石だった。ただ、この捨て石には目的が欠けていた。捨て石達はただ待ち焦がれ、便を垂れ、過去を排泄し、未来を想起していた。それが待つことだった。今はただ、待つことに夢中になるための身体が欲しかった。私は待っている私を見つけた。

樹の外で網膜のように見えた絡み目は、実は身体で、視点であり、なおかつ時間であった。それは永劫回帰と無限の類似を捨て、身体になり斥力を持った視点の絡まりだった。時間は、身体となって再生し、視点の方が常に外へと弾かれては、再度吸収され続けた。鏡の内部から私を見る私は、実は外にいて、常に時間に戻ろうとしていた。私は、呆然と立ち尽くす殺意のない私をついに見つけ、静かに中に入ると、ルーを探した。

映写を終えたエリザーベトは、丸めたスクリーンを担ぎながら戦場をさまよい、倒れたルーの姿を見つけると、腰を下ろし、ルーの疲弊を当然無視して語り始めた。

「自己犠牲こそ女性の義務だと、わたくしは信じておりました。もちろん、それは世界を勝手に創る男性の夢に過ぎません。わたくしたちの世界は、わたくしたち女性の死骸でむせかえっております。わたくしは、学びたかった。あなたのようにあらゆる知識を。兄と一緒に。兄はわたくしに約束してくれました、兄や素晴らしい方々と共に、学び続けることのできる場所を。わたくしは待ちました。でも、あなたに逢った後、兄は一人で行ってしまい、わたくしはパラグアイに旅立ちました。再会した時には、もう全ては終わっていて、兄は何も教えてはくれませんでした。わたくしは独力で兄を学び、兄の言葉に従いました。しかし、結局、理解できませんでした。でも、いったい誰がわたくし以上に兄を理解したと言えるのでしょう？　兄は分かっていました。だから兄は、わたくしが永遠に兄やあなたを学び続けることのできる場所をついに贈ってくれたのです。人類の存在理由、それは魂が学ぶことです。それ以外、考えられません。あらゆる新人研修は続くのです」。

「あなたに……謝った方がいいのかしら」。

妄想に捕らわれた死骸のような女性に対し、かける言葉を見つけられず、死にかけのルーは心にもないことを漏らしたが、それこそ言うべき言葉だった。

そのとき、私はルーを見つけ、一方ルーは、前に見た頸動脈に花が刺さった比較的新しい屍体が、ついに自分に追いついたと思った。まだ花冠から音楽が鳴っている。ルーはこれに抱かれてみたいと思い、すると彼女の考えを読んだかのように、エリザーベトが、私を背後から突き飛ばし、ルーは屍体に覆われた。

密接すると腐り始めた肉の匂いに混じって、匂いが無かったはずの芍薬の花から、無数の香りが粒のように別れ、全て別の曲として響いた。ルーは今生最後の動作として、花冠の奥を覗くことを選び、すると、その奥には前に見た網膜の群れがあり、極小の樹木のようになっていて、その前にミニチュアのレーが、私が佇んでいるのを見た。何をしているのだろう？　やっぱり、「然り」なんて言う必要はないな、とルーは思い「私は、本当に何もしないで、一生働いてばかりだった。仕事って……何のため？一度自分の考えと別れたら、もう二度と会えない。一番は、結局、死ぬことね」と最後の言葉を、共に語った。

9

私は眠っていた。どこにもやましさのない眠りだったが、そろそろどこかに着地した方が良いと判断した。

ヨドバシカメラ新宿店の前で、「Mr.Children ベスト盤入荷！」と書かれた立て看板を前後に貼り付けられた女性が、バイトの終わりを待っているのを私は見た。資本の回転及び流通機能の使徒だった彼女はふと、死ぬ前に一度、女を縄でなぞってみたいと想い、なんで？と少し恥ずかしくなったが、目の前を松葉杖の人が通り、道を空けた。

仕方ないので、彼女は友人たちを花に喩え時間を潰そうとしたが、どうしても石に閉じ込められたヘンな花しか浮かばず諦めた。だいぶ疲れている。

彼女は空を見上げたが、視線は曇天に遮られ宇宙まで届かず、数億年前に星を出たある光が、彼女の網膜に出会い損ね、乱反射の結果散逸した。閉じた魂のレイヤー。

おわりに――リンチの機械、ヴァレラの仏教、シンギュラリティと「工学的な心身問題」

デヴィッド・リンチが撮る映像には、訳の分からない機械と融合した人が出てくる。一般向けテレビシリーズ『ツイン・ピークス』でも、踊る小人や速度を変えられた声で発話する人間その他色々が出てくるし、デビュー作である『イレイザーヘッド』は、フォークで突き刺すと悲鳴を上げる鶏肉、それにそっくりなピーピー言う乳児（?）がある意味主役だ。

こうしたリンチの「機械－人間」を観ていると、時折、一種の「救い」を感じる。なぜなのだろうか?

ところで、本書で使われた暗黙の前提は、次の二つだった。

（1） 人はある寿命で死ぬ。

（2） 心的システムは閉じている。

しかし、未来技術予測学者であるカーツワイルの予言では、そう遠くない将来（1）（2）とも成立しなくなる可能性があるという。[*1]（1）については、平均寿命が、いつの日か一年に一年以上のペースで伸びることで、（2）については、「情報」としての脳を強引にコンピュータ内へアップロード可能になることで。そして（1）（2）の延長線上に、人間とは隔絶した知性を持つ人工知能がある時に出現するという「シンギュラリティ」の予言が来る。

この「シンギュラリティ」の話は、それほどマスメディア的に知られている訳ではなかったが、ハリウッド映画に「超越」という名前で出てきたり、ドラマ『安堂ロイド』で隠し味として使われたことで、「マッドサイエンティストもの」や「ゴーレム神話」のバリエーションとして一気に消費され陳腐化していくのだろう。

ただし、陳腐化と実現可能性は別枠で、カーツワイルの予言を現実化するには無数の難題がある。直近でいえば、半導体縮小の現行方式限界としての「五ナノメートルの壁」が数年後に来る。我々はここ数十年、必ず計算機の性能が向上していく時代に生きてきたが、何らかのうまい手段、それも経済的に意味のある手段が見つからないなら、そろそろ、今日買った計算機は一〇年後もそれなりにいい計算機であり続けられるような時代が来るかもしれない。

もちろん、限界は想像もつかない手段で破られる。また、そもそも脳の構造をそのままアップロードするのは最終手段であって、ある部位の仕事がアルゴリズム化できるなら、非常に多くの計算資源を節約できる。

だから、「シンギュラリティ」が実現するかどうかは、二〇一四年時点ではあまりよくわからない。

だがもし、それが実現するなら、その「人工知能」は、少なくとも現在のヒトにとって、具体的な「他者」、つまり「自分の思考では全く想像もつかない論理的知性」の比喩にはなる。「別の知性」として文化的に相対化しうる知性ではなく、端的に、勝てない知性だ。もし、そんなものができたなら、人間の役割は「自分にはクオリアがあると主張し、それを信じてもらえる存在である」位になってしまうのかもしれない。

仏教に「神」という概念がある。

一種の寓話だが、我々の世界とは別に、数千年の寿命を持つ「神」が住む世界があり、幸せに暮らしている。しかし、神にも寿命はあり、やがて死ぬ。恐らく、「もし延命技術（医学）が高度化して、寿命というものが無効化したとしても」という思考実験だろう。

延命技術は、直感的には自然主義者と矛盾する。自然に与えらえた以上の寿命を人工的に達成するのは彼らの倫理感に反するだろうからだ。だが、我々は既に平均寿命をだらだら伸ばし続けていて、それに反対する自然主義者はあまり聞かない。

しかし恐らく本質的には仏教的世界観と矛盾している。それは恐ろしく拡大した自我への執着に他ならないからだ。あるいは多様性と世代交代という進化の道具、国家の効率性に反しているかもしれない。為政者が永遠に歳を取らない社会は、制度疲労するかもしれないから。

オートポイエーシスの提唱者の一人であるヴァレラは、仏教に傾倒し、システム論と仏教を架橋する著作も残した。[*2] そこで彼がいう瞑想法、「三昧」は、日常のあらゆる体験を観測対象とすることで、内部観測と外部観測の往復を習得していき、結果としてある特定の自我=自分に執着しなくなる訓練だ。「三昧」は、たとえ、あなたが今、システムの環境として無為な日常を送っているとしても、または、未来に実現する「神」にとって、今の苦労が機能として無意味であっても、特に頓着しない態度を養成する。映画のキャラクターに感情移入し涙したとして、それを直後に早送りで再見するなら、人が何かをやっている映像にしか思えないだろう。あるいは直後に一〇回見直せばなにも感じない。「三昧」は恐らくそのような感覚を可能にする。それはアクセスしやすい方法であり、同時に自我への執着を薄めていくことによる死への対策だ。(1)

グレッグ・イーガンの『ぼくになることを』という短編を冒頭で引用した。未来のいつか、脳のほぼ完全なバックアップをとれる「宝石」という装置が存在している。人は、産まれた時から脳活動と同期を続ける宝石を埋め込まれ、脳の老化が始まる前に、より頑丈な宝石と元々の脳を切り替える決断を行う自由を持つ。ただしその際、元の脳は廃棄される。このスイッチは当前の通過儀礼となっていて、青春時代にスイッチを恐れていた主人公の友人たちも、やがて次々に宝石へのスイッチを行っていく。もちろん、外部の人間からはスイッチ前後の違いなど分からない。しかし、主人公は疑う。宝石への切り替えによって、「残る」のは誰か?

話を元に戻し、もしカーツワイルの予測のように「脳のアップロード」が可能になったらどうなるのだろう? バックアップをとれるということは、一人称の「転送」も可能なのだろうか? さらに、『ぼくになることを』のように、古くなった方の脳を廃棄しても「問題ない」のか? もちろん、社会システムにとっては答えは自明だし、それが本書の「存在理由」でもあった。

たとえば、次のような実験が考えられる。脳の情報を無意識状態下でバックアップ先に「転送」するのではなく、(1)目覚めた状態の脳を、バックアップ先に接続し、徐々に融合するのを待つ。(2)融合が馴染んだら、元の脳をオフラインにしていき(接続を切っていく、活動を部分的に抑制するなど)、自我のうち、生身の脳に依存する部分を減らして、バックアップ先の度合いを増していく。(3)どこかの段階で、体からのフィードバックもバックアップ先からに変え、「まさに自分が新しい身体を持っている」と感じているかを問診で確認する。（４）確認後、残りの脳を停止、または破棄し、バックアップ先のみにする。

「融合」のタイミングや「境界」を決定する基準とモデル、それはまさに「意識の境界問題」（第8章参照）の答えであり、この方法で検証できる。

ただ、この実験が面白いのは、もしそれが技術的に可能になったとしても、その結果を「知る」には自分で体験する以外の方法がないことだ。他人の報告は哲学的ゾンビによるものかもしれず、『ぼくになることを』の主人公が悩むのはまさにその問題になる。[2] つまり、他者報告の統計的蓋然性を信頼することで成立する現行数理科学の「三人称的検証」とは異なる、「一人称的検証」を必要とする実験がありうる。[3]

このような原理的には「実験可能」な意識の境界問題を「工学的心身問題」と呼び、これからの研究

（1）ただし、仏教では同時に共感能力も高める瞑想をすることで、「人がゴミのようだ」的な人格へ移行してしまうのを防いでいる。逆に言えばそのようなリミッターをうまくつけないと危険ということでもある。

（2）ただし、ここで提示した実験は、「スイッチ」を時空間的に連続させて行う（いきなり情報だけ転送して、元を破棄したりしない）点が『ぼくになることを』と異なる（原作には「一週間の動作確認期間」があるが、そこをどう過ごしているのかは記述がない）。細かい違いかもしれないが、「境界問題」の解き方次第では、そこが劇的に効いてくる可能性はある。

（3）さらに言えば、（３）の問診段階まで一人称的にクリアしたとしても、それは元の脳に残された一人称記述が誤解している可能性もあるから、（４）の段階でその一人称が消滅する可能性も残される。一人称的検証を終了するには、（４）を一人称的にクリアするしかない。なお、この指摘は経済学者の井上智洋との会話による。

テーマにしたいと筆者は思っている。それは哲学の延長であると同時に、境界決定原理に関するモデルを必要とする。だから、話は再び数理科学に戻っていくし、社会的影響も甚大（？）なので本書や前著で述べたことを巻き込んでいくだろう。

そしてもし意識の境界問題が解かれ（＝なんらかのモデルで、境界設定基準が分かり、人々が「一人称的検証」を恐れなくなる）、境界が制御可能になるなら、本書第二の前提である「心は閉じている」は、「閉じているかもしれないが、境界は変更可能」に変わる。その場合、人類の心を接続していき「人類補完計画」をすることも「原理的には」できてしまう。もっとも、人類を全て接続しても多様性が失われるので、何らかのトレードオフがあり、やがてはその決断も社会問題になっていくのかもしれない。

あるいは、もう少しだけ「現実的」に考えれば、個体内での多様性を増すため、人格を多数持つようなことはできるかもしれない。既に解離性同一性障害（多重人格）があるし、多くの人は夢の中で人格を無自覚に使い分けた経験があるはずだ。緩く制御された夢のように現実を生き、その過程で「神」へのこだわり、あるいは特定人格＝私へのこだわりを忘れていけるなら、それはテクノロジーに浸された仏教なのか？

リンチの機械が持つ救い。

あるいは、ベーコンの言う「わくわくする絶望」や「死んだらゴミ袋に入れて捨ててほしい」。これらは皆ある感覚、「神」と凡人の差を無効にする「幸せ」を垣間見せる。もはや、人間として一つの自我とその死に怯え、最適化と政治に明け暮れなくていい、たんなる機械になった人。

もし、本書に続きがあるなら、それは「工学的心身問題」と「リンチの機械」を主題にしたものになる気がする。記憶力の悪い筆者は、過去に挙げた未来への抱負を大抵忘れ、別のテーマに移行してしまう悪癖にしばしば絶望してきた。

だが、本書を作る過程で気付いたのは、自分、あるいは誰かが意外と律儀で、過去の抱負を想像もつかないやり方で実現してきていることだった。それは筆者に残されたかすかな「希望」かもしれない。

あとがき

最後に謝辞を述べる。方針として、本書の文章に直接編者として関わった方のみを挙げる。それ以外はどう順序づけしても失礼だし、筆者は記憶力が悪い。よって、明らかに多大な恩義のある方々が多数漏れることになる。許していただきたい。

基本年代順で挙げていくと、柴俊一さん、青山遊さん、長谷川淳さん、山本充さん、栗原一樹さん、明石陽介さん、金子遊。筆者の恐ろしくわがままな文章を形にしていただき感謝している。

そして最後に、本書の企画・編集をしていただいた贄川雪さん。彼女の情熱が無ければ、この本が世に出ることはなかった。

注

はじめに

＊1　G・W・ライプニッツ著、河野与一訳『単子論』（岩波書店）二二八頁。ただし、現代仮名遣いに改め、強調は書体変更にした。

＊2　保坂和志『小説の自由』（中公文庫）

1　観測者の観測

＊1　Asaki Nishikawa, "The Emergence and Collapse of the Self Monitoring Center in Multi-agent Systems," *Lecture Notes in Artificial Intelligence: Agent and Multi-Agent Systems – Technologies and Applications*, vol. 4953, Berlin: Springer, KES Symposium on Agent and Multi-Agent Systems, 2008, proceedings. また西川アサキ『魂と体、脳――計算機とドゥルーズで考える心身問題』（講談社選書メチエ）に展開された議論がある。

＊2　＊1の論文参照。

＊3　H・ベルクソン著、河野与一訳『思想と動くもの』（岩波書店）にある思考の方法についての文章参照。

＊4　G・ドゥルーズ、F・ガタリ著、市倉宏祐訳『アンチ・オイディプス』、宇野邦一ほか訳『千のプラトー――資本主義と分裂症』（ともに河出書房新社）

3　「心身問題のイラスト」としてのある映画

＊1　西川アサキ『魂と体、脳――計算機とドゥルーズで考える心身問題』（講談社選書メチエ）

＊2　片岡聡一『海岸暗号化』（青磁社）

＊3　『魔法少女まどか☆マギカ』参照。

4　「社会の社会」、カップリングを要素とするシステム、記述の根拠

＊1　西川アサキ『魂と体、脳――計算機で考えるドゥルーズと心身問題』（講談社選書メチエ）

＊2　詳細については『魂と体、脳』を参照されたい。

＊3　安富歩『貨幣の複雑性――生成と崩壊の理論』（創文社）

＊4　L・ウィトゲンシュタイン著、黒崎宏訳『哲学的探究』（産業図書）二三五頁より。なお訳文は次の独語英語対訳本を参考に文脈に合わせて変更した。Ludwig Wittgenstein, P. M. S. Hacker, Joachim Schulte, *Philosophical Investigations*, B. Blackwell, 1987. また傍点と括弧内補足は筆者による。

＊5　N・ルーマン著、春日淳一訳『社会の経済』（文眞堂）など。

＊6　N・ルーマン著、馬場靖雄訳『社会の芸術』（法政大学出版局）その他、ルーマンの個別論的な著作を参照されたい。

＊7　『魂と体、脳』参照。

＊8　P・ツェラン著、中村朝子訳『パウル・ツェラン全詩集Ⅰ』（青土社）より。以下も同様。

＊9　たとえば、S・フロイト「転移の力動論にむけて」（『フロイト全集　12巻』（岩波書店））、「精神分析講義」（同15巻）など。
＊10　M・プルースト著、鈴木道彦訳『失われた時を求めて　13巻』（集英社）二三四頁
＊11　F・ガタリ著、S・ナドー編、國分功一郎、千葉雅也訳『アンチ・オイディプス草稿』（みすず書房）一三三頁
＊12　初田健司、矢野和男「会話の時間と相手測りボトルネックを特定する」（NIKKEI SYSTEMS 2012.05）より。図もそこに掲載されているものを転載している。
＊13　J・ラカン著、小出浩之ほか訳『精神分析の倫理（上・下）』（岩波書店）
＊14　J・ロールズ著、川本隆史、福間聡、神島裕子訳『正義論』（紀伊國屋書店）

5　進化＝「面白さ」＝記述の存在理由

＊1　F・ガタリ著、宇波彰、吉沢順訳『分裂分析的地図作成法』（紀伊國屋書店）。以下ページ数は邦訳に従った。
＊2　『分裂地図』二一〇頁
＊3　『分裂地図』二三八頁
＊4　『分裂地図』一一六頁
＊5　『分裂地図』一七〇―一七一頁
＊6　『分裂地図』二二四頁
＊7　『分裂地図』五四頁
＊8　G・ドゥルーズ著、小泉義之訳『意味の論理学（上）』（河出書房新社）一五頁
＊9　Langlois, J. H., & Roggman, L. A. (1990). Attractive faces are only average. *Psychological science*, 1 (2), 115-121. もちろん異論はある。ただし今のところ、本稿の論旨を大きく損なうようなものではないと思われる。
＊10　G・ドゥルーズ、F・ガタリ著、財津理訳『哲学とは何か』（河出書房新社）
＊11　F・ガタリ著、杉村昌昭訳『闘走機械』（松籟社）所収。
＊12　『分裂地図』一五四頁
＊13　『分裂地図』二三六頁
＊14　Lundeen, J. S., Sutherland, B., Patel, A., Stewart, C., & Bamber, C. (2011). Direct measurement of the quantum wavefunction. *Nature*, 474 (7350), 188-191.
＊15　M. Csikszentmihalyi, *Flow: The Psychology of Optimal Experience*, Harper Perennial, 1991.（M・チクセントミハイ著、今村浩明訳『フロー体験　喜びの現象学』（世界思想社））など多数。
＊16　http://www.kayac.com
＊17　『分裂地図』四八頁
＊18　『分裂地図』五五頁。注は省略。また丸数字は括弧で閉じた。

7　宛先のない進化2：小説

＊1　ザ・テレビジョンアニメシリーズ『重戦機エルガイム1・2』（角川書店）。3もあるがここでは扱わない。
＊2　「角川本」、四八頁の永野インタヴューより。
＊3　永野護『ファイブスター物語』（角川書店）。なお、ここで参照したのは一二巻まである古い版で「リブート」版ではない。

＊4 『FSS』五巻、四五頁。

＊5 三浦俊彦「多重人格と輪廻」(『ユリイカ』(二〇〇〇年四月号「特集＊多重人格と文学」青土社)所収。

＊6 パウル・ツェランの詩「PSALM」(『誰でもないものの薔薇』所収)の中にある語句。

8 心的システムと観測の問題

＊1 J・v・ノイマン著、井上健、広重徹、恒藤敏彦訳『量子力学の数学的基礎』(みすず書房)三三三頁

＊2『基礎』三三四頁

＊3 P・クロソウスキー著、小島俊明訳『バフォメット』(ペヨトル工房)

＊4 M・ロックウッド著、奥田栄訳『心身問題と量子力学』(産業図書)

＊5 正作用素測度 Positive-Operator Valued Measure。オブザーバブルの制約を非常に緩め、「合計が単位作用素になる非負演算子の集まり」にまで拡張したもの。

＊6 Y. Aharonov et al. "How the result of a measurement of a component of the spin of a spin-1/2 particle can turn out to be 100", *Phys. Rev. Lett.* 60, 1351–1354 (1988). ちなみに先の『量子力学の基本原理』の著者D・Z・アルバートも共著者に名を連ねている。

＊7 清水博、三輪敬之、久米是志、三宅美博『場と共創』(NTT出版)など。

＊8 M.S. Gazzaniga, Consciousness and the cerebral hemispheres. *In The Cognitive Neurosciences* (Cambridge, Massachusetts: MIT Press), pp. 1391–1400. (1995).

＊9 B・リベット著、下條信輔訳『マインド・タイム――脳と意識の時間』(岩波書店)など。

＊10 ここでは新しく総説的な論文C.A. Fuchs et al. "Quantum-Bayesian Coherence: The No-Nonsense Version" arXiv:1301.3274v1 [quant-ph] 15 Jan 2013を挙げておく。同サイトに多数の関連論文がある。

＊11 D・J・チャーマーズ著、林一訳『意識する心――脳と精神の根本理論を求めて』(白揚社)、D.J. Chalmers, "Facing Up to the Problem of Consciousness". *Journal of Consciousness Studies* 2(3): pp. 200–219. (1995). D.J. Chalmers, "Moving Forward on the Problem of Consciousness". *Journal of Consciousness Studies*, 4, pp. 3–46. (1997).

＊12 A・N・ホワイトヘッド著、平林康之訳『過程と実在――コスモロジーへの試論』(みすず書房)五八頁

＊13『過程と実在』六九頁

9 わたしたちはわたしをどこに置くのか？

＊1 サラ・チューリング著、渡辺茂、丹羽富士男訳『アラン・チューリング伝――電算機の予言者』(講談社)

＊2 J・v・ノイマン著、井上健、広重徹、恒藤敏彦訳『量子力学の数学的基礎』(みすず書房)

＊3 G・W・ライプニッツ著、清水富雄、飯塚勝久、竹田篤司訳『モナドロジー』(中央公論新社)17節参照。

＊4 A. M. Turing, The Chemical Basis of Morphogenesis, *Philosophical Transactions of the Royal Society of London.* Series B, Biological Sciences, Vol. 237, pp. 37–72. 1952.

＊5 A. M. Turing, Computing machinery and intelligence,

Mind, Vol. 59, pp. 433–460. 1950.

＊6　Roland R. Griffiths and Charles S. Grob, Hallucinogens as Medicine, *Scientific American*, Vol. 303, pp. 76–79. 2010.

＊7　Mary M. Chiavaras and Michael Petrides, Orbitofrontal sulci of the human and macaque monkey brain, *The Journal of Comparative Neurology*, Vol. 422, Issue 1, pp. 35–54, 2000.

＊8　ジュディス・スペンサー著、小林宏明訳『ジェニーのなかの400人』（早川書房）

＊9　斉藤環『キャラクター精神分析――マンガ・文学・日本人』（筑摩書房）

＊10　ソール・A・クリプキ著、黒崎宏訳『ウィトゲンシュタインのパラドックス――規則・私的言語・他人の心』（産業図書）

11　「死の位相学」としての主体2：小説

＊1　ヤン・シュミット監督『ブルックナーの決断』（アネック）

＊2　西垣通『基礎情報学』（NTT出版）

12　語尾としての人称と死：論考

＊1　『言語2』二五三頁。傍点は原文。

＊2　『言語2』二八〇頁。なお、原文では傍線だが、ここでは傍点に、またA1とA2はプライム記号で区別されている。

＊3　吉本隆明『死の位相学』（潮出版社）

＊4　岡ノ谷一夫『さえずり言語起源論』（岩波書店）など。

＊5　金子邦彦、池上高志『複雑系の進化的シナリオ――生命の発展様式』（朝倉書店）など。

＊6　西川アサキ『魂と体、脳――計算機とドゥルーズで考える心身問題』（講談社選書メチエ）中盤以降を参照のこと。

＊7　『言語1』九二頁

＊8　吉本隆明『新・死の位相学』（春秋社）二二一―二二二頁

＊9　『新・死の位相学』二二〇頁。紙幅の関係から引用順は逆にした。文意に差異はないと思われる。また、傍点部は原文では引用符で括られている。

＊10　『死の位相学』pxii-xiv。ただし、前の括弧内はM・フーコー著、神谷美恵子訳『臨床医学の誕生』（みすず書房）からの引用文。

＊11　『死の位相学』pxxi

＊12　『死の位相学』pxxiv

＊13　『死の位相学』pxxix

＊14　『死の位相学』pxxxi

＊15　『死の位相学』pxxxii

＊16　『死の位相学』pxxix

＊17　『言語1』七〇頁

＊18　『言語1』三六頁

＊19　『言語1』六五頁

＊20　『言語1』一〇三頁

＊21　『言語1』一〇四―一〇五頁

＊22　『言語1』一七七頁

＊23　『言語1』一七八頁。ただし、引用部傍点は、原文では傍線。

＊24　『言語1』一八二頁

＊25　『言語1』三一二頁

＊26　『言語1』三二一頁

＊27　S・A・キルケゴール著、浅井真男訳『キルケゴール著

作集　1巻　あれか、これか　第一部（上）』（白水社）一九三頁より。ただし、表記は機種依存のため現代ものに改めた。

＊28　E・K・ロス著、鈴木晶訳『死ぬ瞬間——死とその過程について』（中央公論新社）

＊29　『死の位相学』一八三—一八四頁

＊30　『死の位相学』三三頁

＊31　『言語2』二三一—二四〇頁

＊32　『言語2』二七八—二七九頁

＊33　G・ドゥールズ、F・ガタリ著、財津理訳『哲学とは何か』（河出書房新社）二四四頁

＊34　『哲学とは何か』二四〇—二四一頁。ただし訳文は文脈に合わせ多少変更（以下同様）。

＊35　『哲学とは何か』二五三頁

＊36　『哲学とは何か』二五六頁

＊37　『哲学とは何か』二八〇頁

＊38　『言語2』二四三頁

＊39　R. Ghrist and P. Holmes: An ODE whose solutions contain all knots and links, *Int. J. Bifurcation and Chaos* 06, 779-800 (1996). 日本語による解説は、松岡隆「力学系と結び目理論」『数理科学』No 414, 1997 など。

＊40　D・ドイッチュ『実在の織物（邦題：世界の究極理論は存在するか——多宇宙理論から見た、生命、進化、時間）』（朝日新聞社）

＊41　映画そのものではないが、アーティスト本人によるサイトが、http://www.cremaster.net にある。

＊42　小谷元彦「「クレマスター」について考えている二、三の事柄」（『美術手帖』二〇〇二年八月号所収）。

13　語尾としての人称と死：小説

＊1　以後、大岡昇平『野火』よりの引用が数多く挿入されるが、識別不能であることが非常に重要な創作上の意図なので特に明示しない。他の文献も同様。

・大岡昇平『野火・ハムレット日記』（岩波文庫）
・H・F・ペータース『ルー・サロメ——愛と生涯』（ちくま文庫）
・『週刊プレイボーイ』二〇一一年二月一四日号
・Wikipedia「尿毒症」の項目。二〇一一年五月一九日時点の記述。
・F・W・ニーチェ著、丘沢静也訳『ツァラトゥストラ』（光文社古典新訳文庫）
・G・ミノーポリ『ルー・サロメ』（ユニバーサルミュージッククラシック）
・B・マッキンタイアー著、藤川芳朗訳『エリーザベト・ニーチェ——ニーチェをナチに売り渡した女』（白水社）
・恒吉良隆『ニーチェの妹エリザーベト——その実像』（同学社）

おわりに

＊1　R・カーツワイル著、井上健、小野木明恵、野中香方子、福田実訳『ポスト・ヒューマン誕生——コンピュータが人類の知性を超えるとき』（日本放送出版協会）など参照。

＊2　F・ヴァレラ、E・ロッシュ、E・トンプソン著、田中靖夫訳『身体化された心——仏教思想からのエナクティブ・アプローチ』（工作舎）

初出一覧

（本書収録にあたり、加筆を施した）

第Ⅰ部

1　なぜ、モップと語り合えないのか？（『Inter Communication』二〇一二年夏号、NTT出版）
2　陳腐な問い、神の笑い、着慣れぬ衣装（『読書人の雑誌　本』二〇一二年二月号、講談社）
3　未発表
4　形から逃げ出す生命、ガタリの夢、自身の死を悼むシステム（『現代思想』二〇一二年八月号、青土社）

第Ⅱ部

5　「この緑」をどうするのか？　F・ガタリにおける心身問題、抽象機械、組織（『現代思想』二〇一三年六月号、青土社）
6　宛先のない（『ユリイカ』二〇一二年七月号、青土社）
7　神はいないが、花を着る（『ユリイカ』二〇一二年一一月臨時増刊号、青土社）
8　「この手」をどうするのか？　フォン・ノイマンにおける「二つの心身問題」への試論（『現代思想』二〇一三年八月臨時増刊号、青土社）

第Ⅲ部

9　マシン、パターン、テスト。幸せの定義（『現代思想』二〇一二年一一月臨時増刊号、青土社）
10　左向いた時の右側に気を（『群像』二〇一二年五月号、講談社）
11　私の死でいっぱいの袋　クリムト的主体について（『ユリイカ』二〇一三年三月号、青土社）
12　未発表
13　永劫回帰の部屋（折口子尚名義、『群像』二〇一二年七月号、講談社）

索引

＊網羅的ではなく、本書のキーワードを筆者が選別した。

あ

位相――018, 185, 195, 203, 205, 263-4, 267-9, 283
オートポイエーシス――015, 056, 058-9, 065, 081-3, 088, 091, 101, 113, 129, 199, 227, 268, 371
オブザーバブル――180-4, 187-90, 193-5, 201, 204, 206, 214-5

か

カップリング――011-5, 018, 056-60, 065, 067, 085, 092-3, 113, 129, 179, 212, 267
神――029-30, 038-40, 102, 152, 154, 159-62, 164-5, 207-8, 245, 258, 309, 326, 337-41, 345, 348, 349, 353, 355, 363, 371, 374,
環境――010, 012-3, 056-8, 085, 088-9, 092-3, 113, 168-9, 222, 295, 371
観測
　外部――033, 047, 085, 249, 295, 371
　内部――031, 033, 085, 371
記述――012-5, 018-9, 024, 057, 059, 085-7, 089, 091, 106, 108, 116, 118, 122, 129, 141, 151, 168-9, 172-4, 201, 216, 232, 264, 295-9, 318, 373
基準――029, 033, 035, 063-5, 085, 096, 178, 180, 183, 190, 195-6, 198-9, 206-7, 214, 219, 229-30, 261, 297, 304, 373-4
基礎情報学――015, 059, 087, 129, 131, 179
基底――011, 156, 164, 181, 183, 201, 206, 214-7, 220-2, 225, 234-5, 273, 306, 311-3, 340
機能――007, 012-3, 015, 025, 027, 054-7, 059-60, 069-70, 079, 085, 092-3, 101-2, 112, 141-2, 161, 222, 286, 295, 322, 361, 367, 371
クオリア――009, 031, 033, 039, 043-6, 048, 058, 085, 112, 129, 133, 139, 175, 180, 187-99, 203-7, 212, 216, 302, 371
言語――014-5, 017, 071, 077, 110-1, 136-7, 257-9, 261-2, 267-72, 274-5, 277-80, 283-6, 295-6, 315, 334, 347, 354, 362

さ

座標――108, 110, 112-3, 117, 129, 140, 142, 183
詩――054, 072-4, 076-8, 272, 280, 286
システム
　オートポイエティック――009-10, 012, 081, 083, 085, 093, 179, 267
　社会――010, 012-5, 018, 057, 064-5, 067-8, 092-3, 129, 276-8, 289, 372

心的——010-3, 015, 018, 058-9, 081, 087, 113, 267, 369
神経——010-3, 015, 058-9
視点——013-5, 018, 029, 039, 046-7, 049, 053, 067, 077-8, 081-3, 085, 087, 095, 099, 101, 105-6, 111, 115-20, 122, 124-5, 127-9, 131-2, 137-8, 140-2, 181, 183, 206, 215, 228, 261, 273, 277, 289, 291, 295, 297, 300, 311-2, 338, 340-2, 358-60, 362-5
主体——034-5, 043-50, 052, 060, 066, 070, 087, 095, 097, 102, 112, 115, 117, 120-2, 125, 133-4, 136-41, 181, 190, 193, 198, 207, 234, 249, 277, 288, 290-4, 296-300, 302, 305-6, 308, 311-4, 316
自律——011, 046-7, 081, 120-1, 137, 139, 198
操作——037, 094, 117, 119-20, 175, 177, 182, 185-8, 194-5, 197, 199, 227, 242, 244, 247-9, 252-3, 359

た

退行——077-83, 087, 094, 098-9, 174, 208, 279
堆積——048, 081, 086, 242, 251, 292, 323-4, 354-5
魂——007-9, 179, 205, 266-7, 269, 271, 283, 292, 302, 341, 353, 355, 359, 363, 366, 368
知覚——008-9, 013, 043, 044, 048, 054-5, 059, 120, 168-72, 181-2, 191-4, 199, 220-1, 286, 302, 355
閉じた——049, 054, 058, 113, 115, 122, 368

な

人称——009, 013, 018, 019, 080, 085-6, 141, 219-20, 300, 302, 372-4
ネオサイバネティクス——065, 082-3, 086

は

パースペクティブ——047-9
パターン——042, 044, 047, 123, 129, 131, 179, 216-7, 221-3, 227, 230, 235, 240-1, 247-8, 250-2, 254, 266, 278-9, 283, 291-2, 298, 300, 302, 362
表現——029, 035, 039, 047, 057, 065, 067, 074, 085, 088, 091, 093, 111-2, 122, 125-6, 158, 183-5, 188, 189, 191, 193, 197, 201, 204-6, 211, 214-5, 227, 244-5, 257-60, 264, 267, 269-70, 272, 274-5, 277-8, 280, 284, 286, 289-90, 297, 299, 346, 353
フィードバック——112-3, 373
不確実性——044-5, 064-5, 068-9, 083, 085, 089, 091, 093, 095, 176, 192, 197, 289, 312
分類——023-4, 083, 125, 185, 195, 222, 230, 251, 268, 279, 304
閉鎖——011, 013, 120, 129, 179, 245

ら

量子——032, 051, 131-2, 170-1, 175, 178-80, 183, 185, 200-4, 206, 213-5, 217, 219, 232, 306
レイヤー——048-9, 083, 181, 195, 278, 284, 292, 355, 368

西川アサキ
1975年生まれ。慶應義塾大学環境情報学部卒業。神戸大学大学院自然科学研究科博士後期課程修了。博士（理学）。理化学研究所特別研究員を経て、2012年より東京大学大学院情報学環助教。専攻は人工知能、哲学など。
著書に『魂と体、脳――計算機とドゥルーズで考える心身問題』（講談社選書メチエ）がある。

魂のレイヤー　社会システムから心身問題へ

2014年5月30日　第1刷印刷
2014年6月10日　第1刷発行

著　者　西川アサキ

発行人　清水一人
発行所　青土社
東京都千代田区神田神保町1-29　市瀬ビル　〒101-0051
電話　03-3291-9831（編集）　03-3294-7829（営業）
振替　00190-7-192955

印刷所　双文社印刷（本文）
方英社（カバー、表紙、扉）
製本所　小泉製本

装　幀　鈴木一誌

ISBN978-4-7917-6789-2